이동영 교수의 신선하고 맛깔스럽고 내용이 충실한 신학 서론적 글이 나왔다. 신학 공부를 처음 접해야 하는 사람들은 물론 신학 공부를 즐겨하는 분들에게도 쉽게 다가갈 수 있게 하는 책이다. 이전에 신학서론을 다룬 책을 접하면서 신학 공부의 길잡이 느낌을 갖지도 못하고 오히려 조직신학에 대한 호감을 '영원히' 제거당한 분들이 있을 것이다. 이 책을 읽으면, 그런 분들은 틀림없이 '회심'하고 이제야 신학 공부할 만하다고 생각하게 될 것이다.

이 책은 여느 신학서론을 다룬 '귀족적인' 글보다 훨씬 더 '서민적'이어서 읽기 시작하면 끝까지 손을 놓지 않게 하는 매력이 있다. 이런 면에서 신선하다. 또한 내용 중간마다 어려운 교리들을 우리 삶의 현장을 끌어들여 쉽게 이해하도록 만든다. 적절한 예화는 물론 그림까지 곁들여 결코 싫증 나지 않게 한다. 풍성한 지식의 창고를 총천연색으로 채색하여 독자에게 내어놓기에, 그것은 한 가지 맛만을 맛보게 하지 않는다. 그만큼 읽을거리가 꽤 된다는 말이다. 대충 적어놓은 것이 아닌, 한 주제, 한 개념 각각 괜히 들여다 놓지 않아, 읽고 이해하면 신학의 깊이를 독자는 맛보게 될 것이다. 그만큼 맛깔스럽다.

그러나 신학 초보나 평신도들에게도 '읽힐 만한' 레시피로 구성되었다고 내용이 없는 것이 아니다. 서론을 다루지만 논쟁거리가 될 만한 교리들을 쉽게 풀어놓음으로써 읽고 이해할 때 보약을 먹는 기분이 들 것이다. 그만큼 내용 역시 충실하다. 특히 교회의 예배와 관련하여 삼위일체 교리적 해설을 제시한 것은 매우 의미있는 글로서 오늘날 우리 한국 교회의 '참 예배' 회복에 매우 유용하게 적용될 것이다.

이 책은 신학에 대해 궁금해하는 모든 분들, 특히 신학생들이나 목회자, 평신도들이라도 충분히 읽고 본격적인 신학 책을 읽기 전에 몸을 풀게 하는 훌륭한 안내서라 하겠다.

권문상
웨스트민스터신학대학원대학교 조직신학 교수

참된 신학은 우리를 위하시는 삼위일체 하나님과 그 하나님의 사역을 아는 것이다. 이는 단순히 머리에 머무는 지성적 지식이 아니라 가슴에 새겨져 삼위일체 하나님을 예배하게 하는, 참된 경건을 배양하는 것이어야 한다. 하나님을 예배하는 송영으로서의 신학이 아닌, 경건을 배양하지 못하는 신학은 비록 신학이라는 명칭을 쓴다고 하더라도 유사 신학일 뿐이다. 이 책은 참된 신학에 대한 바른 이해와 그런 신학을 위한 바른 신학 방법론을 제시해주는 신학 입문서 또는 신학서론이다. 이동영 교수의 신학교 강의실에서 행한 강의를 기본으로 한 내용이나, 신학도가 아닌 일반 신자가 읽어도 이해하기에 전혀 어려움이 없다. 신학을 공부하는 학생뿐 아니라 모든 신자에게 필독을 권하고 싶은 탁월한 책이다.

김윤태
백석대학교 기독교전문대학원장, 한국개혁신학회 부회장,
한국복음주의협의회 신학위원장

이동영 교수의 『신학 레시피: 스토리텔링으로 배우는 신학의 방법과 원리』는 조직신학의 주요 개념들을 충실히 담아내면서도 뛰어난 가독성을 보인다는 점에서 근래 보기 드문 훌륭한 조직신학 개론서라 할 것이다. 이 책은 깊은 성찰을 요구하는 신학적 주제들을 스토리텔링 방식으로 쉽게 풀어낸다. 독일 신학의 발전은 신학 분야의 대가들이 집필한 개론서의 발전과 그 궤를 같이한다. 어려운 신학적 주제들을 쉽게 풀어내는 책의 집필은 대가들의 역할이자 사명이기도 하다. 이 책은 신학에 대한 풍성한 이해를 기반으로 쓰였기에 전문적인 신학교육을 받지 않은 이들도 쉽게 이해할 수 있다. 이 책을 통해 한국교회 내 신학의 대중화가 더욱 촉진될 것이라 확신한다.

박성철
교회와사회연구소 대표, 횃불트리니티신학대학원대학교 초빙교수

신학책이 이렇게 재미있다니! 독자들도 책을 손에 드는 순간 나와 마찬가지로 한자리에서 쭉 다 읽게 될 것이다. 개혁신학을 표방하는 이동영 교수의 『신학 레시피: 스토리텔링으로 배우는 신학의 방법과 원리』는 스토리텔링의 방식으로 교리라는 딱딱한 재료에 달콤하고 신선한 양념을 가미하여 독자로 하여금 신학의 풍미를 즐길 수 있게 해주는 고급스러운 신학 저서다. 마치 저자와 내가 같은 테이블에 앉아 대화하는 착각이 들게 한다. 『신학 레시피』를 읽는 동안 독자는 성삼위 하나님을 찬양하고 그분께 기도하게 되며, 그러는 사이 저절로 신학의 너비와 깊이에 빠져들게 되리라. 신학도와 목회자뿐 아니라 인문학적 관심이 있는 일반 독자에게도 일독을 권한다.

박영식
서울신학대학교 교양교육원장, 조직신학 전공

참으로 맛있는 책이 하나 등장했다. 질 높은 레시피는 질 높은 음식을 창출할 수밖에 없다. 저자는 '신학함'의 방법과 원리를 신선한 재료와 탁월한 레시피를 통해 통통 튀면서도 노련한 솜씨로 풀어내 누구에게나 먹음직한 맛있는 신학서론을 창출해냈다. 마치 신학교 강의실에서 저자의 강의를 직접 듣는 듯한 현장감과 저자 자신의 개인적인 경험들을 적재적소에 배치함으로써 신학의 궁극적 목적인 삼위일체 하나님께 드리는 송영으로서의 신학의 방법과 원리를 평이하지만 동시에 탄탄한 학술적인 논구 가운데 너무나도 맛있게 풀어냈다. 이 책은 남녀노소 모두 반드시 맛봐야 할 식감 좋은 음식이며 그 영양분도 모든 사람에게 매우 유익하다.

박재은
총신대학교 신학대학원 조직신학 외래교수

『신학 레시피』는 신학의 방법과 원리에 해당하는 신학 방법론(프롤레고메나)의 난해한 내용을 다루고 있음에도 불구하고, 읽고 있으면 유명 맛집의 레시피에 따라 나온 요리처럼 편안하게 받아들여진다. 마치 나비넥타이 차림의 저자 요리사가 식탁 바로 앞에서 열연하면서 신학 이야기를 들려주는 것처럼 쉽게 이해된다. 기본적으로 재미있고 잘 읽혀서 단숨에 처음부터 끝까지 책장을 넘기게 된다. 그렇다고 해서 깊이가 없는 것은 전혀 아니다. 방대하고 해박한 지식을 재료 삼아 맛있는 이야기로 요리한 이 책은 풍성하게 넘치는 만찬과도 같다. 이 책을 맛보는 이에게는 신학의 세계와 그 지평이 활짝 열릴 것이며, 그는 삼위일체 하나님께 조금이라도 더 가까이 다가갈 수 있을 것이다. 이 책이 한국교회에 큰 유익을 줄 것으로 기대한다. 또한 하나님에 관해 조금이라도 관심이 있다면 그 누구라도 이 책을 맛볼 수 있기를 바란다.

백충현
장로회신학대학교 조직신학 조교수

올해 읽은 신학 서적 중에 제일 즐겁게 읽은 책이다. 이 책은 좋은 신학책이 가진 요소들을 다 갖춘 것 같다. 첫째로, 이 책은 신학 방법론에서 '기초'의 중요성을 거듭 강조한다. 그것은 곧 삼위 하나님에 대한 경건이며, 성경을 떠나지 않는 것이며, 예배로 나아가는 것이다. 신학의 목적은 송영이며 거기에서 이론과 실천이 만난다는 통찰은 무릎을 탁 치게 만들었다. 둘째로, 이 책은 엄청난 '지적 자극'을 선사한다. 교부, 중세, 종교개혁, 동방신학과 로마가톨릭 신학까지 두루 섭렵하여 치밀하게 전개하는 논리는 그야말로 숙련된 신학의 정수를 보여준다. 신학연구를 위해 필요한 언어들에 통달한 저자의 실력이 유감없이 발휘된 책이다. 셋째로, 이 책은 '교회를 위한 신학'을 보여준다. 저자가 교리를 강조하는 것도 다른 이유가 아니라 그것이 교회를 바르게 세우기 때문이며, 한국교회의 문제들을 구체적으로 지적하는 것도 사랑하는 마음에서 그렇게 하는 것이다. 넷째로, 이 책은 '비판적'

이면서도 '실제적'이다. 어떤 한 신학자의 특징이나 어떤 신학이론을 설명할 때에 핵심 문제가 무엇인지 정확하게 짚어낸다. 그리고 그것을 중심으로 사태 전체를 꿰뚫어 보게 준다. 서구 신학을 마냥 답습하지 않고 비판하되, 우리의 현장을 위해 도움이 되는 요소는 고스란히 간취해낸다. 지극히 보편적이며 동시에 지극히 한국적인 신학이 무엇인지를 경이롭게 보여주고 있는 이 책은, 신학이라는 그 웅장하고 아름다운 세계로 우리를 데려갈 가장 믿을 만한 안내자가 될 것이다.

우병훈
고신대학교 신학과 교의학 교수

이 책은 학문적으로 견고한 깊이가 있으면서도 실생활의 간증이 곁들여져 마치 영양이 풍부하고 맛있는 요리를 맛보듯 읽게 된다. 용어를 설명하는 대목에서는 일견 좀 딱딱해 보일 수 있으나, 전반적으로 재미있는 예화를 통해 풀어가기에 쉽고 명료하게 머리에 들어온다. 또한 각주에 깊이가 있고 내용이 정통 라인에 서 있어, 독자가 잘 따라가기만 하면 불건전한 신학이나 이단에 빠지지 않도록 막아주는 견고한 기초를 세울 수 있다. 그중에서도 헤르만 바빙크에 따른 '개혁신학의 다섯 가지 특징'을 설명한 대목은 특히나 염두에 둘 만 하다.

유창형
칼빈대학교 역사신학 교수

신학 레시피

신학 레시피

Recipe

이동영 지음

스토리텔링으로 배우는
신학의 방법과 원리

새물결플러스

차례

프롤로그   *16*

제1강	신학과 신학 방법론의 중요성	*22*
제2강	신학의 방법과 원리	*38*
제3강	원형의 신학과 모방의 신학	*44*
제4강	신학이란 무엇인가?(1)	*58*
제5강	신학이란 무엇인가?(2)	*70*
제6강	신학이란 무엇인가?(3)	*80*
제7강	신학은 예배다!	*96*
제8강	한국교회의 신학 부재 현상	*114*
제9강	좋은 신학의 요건	*140*
제10강	신학의 기능	*154*
제11강	고대의 신경들	*182*

제12강 헤르만 바빙크를 통해서 보는 개혁신학의 특징   *190*

제13강 계시란 무엇인가?   *220*

제14강 특별 계시를 둘러싼 오늘날의 논쟁   *252*

제15강 특별 계시와 성경의 관계   *280*

제16강 성경 영감론   *290*

제17강 성경의 영감과 권위의 문제   *314*

제18강 역사적 예수 불가지론에 대항하여   *328*

제19강 신앙이란 무엇인가?   *348*

에필로그—송영   *378*

부록 1. 하나님을 앎이란?   *381*

부록 2. 종말론에 관하여   *401*

부록 3. 프리메이슨과 악마 숭배, 그것이 알고 싶다   *410*

신학이란 무엇인가?

신앙이란 무엇인가?

계시란 무엇인가?

하나님을 안다는 것은 무엇인가?

종말론을 어떻게 이해해야 하는가?

프리메이슨과 악마 숭배를 어떻게 볼 것인가?

지금 신학의 방법과 원리를 둘러싼 이동영 교수의

흥미진진한 스토리텔링 신학 강의가 시작된다.

프롤로그

조직신학이란 그리스도교 신앙의 전체 내용을 포괄적·체계적·구성적으로 서술하는 학문입니다. 조직신학은 통상 일곱 개의 주제들(*loci*), 즉 신학서론, 신론, 인간론, 그리스도론, 구원론, 교회론, 종말론으로 구성되어 있습니다. 이 중에서 신학서론은 조직신학의 방법과 원리를 논구하는 조직신학의 총론이고, 신론, 인간론, 그리스도론, 구원론, 교회론, 종말론은 조직신학의 방법과 원리인 신학서론의 토대 위에서 구성되는 조직신학의 각론들입니다.

네덜란드 신학자 아브라함 카이퍼(Abraham Kuyper)가 통찰한 바와 같이, 그리스도교 전통에서 신학이라는 용어는 하나님에 대한 엄밀하고 신중한 성찰적 지식 또는 그러한 지식에 대한 탐구라는 개념으로 사용되어 왔습니다.[1] 그래서 스위스 신학자 칼 바르트(Karl Barth)는 신학을 글자 그대로 이해한다면 "하나님에 관한 학문과 가르침(*doctrina*)"이라고 정의했습

---

[1] Abraham Kuyper, *Encyclopaedie der heilige godgeleerdheid II* (Kampen: Kok, 1909), 108.

니다.[2] 신학이 하나님에 관한 엄밀하고 신중한 성찰적 지식이며 그것에 대한 탐구이자 하나님에 관한 학문이고 가르침이라면, 우리가 본격적으로 신학의 각론을 개진하기 이전에 어떠한 방법과 원리에 따라 신학 작업을 수행할 것인가를 먼저 다루어야 합니다. 방법과 원리에 대한 올바른 이해 없이 신학의 각론으로 들어가서 개별 주제를 취급하다가는 갈피를 못 잡고 방황하다가 큰 혼란에 빠질 수밖에 없기 때문입니다. 게다가 신학의 방법과 원리가 잘못되었을 경우에는 신학의 전체 구도와 내용이 심대한 오류를 피할 수 없게 됩니다. 그러므로 그리스도교 신앙의 핵심적인 진리를 포괄적·체계적으로 논의하고 서술하기에 앞서 신학의 방법과 원리를 배우고 익히는 것은 대단히 중요한 일입니다. 본서는 이 신학의 방법과 원리를 독자들에게 알기 쉽게 설명하고 해설하려는 목적으로 집필되었습니다.

여느 신학서론 저서들과 비교할 때 본서에는 좀 색다른 점이 있습

---

2 "19세기 개신교 신학"(Evangelische Theologie im 19. Jahrhundert), Karl Barth, 신준호 역, 『하나님의 인간성』(서울: 새물결플러스, 2017), 13.

니다. 본서는 원래 제가 학교에서 가르쳤던 일련의 신학서론 강의를 정리하여 다듬은 것입니다. 강의하면서 신학의 방법과 원리에 관한 중요 개념들을 쉽게 설명하고자 나름대로 노력하였습니다. 신학서론에 등장하는 신학 개념들을 단지 현학적으로 설명하는 것을 지양하고, 교회 현장에서 발생하는 여러 신학적·신앙적 문제와 연결하여 스토리텔링(storytelling) 방식으로 쉽게 풀어 설명하려고 노력했습니다. 그러므로 스토리텔링식 설명이야말로 본서를 규정짓는 중요한 특징이라고 하겠습니다. 조직신학에 대한 이런 식의 설명에 거부감이 드는 독자도 있을 수 있습니다. 다만 어려운 조직신학 개념을 평신도, 신학생, 목회자들에게 알기 쉽게 설명하고자하는 부족한 신학 선생의 노력과 분투의 일환으로 보시고 너그럽게 이해해주셨으면 합니다. 그리고 강의를 하다 보면 중요한 내용을 거듭 강조해야 하는 일이 종종 있는지라 본문에 다소 반복되는 부분이 존재합니다. 반복되는 내용을 제외할까도 생각해봤지만, 독자들이 강의를 듣는 느낌으로 생생하고 친숙하게 읽어나가는 데 도움이 될 수 있을 것 같아서 몇 곳을 제외하고는 그대로 두었습니다. 또한 강의 도중 학생들이 질문한 내용이 간혹 있습니다. 이 경우에도 전체의 맥락을 거스르는 경우를 제외하고는 그대로 살려두어 강의의 생동감을 느낄 수 있도록 의도하였습니다.

네덜란드의 개혁신학자 코르넬리스 헤이코 미스코터(Kornelis Heiko Miskotte)는 조직신학을 오케스트라에, 조직신학자를 지휘자에 비유했습니다. 지휘자가 오케스트라에 편성된 다양한 악기 소리를 조합하여 아름다운 선율을 만들고 그 선율을 수단 삼아 교향곡의 중심 주제를 청중에게 아름답게 전달하려고 노력하는 것처럼, 조직신학자는 신학 외에도 문학, 역사, 철학, 미학 등 인문과학의 다양한 분야와 사상을 수단 삼아 성경의 중심 주제, 즉 이 세상을 향하신 삼위 하나님의 사랑과 구원의 경륜을 우리의 시대와 교회를 위해 명확하게 해명하고 명쾌하게 해석하여 새롭게 적용하려고 노력하는 사람입니다.

그러므로 이 책에 등장하는 다양한 개념과 이야기들도 '지금 여기'(*hic et nunc*)에서, 이 세상을 향하신 삼위 하나님의 사랑과 '구원 경륜의 역사'(*oikonomia et historia salutis*)를 명확하게 묘사하고 해명하기 위한 보조수단일 뿐, 그것 자체로서 가치와 의미가 있는 것은 아님을 알아주셨으면 합니다. 우리가 진리를 설명하고 해명하기 위해 사용하는 여러 개념과 은유와 예화들은 성경이 증언하는 신학적 진리를 드러내고 표현하는 보조수단(Hilfsmittel)이 될 수는 있지만, 그것 자체에 너무 큰 의미를 두고 집착하다 보면 오히려 보조수단이 성경의 진리에 어두운 그림자를 드리우는 사태가 발생할 수도 있습니다. (물론 그럼에도 불구하고 말씀의 진리는 그 어두운 그림자를 뚫고 나와 진리의 광휘를 현시하겠지만 말입니다.)

신학은 우리 구원의 하나님이신 삼위일체 하나님 앞에 감사함으로 나아가 성부와 성자와 성령께 마땅한 감사와 경배와 찬양을 돌리는 것을 궁극적 목적으로 삼습니다. 왜 신학의 궁극적 목적이 찬양이고, 또 찬양이 되어야만 할까요? 그것은 성부 하나님께서 성령의 능력 안에서 그의 독생자를 이 세상에 보내지 않으셨다면 그리스도교 신학은 애초에 존재할 수 없었을 것이기 때문입니다. 저는 이 책을 통하여 신학의 궁극적 목적인 송영에 부합하는 신학의 방법과 원리를 논구해보려고 애썼습니다. 하지만 막상 저술 작업을 마무리 짓고 나니 여전히 갈 길이 멀기만 하다는 사실을 절감합니다. 부족한 부분은 앞으로 더욱더 정진하여 보완할 것을 약속드립니다.

우리 개혁교회의 교부 장 칼뱅(Jean Calvin)에 따르면 교리는 교회를 지탱하는 뼈대이며 힘줄입니다. 교리가 없는 교회는 뼈대와 힘줄이 없는 사람과 같습니다. 그러므로 교리의 역사와 배경 및 의미와 적용을 다루는 분야인 조직신학은 교회의 존립과 생사뿐 아니라 각 그리스도인의 신앙과 삶을 위해서도 대단히 중요한 신학 분야입니다. 이 책을 세상에 내놓으며 제가 바라는 것이 있다면, 본서가 한국교회의 목회자, 신학생, 평신도들 사이에 팽배한 교리 무용론을 불식하는 것입니다. 그뿐만 아니라 여러 이단의 흥기로 어려움을 겪고 있는 오늘날 한국교회의 현실 속에서 이 책이 교리 교육의 중요성을 각성시키며, 교회가 그리스도인들의 신앙과 삶에 기독교적 삶의 원리를 제공하는 일에 도움이 되기를 바랍니다. 또한 모든 독자가 신학의 궁극적 목적을 바르게 깨닫고 그에 부합하는 신학의 방법과 원리를 습득하는 일에 조금이나마 도움이 되기를 바랍니다.

끝으로 제 원고를 읽어보고 출판을 기꺼이 제안해주신 새물결플러스의 대표 김요한 목사님께 감사의 마음을 전합니다. 김 목사님의 격려와 관심과 독려가 없었더라면 본서의 출간은 기약이 없었을 것입니다.

영광이 성부와 성자와
성령께 처음과 같이 이제와 항상 영원히 있나이다. 아멘!
(*Gloria Patri et Filio et Spiritui Sancto,*
sicut erat in principio et est nunc et erit semper et in saecula saeculorum, Amen!)

2020년 5월
용인 초당마을에서
이동영

제1강

신학과 신학 방법론의 중요성

신학은 목회의 산물이지 사변의 산물이 아니다

우리가 지금부터 다룰 신학이라는 학문은 철학과 더불어 인문학(*studia humanitatis*) 가운데서도 역사가 가장 오래된 분야입니다. 역사적으로 교부들이 신학, 곧 교리(여기서는 신학과 교리를 동의어로 사용한다)를 정립하고 그 정립된 교리가 공의회를 통해 확정되었지만, 교부들은 원래 저와 같은 직업 신학자가 아니라 현장에서 교회를 섬기던 목회자들이었습니다.

우리는 '교리' 하면 보통 무미건조하고 골치 아픈 이미지를 떠올리지만, 본래 교리라는 것은 2,000여 년에 이르는 장구한 교회 역사 속에서 수많은 목회 현장에서 발생했던 다양한 신학적·목회적 문제를 하나님 말씀인 성경을 가지고 해결해가는 과정 가운데 형성, 정립, 발전된 것입니다. 그런 교리들을 체계적으로 요약·정리하여 해석해놓은 것을 교의학(Dogmatik) 혹은 조직신학(Systematische Theologie)이라고 부르지요. 그러므로 교의학 혹은 조직신학에 대한 조예와 안목을 형성한다면, 지금 우리의 목회 현장에서 발생하는 여러 신학적·교회적 문제를 해결할 탁월하고 실질적인 지혜를 얻을 수 있을 것입니다.

교리는 교회의 문제를 해결하는 신학적 지혜다

목회자에게 교리 지식이 결핍되면 어떤 문제가 생길지 생각해보셨나요? 교리 지식이 부족한 목회자는 섬기는 교회에 문제가 발생할 때마다(교회에는 항상 크고 작은 문제가 발생하기 마련인데) 자신의 탁월한 인간적 역량이나 기발한 아이디어로 해결할 수밖에 없습니다. 이는 한 사람의 재벌 총수가 그룹 내에서 문제가 발생했을 때 오로지 자신의 안목과 역량으로 문제를 해결하는 것과 같은 방식입니다. 이런 해결 방식이 뭐가 문제냐고요? 이런 것은 이익집단(Gesellschaft)인 기업의 문제 해결 방식이지 신앙 공동체(Glaubensgemeinschaft)인 교회의 방식은 아닙니다. 기업은 이익집단이기에 문제가 발생했을 때 총수 한 사람의 경영철학에 따라 문제를 해결할 수 있습니다. 하지만 교회는 이익집단이 아니라 신앙 공동체이기에 성경에 따라 교리적으로 문제를 해결해야지, 기업과 같은 방식으로 할 수는 없습니다. 그러므로 교의학 혹은 조직신학에 대한 조예는 목회 현장에서 발생하는 문제를 성경에 따라 교리적으로 해결하기 위해 없어서는 안 될 지식이자 지혜입니다.

역사에 대한 안목 없이는 미래에 대한 예측도 없다

목회자나 신학생에게 교의학 혹은 조직신학에 대한 조예와 안목이 있어야 하는 이유가 또 하나 있는데요, 그래야만 성경에 입각해 공교회(ecclesia catholica)의 신앙과 신학과 역사적 전통에 부합하는 바른 목회 철학을 세울 수 있기 때문입니다. 과거의 역사와 전통에 무지한 사람은 미래에 관해 한 치 앞도 예측할 수 없습니다. 우리가 '어디로부터'(woher) 왔는지를 알아야 왜 이러한 모습으로 '지금 여기에'(jetzt und hier) 있으며 앞으로 '어디로'(wohin) 갈 것인지도 예측할 수 있습니다!

저는 좀 특이하다는 말을 종종 듣습니다. 머리를 길러서 염색을 한데다 평소에도 나비넥타이 차림으로 다니는데, 심지어 강의할 때는 요란한 몸짓과 표정으로 교단의 전후좌우를 누비며 마치 연극배우가 퍼포먼스 하듯 강의하거든요. 신학자치고 좀 특이한 타입이죠? 그런데 남들 눈에는 제가 특이하게 보일지 몰라도 저희 어머니 눈에는 특이하기는커녕 너무나 당연한 모습입니다. 왜 그렇겠습니까? 제가 어떻게 자라서 어떤 생각을 하여 그런 모습으로 거기 서서 그러고 있는지 너무 잘 아시기 때문이지요. 그러니까 앞으로 제가 어떻게 행동하고 발언할지도 다른 이들보다는 훨씬 잘 예측하실 수 있습니다. 마찬가지로, '역사'(historia)를 모르고 '전통'(traditio)을 모르면 그리스도교가 왜 이런 모습으로 여기에 와 있는지 우리는 도무지 알 수 없습니다. 따라서 앞으로 어떤 모습으로 어디로 갈는지도 예측할 수 없게 되는 것입니다.

여러분, 미래를 예측할 때는 역사를 통찰하는 안목으로 해야 합니다. 역사에는 무지하면서, 기도했는데 환상이 보이더라는 식으로 미래를 예언하면 안 됩니다. 이는 개인과 공동체와 시대를 망칠 수 있는 실로 위험천만한 태도입니다. 여러분이나 저나 설혹 그런 유혹을 받아도 절대 넘어가서는 안 됩니다. 그러므로 21세기의 미래지향적인 목회 철학을 세우려면 그리스도교의 역사적 사상체계의 총화라 할 수 있는 교의학, 곧 조직신학에 대한 조예와 안목이 필요합니다.

요즘 이단은 옛날 이단들과 다르다

목회자와 신학생이 교의학에 대한 조예와 안목을 갖춰야 하는 또 다른 이유가 있습니다. 요즘 한국교회는 이단들 때문에 골머리를 앓고 있습니다. 그런데 요즘 이단은 옛날 이단들과 크게 다릅니다. 옛날 이단들은 뭔가 허접하고 조잡했습니다. 그래서 정상적으로 교육을 받은 입장에서는 이단의 행색 자체가 매력이 없었습니다. 그런데 요즘 이단들은 그 행색과 행태가 크게 다릅니다. 그런 데다 전국적으로 이단이 급증하고 있습니다. 요즘 하루가 다르게 교세를 넓혀가는 대표적인 이단들이 있지요? '하나님의 교회'와 '신천지'가 바로 그들입니다.

교리에 대한 조예가 필요하다

몇 해 전, 저는 부산에 있는 아는 목사님 교회를 방문했습니다. 그 교회 정문 앞에는 스탠드 현수막이 세워져 있었습니다. 현수막 내용은 대충 이랬습니다. "신천지 교인은 교회의 출입을 금합니다." 목사님께 신천지가 그렇게 심각한 문제냐고 여쭤봤더니 그렇다고 하더군요. 그분이 아는 목사님이 시무하는 교회는 하루아침에 신자가 반으로 줄었다고 합니다. 그 많은 신자가 한꺼번에 다른 교회로 옮겨 갔는데, 그 교회가 바로 신천지교회였습니다. 이런 일이 실제로 일어난다고 합니다. 그래서 교인들에게 신천지의 위험성을 알리기 위해 교회 문 앞에 현수막을 세워 광고하고 있다고 하더군요. 물론 마음은 이해가 가지만 그런다고 정말 신천지를 막을 수 있을까요? 여러분 생각은 어떠세요? 그래서 제가 말씀드리고 싶은 것은, 이단이 창궐하고 있는 오늘날 목회자나 신학생에게 다른 무엇보다 교리에 대한 깊은 조예와 올바른 안목이 필요하다는 것입니다. 목회자 자신에게 교리에 대한 올바른 지식과 안목이 있으면, 이단의 공세로부터 교회와 성도를 넉넉히 지켜낼 수 있기 때문이지요.

이단의 교리가 아무리 세련돼도 그것은 가품이다

하나님의 교회나 신천지 같은 이단의 교리체계를 보면 옛날 이단들 교리체계보다야 나름 치밀한 것이 사실입니다. 그러나 2,000년 동안 위대한 교부와 신학자들이 정립한 공교회의 교리체계와 비교하면 여전히 조잡하기 그지없습니다. 정통 교리가 명품이라면 이단들의 교리는 기껏해야 가품에 불과합니다.

일본 축구의 교훈: 기초가 중요하다!

교리의 중요성은 아무리 강조해도 지나치지 않습니다. 따라서 교리를 연구하는 신학 분야인 교의학을 잘 배워둬야 합니다. 특히 지금 공부하고 있는 신학서론이 참 중요합니다. 여기서 신학의 방법과 원리에 해당하는 중요한 개념을 공부하기 때문이지요. 신학서론은 신학을 하는 방법과 원리를 다룹니다. 그런데 본격적으로 신학서론을 공부하기 전에 한 가지 짚고 넘어갈 것이 있습니다. 우리나라의 학문 풍토에 관한 이야기입니다. 인문학을 포함하여 우리나라의 모든 학문 분야에 전염병처럼 퍼져 있는 학문 풍토의 고질적 병폐가 있습니다. 바로 기초를 튼튼히 하지 않는다는 것입니다. 이웃 나라 일본만 해도 기초와 기본기를 대단히 중요하게 여기는 데 반해, 우리나라는 너무 실적 위주의 사고를 하는 경향이 있습니다. 스포

츠를 예로 들면, 일본 축구가 과거 약 20년 전만 하더라도 우리나라와의 맞대결에서 그다지 힘을 쓰지 못했습니다. 그런데 요새는 일본과 축구 시합을 하면 우리가 쉽게 이기지 못합니다. 일본 축구는 지금까지 약 30년 동안 기본기를 확립하는 데 신경을 쓰고 많은 투자를 했습니다. 이것은 비단 스포츠 세계만의 이야기가 아닙니다. 학문의 세계에서도 기초가 대단히 중요하며 기초에 해당하는 방법론과 그 방법론이 파생시키는 원리가 있습니다. 그러한 방법과 원리 연마를 게을리하면서 무턱대고 주먹구구식으로 학문을 하면, 기초가 허약하여 마치 모래 위에 집을 짓는 것 같은 사태가 발생합니다. 그러므로 학문의 기초와 토대가 되는 방법과 원리를 제대로 공부하고 철저히 익히는 것은 대단히 중요합니다.

독일어를 못하는 태권도 사범님

지금부터 20여 년 전에 제가 오스트리아에서 독일어를 배울 때, 빈(Wien)에서 활동하던 태권도 사범님이 있었습니다. 오스트리아에서 20년을 살았고 부인도 오스트리아 사람인데 정작 본인은 독일어를 잘 못하는 분이었습니다. 사범님이 독일어를 할 때면 어법이 완전히 엉터리입니다. 영어로 바꿔서 표현하면 "나는 탐(Tom)이다"라는 말을 하려면 I am Tom(독: Ich bin Tom)이라고 해야지 I is Tom(독: Ich ist Tom)이라고 하면 안 되잖아요? 그런데 이분은 I is Tom(독: Ich ist Tom) 또는 I Tom is(독: Ich Tom ist), 뭐 이런 식으로 말을 합니다. 아니면 동사를 완전히 빼먹고 I Tom(독: Ich Tom)이라고 하든지 말입니다. 모든 문장을 이런 식으로 대충 엉터리로 말하는데, 박사학위까지 받은 똑똑한 오스트리아인 부인이 다 알아듣고 사람들에게 통역해줍니다. 그런데 여러분! 그분이 오스트리아에서 무려 20년이나 살았고 부인도 독일어가 모국어인 오스트리아 여성인데 왜 독일어 실력이 안 느는지 아세요? 말을 하려면 문법을 좀 알아야 합니다. 문법을 전혀 공부하지 않고 주먹구구식으로 말을 하면 말을 제대로 배울 수 없습니다. 물론 말하기 위해서 문법을 배우는 것이지 문법을 배우기 위해서 말하는 것은 아니지만, 말을 제대로 배우려면 말의 기초 원리에 해당하는 문법을 기본적으로 좀 알아야 합니다. 이 기초 원리인 문법을 무시한 채 20년 동안 주먹구구식으로 주야장천 말을 한다고 해서 독일어가 저절로 느는 게 아닙니다.

신학에도 기초에 해당하는 레시피(방법과 원리)가 있다

음식을 만들 때도 제대로 맛깔스럽게 만들려면 레시피가 중요하듯이, 신학도 레시피에 해당하는 방법과 원리가 있습니다. 바른 방법과 원리의 토대 위에서만 바른 신학을 형성하고 정립할 수 있습니다. 그래서 신학의 기본적인 방법과 원리, 즉 '베이직'(Basic)을 배울 때 실력이 탁월한 선생에게 배울 필요가 있습니다. 유럽에서는 서론, 원론, 개론 같은 수업에 제일 경험 많고 노련한 선생들이 들어옵니다. 그런데 우리나라에서는 기초를 신출내기 선생들에게 맡기는 경향이 있는 것 같습니다. 제가 목회했던 오스트리아 빈에서는 피아노를 배울 때도 출중하고 노련한 베테랑 선생들이 기초반을 맡습니다.

교의학은 그리스도교 사상체계의 근간이라 할 수 있는 교리(*doctrina*)를 다루는 학문이기 때문에, 그리스도교 신학에서 가장 중요한 분야라 해도 과언이 아닙니다. 따라서 교의학의 기초가 되는 신학의 방법과 원리를 공부하는 것은, 그리스도교 사상의 엑기스요 총체인 교리 이해의 첫걸음

일 뿐 아니라 바른 이해에 도달하기 위한 초석이 됩니다. 앞으로 여러분과 가능한 한 쉽고 상세하게 교의학의 방법과 원리에 관해 이야기를 나누어 보도록 하겠습니다.

교의학과 조직신학, 어떤 개념의 차이가 있는가?

이제 교의학과 조직신학이라는 용어를 설명할 차례입니다. 원래 우리말 '교의'(敎義)에 해당하는 그리스어 '도그마'(δογμα)는 '가르침'이나 '결정'이라는 뜻입니다. 그리스어 동사 '도케인'(δοκειν)에서 유래한 말이지요.[1] 도케인의 원래 의미는 '~로 생각되다'입니다. 우리말로는 '생각하다', '옳게 여겨지다', '확신하다', '결정하다' 정도로 번역할 수 있습니다.[2] 도그마는 고대 그리스 세계에서 원래 명령, 결의, 결정, 규범, 법령 등을 의미하는 용어로 사용했으며, 때로는 철학 학파의 특정 이론이나 교설을 의미하는 말로 사용했습니다.[3] 그런데 그리스도교 교부가 이 말을 차용할 때는 '교회가 하나님 말씀에 의거하여 규범적인 것으로 간주하는 가르침(교리)'이라는 의미로 사용했습니다. 그래서 겐나디우스(Gennadius of Massilia, 500년경 사망 추정)는 그의 저서인 『교회의 교의들』(De Ecclesiasticis Dogmatibus)에서 도그마를 "교회가 채택한 가르침" 혹은 "교회의 권위 있는 가르침"이라고 정의했던 것입니다.[4] 이 교의(δογμα)라는 말에서 "교의학"(독:

---

1   Herman Bavinck, 박태현 역, 『개혁교의학 1』(Gereformeerde Dogmatiek I, 서울: 부흥과개혁사, 2011), 64.

2   앞의 책, 64.

3   앞의 책, 65; 최홍석, 『당신의 말씀은 진리니이다: 교의학의 원리와 방법』(서울: 총신대학교출판부, 1991), 18.

4   J. van Genderen, W. H. Velema, 신지철 역, 『개혁교회 교의학』(Beknopte Gereformeerde

Dogmatik, 네: Dogmatiek, 영: Dogmatics)이라는 용어가 유래했습니다.

교의학이라는 학문은 그리스도교 신앙의 내용과 관련되어 있습니다. 좀 더 명확하게 말한다면 교의학이란 그리스도교 신앙의 내용을 포괄적·체계적으로 기술하려는 학문적 시도입니다. 조직신학이라는 말이 통상 교의학과 동의어로 사용됩니다. 그래서 "조직신학과 교의학이 어떻게 다릅니까?"라거나 "왜 교의학을 조직신학이라고 합니까?"라고 저에게 질문하는 학생들이 가끔 있습니다. 이 질문에 간략히 답변해보자면 이렇습니다. 말씀드렸다시피 교의학은 그리스도교 신앙의 내용인 교리의 의미를 논구하는 학문이라는 뜻입니다. 교의학은 논구한 교리의 의미를 매우 체계적이고 포괄적이며 합리적이고 조직적으로 서술하기 때문에, 교의학을 서술 방식으로 이름 붙이면 조직신학인 것입니다. 그래서 헤르만 바빙크(Herman Bavinck)는 교의학을 "하나님에 관한 지식의 학문적 조직체계"라고 불렀고,[5] 헨드리쿠스 베르크호프(Hendrikus Berkhof)는 "교의학이란 하나님이 그리스도 안에서 우리와 관계 맺으신 것에 관하여 조직적으로 사고하는 학문"이라고 말했습니다.[6] 조직신학이 교의학의 전개 방식 및 서술 방식을 부각시킨 용어라면, 교의학은 조직신학의 내용적 측면을 부각시킨 용어입니다.

Dogmatiek, 서울: 새물결플러스, 2018), 25.

5   Herman Bavinck, 박태현 역, 『개혁교의학 1』, 76.

6   Hendrikus Berkhof, *Inleiding tot de studie van de dogmatiek* (Kampen: J. H. Kok, 1982), 13(J. van Genderen, W. H. Velema, 신지철 역, 『개혁교회 교의학』, 32을 따라 인용).

현대 신학자들은 교의학보다 조직신학이라는 말을 선호한다

오늘날 신학계에서는 '교의학'이라는 말보다 '조직신학'이라는 말을 선호하는 경향이 있습니다. 그러나 언제부터 누구에 의해 교의학이 조직신학으로 불리게 되었는지는 명확하지 않습니다. 이처럼 기원은 명확하지 않지만 조직신학이라는 말이 처음 사용된 시기는 18세기로 추정됩니다. 신학을 "조직적"이라고 처음 언급한 것은 18세기 루터파 정통주의 신학자 요한 프란츠 부데우스(Johann Franz Buddeus)로 보입니다. 1727년 부데우스는 신학적 서술이 신학의 자료를 포괄적으로 취급하며 내용 설명이 개별적으로 엄밀하고 논증적이고 명확할 경우 그 신학은 "조직적"(systematisch)이라고 말할 수 있다고 했습니다.[7] 그러나 누가 처음 명시적으로 교의학을 조직신학이라고 불렀는지는 확실하지 않습니다. 어쨌든 18세기 이래로 언젠가부터 교의학이 조직신학이라는 용어로 불리게 되어[8] 개신교 신학자들에 의해 널리 사용되었고, 오늘날에는 로마 가톨릭교회 신학자들에 의해서도 폭넓은 지지를 받습니다.[9] 20세기 중엽까지는 교의학과 조직신학이 엇비슷하게 사용되었는데, 일반적으로 유럽 대륙에서는 교의학이라는 용어를 선호하고 미국에서는 조직신학을 선호했던 것 같습니다.

예를 들어, 지난 세기에 미국 칼빈 신학교(Calvin Theological Seminary)에서 가르쳤던 루이스 벌코프(Louis Berkhof, 1873-1957)라는 네덜란드계 미국인 신학자는 『조직신학』(*Systematic Theology*)이라는 저서를 남겼습니다.

7　J. F. Budeus, *Isagoge historico-theologica ad theologiam universam singulasque ejus partes* (Leipzig: Thomas Fritsch, 1727), 303.

8　이신건, 『조직신학입문』(서울: 한국신학연구소, 2007), 11.

9　이신건, 『조직신학입문』, 11 참조.

벌코프의 『조직신학』은 네덜란드의 개혁신학자 헤르만 바빙크(Herman Bavinck, 1854-1921)의 『개혁교의학』(Gereformeerde Dogmatiek I-IV)을 요약하면서 간혹 자신의 견해를 더한 것입니다. 그런데 벌코프는 헤르만 바빙크의 『개혁교의학』을 요약한 자신의 저서를 교의학이 아닌 조직신학이라고 불렀습니다. 이로 볼 때 벌코프는 교의학이라는 말보다 조직신학이라는 말을 선호한 듯합니다. 또한 20세기 후반기부터는 미국과 유럽을 불문하고 교파를 초월해서 교의학보다 조직신학이라는 용어를 더 널리 사용하고 있습니다.

왜 현대 신학자들은 교의학보다 조직신학이라는 용어를 더 선호하게 되었을까요? 지금 그 이유를 낱낱이 설명하기는 지면 관계상 힘듭니다. 좀 장황한 이야기를 해야 하거든요. 다만 지적하고 싶은 것은, 엄밀하게 정의하면 교의학과 조직신학이라는 용어 사이에 뉘앙스 차이가 다소 있다는 점입니다. 교의학이라는 명칭이 교리의 원리적 측면에 치중하는 듯한 뉘앙스가 있다면, 조직신학이라는 명칭은 교리의 적용 및 실천 측면에 치중하는 듯한 뉘앙스가 있습니다.[10] 여기서는 일단 "교의학을 전개 방식이나 서술 방식의 측면에서 표현하면 조직신학이고, 조직신학을 내용적 측면에서 표현하면 교의학이다" 정도로 정리해두면 무리가 없을 듯합니다.

저도 명색이 조직신학 교수지만, 교의학과 조직신학의 개념 차이를 이해하는 데 꽤 많은 시간이 걸렸습니다. 속 시원하게 이해하기가 참 어려웠습니다. 신학 공부를 시작한 이래로 조직신학에 뜻을 두고 공부했는데도 교의학과 조직신학이 어떻게 다른지, 왜 조직신학을 교의학이라고 부

---

10 Louis Berkhof, 권수경·이상원 공역, 『조직신학(상)』(Systematic Theology, 서울: 크리스천다이제스트, 1991), 21.

르고 교의학을 조직신학이라고 부르는지, 명확한 개념을 세우기가 쉽지 않았습니다. 어쨌든 교의학을 전개 방식이나 서술 방식의 측면에서 표현하면 조직신학입니다. 그리고 조직신학을 그것이 취급하는 내용의 측면에서 표현하면 교의학입니다.

신학, 그중에서도 교의학 혹은 조직신학은 하나님에 관한 질서정연한 지식을 추구합니다. 이러한 지식의 추구는 그 한계에도 불구하고 신학이 담지하고 있는 가슴 사무치는 아름다움을 드러냅니다. 하나님에 관한 지식은 너무 기이하고 높아서 우리는 그 지식에 도달할 수 없고(시 139:6) 지극히 부분적으로 알 뿐이지만(고전 13:9), 그럼에도 경이와 경탄 속에서 하나님에 관한 체계적인 지식을 추구합니다.[11] 그러므로 신학을 하는 우리에게는 지극한 겸손함과 막중한 책임감이 요청됩니다. 교부 아우구스티누스(Augustinus)는 지상에서의 신학을 "나그네의 신학"(*theologia viatorum*)이라고 규정했습니다. 여기에 한마디만 덧붙이자면 일관되고 아름다운 신학체계(조직)를 세우기 원하는 사람은 혹시 자신이 세우고자 하는 신학체계가 신앙에 해를 끼치는 방향으로 작동하지는 않는지 항상 돌아보는 성찰의 자세가 반드시 필요합니다.[12] 교의학과 조직신학이라는 용어에 관해서는 일단 이 정도로 정리해둡시다.

---

11 J. van Genderen, W. H. Velema, 신지철 역, 『개혁교회 교의학』, 33 참조.
12 앞의 책, 32 참조.

신학서론의 의미

우리가 생각해볼 또 다른 문제는 '신학서론'(prolegomena theologiae), 즉 신학의 방법과 원리에 관한 것입니다. 여기서 '서론'에 해당하는 라틴어는 '프롤레고메나'(prolegomena)입니다. 모든 교의학 혹은 조직신학 책을 보면 서두에 서론이라고 해서 신학의 방법론과 원리론을 다룹니다. 이 책에서 향후 다룰 내용(계시가 무엇인지, 성경이 무엇인지, 신앙이 무엇인지 등)은 모두 교의학의 기초가 되는 방법론과 원리론에 속하는 항목입니다. 신학의 방법과 원리에 해당하는 이런 기초적 개념을 다루는 분야를 '신학서론' 혹은 간략하게 '서론'이라고 부릅니다.

방법과 원리의 중요성: "왜 닭볶음탕 맛이 이렇게 다르지?"

우리는 그리스도교 신앙의 내용을 포괄적·체계적으로 기술하기 전에 어떤 방법과 원리로 기술할 것인가를 먼저 다뤄야 합니다. 방법 없이 본론으로 들어가면 자칫 허둥지둥 헤매다 길을 잃을 수 있습니다. 그래서 방법이라는 것이 대단히 중요합니다. 예를 들어, 같은 요리라도 요리의 방법과 원리가 어떠냐에 따라 맛이 완전히 다르지 않습니까? 같은 닭볶음탕이라도 어떤 사람이 요리한 것은 정말 맛있는데, 다른 사람이 요리한 것은 맛이 형편없는 경우가 있지 않습니까? 그 이유가 무엇일까요? 요리하는 방법과 원리가 달라서 그렇습니다. 맛있는 닭볶음탕을 만들려면 좋은 방법과 좋은 원리에 따라야 합니다. 마찬가지로 훌륭한 조직신학 체계를 세우려면 신학의 방법과 원리가 훌륭해야 합니다. 따라서 신앙의 내용을 어떤 방식과 원리에 따라 포괄적·체계적으로 기술하고 해명할 것인가를 먼저 논구해야 하는데, 이것을 프롤레고메나 즉 신학서론에서 다룹니다.

신학서론과 기초신학

이처럼 신학서론은 신학의 방법과 원리를 다루기 때문에 풀어서 '신학의
방법과 원리'라고도 부릅니다. 교의학 혹은 조직신학의 방법론과 원리론
을 탐구하는 영역을 전통적으로는 라틴어로 프롤레고메나라고 불렀는데
이 말은 서론이라는 뜻이라고 했습니다. 예를 들면, 헤르만 바빙크와 칼 바
르트도 자기의 교의학 서두에서 신학의 방법과 원리인 프롤레고메나를 다
룹니다. 바빙크는 프롤레고메나를 "신학의 방법론 내지는 원리론"이라고
정의합니다.[13] 바르트 또한 프롤레고메나를 "신학의 인식 방법 내지는 '인
식의 길'(Erkenntnisweg)에 대한 입문적 이해"라고 불렀습니다.[14] 그리고 게
르하르트 에벨링(Gerhard Ebeling)은 프롤레고메나와 관련하여 로마 가톨릭
신학으로부터 "기초신학"(fundamentaltheologie)이라는 개념을 차용합니다.
기초신학이란 신학의 토대가 되는 근본적 방법과 원리를 토론하고 논구
하는 신학이라는 뜻입니다.[15] 개신교 신학자들의 조직신학 책을 보면 '신
학서론'이라는 이름으로 신학의 방법과 원리를 다룹니다. 그러나 로마 가
톨릭 신학자들의 조직신학 책은 '기초신학'이라는 이름으로 같은 것을 다
룹니다. 기초신학이라는 용어를 사용하는 책은 보통 로마 가톨릭 신학자
들의 책입니다. 그러나 에벨링은 개신교 신학자임에도 자신의 저서 『기독
교 신앙의 교의학』(Dogmatik des christlichen Glaubens)에서 기초신학이라는 명

---

13   Herman Bavinck, 박태현 역, 『개혁교의학 1』, 297.

14   Karl Barth, *Kirchliche Dogmatik I*, 1, 23.

15   Wilfried Joest, *Dogmatik I* (Göttingen: Vandenhoeck & Ruprecht, 1995⁴), 13.

칭 아래 신학의 방법과 원리를 논구합니다. 신학서론이 교의학의 기초가 되는 방법과 원리를 논구하는 분야임을 감안할 때, 기초신학은 신학서론의 학문적 성격을 드러내는 또 다른 명칭이 될 수 있습니다. 신학자마다 견해 차이는 있을 수 있겠지만 신학서론을 기초신학이라고 명명하는 것을 굳이 반대할 이유는 없다고 봅니다.

테니스를 잘 치려면 폼 연습을 제대로 해야 하듯 신학도 마찬가지다

거듭 말씀드리지만 신학서론은 대단히 중요합니다. 신학의 방법과 원리가 잘못되면 신학의 전체 구도가 뒤틀릴 뿐 아니라 본론에서 논의할 신론, 인간론, 그리스도론, 구원론, 교회론, 종말론 등에 심각한 오류와 오독이 발생할 수 있기 때문입니다. 여러분! 원래 기초를 배울 때는 좀 따분합니다. 가령 테니스를 배울 때도 처음에는 시합을 안 하고 자세만 연습하지 않습니까? 빨리 재미있는 시합을 해야 하는데 폼만 연습하다 보면 굉장히 지겹고 지루합니다. 하지만 폼 연습으로 기초를 잘 닦아둬야 본 게임에 들어가서 재미있게 경기하고 실력도 늘 수 있습니다. 수영할 때도 기초를 배우는 것이 굉장히 따분합니다. 그러나 따분하다고 기초 연마하는 일을 소홀히 하면 안 됩니다. 지금 여러분도 제 강의가 좀 따분할 수 있겠지만 좀 견뎌볼 필요가 있습니다. 그래야 조직신학의 망망대해에 풍덩 뛰어들어 물살을 가르면서 헤엄쳐나갈 수 있습니다.

신학의 방법과 원리

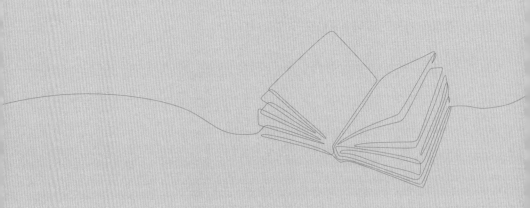

신학의 기초 원리, 객관적 원리, 주관적 원리

우리는 신학의 방법과 원리를 다룰 때 일반적으로 신학의 원리를 근본 원리(*principium fundamentum*, 본질적 원리[*principium essendi*]), 객관적 원리(*principium objectivum*, 외적 원리[*principium externum*]), 주관적 원리(*principium subjectivum*, 내적 원리[*principium internum*])로 나눕니다.[1]

신학에는 이렇게 근본 원리(본질적 원리), 객관적 원리(외적 원리), 주관적 원리(내적 원리)가 있습니다. 신학의 근본 원리는 '삼위 하나님'입니다. 신학의 객관적 원리는 '하나님의 자기 계시'(Selbstoffenbarung Gottes)입니다. 그리고 신학의 주관적 원리는 성령께서 인간의 내면에 비추시는 '조명의 빛'(*lumen illuminationis*)입니다. 개혁신학은 이것을 '성령의 내적 조명'(*illuminatio Spiritus sancti interna*)이라고 표현합니다. 성령의 내적 조명은 인간에게 '신앙'(*fides*)을 유발하는데, 이렇게 해서 우리 내면에 형성된 신앙 또한 신학의 주관적 원리에 포함됩니다. 신앙이 있으니 교회에 나와서 예

---

1   Herman Bavinck, 박태현 역, 『개혁교의학 1』(*Gereformeerde Dogmatiek I*, 서울: 부흥과개혁사, 2011), 303.

배를 드리고 신학책을 사서 읽고, 신학 공부를 하는 것 아닙니까? 그래서 신학의 주관적 원리는 신앙을 포함합니다.

신학의 객관적 원리와 주관적 원리는 구분할 수 있으나 분리할 수 없다

신학서론에서는 신학의 근본 원리 및 객관적 원리와 주관적 원리를 다룹니다. 여기서 한 가지 상기해드리고 싶은 것은, 신학의 객관적 원리와 주관적 원리를 구분은 하더라도 분리해서는 안 된다는 사실입니다. 신학의 객관적 원리인 성경과 주관적 원리인 우리의 신앙을 구분할 수는 있어도 분리할 수는 없는 노릇입니다. 예를 들어, 성경이 여기 있어도 우리가 성경을 믿지 않으면 그것이 아무리 객관적으로 하나님 말씀이라고 해도 바르게 이해할 수 없습니다. 물론 성경을 읽을 때 성경 말씀을 깨닫게 해주시고 믿게 해주시는 분은 성령 하나님이십니다. 성경 말씀과 우리의 인식 사이에 '성령의 내적 조명'이 없으면 아무리 성경을 읽고 연구해도 말씀의 진정한 의미를 깨달을 수 없고 그것을 믿을 수 없고 행할 수도 없습니다. 그러므로 성경이 신학의 객관적 원리에 해당하는 교리이기는 하나, 신앙이라는 주관적 원리와 분리될 수 없습니다. 그리고 신학의 근본 원리가 삼위 하나님 자신이라면 신학의 객관적 원리와 주관적 원리는 더더욱 분리할 수 없습니다. 신학의 객관적 원리인 하나님의 자기 계시로서의 성경과 주관적 원리인 성령의 내적 조명 및 우리의 신앙, 이 모든 것이 삼위 하나님에게서 나오기 때문입니다. 그래서 신학의 객관적 원리와 주관적 원리는 구분될 수는 있어도 분리될 수는 없습니다.

객관적 원리와 주관적 원리의 상호작용을 통해서만 신학을 바르게 세울 수 있다

거듭 말씀드리지만 신학의 객관적 원리와 주관적 원리는 구분할 수는 있어도 분리할 수는 없습니다. 둘 중 한쪽만을 가지고는 신학을 바르게 세울 수 없습니다. 객관적 원리와 주관적 원리가 상관적으로 작용할 때 신학을 바르게 세울 수 있습니다. 신학의 객관적 원리인 하나님 말씀과 주관적 원리인 신앙이 만날 때, 그 만남 속에서 성령께서 우리의 지성과 정서와 의지 가운데 말씀을 조명해주십니다. 이렇게 조명된 말씀을 내적으로 증거해주실 때 신학이 가능한 것입니다. 그러므로 신학의 객관적 원리인 하나님 말씀을 배제한 채로 주관적인 원리인 우리의 신앙만 가지고 신학을 바르게 세울 수는 없습니다.

우리가 소유하는 하나님에 관한 지식 혹은 인식은 1) 성삼위 하나님(신학의 근본 원리)으로부터 나온 2) 계시의 길(신학의 객관적 원리)을 따라 3) 이성적 피조물인 인간의 자의식, 즉 우리의 주체적 신앙 속에서 성령의 내적 조명(신학의 주관적 원리)으로 말미암아 성찰된 지식입니다. 이것이 우리가 인식하고 소유하는 하나님에 관한 지식입니다. 여기서 계시로서의 하나님 말씀인 성경은 신학의 객관적 원리(외적 원리)로 분류되고, 말씀을 수용하는 우리의 주체적 신앙은 신학의 주관적 원리(내적 원리)로 분류됩니다.

객관적 원리와 주관적 원리가 의존하는 공동 기초는 삼위 하나님의 본질이다

하나님께로부터 계시가 나와서 우리에게 전달되는 일련의 과정은 연속적이고 유기적이기에, 신학의 주관적 원리와 객관적 원리를 기계적 병립 관계로 날카롭게 분리하는 것은 어리석고 무의미한 일입니다. 둘을 구분할 수는 있어도 분리할 수는 없다고 보는 것이 양자의 관계에 대한 올바른 이해입니다. 신학의 객관적 원리와 주관적 원리는 모두 동일한 토대인 삼위 하나님의 본질에 기초하기 때문입니다. 그래서 우리는 삼위 하나님을 신학의 '근본 원리' 혹은 '본질적 원리'라고 부릅니다. 신학의 근본 원리인 삼위 하나님으로부터 신학의 객관적 원리와 주관적 원리가 흘러나오는 것입니다. 그러므로 삼위일체론은 예배의 대상이신 하나님에 관한 교리일 뿐 아니라 신학이라는 학문의 일관된 근본 원리임을 잊어서는 안 됩니다.

정리

성부이신 하나님은 로고스, 즉 아들이신 성자를 통해 성령의 능력 안에서 피조물에게 자기 자신을 전달합니다.[2] 그러므로 계시는 '하나님의 자기 전달'(Selbstmitteilung Gottes)인데, 하나님의 자기 전달 과정은 삼위일체적 구조를 가진다고 할 수 있습니다. 삼위 하나님 자신이 곧 신학의 근본 원리가 되십니다. 여기서 한 가지 의문이 제기될 수 있습니다. '이성'($ratio$)은 신학의 원리일까요, 아닐까요? 이 문제에 관해서는 개혁신학 안에서도 의견이 갈립니다. 찰스 하지(Charles Hodge)를 따르는 미국 프린스턴 학파(Princeton-school)의 전통에서는 이성을 신학의 원리로 봅니다. 그러나 헤르만 바빙크를 따르는 네덜란드 암스테르담 학파(Amsterdam-school)의 전통에서는 이성이 신학의 객관적 원리와 주관적 원리에 의존하여 신학을 구성하는 '수단'으로서 도구적 기능을 수행하는 것으로 봅니다. 그러므로 이

---

2   Herman Bavinck, 박태현 역, 『개혁교의학 1』, 302, 304.

성이 계시를 섬기는 일에 사용될 수 있으나 신학의 원리일 수는 없다는 것입니다. 여기서 암스테르담 학파가 말하는 이성은 "자율적 이성"이 아니라 성령에 의해서 거듭난 이성, 즉 "순종하는 이성"입니다.[3] 그래서 암스테르담 학파의 신학에서는 이성이 아무리 성령으로 말미암아 거듭났어도 그것은 신학의 원리가 아니라 신학 구성에 있어 도구적 기능을 수행하는 기관(orgaan)일 뿐입니다.

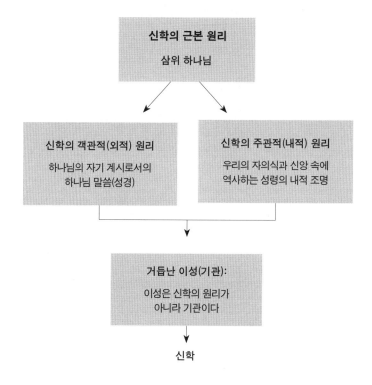

---

3   최홍석, 『당신의 말씀은 진리니이다』(서울: 총신대학교출판부, 1991), 225-226.

원형의 신학과 모방의 신학

원형의 신학과 모방의 신학

지금부터는 '원형의 신학'(*theologia archetypa*)과 '모방의 신학'(*theologia ectypa*)에 관한 개혁파 정통주의 신학(Reformierte Orthodoxe Theologie)의 유명한 가르침을 살펴보도록 하겠습니다. 개혁파 정통주의 신학자들은 신학을 원형의 신학과 모방의 신학으로 나누어서 하나님이 자기 스스로를 이해하는 지식을 원형의 신학이라 부르고, 피조물인 인간이 하나님에 관해 이해하는 지식을 모방의 신학이라 불렀습니다. 신학을 원형의 신학과 모방의 신학으로 나누는 이러한 분류는 개혁파 정통주의 신학자 프란키스쿠스 유니우스(Franciscus Junius, 1545-1602)의 말에서 거의 최초로 발견됩니다. 그리고 유니우스 이래로 아만두스 폴라누스(Amandus Polanus), 요한네스 샤르피우스(Johannes Scharpius), 안토니우스 왈레우스(Antonius Walaeus)와 같은 개혁파 정통주의 신학자들이 이 개념을 계승했습니다.[1] 개혁파 정통주의 신학자들은 신학을 이렇게 분류함으로써 인간이 하나님에 관한 지식을 추구할 때의 신학적 한계를 엄밀하고 명백하게 주지시키기 원했던 것입니다.

---

1   한병수, 『개혁파 정통주의 신학 서론』(서울: 부흥과개혁사, 2014), 216.

여기서 제가 질문을 하나 해볼까요? 원래의 신학, 즉 원형의 신학은 어디에 있을까요? 우리가 공부하는 모임 속에 있을까요? 지금 제가 여러 분에게 펼치고 있는 이 신학이 원형의 신학입니까? 분명히 말씀드리거니와 제가 여러분에게 개진하는 것은 원형의 신학이 아닌 모방의 신학입니다. 그렇다면 원형의 신학은 어디 있을까요? 이동영 교수의 자의식 속에 있을까요? 아니면 '하나님의 자의식'(Selbstbewußtsein Gottes) 속에 있을까요? 어디에 있을까요? 이 문제를 분명히 해야 하는데, 원형의 신학은 삼위일체 하나님의 자기의식 속에 있는 신학입니다. 그래서 개혁파 정통주의 신학은 원형의 신학을 하나님의 자기 지식, 즉 "하나님 자신이 자기에 관하여 가지고 있는 인식"(cognitio quam Deus ipse de ipso habet)으로 정의했습니다. 그리고 모방의 신학을 하나님에 관한 인간의 유한한 지식, 즉 "하나님 자신의 신학(원형의 신학)의 모방으로서의 하나님에 관한 지식"(scientia de Deo ad imitationem theologiae suae)으로 봤지요.[2]

원래 원형의 신학은 하나님의 자기의식 속에 '있었고'(Vergangenheit, 과거), '있고'(Gegenwart, 현재), '있을 것'(Zukunft, 미래)입니다. 그렇다면 하나님의 자기의식 속에 있는 이 원형의 신학을 우리가 알 길이 있을까요? 아니요, 절대로 알 수 없습니다! 인생의 깊은 경륜과 지혜를 소유한 어르신의 마음조차 헤아리기 힘든 것이 인간입니다. 그런 우리가 하나님의 자기지식으로서의 원형의 신학을 안다는 것은 어불성설입니다. 그래서 사도 바울은 이렇게 말했습니다. "깊도다! 하나님의 지혜와 지식의 풍성함이여, 그의 판단은 측량치 못할 것이며 그의 길은 찾지 못할 것이로다"(롬 11:33).

---

2 Jürgen Moltmann, *Der gekreuzigte Gott, Das Kreuz Christi als Grund und Kritik christlicher Theologie* (Gütersloher, 2002⁷), 68.

그러기에 원형의 신학을 안다고 자처하는 자, 그런 자가 누굴까요? 그런 자들을 부르는 전문용어가 있습니다. 바로 교주입니다. 교주들은 원형의 신학을 참 잘도 아는 척합니다. 하지만 네덜란드의 개혁파 정통주의 신학자 프란키스쿠스 유니우스가 힘주어 강조한 것처럼 원형의 신학은 알 길이 없습니다. 원형의 신학은 "하나님 자신의 신학"(*theologia in se*)이며 "절대적이고 무한한 동시에 총체적인 지혜이자 지식"(*sapientia et scientia simul absoluta, infinita et tota*)이기 때문입니다.[3] 네덜란드 사람으로서 미국 프린스턴에서 활동했던 저명한 개혁신학자 게르하르두스 보스(Geerhardus Vos)가 강조한 바와 같이 오직 하나님 자신만이 자기에 관한 완전한 지식, 즉 "자기에 대한 인식의 이데아"(het ideaal der kennis van zich zelf)를 소유할 수 있습니다.[4] 따라서 원형의 신학은 결코 인간의 탐구 대상이 될 수 없습니다. 원형의 신학은 인간에게 속한 것이 아니라 오직 하나님께만 속한 신학이기에 우리는 원형의 신학을 안다고 떠드는 사람을 정말로 조심해야 합니다. 원형의 신학을 안다고 주장하는 그곳에서 거짓되고 극악무도한 이단이 탄생하는 것입니다.

하나님에 관한 우리의 지식은 간접적인 것이다

헤르만 바빙크가 이미 지적한 것처럼, 원형의 신학은 삼위 하나님의 자기의식 속에 존재하고 있었습니다.[5] 이 원형의 신학, 즉 하나님 자신의 생각

---

3   Franciscus Junius, *De Vera Theologia*, iii-iv (참조. 한병수, 『개혁파 정통주의 신학 서론』, 217).

4   Geerhardus Vos, 김영호 역, 『개혁교의학』(*Dogmatiek*, 서울: 솔로몬, 2016), 37.

5   Herman Bavinck, 박태현 역, 『개혁교의학 1』, 303.

이 계시의 형태로 우리에게 주어지지 않았다면 우리는 하나님을 인식하지도 이해하지도 못했을 것입니다. 그래서 삼위 하나님의 자기의식 속에 감추어져 있던 원형의 신학이 '계시 사건'(Offenbarungsereignis)으로 말미암아 성경에 기록되고, 성경에 기록된 계시가 '성령의 내적 증거'(Testimonium Spiritus sancti internum)에 의해 우리의 '자의식'(Selbstbewußtsein) 속에 '조명'(illuminatio)될 때, 우리는 비로소 주관적·주체적으로 '하나님에 관한 지식'(kennen van God)을 소유할 수 있게 됩니다. 주관적 혹은 주체적 신학이 가능해진다는 것입니다. 바빙크는 이것을 "내면적 모방의 신학" 또는 "주체 안에 있는 신학"이라고 불렀습니다.[6]

하나님의 자의식 속에 있는 원형의 신학 자체는 우리가 알 길이 없습니다. 우리가 하나님을 인식할 수 있는 까닭은 하나님께서 "계시의 방법 안에서"(in revelationis modo) 우리에게 그분의 뜻을 알려주셨기 때문입니다.[7] "하나님의 지식은 오로지 하나님의 계시를 통하여 우리에게 흘러들어 오는" 것입니다.[8] 그래서 헤르만 바빙크는 하나님의 계시로서의 성경을 신학의 "도구적·효과적 원인"(causa efficiens instrumenatlis)이라 불렀고[9] "도구적 말씀"(verbum instrumentale)이라고도 불렀습니다.[10] 여기서 도구적·효과적 원인이나 도구적 말씀이라는 말이 어려운 것처럼 보이지만, 쉽게 설명하면 이렇습니다. 벽에 못을 박으려면 그렇게 하기 위한 효과적인 도구가 필요합니다. 그게 무엇입니까? 망치가 아니겠습니까? 마찬가지로 바른 신학을

---

6 앞의 책, 304.

7 앞의 책, 302.

8 앞의 책, 302.

9 앞의 책, 302.

10 앞의 책, 303.

세우기 위해 반드시 필요한 효과적인 도구가 성경이라는 것입니다.

그런 의미에서 우리가 소유하는 하나님에 관한 지식은 직접적 지식이 아니라 간접적 지식입니다. 하나님의 계시가 어디 기록되어 있습니까? 성경에 기록되어 있습니다. 계시 사건은 성령의 능력 안에서 성경으로 모사(기록)되었습니다. 성경의 계시가 성령의 내적 증거에 의해 우리의 자의식 속에 조명될 때, 우리의 내면적 모방의 신학(우리의 주체적 신학)이 비로소 가능해집니다.[11] 따라서 하나님에 관한 우리의 지식은 성령의 내적 조명하에 계시를 통해 주어지지만, 직접적 지식이 아니라 간접적 지식임을 간과해서는 안 됩니다.

지상에 존재하는 모든 신학은 모방의 신학이다!

헤르만 바빙크가 지적한 것처럼 오직 삼위 하나님의 자의식 속에만 원형의 신학이 존재합니다.[12] 우리는 성부 하나님, 성자 하나님, 성령 하나님께서 서로에 대한 지극한 사랑과 사귐 속에서 서로를 온전히 알고 이해하시는 것처럼 하나님을 알지는 못합니다. 그래서 우리의 신학은 모방의 신학이요 본향을 향하여 순례하는 나그네의 신학일 뿐 원형의 신학일 수 없습니다. 지상에 존재하는 모든 교파의 신학이 저마다 강조점과 특징을 달리한다는 것 자체가 우리의 신학이 모방의 신학임을 증명하는 셈입니다. 지상의 모든 신학은 이 땅에서 살아가는 자들이 하나님을 참되게 인식하

---

11 "신적인 자의식 가운데 있는 원형의 신학, 그리고 계시로 주어지고 성경에 기록된 모사의 신학, 그리고 계시에서 나와 사람의 의식에 들어가 수용된 [인간의] 주체 안에 있는 신학인 하나님에 대한 인식, 이 세 가지 모두는 하나님으로부터 나온다." 앞의 책, 303 참조.

12 Herman Bavinck, 박태현 역, 『개혁교의학 1』, 303.

고 그분께 더 가까이 나아가기 위한 방편일 뿐입니다. 그래서 개혁파 정통
주의 신학자 프란키스쿠스 유니우스는 다음과 같이 말했습니다.

> 우리의 신학은 지상에서 살아가는 자들의 유익을 위해 하나님의 성령을 통하
> 여 자연 혹은 은총의 계시로 말미암아 [우리에게] 전달된(소통된) 거룩한 것
> 들에 대한 지식이다.[13]

그러므로 우리는 특정 교파의 신학을 하나님 자신의 신학인 원형의 신학
이라고 주장하는 우를 범해서는 안 됩니다.

하나님께 더 가까이 나아가기 위한 탁월한 방편으로서의 개혁신학

저는 장로교 신학자로서 개혁신학의 아성인 암스테르담 자유대학교(Vrije
Universiteit te Amsterdam)에서 공부했습니다. 그래서 개혁신학에 관해 큰 긍
지와 자부심을 느낍니다. 개혁신학은 어떠한 신학 전통이나 신학 사상과
마주치더라도 그것에 무조건적 권위를 부여하지 않습니다. 개혁신학은 신
학의 진위와 가치를 그 신학을 개진하는 자의 권위나 유명세로 판단하지
않습니다. 신학의 진위와 가치는 오직 그 신학 사상이 얼마나 하나님의 계
시의 말씀인 성경에 부합하느냐로 판단될 뿐입니다. 개혁신학은 그 어떤
교리나 그 누구의 신학 사상과 마주치더라도 그것의 성경적 적합성을 치
밀하고 철저하고 집요하게 따지는 신학입니다. 그래서 개혁신학을 하나님

---

13 Franciscus Junius, *De Vera Theologia*, viii (참조. 한병수, 『개혁과 정통주의 신학 서론』,
    239).

께 더 가까이 나아가고 하나님의 뜻을 발견하는 수단으로 삼으면 이는 굉장히 탁월한 방편이 될 수 있습니다. 그 때문에 저는 개혁신학을 사랑할 뿐 아니라 그에 관해 남다른 긍지와 자부심을 느낍니다. 그러나 누구라도 이 개혁신학이 하나님께 더 가까이 나아가기 위한 방편이 아니라 하나님 자신의 신학인 원형의 신학이라고 주장한다면 그 순간부터 그러한 신학은 진리의 광휘를 잃고 악마의 마성을 띨 수 있습니다. 우리가 지상에서 하는 모든 신학은 '나그네의 신학'이고 '도상의 신학'이고 '모방의 신학'이고 '계시의 신학'(theologia revelationis)이며 '신앙의 신학'(theologia fidei)이지, 하나님 자신 속에 있는 신학인 '원형의 신학'이 아님을 한시라도 잊어서는 안 됩니다.[14]

사도 바울이 말했듯이 온전한 것이 오면 우리가 부분적으로 아는 모든 것이 폐하여질 것입니다(고전 13:10). 개혁파 정통주의 신학자들은 지상에서 우리가 수행하는 신학 작업이 하나님 자신의 신학과 동일시될 수 없으며 그런 오류에 빠져서는 안 된다는 것을 원형의 신학과 모방의 신학의 구분을 통해 엄중히 경고하고 있습니다. 원형의 신학과 모방의 신학의 구분은 개혁파 정통주의 신학자들의 창작물이 아니라, '영민한 박사'(Doctor Subtilis)가 별명인 중세 교부 요한네스 둔스 스코투스(Johannes Duns Scotus, 1266-1308)에게로까지 거슬러 올라갑니다. 스코투스는 신학을 하나님의 자기 이해인 "하나님의 자기 신학"(theologia in se)과 유한한 인간의 하나님 이해, 즉 "우리의 신학"(theologia nostra)으로 구분해 가르쳤습니다.[15] 스코투스의 이러한 신학 구분이 개혁파 정통주의 신학에서 개념적으로 발전하

---

14 Herman Bavinck, 박태현 역, 『개혁교의학 1』, 304.
15 한병수, 『개혁파 정통주의 신학 서론』, 216.

고 예리하게 적용된 것입니다. 자신이 구축하는 신학을 원형의 신학이라고 주장하려는 욕망은 신학자나 목회자들이 빠질 수 있는 크나큰 유혹입니다. 그러기에 우리가 지상에서 수행하는 모든 신학 작업이 원형의 신학이 아니라 모방의 신학임을 한시라도 잊어서는 안 되겠습니다.

목사님의 영빨! 주차 공간이 있네?

제가 유럽에서 목회할 때 예수 믿은 지 얼마 안 된 한 교우가 있었습니다. 이분이 교회를 다니면서 은혜를 많이 받았던 모양입니다. 제가 전하는 말씀이 자기에게 굉장히 은혜가 되더라는 거예요. 그분은 저와 여러 교우들과 함께 자주 차를 마시며 담소를 나누곤 했습니다. 유럽은 주차 공간이 별로 넉넉하지 않습니다. 차를 가지고 외출하면 항상 주차하는 데 돈이 많이 듭니다. 저녁에 퇴근하여 집에 가도 차고 있는 집이 흔치 않아 길거리에 주차해야 하는데, 저녁에 길거리에 주차하기가 쉽지 않습니다. 그런데 그분 말씀이 "목사님과 대화를 나누고 저녁에 집에 가면 집 근처에 어김없이 주차할 자리가 있다"는 겁니다. 이분에게는 그것이 일종의 간증이었던 것이지요. 그러면서 확실히 목사님이 주님의 종이라서 다르다는 것입니다.

그때 제가 그 말을 듣고 하나님과 직통하는 사람처럼 원형의 신학에 속한 인간처럼 행세했다면 어떻게 됐겠습니까? 그때 제게는 '아! 이러다가 잘못하면 목사가 성도를 버려놓겠구나!' 하는 생각이 들었습니다. 제가 그분에게 이렇게 말했다고 상상해보세요. "자매님, 그것 보세요! 주의 종에게 순종하니까 그런 일이 벌어지는 것 아닙니까? 앞으로도 주의 종에게 순종하면 주차가 문제겠습니까?" 이런 말을 슬쩍 흘린다면 아마 심약한 교우들은 목사를 추종하게 될 것입니다.

개 안수 사건!

한번은 또 이런 일이 있었습니다. 교우 중에 결혼하고 얼마 안 되어 남편과 사별하고 혼자 되신 분이 있었습니다. 그분은 개를 키웠고 이 개와 굉장히 친밀했습니다. 한 5년인가를 함께 살다 보니 개가 자식이나 마찬가지가 된 것이지요. 어느 날 밤에 갑자기 저에게 전화가 왔습니다. 전화의 내용인즉, 개가 아파서 다 죽어가니 심방을 좀 와달라는 것입니다. 동물병원에 가서 약을 먹였는데 열이 떨어지지 않는다면서요. 저는 갈까 말까 망설였지만, 그 개가 교우에게 어떤 의미인지 알았기에 부목사님과 같이 심방을 갔습니다.

갔더니 그분이 어쩔 줄 모르고 안절부절못하면서 개에게 안수 기도를 해달라고 간곡히 부탁하는 것 아니겠습니까? 정말 난감하더라고요. "목사님! 동물병원에 갔다 왔는데요, 약을 먹어도 열이 안 떨어지고 있습니다. 이러다가는 우리 애가 죽겠어요!" 이렇듯 개를 "애"라고 부르며 너무나 간절하게 저를 바라보면서 안수 기도를 부탁하는 것입니다. 당시 저는 개는 고사하고 사람에게도 안수 기도를 해본 적이 없었습니다. 그런데 어쩌겠습니까? 사람한테도 안 하는 안수 기도를 개에게 했습니다. 그리스도교의 기도 전통을 보면 고대 교회와 중세 교회 때 가축을 위해서 드리는 기도가 있었습니다. 고대나 중세 사회에서 가축은 재산으로서 대단히 중요한 의미와 가치가 있었으니까요.

어쨌든 저는 개의 머리에 손을 얹고 기도했습니다. "하나님께서 치유의 손을 펼치사 도와주시고 낫게 해주시옵소서!" 대략 이렇게 기도하고 집으로 돌아왔습니다. 그리고 다음 날 아침 일찍 그분에게 전화가 왔습니다. 수화기 너머로 하는 말이, 열이 내렸다는 것입니다. 제가 기도하고 간 후 얼마 안 되어 열이 내렸다고 합니다. 그래서 교우들 사이에 난리가 났습니다. "우리 목사님이 신령하다"면서 말입니다. 저는 그분을 비롯한 교우들에게 이렇게 말했습니다. 제가 기도해서 열이 내린 것이 아니라 내릴 만하니까 내린 거라고요. 생각해보세요. 약을 먹었다고 바로 듣는 것은 아니잖아요. 약효가 돌려면 시간이 필요하지 않습니까? 제가 보기에는 기도하고 간 후에야 약효가 나타난 것일 뿐입니다. 설마 제가 기도했다고 해서 열이 내렸겠습니까? 물론 기도해서 내릴 수도 있겠지요! 그러나 저는 그건 아니라고 봅니다. 나을 만하니까 나은 것입니다.

원형의 신학을 탐하는 자, 그 말로가 비참하리라!

말씀드리고 싶은 것은 이런 일이 일어났을 때 "옳다구나!"라고 악용하는 순간부터 목사가 교주가 된다는 사실입니다. 우리의 사역과 신학을 원형의 신학이라고 주장하려는 악마의 유혹은 목회 현장 도처에 도사리고 있습니다. 앞서 말씀드린 주차 공간도 그냥 비어 있었던 것이지 저하고 대화하고 가서 빈 것이 아닙니다. 거듭 강조하고 싶은 것은, 이런 논리에 탐닉할수록 목사가 카리스마적 권위를 얻게 되고, 교인들에게 교주처럼 절대권력을 휘두르며 군림할 수 있다는 사실입니다.

그러나 이러한 행태는 목사가 제 무덤 파는 짓임을 결코 잊어서는 안 됩니다. "목사 말 안 듣다가 하나님께 벌 받아서 너희 자식 병났다!" "목사 말 안 듣다가 하나님께 벌 받아서 너희 자식 죽었다!" "네가 건강을 잃은 것은 목사 말 안 듣다가 하나님께 벌 받은 것이다!" 개중에는 이렇게 말하는 목사가 있을 수 있습니다. 그런데 이렇게 막말하다가 정작 자기가 아프면 어떻게 되겠습니까? 제가 간접적으로 들은 이야기인데, 실제로 그런 목사님이 있었다고 합니다. 교인들을 그런 식으로 휘어잡다가 자기가 중병에 걸린 거죠. 그러자 모든 교인은 그 목사님이 평소 하던 대로 했다고 합니다. "저 목사가 하나님께 벌 받아서 죽을병에 걸렸다!" 그러면서 병든 목사님을 동정하고 돌봐주기는커녕 비참하게 쫓아내버렸다는 것입니다.

명심해야 하겠거니와, 우리의 신학은 도상에 있으며 아직 본향에 도착하지 못한 나그네의 신학이기에 부분적이고 미완성일 수밖에 없습니다. 우리의 신학은 하나님 자신의 신학(원형의 신학)이 아닙니다. 우리가 하는 모방의 신학을 원형의 신학과 감히 비교해보면 그것은 터무니없이 빈곤하고 빈약하며 인간의 오류와 모순의 그림자가 드리운 불완전하고 불명료한 신학입니다. 그런 모방의 신학 속에서 이 세상을 향한 하나님의 구원의 은총이 현시된다면 그것은 전적으로 우리를 향한 하나님의 사랑과 자비 때문일 것입니다. 그래서 개혁파 정통주의 신학의 전문가인 한병수는 이렇게 말합니다.

우리의 하나님 지식은 하나님 자신의 지식도 아니며, 천사들의 지식도 아니며, 하늘에 있는 의인들의 지식도 아니며, 그리스도 예수의 지식도 아니며… 겨우 인간의 거짓되고 부패하고 유한한 상태 속에서 각자에게 부여된 한 줌의 지적 능력을 따라 심각한 기복을 보이는 불안하고 혼탁하고 불분명한 그런 지식일 뿐인데 그 변변찮은 지식조차 하나님을 아는 지식으로 간주하고 구원의 수단으로 여겨주시는 하나님을 생각할 때, 우리가 얼마나 큰 은혜와 긍휼 속에서 진멸되지 않고 있는지를 믿는다면 어떠한 경지에 오른다 할지라도 교만의 고개를 빳빳하게 세워서는 안 되며 겸손의 허리를 늘 숙여야만

한다는 당위성에 수긍하지 않을 수 없을 것입니다.[16]

그러기에 신학하는 우리의 자세는 첫째도 겸손이요 둘째도 겸손이요 처음부터 마지막 순간까지 겸손일 수밖에 없습니다. 헤르만 바빙크도 무릇 신학자는 어린아이 같은 겸손함이 있어야 한다고 강조했습니다. 그는 신학을 저택에 비유하여, 신학이라는 저택의 현관 입구에 이런 글귀가 쓰여 있다고 묘파했습니다. "하나님이 지혜롭고 슬기 있는 자들에게 숨기시고 어린아이들에게는 나타내셨다"(마 11:25).[17]

지상에서 하나님 자신의 신학인 원형의 신학을 탐했던 자들의 말로가 언제나 비참했음은 교회사가 우리에게 증언하는 바입니다. 그러므로 우리는 결코 진리의 주인이 될 수 없으며 오직 진리의 사신 노릇만 할 수 있음을 한순간도 잊어서는 안 됩니다. 그러므로 우리는 신학 작업을 수행하면서 날마다 이렇게 기도해야 합니다. "주님! 모든 진리는 당신의 것이오니, 우리는 오직 진리의 사신만 되게 하소서, 아멘!"

---

16 앞의 책, 223-224.

17 Herman Bavinck, *Godsdienst en godgeleerdheid*, 61(Herman Bavinck, 박태현 역, 『개혁교의학 1』, 21의 "편역자 서문"을 따라 인용).

신학이란 무엇인가?(1)

공부할 때 반복의 중요성

4강을 시작하면서 먼저 반복의 중요성에 관해 말씀드리고 싶습니다. 모든 것은 반복을 통하여 효과적으로 습득할 수 있습니다. 요즘은 사람들이 반복을 싫어하는 경향이 있는데 반복하지 않으면 습득할 수 없습니다. 학생들이 공부하면서 자꾸 암기하려고 하는데 암기는 그리 좋은 방법이 아닙니다. 암기는 뇌를 긴장하게 하고 고통스럽게 하며 오래가지도 않습니다. 어떤 거대한 개념을 습득할 때 반복만큼 효과적인 방법은 없습니다.

떡볶이, 순대, 어묵까지 재벌들이 팔아먹어서야 원!

어릴 적에 저는 어머니 손을 잡고 재래시장 가는 것을 참 좋아했습니다. 요즘도 재래시장에 가면 어릴 적 생각이 많이 납니다. 요새는 대형 마트가 생기면서 재래시장이 많이 없어졌는데, 저는 개인적으로 재래시장이 있어야 한다고 생각합니다. 유럽에도 재래시장이 있습니다. 제가 공부했던 오스트리아 빈만 하더라도 재래시장 상권이 시 차원에서 잘 보호되고 있었습니다. 반면 우리나라에는 대형 마트가 많이 들어서서 떡볶이 장사, 순대

장사, 호떡 장사까지도 대기업이 다 해 먹고 있는 실정입니다. 제가 한국에 막 귀국하여 교회 후배들과 만난 적이 있는데요, 후배들이 떡볶이 먹으러 가자길래 저는 교회 앞 재래시장에 가는 줄 알았습니다. 그런데 떡볶이 먹으러 백화점에 가자는 거예요. 처음에는 이해가 안 갔습니다. 떡볶이 먹으러 백화점에 가자니, 산에 가서 회 먹자는 이야기 같았습니다. 회를 먹으려면 바다로 가야 할 텐데요. 어쨌든 백화점에서 만나고 보니 백화점 지하에서 떡볶이, 순대, 오뎅, 호떡 같은 것들을 다 팔고 있었습니다.

그런데 한번 생각해보세요. 재래시장에서 팔던 것까지 재벌이 손을 뻗어 다 해 먹으니 서민들은 어떻게 살 수가 있겠어요? 사실 그런 품목은 재벌이 팔지 못하게 해야 하거든요. 재벌이 그런 것까지 다 차지해서야 되겠습니까? 그러니 재벌들이 서민에게 존경을 못 받지요. 유럽에는 존경받는 부자들이 꽤 있지만, 우리나라 부자들 중 서민에게 존경을 받는 이는 매우 드뭅니다. 부자들과 나의 차이는 딱 하나! 모든 것이 다 같은데 오직 하나만 다르다는 것이지요. 그들은 돈이 있는데 나는 돈이 없다는 것 말입니다. 그 외에는 아무것도 다른 게 없습니다. 그러므로 존경할 이유가 전혀 없는 것이지요. 그래서 한국의 부자 가운데 적지 않은 이들이 졸부라고 불리는 것입니다.

사실 한 개인에게 50억 이상이 있다면 그 재산은 단지 개인만의 것은 아니거든요. 부자들은 돈에 대한 공공의식이 있어야 합니다. 그게 진정한 의미의 재벌이고 부자라고 할 수 있습니다. 그런데 우리나라 부자들 가운데는 공공의식이 부족한 분들이 많은 것 같습니다. 이를 단적으로 보여주는 예가 바로 재벌이 경영하는 백화점에서 서민이 장사해서 먹고살아야 할 품목인 떡볶이, 순대, 어묵 같은 음식을 팔아 이윤을 남기고 있는 현실입니다.

과일 가게 아줌마의 지혜: 반복은 지혜의 어머니!

어릴 때 어머니 손을 잡고 재래시장에 가면 그곳에 큰 과일 가게가 있었습니다. 청과물 도매상이었는데 거기에는 배, 사과, 감 같은 과일이 좌판에 쫙 깔려 있었습니다. 지금도 과일 가게에서 흔히 볼 수 있는 풍경이지요. 당시 나이 지긋한 중년의 아주머니가 가게 주인이었는데, 손님들이 진열된 과일을 구경하고 집어보고 사야 하니까 나름대로 깨끗하게 유지하고 관리해야 했습니다. 좌판에 깔린 그 많은 과일을 어떻게 먼지 없이 깨끗하게 유지하고 관리할 수 있겠습니까? 하나하나 일일이 닦아서야 관리가 되겠습니까? 그렇게 해서는 그 많은 과일을 먼지 없이 깨끗하게 유지할 수 없습니다. 하나씩 둘씩 닦아가는 사이에 앞에 닦아놓은 과일에 먼지가 앉겠지요. 그렇다면 어떻게 해야 할까요? 방법은 전체를 먼지떨이로 계속 반복해서 털어주는 것입니다. 그렇게 하면 전체적으로 일정 수준 청결하게 유지가 됩니다. 여기서 하나하나 닦는 것이 암기라면, 먼지떨이로 전체를 계속 털어주는 것이 반복이라고 할 수 있습니다.

그리스어, 라틴어, 히브리어 같은 고전어나 독일어, 영어, 프랑스어 같은 현대어를 배울 때 중요한 일 중 하나가 단어를 외우는 것인데, 제 경험으로는 이때도 반복을 통해 기억에 많이 남기는 방법이 하나하나 암기하는 방법보다 훨씬 효과적입니다. 공부할 때도 마찬가지입니다. 반복 학습을 통해 그 체계를 머릿속에 많이 남겨두면서 공부하는 것이 중요해요. 하나하나 외우려고 하면 공부 효과가 떨어지기 십상입니다. 반복이 지혜의 어머니입니다.

신학이라는 단어의 기원과 본래적 용례

사실 '테올로기아'(θεολογια), 즉 '신학'은 원래 고대 그리스에서 사용했던 용어입니다. 플라톤(Platon)이 처음으로 사용했지요. 신학이라는 말의 고대 그리스 용례를 살펴보면 이는 '신들에 관한 이야기'(sprach über Gott)라는 말로서, 신들에 관한 문학적·시적·철학적 해석의 모음이나 총합이라는 의미로 쓰였습니다.[1] 당시 그리스는 폴리스(πολις, 도시국가)였습니다. 여러분도 잘 아시는 아테네, 스파르타, 테베, 시라쿠사 등의 국가가 폴리스였지요. 그런데 당시에 소위 '방랑 시인'이라는 부류의 인간들이 있었습니다. 무리 지어 이 폴리스 저 폴리스를 배회하면서 신들에 관한 이야기나 영웅들의 영웅담을 들려주고 신탁을 받았다 하여 예언도 하면서 돈도 벌고 대접도 받던 부류입니다. 방랑 시인은 여러 폴리스를 돌아다니며 활동했는데, 이들이 늘어놓던 신에 관한 시적인 이야기, 시적 해석, 문학적 해석 등을 모은 것을 '신화적 신학'이라고 불렀습니다. 그런데 이들의 허무맹랑한 신화적 신학 유포는 고대 그리스의 폴리스에서 시대적·사회적·국가적으로 심각한 문제를 일으켰습니다. 신과 영웅들의 무용담을 빙자하여 황당하고 허무맹랑하고 음탕한 이야기를 떠들고 다니면서 혹세무민의 행각을 벌인 것입니다.

---

1   Horst Georg Pöhlmann, *Abriß der Dogmatik* (Gütersloh: Gütersloher Verlagshaus Gerd Mohn, 1990), 19.

트로이의 비극

트로이(Troy)라는 고대 해상 국가를 아실 것입니다. 트로이가 스파르타 (Sparta)와 전쟁해서 망하지 않습니까?(트로이 전쟁, BC 12) 그리스 신화에 따르면 스파르타의 왕비 헬레네(Helene)의 아름다움에 반한 트로이 왕자 파리스(Paris)가 헬레나를 데리고 트로이로 도주한 것이 발단이 된 전쟁입니다. 대로한 스파르타의 왕 메넬라오스(Menelaus)는 자기 아내를 강탈해 간 파리스와 트로이를 치기 위해 스파르타를 중심으로 한 그리스 연합군을 트로이에 파병했고 이로써 트로이 전쟁이 발발합니다. 그런데 그리스 신화의 이런 묘사는 전쟁의 이유와 원인을 신화 형식으로 각색한 것에 불과합니다.[2] 이 전쟁의 실제 발발 원인은 지중해 무역의 패권을 장악하려는 스파르타가 당시 무역의 요충지에서 영향력을 행사하는 트로이를 집어삼키려 한 야욕이었습니다.

당시 트로이는 굉장히 부유했습니다. 무역과 상업으로 돈을 많이 벌었거든요. 그런데 돈은 많아도 군사적 강국은 아니었습니다. 스파르타보다 규모가 작아서, 쉽게 말하면 소도시인데 알부자였던 것입니다. 동물로 비유하자면, 트로이가 배부른 토끼였다면 스파르타는 굶주린 호랑이였

---

2   호메로스의 서사시 『일리아스』(Ilias)에 보면, 그리스가 트로이 전쟁 당시 트로이를 무너뜨릴 책략으로 "트로이 목마"(Trojan Horse)를 사용했다고 한다. 그리스는 트로이 성을 무너뜨리기 위해서 약 10여 년간 공성전을 벌였으나 트로이 성은 예상했던 것보다 훨씬 더 견고하여 쉽게 함락되지 않았다. 이에 그리스는 나무로 커다란 목마를 만들고 그 목마의 뱃속에 30여 명의 그리스 전사를 매복시키는 책략을 쓴다. 그리스는 목마를 버리고 퇴각했는데, 이는 거짓으로 퇴각한 척했을 뿐이었다. 그러나 트로이인들은 그리스의 책략에 여지없이 말려들었다. 그들은 목마를 승리의 전리품으로 착각하여 기뻐하며 성안으로 가지고 들어왔고, 승리를 자축하며 음식과 술로 축하연을 벌였다. 그날 밤 목마 속 군인들이 빠져나와 성문을 열어 그리스 군대를 성안으로 들였고, 이로 인해 결국 트로이 성은 함락되었으며 10여 년간의 기나긴 전쟁은 그리스의 승리로 막을 내렸다.

습니다. 그런데 토끼가 아무리 부자라도 토끼는 토끼입니다. 호랑이가 아무리 가난하고 굶주려 있어도 호랑이는 호랑이고요. 토끼가 배부르고 부자라고 호랑이 앞에서 함부로 깐족거리면 안 됩니다. 토끼가 잘 산다는 사실을 배고픈 호랑이가 아는 순간 토끼의 비극이 시작되는 것입니다. 세계의 역사라는 것이 그렇습니다. 지금은 이집트에 속해 있으나 고대에는 로마 제국에 속했던 알렉산드리아(Alexandria)라는 도시가 있지요. 이 도시는 로마의 곡창지대였고 특산물도 많이 났습니다. 그래서 고대 로마 제국의 세계에서는 알렉산드리아를 로마의 살진 암소라 불렀습니다. 로마는 당시 알렉산드리아를 뜯어 먹으며 부를 유지했던 것입니다.

각설하고, 스파르타는 트로이를 잡아먹고 싶어했습니다. 그러자 트로이에서는 국왕 이하 문무백관과 정치지도자들이 모여 비상시국 회의를 엽니다. 이때 트로이의 책사들이 국왕에게 말합니다. 스파르타를 중심으로 한 연합군과 전면전을 벌이면 안 된다고 말입니다. 트로이의 군사력으로 스파르타가 이끄는 그리스의 대군을 상대하기에는 중과부적이라는 이유에서였지요. 이처럼 트로이에서는 화친론이 힘을 얻어가는 상황이었습니다. 스파르타에 조공을 바치고 화친을 맺자는 것이었습니다. 돈을 주더라도 손해가 아니라는 겁니다. 물론 금은보화를 바쳐야 하니 목돈이 들어가 손해를 보는 것 같지만, 스파르타가 트로이보다 훨씬 크지 않았습니까? 트로이에서는 많은 특산물이 생산되는데 스파르타와 잘 지내면 그런 특산물을 스파르타라는 거대 시장에 팔 수 있었던 것이지요. 따라서 장기적으로는 절대 손해가 아니니, 스파르타와 군사 충돌을 피하고 조공을 바침으로써 화친을 맺자는 것이었습니다.

그런데 왜 결국 전쟁을 벌이게 됐는지 아십니까? 당시 그곳에 방랑 시인 몇몇이 흘러 들어와 있었는데 이들이 "어젯밤에 환상을 보고 신의 계시를 들었다"고 감언이설을 했습니다. 그들이 환상 중에 봤다는 신의 계시에 따르면 트로이 용사들이 스파르타를 무찌르고 스파르타를 차지한다는 것입니다. 이처럼 신의 계시 운운하는 이들의 감언이설이 당시 힘을 받아가던 화친론을 깨고 전쟁의 분위기로 몰고 갔습니다. 그 결과는 무엇이었을까요? 바로 트로이의 멸망이었습니다. 트로이라는 나라가 아예 지도상에서 없어져 버렸습니다. 이렇게 혹세무민하는 시인들이 고대 그리스 세계에 참 많았던 모양입니다.

방랑 시인들의 혹세무민과 감언이설!

이런 방랑 시인들이 시대를 병들게 하고 폴리스를 망친다고 생각했던 대표적 지성인이 있었으니, 여러분도 익히 아시는 플라톤이었습니다. 플라톤은 당대에 방랑 시인들이 유포하던 신화적 신학에 굉장한 반감과 분노를 느꼈습니다. 신탁이니 뭐니 하면서 그리스인들이 상식적으로 생각하지 못하고 허무맹랑한 이야기에 의존하게 하는 이 신화적 신학의 유포자들 때문에 폴리스가 망가지고 시민들이 망가져간다고 생각했기 때문입니다. 사실은 저도 귀국하고 그런 분노를 좀 느낀 적이 있습니다. 고대 시대에 폴리스를 주유하던 방랑 시인 같은 종교인이 너무 많아 보였습니다. 감언이설로 혹세무민하는 이들이 많다는 인상을 지울 수 없었습니다.

그런데 플라톤의 위대한 점은 이런 것입니다. 고대 그리스는 신화라는 세계관에 따라 운영되는 세계였지요. 그러니까 신화 자체를 거부해서는 승산이 없었습니다. 신화 자체를 거부하면 어떻게 되겠습니까? 플라톤이 그렇게 했다면 그리스의 세계관과 체제를 반대하는 인간이 되어버리는 것입니다. 그래서 플라톤은 신화 자체를 거부하지 않고 신화의 원래 의미를 규명함으로써 방랑 시인들의 거짓된 신화적 망상의 껍질을 벗겨냈습니다. 신화의 원래 의미, 즉 그 신화의 본성을 규명하여 시대를 바르게 이끌고자 했던 것입니다.[3] 플라톤은 "신화적 신학"에 대항하여 이러한 신학을 "본성적 신학"이라고 불렀습니다.[4] 이는 현대적 "비신화화"(Entmythologisierung)의 고대적 효시라고 할 수 있습니다. 우리는 플라톤의 "신화적 신학"이라는 말에서 우리가 말하는 신학이라는 단어의 최초 용례를 발견하게 됩니다.

신학이라는 용어의 그리스도교적 차용

이처럼 그리스도교가 고대 그리스의 전통에서 '신학'이라는 용어를 차용하기는 했지만 그리스적 전통과는 전혀 다르게 사용했습니다. 그리스도교 전통에서 그리스어 '테오스'(θεος)와 '로고스'(λογος) 혹은 '로기아'(λογια)의 합성어인 '테올로기아'(θεολογια)는 '신에 관한 교설' 내지는 '신에 관한 지식'(cognitio de Deo)이라는 의미로 사용되기에 이르렀습니다. 그리하여 그리스도교 전통에서 신학은 하나님에 관한 엄밀하고 신중한 성찰적 지식이나 그러한 지식에 대한 탐구를 의미하는 개념으로 사용되기 시작했습니다.[5]

　　신학(테올로기아)이라는 말은 원래 성경에 나오지 않습니다. 성경에는 신학이라는 말이 없습니다. 말씀드린 것처럼 원래는 고대 그리스 방랑 시인들의 "신화적 신학"을 가리키는 부정적인 의미로 사용되던 말입니다.

3　참조. Platon, *The Republic II-VI*, 1, 106a; 유해무, 『신학: 삼위일체 하나님을 향한 송영』(서울: 성약, 2007), 75.

4　Platon, *The Republic II*, 379a.

5　Abraham Kuyper, *Encyclopaedie der heilige godgeleerdheid II* (Kampen: Kok, 1909), 180-186.

부정적인 의미로 사용되던 말을 교부들이 차용하면서 그것에 세례를 주어 그리스도교의 신앙과 사상 체계를 총괄하는 용어로 사용하기 시작했습니다. 이처럼 일찍부터 고대 교부들이 고대 그리스로부터 차용하여 사용한 이래로, 신학이라는 용어의 고대적 용례는 서방의 교부 테르툴리아누스(Tertullianus)와 아우구스티누스에게서 아주 드물게 확인할 수 있습니다. 그러나 중세 이전까지는 서방 교회 안에서 이 용어가 별로 사용되지 않았습니다.[6] 중세에 들어와서야 그리스도교 사상을 총괄적으로 표현하는 말로서 서방 신학자들이 즐겨 사용하게 되었습니다.

장 칼뱅(Jean Calvin)만 하더라도 신학이라는 용어를 즐겨 사용하지 않았습니다. 『기독교 강요』(Institutio Christianae Religionis)를 봐도 신학을 뜻하는 "테올로기아"(theologia)보다 교리 혹은 가르침을 뜻하는 "독트리나"(doctrina)라는 말을 즐겨 사용합니다.[7] 교리를 뜻하는 영어 단어 "독트린"(doctrine)은 바로 라틴어 독트리나에서 온 말이며, 독트리나는 교리 또는 가르침 정도로 번역됩니다. 물론 칼뱅도 신학이라는 말을 몇 차례 드물게 사용하기는 하지만 대부분 부정적인 의미로 사용합니다.[8] "로마 교회의 신학", "어용 신학", "교황들의 비밀 신학", "교황의 신학", "이집트인들의 신비주의 신학", "광신도들의 신학" 등등처럼 말입니다. 이것으로 볼 때 칼뱅은 당대 로마 가톨릭교회의 비성경적 도그마를 가리키는 단어로 "신학"(theologia)이라는 용어를 사용하고, 이런 도그마에 대항하는 성경에 기초한 가르침을 "교리"(doctrina)라는 용어로 표현하려 했음을 알 수 있습

---

6   유해무, 『신학: 삼위일체 하나님을 향한 송영』, 82.
7   유해무, 『신학: 삼위일체 하나님을 향한 송영』, 73; J. van Genderen, W. H. Velema, 신지철 역, 『개혁교회 교의학』(Beknopte Gereformeerde Dogmatiek, 서울: 새물결플러스, 2018), 25.
8   유해무, 『신학: 삼위일체 하나님을 향한 송영』, 72.

니다.[9]

일례로 칼뱅은 당시 교황들의 악행을 비판하면서 그들의 신학을 "비밀 신학"이라고 부릅니다.

> 그들[교황들] 사이의 지배적인 **비밀 신학**[verborgene Theologie] 제1조는 하나님이 존재하지 않는다는 것이며, 제2조는 그리스도에 관하여 쓰여진 모든 것은 거짓말이요 사기라는 것이다.[10]

칼뱅은 그리스도의 권능과 영광을 소멸하는 "로마 교회의 신학"에 대항해 "바른 교리"의 중요성을 역설하기도 했습니다.[11] 이렇게 칼뱅은 교리라는 말을 긍정적인 의미로 사용한 반면, 신학이라는 말은 부정적인 의미로 사용했습니다.

그에 반해 마르틴 루터(Martin Luther)는 기독교의 총체적 진리를 표현하는 말로 신학을 즐겨 썼습니다. 1518년, 루터는 그의 『하이델베르크 논쟁서』(Heidelberg Disputatio)에서 중세의 기만적인(스콜라적인) "영광의 신학"(theologia gloriae)에 대항하여 참다운 신학으로서 "십자가의 신학"(theologia crucis)을 주장했습니다.[12]

> 영광의 신학(theologia gloriae)은 악을 선이라고 부르고 선을 악이라 부른다. 그런데 십자가의 신학(theologia crucis)은 사물을 사물 그대로 직시하게 해

---

9   J. van Genderen, W. H. Velema, 신지철 역, 『개혁교회 교의학』, 25.

10 Jean Calvin, *Institutio Christianae Religionis* IV, 7, 27. 강조는 덧붙여진 것임.

11 Jean Calvin, *Institutio Christianae Religionis* III, 15, 6-8.

12 유해무, 『신학: 삼위일체 하나님을 향한 송영』, 73.

68   신학 레시피

준다.[13]

그는 십자가의 신학만이 모든 사물을 사물 그대로 직시하게 해주기에 "십자가는 모든 것을 판결한다"(*Crux probat omnia*)라고 힘주어 말했습니다.[14] 루터는 그리스도와 함께 고난받기를 거부하는 신학을 영광의 신학이라고 불렀고, 따라서 다음과 같이 말했습니다.

> 그러므로 십자가에 달린 그리스도 안에 참된 신학과 참다운 하나님 인식이 있다(*Ergo in Christo crucifixio est vera theologia et cognitio Dei*).[15]

그는 오직 십자가의 신학만이 "참다운 신학"(*vera theologia*)이라고 주장했습니다. 이처럼 루터나 칼뱅 같은 종교개혁자들에게 신학이란 단지 사변적 관념의 문제가 아니라, 하나님 찬양이고, 경건이며, 자기를 부인하고 십자가를 지는 삶 그 자체였습니다.

---

13   Martin Luther, *Heidelberg Disputatio*, 21.

14   Martin Luther, *WA*, 5, 179, 31.

15   Martin Luther, *WA*, 5, 362, 28f.

신학이란 무엇인가?(2)

신학이란 용어에 대한 고대 동방 교부들의 용례

앞에서 우리는 서방 교회에서 중세 이전까지는 신학이라는 용어를 별로 사용하지 않았으며, 종교개혁자 중에도 루터는 이를 즐겨 사용한 반면 칼뱅은 교리라는 용어를 선호했음을 살펴봤습니다. 이번에는 고대 동방 교부들의 용례를 살펴보겠습니다.

동방 교회는 서방 교회와 달리 신학이라는 용어를 고대 그리스에서 차용한 이래로 줄곧 즐겨 사용했으며, 신학의 개념에 관해 풍성하게 성찰했습니다. 동방 교회 안에서 신학이라는 용어를 최초로 사용한 교부는 순교자 유스티누스(Justin Martyr)였습니다. 그는 신학이라는 용어를 최초로 사용했던 그리스 철학자 플라톤이 모세에게 신학하는 것을 배웠다는, 전혀 근거가 없고 황당하면서도 굉장히 흥미로운 주장을 했습니다.[1] 이러한 유스티누스의 주장을 통하여 우리는 고대 교부들이 구약과 유대교를 이해한 방식을 통찰할 수 있습니다. 그들이 얼마나 그리스 철학과 연결하여 구

---

1   Justinus, *Cohortatio ad Graecos* 22, PG 6, 280C(참조. 유해무, 『신학: 삼위일체 하나님을 향한 송영』, 83).

약과 유대교의 전통을 이해하고 해석하려 노력했는지를 말입니다. 플라톤이 모세에게 배웠다는 식의 주장은 고대 동방 교회가 신학이라는 용어를 별 거부감 없이 차용하는 데 일조한 것이 틀림없습니다.

유스티누스가 신학이라는 용어를 최초로 사용한 이래 교부들은 이 용어를 풍요로운 의미로 해석하며 즐겨 사용했습니다. 교부 아테네의 아테나고라스(Athenagoras)는 성자와 성령이 성부와 더불어 한 하나님이라는 사실을 논증하는 맥락에서 "테올로기아"(θεολογια), 곧 '신학'이라는 용어를 사용합니다.[2] 교부 이레나이우스(Irenaeus, 202년경 사망 추정) 이후로 신학이라는 용어와 함께 그 동사 형태인 "테올로게인"(θεολογειν), 곧 '신학하다'라는 동사도 자주 사용되었습니다. 테올로기아의 동사 형태인 테올로게인이 등장하는 문맥을 살펴보면 그것을 수동형인 "테올로게스타이"(θεολογεσθαι)로 바꿔 그리스도가 '하나님으로 선포된다' 혹은 그리스도가 '하나님으로 찬미된다'라는 의미로 쓰고 있습니다.[3] 여기서 '하나님으로 선포된다' 또는 '하나님으로 찬미된다'라는 말은 테올로게인의 수동형 테올로게스타이의 우리말 번역입니다.

이러한 맥락에서, "신학자"(θεολογος)라는 용어를 최초로 사용한 교부 알렉산드리아의 클레멘스(Alexandrinus Clemens)의 의도를 알 수 있습니다.[4] 그리스도가 '하나님으로 선포된다' 혹은 그리스도가 '하나님으로 찬미된다'라는 의미로 테올로게인의 수동형 테올로게스타이를 사용했다면, 결국 신학자란 예수 그리스도를 하나님으로 선포하고 하나님으로 찬미하는

---

2   유해무, 『신학: 삼위일체 하나님을 향한 송영』, 85.

3   Caius, *Fragmenta*, PG 10, 28A (유해무, 『신학: 삼위일체 하나님을 향한 송영』, 88을 따라 인용).

4   참조. 유해무, 『신학: 삼위일체 하나님을 향한 송영』, 92.

사람입니다. 그러므로 예수 그리스도를 하나님으로 선포하지도 찬미하지도 않는 사람은 종교학자일 수는 있을지언정 신학자일 수 없습니다.

교부 알렉산드리아의 아타나시오스(Athanasius, 296/298?-373)에 따르면 '신학함'이란 그리스도의 신성을 고백하는 것, 또는 그리스도를 하나님으로 부르는 것을 의미합니다. 도마가 예수님께 "나의 주님이시요 나의 하나님이시니이다"(요 20:28)라고 고백하지 않았습니까? 바로 이렇게 고백하는 것이 신학하는 것입니다.[5] 아타나시오스는 이러한 맥락에서 사도 요한도 신학자라고 했습니다. 예수 그리스도를 "나의 주 나의 하나님"(요 20:28)이라고 고백한 도마의 고백을 오직 사도 요한만이 복음서를 통해 증언했기 때문입니다. 그러므로 아타나시오스에 의하면 성자 예수님을 하나님으로 부르고 고백하는 자가 신학자입니다.[6]

클레멘스와 아타나시오스의 이러한 이해는 카파도키아의 세 교부인 카이사리아의 바실레이오스(Sanctus Basilius Magnus), 니사의 그레고리오스(Gregorius Nyssenus), 나지안주스의 그레고리오스(Gregorius Nazianzenus)가 수용하고 발전시켰습니다. 이 세 교부에게 신학하다, 즉 테올로게인은 삼위일체이신 하나님을 선포하고, 그분께 돌려 마땅한 경배와 찬양을 돌리는 것을 의미했습니다. 카파도키아의 세 교부는 신학에 대한 클레멘스와 아타나시오스의 이해를 수용하고 그것을 삼위일체적 관점에서 확장했습니다. 세 교부의 정의에서는 신학에 대한 삼위일체적 이해와 더불어 신학의 송영학적 측면이 명백히 드러납니다. 그들의 정의에 따르면 신학은 삼

---

5 Athanasius, *De incarnatione et contra Arianos* I, 18, PG 26, 49A (유해무, 『신학: 삼위일체 하나님을 향한 송영』 100을 따라 인용).

6 Athanasius, *Sermo maior de fide* 26, PG 26, 49A (유해무, 『신학: 삼위일체 하나님을 향한 송영』, 100을 따라 인용).

위일체이신 하나님을 찬양하는 것입니다. 이러한 정의에서 삼위일체 교리가 초기 교회의 예배와 밀접하게 관련되어 있었다는 사실이 간접적으로 드러납니다. 예전 속에서의 삼위 하나님을 향한 찬양이 바로 신학입니다.[7]

동방 교회는 카파도키아 교부들의 전통에 따라 신학을 삼위일체론에 국한해 좁은 의미로 이해했습니다.[8] 동방 교회의 전통에서 삼위일체론은 신학의 한 분야가 아닌 신학 그 자체입니다.[9] 삼위일체이신 하나님을 직접적으로 다루고 기술하고 경배하고 찬양하는 것이 신학입니다. 그러므로 고대 동방 교회의 전통에 따르면 신학은 삼위일체론 이외에 다른 것이 아닙니다.

신학과 경륜에 대한 동방 교회의 이해

그렇다면 여기서 한 가지 질문을 하게 됩니다. 오직 삼위일체론만 신학이라면, 삼위일체론 외의 다른 분야인 그리스도론, 인간론, 구원론, 교회론, 종말론 등은 신학이 아니고 무엇인가? 이런 질문이 제기됩니다. 여기서 우리는 동방 교회의 아주 흥미롭고 심오한 분류법과 만나게 됩니다. 동방 교회의 전통에 따르면 신학은 오로지 삼위일체론입니다. 그리고 그 외의 나머지 분야는 삼위일체 하나님의 구원 경륜을 다루는 '경륜에 관한 학문' 즉 "경륜학"(Οικονομια)입니다.[10] 이것을 정리하면 다음과 같습니다.

---

7   Jürgen Moltmann, *Der gekreuzigte Gott* (Gütersloh: Chr. Kaiser/Gütersloher Verlagshaus, 1972), 67.

8   Horst Georg Pöhlmann, *Abriß der Dogmatik*, 19.

9   Gregorius Theologus, *Oratio* 6, 121, PG 35, 445C.

10 Jürgen Moltmann, *Der gekreuzigte Gott*, 69.

신학(Θεολογια): 삼위일체론

경륜학(Οικονομια): 그리스도론, 인간론, 구원론, 교회론, 종말론, 윤리학, 구약학, 신약학, 실천신학, 세상의 모든 학문(법학, 철학, 경제학, 의학, 공학, 건축학 등등)

여기서 경륜이라는 의미의 "오이코노미아"(Οικονομια)라는 아주 흥미로운 그리스어 단어가 등장합니다. 원래 오이코노미아는 '집'을 뜻하는 '오이코스'(οικος)와 '법'을 뜻하는 '노모스'(νομος)의 합성어입니다.

오이코스(Οικος, 집) + 노모스(Νομος, 법) → 오이코노미아(Οικονομια, 경륜)

그렇다면 오이코노미아를 우리말로 직역하면 무슨 뜻일까요? 집과 법이 합쳐진 단어로서 종종 한자어 경륜(經綸)으로 번역되는 오이코노미아를 직역하면 무슨 뜻일까요? 우리 어머니들이 오이코노미아의 달인이었는데 그때는 아내가 오이코노미아를 잘하면 남편과 자녀가 행복해진다고 생각했죠. 가부장적인 옛날이야기지만, 이 때문에 우리 아버지 때만 하더라도 자고로 남자는 장가를 잘 가야 한다는 말도 있었습니다. 요즘은 시대착오적인 이야기로 여겨지지만, 제가 어릴 때만 해도 이런 말이 있었습니다. 지금 제가 오이코노미아라는 단어를 설명하려고 드리는 말씀입니다. 자, 그렇다면 오이코스(집)와 노모스(법)의 합성어 오이코노미아는 무슨 뜻일까요?

오이코스(οικος, 집[가정]) + 노모스(νομος, 법) → 오이코노미아 (οικονομια, 집[가정]을 이끌어가는 법)

그렇습니다. 오이코노미아는 '집(가정)을 이끌어가는 법'이라는 뜻인데요, 여기에 해당하는 정말 아름다운 우리말이 있습니다. 과거에는 아내가 이 것을 잘해야 남편과 자식이 행복하다고들 했습니다. 이게 뭐죠? 그렇습니다. 살림살이 아니겠습니까? 오이코노미아는 우리말로 '살림살이'입니다. 살림살이는 가정을 꾸려나가는 운영 방식이나 법입니다. 오이코노미아는 살림살이고 이것을 한자로 표현하면 경륜(經綸)입니다.

정리하면 삼위일체 하나님 자체를 사색하고 경배하고 찬양하는 것이 신학이요, 그 외의 나머지는 경륜, 즉 하나님께서 이 세상을 어떻게 꾸려나가시는가에 대한 학문(scientia)이라는 것입니다. 이는 근본적으로 이 세상을 하나님의 집으로 파악하는 신학적 사고를 기초로만 형성될 수 있는 생각이지요. 이런 신학적 사고에 따르면 삼위일체론이 신학이요, 그 외에 다른 것들은 삼위 하나님의 살림살이와 관계된 것입니다. 그래서 동방 교회는 삼위일체 하나님 자체를 사색하는 것이 신학이고 나머지는 경륜이라고 봤습니다. 그리스도론, 인간론, 구원론, 교회론, 종말론, 신약학, 구약학, 윤리학, 실천신학뿐만 아니라 신학 외의 모든 학문, 이를테면 경제학, 경영학, 심리학, 법학, 물리학, 의학, 건축학 등등의 모든 것을 경륜 내지는 경륜에 관한 학문이라고 본 것이죠. 동방 교회의 이러한 학문 분류는 매우 간단한 것 같지만 볼수록 심오합니다.

진실일수록 단순하다

여러분, 단순한 것이 무조건 유치하고 나쁜 것이 아닙니다. 진실이 아닐수록 설명이 복잡해지는 경우가 종종 있습니다. 예를 들어서 말해볼까요? 감나무에 감이 열린다는 것은 논리적으로 굉장히 쉽게 설명할 수 있습니다.

그런데 감나무에 사과가 열린다는 사실을 논증하려고 하는 순간 설명이 매우 복잡해집니다.

또 다른 예로, 홍길동이 퇴근해서 자기 집 아파트 입구로 들어가는 것을 그의 아내가 베란다에서 봤는데 그 후 3분 만에 집 초인종을 눌렀다면 설명하기가 매우 간단합니다. 그러나 3시간 동안 집에 오지 않았을 때 그 경위를 설명하기란 대단히 복잡해집니다. 드라마 〈사랑과 전쟁〉에나 나올 법한 이야기죠. 3시간 동안 집에 오지도 않았고 아파트 입구로 다시 빠져나가지도 않았다며 아내가 "3시간 동안 뭘 했느냐?"고 추궁하면 길동이는 진땀을 흘려가며 복잡한 알리바이를 대면서 진실을 논증해야 할 것입니다.

동방의 학문 분류법은 단순하지만 탁월하다

이처럼 진실일수록 단순한 경우가 많습니다. 동방 교회가 학문을 분류한 이 방법, 즉 신학은 삼위일체론으로 보고 나머지는 모두 삼위일체 하나님의 구원 경륜을 다루는 학문으로 보는 분류가 상당히 단순 무식하게 보일수 있습니다. 그러나 제가 보기에는 대단히 단순하면서도 탁월하고 심오한 학문 분류법이 아닌가 합니다.

협의의 신학과 광의의 신학

이와 같이 고대 교회의 전통을 계승하여 신학을 삼위일체론으로 보고 나머지는 경륜으로 봤던 동방 교회는 오늘날까지 이런 전통을 잘 보존·계승해왔습니다. 한편 이렇게 고대 교회와 동방 교회에서 좁은 의미로 사용되던 신학의 개념은, 중세 시대에 들어오면서 서방 교회에서 넓은 영역으로 확대되어갔습니다.[11] 토마스 아퀴나스(Thomas Aquinas, 1225/26-1274)의 『신학대전』(Summa theologiae)에서 그 전형을 볼 수 있듯이 신론뿐 아니라 인간론, 그리스도론, 구원론, 교회론, 종말론 등이 넓은 의미에서 신학으로 이해되고 신학으로 명명되었습니다. 물론 아퀴나스도 신학은 일차적으로 하나님에 관한 교리인 신론이요, 이차적으로 하나님과 관련된 피조물에 관한 교리라고 정의하여 협의의 신학과 광의의 신학을 구분하기는 했습니다.[12] 그러나 서방 교회에서 신학의 개념은 교의학의 전 영역으로 확대되어갔습니다. 이후 17세기에는 성경 주석과 교회사가 신학의 한 분야가 되었고, 19세기에는 실천신학이 신학의 한 분야로 자리매김하기에 이르렀습니다.[13] 삼위일체론을 신학으로 보고 그 외의 다른 분야를 경륜으로 이해한 고대 교회와 동방 교회의 전통은, 서방 교회에서 중세와 계몽주의 시대를 거쳐 19세기에 이르기까지 보다 넓은 의미의 신학 개념으로 확장·발전했습니다.

신학의 제 분야에 관한 슐라이어마허의 분류

고대 교회 이래로 동방 교회의 전통이 신학을 좁은 의미에서 삼위일체론으로 규정하고 그 외의 다른 분야를 경륜으로 분류했다면, 계몽주의 이래로 서방 교회에서는 신학을 넓은 의미로 이해하여 신학 속에 다양한 분과를 포함시켰습니다. 사실 서방의 거의 모든 신학교가 채택하고 있는

---

11   참조. Jürgen Moltmann, *Der gekreuzigte Gott*, 67.
12   Thomas Aquinas, *Summa theologiae I*, qu. 1 art. 1과 3과 7.
13   Horst Georg Pöhlmann, *Abriß der Dogmatik*, 19.

신학의 제 분야에 관한 분류는, 프리드리히 슐라이어마허(Friedrich D. E. Schleiermacher, 1768-1834)의 분류에서 비롯되었습니다. 18세기 중후반기에 태어나 19세기 초엽을 살다 간 그는 당대 최고의 신학자이며 자유주의 신학의 아버지이자 실천신학의 아버지라 불린 인물입니다. 19세기 이래로 서방 교회는 광의의 신학 개념의 토대 위에 슐라이어마허의 전통을 따라, 신학을 크게 이론신학과 실천신학으로 분류합니다.

이론신학: 조직신학, 구약학, 신약학, 교회사 등
실천신학: 목회학, 예배학, 기독교교육학, 기독교상담학, 선교학 등

신학을 이론신학과 실천신학으로 나누는 슐라이어마허의 분류 방법은 그 이후 대부분의 서방 신학교가 따르는 신학 분류법이 되었습니다.

신학이란 무엇인가?(3)

서방 교회: '신학'은 있지만 '신학하다'가 없다

서방 전통에는 신학이라는 뜻의 라틴어 명사 '테올로기아'(*theologia*)에 상응하는 동사 형태가 존재하지 않습니다.[1] 동방 교회의 전통에는 '신학'을 뜻하는 그리스어 명사 '테올로기아'(θεολογια)에 상응하는 동사 '테올로게인'(θεολογειν)이 존재하는 반면, 서방 언어인 라틴어·독일어·영어에서는 동사 형태를 전혀 찾을 수 없습니다. 이는 단지 라틴어·독일어·영어의 어휘 부족이나 수사력 부족 탓이 아니라 서방 교회가 신학을 대하는 태도에 따른 결과가 아닌가 합니다.

지금까지 서방 교회의 전통은 신학을 지나치게 명사적으로, 즉 개념적으로 파악한 측면이 있습니다. 서방 교회의 신학 전통 속에 '신학하다'라는 동사적 개념이 없다는 점에서 유추하게 되는 것은, 이것이 신학을 지나치게 하나님의 본질에 대한 형이상학적 탐구의 학문으로만 규정한 결과일 수 있다는 사실입니다. 중세 시대, 르네상스 시대, 계몽주의 및 근대 시

---

1   유해무, "신학이란 무엇인가: 헬라교부들의 신학 이해", 「개혁신학과 교회」 12(2002): 172.

대를 거쳐 오늘날에 이르기까지 서방 신학은 하나님에 대한 관념적·추상적·사변적 사색에 지나치게 골몰한 측면이 있습니다. 바로 그래서 신학을 개념 규정에 사용하는 품사인 명사로서만 파악한 것 아닐까요? 여러분, 명사라는 품사가 인간의 언어에 없다고 생각해보세요. 사유의 세계나 삶의 세계를 개념화하는 데 어려움을 겪게 되겠지요. 이처럼 언어에 명사가 없고 동사만 있을 때 우리가 속한 세계를 결코 개념화할 수 없듯이, 역으로 명사만 있고 동사가 없으면 오로지 개념화만 할 수 있을 뿐 우리의 생각과 삶의 모습을 역동적으로 생동감 있게 구체적으로 표현할 수 없게 됩니다.

'신학'과 '신학하다'[2]

신학(명사)	
동방 θεολογια (그리스어)	**서방** theologia (라틴어)
	Theologie (독일어)
	theology (영어)
신학하다(동사)	
동방 θεολογειν (그리스어)	**서방** 동사가 없다

서방 교회 최고의 교부라 할 수 있는 아우구스티누스의 신학만 해도 그 체계 전체 가운데서 굽이쳐 흐르는 송영의 물줄기, 즉 하나님 찬양이라는 측면을 발견할 수 있습니다. 아우구스티누스에게 신학이란 단지 하나님에 관한 합리적 사변이 아니라 인간을 구원하신 하나님에 대한 송영(찬양)이요 고백이며, 하나님과의 인격적 교제 가운데 하나님을 배우는 과정

---

2   2013년 1학기 웨스트민스터신학대학원대학교에서 진행한 나의 "조직신학개론" 수업을 수강한 제자 김자경이 수업 내용을 상기의 도표로 요약했다. 이 책에는 김자경이 내 수업을 듣고 정리한 도표가 여러 개 나오는데 이를 '김자경 도표'라고 지칭한다.

을 의미했습니다.[3] 그러나 서방 교회는 중세 시대에 들어와 스콜라 신학 (scholastische Theologie)이 극단적 사변(Spekulation)을 일삼은 이래로 계몽주의를 거쳐 오늘날에 이르기까지 신학을 지나치게 명사적·개념적·사변적으로 파악하려고 했던 측면이 있습니다. 중세 스콜라 신학의 지나친 사변성에 대항해 신학의 송영적 측면과 실천적 측면을 통합하려고 노력했던 이들이 루터와 칼뱅 같은 교회의 개혁자들이었지요. 특히 계몽주의 시대 이래로 서방 신학의 역사는 극단적으로 하나님을 추상화하고 개념화하는 데 골몰한 역사였습니다. 최근 약 30년 동안 이에 대한 반성이 일어나고 있지만, 적어도 20세기 중반까지는 그런 흐름이 계속되었습니다.

'신학함'은 대단히 중요하다

'신학'은 명사지만 '신학하다'라는 동사도 있음을 간과하면 안 됩니다. 신학은 단지 개념적이고 추상적이기만 한 학문이 되어서는 안 됩니다. 신학만 있고 신학함이 없다면 신학 공부를 할 필요도 없습니다. 신학은 머릿속에 있는 개념이지만 신학함은 삶으로 표현하고 드러내야 하는 하나님에 관한 '그 무엇'입니다. '그 무엇' 속에는 다양하고 심원한 행동과 실천이 포함되어 있습니다. 서방 교회는 중세 시대부터 계몽주의 시대를 거쳐 20세기 중엽에 이르기까지 신학을 주로 명사적으로만 파악했고 신학함에 대한 성찰은 부족했습니다. 그래서 신학의 개념화와 추상화란 측면에서는 눈부신 발전을 이뤘지만 신학하는 사람의 실천과 삶의 모습을 반성적으로 성찰하고 실제로 행동하는 데는 부족했던 것입니다. 서방 신학의 극단적 추

---

3   현요한, 『신학은 하나님 배우기』(서울: 대한기독교서회, 2011) 29.

상성과 사변성은 오늘날까지도 해로운 독소로 작용하고 있습니다.

신학의 목적은 사변이 아니라 찬양이다

서방 교회 안에서 신학의 목적은 사변이 아니라 우리 구원의 하나님, 삼위 하나님으로 인해 즐거워하고 그분을 찬양하고 영화롭게 하는 것임을 신학적으로 각성시킨 신학자는 개혁교회 교부 칼뱅이었습니다. 칼뱅은 동방 교부들의 전통에 따라 신학의 목적이 하나님께 영광을 돌리는 데 있다고 생각했습니다. *Soli Deo gloria!* (오직 하나님께만 영광을!) 하나님께 영광을 돌리는 것이 신학의 궁극적 목적이고 삶의 궁극적 목적이라고 본 것입니다. 그러나 인생과 신학의 궁극적 목적에 대한 칼뱅의 가르침은 이후의 개신교 정통주의 신학(protestantische orthodoxe Theologie)과 계몽주의 신학 (Aufklärungstheologie)에 제대로 전수되지 못했고, 이성의 원리에 입각한 고도의 관념적 사변이 서방 신학을 지배한 측면이 있습니다. 서방 교회는 계몽주의 시대에 들어오면서 이성을 신학 탐구의 도구로 삼고 신학의 명사화·관념화·개념화·추상화에만 지나치게 골몰했습니다.

이론이 먼저냐? 실천이 먼저냐?

프리드리히 슐라이어마허가 등장한 후, 신학을 이론신학과 실천신학으로 나누면서 신학에서 이론(Theorie)이 먼저냐, 실천(Praxis)이 먼저냐에 대한 치열한 논쟁이 전개되었습니다. 우리나라에서도 정론(正論, Orthodoxie)이 먼저냐, 정행(正行, Orthopraxis)이 먼저냐를 놓고 보수적 전통을 계승한 그리스도인과 진보적 전통을 계승한 그리스도인 사이에 긴장이 존재합니다.

미리 결론부터 말씀드리면, 신학의 궁극적 목적에서 중요한 것은 이론도 실천도 아닙니다. 이론과 실천은 신학의 궁극적 목적을 위해 존재하는 방편일 뿐이기 때문입니다. 신학에서 이론과 실천의 상관성 문제는 중요하기는 하지만, 부차적인 문제라고 감히 말씀드리고 싶습니다. 결국 신학의 궁극적 목적을 위해 이론신학도 있고 실천신학도 있는 것입니다.

그렇다면 신학의 궁극적이고 첫째가는 목적은 무엇일까요? 고대 교회와 동방 교부들의 전통에 따르면 신학의 궁극적 목적은 우리 구원의 하나님이신 삼위일체 하나님으로 인해 즐거워하고, 그분께 마땅한 경배와 존귀와 영광과 찬양을 돌리는 것입니다. 이러한 목적을 위한 이론도 있고 실천도 있습니다. 이런 점들을 반성적으로 성찰해볼 때, 계몽주의 이래로 오늘날에 이르기까지 서방 교회는 신학 방법론 측면에서 심대한 문제가 있었다고 할 수 있습니다. 동방 교회는 동서방 교회가 공히 교부로 모시는 아타나시오스와 카파도키아의 세 교부(카이사리아의 바실레이오스, 니사의 그레고리오스, 나지안주스의 그레고리오스)를 따라 신학의 궁극적 목적을 "우리 구원의 삼위 하나님으로 인해 즐거워하고 그분께 마땅한 경배와 영광과 찬양을 돌리는 것"이라고 봤습니다.

여기서 우리는 앞서 언급했던 '신학하다'라는 의미의 그리스어 동사 '테올로게인'(θεολογειν)의 수동형 '테올로게스타이'(θεολογεσθαι)에 다시 주목하게 됩니다. 이 수동형의 의미는 '선포된다' 또는 '찬양(찬미)된다'라는 뜻이었지요. 그러므로 삼위 하나님을 선포하고 그분을 찬양하는 것이 신학이고 그것을 행하는 사람이 신학자(θεολογος)인 것입니다. 그러니까 '테올로기아'(θεολογια)는 '테오스'(θεος, 하나님)와 '로고스'(λογος, 말)의 합성어인데, 고대 교회와 동방 교부의 전통에 따르면 이 테올로기아의 원래 뜻은 '하나님을 향해 말하는 것'(Reden zu Gott)이고 '하나님을 향해 찬양하는 것'(Lob zu Gott)입니다. 이것이 바로 신학이에요. 하나님을 향해 2인칭으로 말하고 2인칭으로 찬양하지 못하는 사람은 신학자가 아닙니다. 그래서 카이사리아의 바실레이오스와 나지안주스의 그레고리오스와 함께 사역했던 4세기 교부 폰투스의 에바그리오스 (Evagrius Ponticus, 345-399)는 이런 의미심장한 말을 했습니다.

> 그대가 신학자인가? 그렇다면 그대는 진정으로 기도할 것이다.
> 그대가 진정으로 기도하는가? 그렇다면 그대는 신학자이다.[4]

또한 20세기 러시아 정교회 신학자 파벨 에브도키모프(Pavel Evdokimov)는 이렇게 말했습니다.

> 자신의 신앙이 본질적으로 하나님과의 인격적 만남을 살아가는 것이 아니라면, 그 누구도 참된 신학자나 그리스도의 제자가 아니다.[5]

그러므로 하나님을 향해 2인칭으로 '당신'이라고 말하고 '아빠'(Aββα)라고 말하며 하나님과의 인격적 만남 가운데 살아가는 사람이 신학자입니다. 하나님을 향해 2인칭으로 말하지 못한다면 그는 신학자가 아니라 종교학자일 뿐입니다. 성삼위 하나님을 경배하고 찬양하는 것이 신학의 궁극적 목적이고 그것을 위해 이론도 있고 실천도 있습니다. 이론과 실천은 성삼

---

4   O. Clément, *Sources: Les mystiques chrétiens des origines* (Paris: Stock, 1982), 167(Giuseppe Marco Salvati, 이현미 역, 『한 분, 삼위이신 나의 하느님』[*Io uno e trino: La Trinità come modello del cristiano*, 왜관: 분도출판사], 21을 따라 인용).

5   Pavel Evdokimov, *La novità dello Spirito* (Milano: Àncora, 1982²), 9(앞의 책, 21을 따라 인용).

위 하나님을 경배하고 찬양하기 위한 수단일 뿐입니다. 그러므로 이론이냐 실천이냐를 둘러싼 논쟁은 신학의 궁극적 목적에 관한 본질적 논쟁일 수 없습니다. 이론도 삼위 하나님을 경배하며 그분께 영광과 찬송을 돌리기 위해 존재하고, 실천도 마찬가지입니다.

보수의 '이론'과 진보의 '실천'은 '송영' 속에서 중재된다

제 유학 시절 이야기입니다. 그곳에서도 보수적 정서의 교단에서 유학 온 목사님들과 진보적 정서의 교단에서 온 목사님들이 확연히 갈렸습니다. 양 그룹이 만나면 서로 대화가 잘 안 되는 경우가 다반사입니다. 보수 측은 진보 측을 향하여 신앙고백은 없고 행동만 일삼는 자유주의자들이라고 비판합니다. 진보 측은 보수 측을 향하여 예수를 따르는 실천은 없고 오직 혓바닥으로 정통 교리만을 읊어대는 바리새인이라고 비판합니다. 그런 선입관을 깔고 있으니 서로 대화가 잘 될 리 만무합니다. 보수는 신앙고백을 앞세워 정론(이론)을 강조하고, 진보는 역사적 예수를 따르는 삶을 앞세워 정행(실천)을 강조합니다.

그런데 제가 중간에서 이런 이야기를 한 적이 있습니다. "목사님들! 그게 아닙니다. 신학의 궁극적 목적은 우리 구원의 하나님이신 삼위 하나님으로 인해 즐거워하고 그분께 마땅한 경배와 감사와 영광과 찬양을 돌리는 것입니다. "웨스트민스터 소교리문답"(*Westminster Shorter Catechism*, 1647)에서는 인간의 궁극적 목적을 '하나님을 영화롭게 하고 영원토록 그를 즐거워하는 것'이라고 정의했습니다. 그러므로 우리의 이론과 실천은 모두 하나님을 향한 감사와 경배와 영광과 찬양을 향해야 합니다." 그랬더니 양쪽 다 "아멘"으로 화답하시며, 제 입장에 반대하지 않으셨습니다.

송영: 신학의 궁극적 목표이자 제3의 영역

이처럼 신학의 이론과 실천 사이에 그것을 포섭·포용·중재하는 신학의
궁극적 목적으로서의 제3영역, 즉 송영(Doxologie)의 영역이 있습니다. 서
방 신학에서는 계몽주의에 따라 학문의 원리로써 이성의 원리를 채택한
이후, 신학의 궁극적 목적이자 이론과 실천을 중재하고 포섭하는 제3영역
인 송영의 영역이 존재함을 간과해버린 측면이 있습니다. 신학적 이론과
신학적 실천, 둘은 모두 송영을 지향합니다.

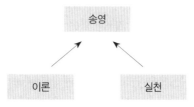

송영의 영역 속에서 이론과 실천이 만나고 포용하며 서로에게 입 맞춥
니다. 모든 신학적 이론과 실천이 공동으로 지향하는 궁극적 목표는 하나
님 찬양, 즉 송영입니다. 신학의 이러한 궁극적 목표에 대한 신학자들의 분
명한 의식은 서방 교회에서 종교개혁 시대까지만 해도 발견됩니다. 신학
의 궁극적 목표가 송영임은 칼뱅의 유명한 신학적 슬로건 "오직 하나님께
만 영광을"(*Soli Deo gloria*)에서도 발견할 수 있습니다. 칼뱅의 이 말은 결국
우리 구원의 하나님으로 인해 즐거워하고 영원토록 그에게 영광과 찬양
을 돌리는 것이 신학의 궁극적 목표이자 인생의 궁극적 목적이라는 뜻입
니다. 따라서 송영과 이론의 관계 및 송영과 실천의 관계를 구체적으로 해
명하는 것은, 신학의 궁극적 목적에 맞게 신학적 이론과 실천을 정립함에
있어서 대단히 본질적이고 중요한 사안입니다. 저는 송영과 이론의 관계

및 송영과 실천의 관계를 해명하는 일이 21세기 신학의 중대하고도 새로운 연구 과제라고 봅니다.

요즘 조직신학계에서 이루어지고 있는 신학의 미학적 차원(ästhetische Dimension)에 관한 토론은 이 문제와 깊이 연관되어 있습니다. 그러나 여기서는 단지 이 사실을 지적하는 것으로 만족할 수밖에 없습니다. 이 문제만 가지고도 수백, 수천 쪽에 달하는 방대한 논의를 해야 하기 때문입니다.

신학: 주체와 대상이 동일한 독존적인 학문

신학은 다른 학문과 달리 주체와 대상이 같습니다. 신학 외에 다른 학문은 주체와 대상이 다르죠. 예를 들어, 법학은 주체와 대상이 다릅니다. 법학의 주체는 누구입니까? 법학자입니다. 법학의 대상은 무엇입니까? 법입니다. 경제학도 마찬가지입니다. 경제학의 주체는 누구죠? 경제학자죠. 경제학의 대상은 무엇입니까? 경제입니다. 이처럼 신학 외의 학문은 주체와 대상이 명백하게 구분됩니다. 그러나 신학이라는 학문은 주체와 대상이 같습니다. 신학의 주체는 삼위 하나님이고 신학의 대상도 삼위 하나님입니다. 신학이라는 인문학은 주체와 대상이 동일합니다. 바로 이 점이 다른 학문과 신학을 구분하는, 신학만이 가지는 대단히 중요한 특징이자 독특성입니다. 신학은 그 주체도 삼위 하나님이고 그 대상 역시 삼위 하나님입니다.

신학: 삼위 하나님을 경배하고 그분을 찬양하는 것

카파도키아의 세 교부 중 나지안주스의 그레고리오스에게는 "신학
자"(θεολογος)라는 별명이 있었습니다. 간혹 신학 논문이나 책에서 "신학자
그레고리오스"(Gregorius Theologus)라고 표현되는 교부가 있는데, 바로 나
지안주스의 그레고리오스를 두고 하는 말입니다. 교회사에서 그레고리오
스라는 이름의 교부가 여럿이라 서로 구별할 필요가 있습니다. 콘스탄티
노플 공의회(*Concilium Constantinopolitanum Primum*)가 381년에 콘스탄티노
플에서 소집되었는데, 그레고리오스는 이 공의회 개최 직전 즈음 콘스탄
티노플에서 그 유명한 "신학강론"(*Orationes theologicae*)을 하여 신학자라는
별명을 얻었습니다. 그레고리오스에 따르면 신학은 "삼위 하나님에 관해
말하는 것"(Reden über den dreieinigen Gott)이고 "삼위 하나님을 향해 말하는
것"(Reden zum dreieinigen Gott)이며 "삼위 하나님을 향해 찬양하는 것"(Lob
zum dreieinigen Gott)입니다. 이것이 곧 그레고리오스가 말한 신학의 정의
입니다. 그는 "신학강론" 스물여덟 번째에서 이와 같은 유명한 말을 했습
니다.

> [신학을 위하여] 성부께서는 우리를 기뻐하셔야만 하고, 성자께서는 우리를
> 도우셔야만 하며, 성령께서는 우리에게 영감을 주셔야만 합니다.[6]

나지안주스의 그레고리오스에 따르면 신학은 성부의 기쁨과 성자의 도우
심과 성령의 영감으로 인해 가능한 것입니다. 여기서 신학의 원초적·궁극

---

6   Gregorius Theologus, *Orationes theologica* 2, 1, PG 36, 25D.

적 정의가 명백하게 드러납니다. 신학이란 삼위 하나님을 경배(예배)하고 그분을 찬양하는 것입니다. 그것이 신학이며, 신학의 궁극적 목적입니다.

왜 삼위 하나님을 찬양하는 것이 신학의 궁극적 목적이 되어야만 합니까? 성부 하나님께서 우리와 온 세상을 사랑하여 성령의 능력 안에서 그분의 독생자를 보내주시지 않으셨다면 그리스도교 신학은 애초에 존재하지 못했을 것이기 때문입니다.[7] 그러므로 신학의 궁극적 목적은 이론도 실천도 아닙니다. 삼위 하나님을 경배하고 그분을 찬양하는 것이지요. 그래서 네덜란드 개혁신학자 헤르만 바빙크는 다음과 같이 말할 수 있었습니다.

> 따라서 교의학은 메마른 학문이 아니다. 교의학은 신정론(theodicee)이며, 하나님의 모든 미덕과 완전에 대한 송영이고 경배와 감사와 찬송이며 "지극히 높은 곳에서는 하나님께 영광"(눅 2:14, δοξα εν υψιστοις θεω)이다.[8]

그러므로 신학은 송영입니다. 시종일관 삼위 하나님을 찬양하는 것, 그것이 신학입니다.

---

7   Dong-Young Lee, *Der dreieinige Gott und seine Gesellschaft* (Kamen: Hartmut Spenner Verlag, 2013), 549.

8   Herman Bavinck, 박태현 역, 『개혁교의학 1』(*Gereformeerde Dogmatiek I*, 서울: 부흥과개혁사, 2011), 169.

신-학: '찬양'이 우선이고 '학'은 부차적이다

제가 감히 말씀드리는 것은 신-학에서 하나님 '찬양'(*Doxologia*)이 먼저고 '학'(學, *scientia*)은 그다음이라는 사실입니다. 앞에서 잠시 살펴봤지만 "테올로기아"(θεολογια, 신학)는 '데오스'(Θεος, 하나님)와 '로고스'(λογος, 말)의 합성어로서 '하나님에 관해 말하다'(Reden über Gott) 또는 '하나님을 향해 말하다'(Reden zu Gott)라는 뜻이 있습니다.[9] 또한 '하나님을 향해 찬양하다'(Lob zu Gott)라는 뜻이 있습니다. 그러므로 우리 구원의 하나님이신 삼위일체 하나님으로 인해 기뻐하고 즐거워하고 감사하며 그를 경배하고 찬양하고 기도하는 사람이 신학자입니다. 그런데 안타깝게도 신(神)-학 (學)에서 학(學)에만 강조점을 두다 보니, 신학을 배우고 익힐수록 사변적이고 쟁론적인 모습으로 변하여 '신학함'의 의미와 목적을 상실한 채 단지 차디찬 이성의 논리를 즐기며 쟁론을 위한 쟁론, 사변을 위한 사변에 골몰하는 신학자와 신학도들이 더러 있습니다. 우리 자신의 모습이 그럴 때도 많고요. 참으로 안타까운 일입니다.

내 아름다움이신 하나님, 제가 당신을 목말라합니다!

신학 공부의 궁극적 목적은 사변이나 쟁론이 아니라, 우리 구원의 하나님이신 삼위 하나님으로 인해 즐거워하고 그분을 경배하고 찬양하며, 그분의 아름다움에 찬탄하여 그분을 갈망하고 사랑하는 것입니다. 그래서 교

---

9   참조. Gerhard Ebeling, *Dogmatik der christlichen Glaubens I* (Tübingen, 1987[3]), 158-261; 심광섭, 『기독교 신앙의 아름다움』(서울: 다산글방, 2003), 15.

부 아우구스티누스는 『고백록』(*De Cofessione*)에서 이렇게 말했습니다.

> 내 아름다움이신 하나님,
>
> …나는 이 최고의 아름다움을 갈망하여
>
> 밤낮으로 한숨 쉬고 있습니다(『고백록』, 10, 34, 53).

아우구스티누스의 다음과 같은 고백도 우리의 마음을 울립니다.

> 늦게야 당신을 사랑했습니다!
>
> 이렇듯 오랜, 이렇듯 새로운 아름다움이시여,
>
> 늦게야 당신을 사랑했습니다.
>
> 당신께서는 제 안에 계셨거늘, 저는 밖에 있었고,
>
> 밖에서 당신을 찾으며, 당신께서 만드신 그 아름다운 피조물 속에
>
> 일그러진 저를 내던졌던 것입니다.
>
> 당신께서는 저와 함께 계셨지만 저는 당신과 함께 있지 아니하였습니다.
>
> …그래도 당신은 부르시고 소리지르시어,
>
> 귀머거리인 제 귀를 열어주셨습니다.
>
> 또한 당신은 당신의 빛을 저에게 비추시어,
>
> 제 눈의 어두움을 쫓아버리셨습니다.
>
> 당신이 당신의 향기를 저에게 뿜어내셨을 때,
>
> 저는 그 향기를 맡고 당신을 더욱 갈망하게 되었습니다.
>
> 저는 당신을 맛보고 이제 당신에게 굶주리고, 당신을 목말라합니다.
>
> 당신이 저를 한번 어루만져주셨기에,

저는 당신의 평화를 애타게 그리워합니다(『고백록』, 10, 27, 38).[10]

아우구스티누스의 이 고백을 읽으면 여러분은 어떤 생각이 드시나요? 정말 사랑하는 연인을 향한 고백처럼 느껴지지 않으세요? 신학을 공부하는 우리 모두의 마음이 교부 아우구스티누스와 같기를 바랍니다. 6강을 마무리하면서 여러분께 드리고 싶은 말씀은, 명백하게 이러한 신학과 신학함의 본연의 목적을 전제로 해야만 학문으로서의 신학 작업(개념 정의, 분석, 토론, 체계적 구성 및 종합)도 의미가 있다는 것입니다.

---

10 『고백록 10』, 27, 38에 등장하는 아우구스티누스의 진술을 보면 아우구스티누스는 정말 하나님의 연인이었던 것 같다. 하나님 앞에서 하나님을 향해 이런 사랑을 고백할 수 있는 아우구스티누스야말로 그의 이름이 의미하는 대로 '작은 지존자'(아우구스투스[Augustus]의 지소형)가 아닐까? 참으로 아름다운 고백이 아닐 수 없다.

신학은 예배다!

신학의 궁극적 목적은 하나님 찬양이다

우리는 신학을 공부하기 전에 신학이나 신학함의 궁극적 목적을 분명히 해야 합니다. "웨스트민스터 소교리문답" 제1문항의 질문과 답변에 나오는 아름다운 고백대로 "인간의 궁극적인 목적"은 "하나님을 영화롭게 하고 영원토록 그를 즐거워하는 것"입니다. 인간의 궁극적 목적이 그러할진대 인간이 수행하는 신학 작업의 목적 또한 그러해야 합니다. 이는 신학 공부를 본격적으로 시작하기 전에 아무리 강조해도 지나치지 않은 신학함의 궁극적 목적에 관한 이야기입니다. 신학에서는 하나님 찬양이 먼저고 학문적 토론은 부차적입니다. '신학'이라고 했을 때 그 방점은 '신'에 찍혀 있지 '학'에 찍혀 있지 않다는 사실을 한시도 잊어서는 안 됩니다.

신학(神學)이라는 한자어를 우리말로 번역해보는 것도 신학하는 자세를 가다듬는 데 도움이 될 것 같습니다. 신학이라는 한자어는 '하나님을 배우는 학문'이라는 뜻입니다. 신학은 '하나님 배우기' 외에 다른 것이 아닙니다. 신학을 한다는 것은 하나님을 배운다는 뜻입니다. 여기서 '배우다'라는 동사의 목적어는 하나님입니다. 신학은 하나님을 배우는 것입니다. 그런데 우리는 종종 그 목적어를 잃어버리고 단지 배우는 것에만 골몰하는 경향이 있습니다. 목적을 상실한 채 배우는 데만 골몰하다 보면 교만하고 독선적인 인간이 되기 십상입니다.

예전은 신학에 앞선다

그러면 이번에는 신학과 예전의 관계를 공부해보겠습니다. 신학의 모태는 예전입니다. 교부 프로스페르(Prosper Aquitanus)는 이런 유명한 말을 남겼습니다. "예배의 법(예전)은 신앙의 법(신학)에 앞선다"(*legem credendi lex statuat supplicandi*). 즉 신학이 먼저 형성되고 예배가 드려진 것이 아니라는 말입니다. 구체적으로 설명하자면, 교부들이 삼위일체론을 먼저 정립하고 나서 그 삼위 하나님을 예배한 것이 아니지 않습니까? 삼위일체 교리는 본래 철학적·형이상학적 사변과 논쟁으로 형성된 교리가 아니라, 초기 교회 성도들의 구원 경험에 뿌리를 둔 교리입니다. 하나님께서 성령의 능력 안에서 예수 그리스도를 통하여 우리에게 구원을 베풀어주셨다는 것, 초기 교회의 이러한 구원 경험이 바로 삼위 하나님에 대한 신앙고백을 낳았습니다.

삼위일체 교리는 초기 교회의 구원 경험에 뿌리내리고 있다

여러분, 생각해보십시오. 유대인에 따르면 누가 인간을 구원할 수 있습니까? 유대인과 유대교 전통에 따르면 하나님만 인간을 구원할 수 있습니다. 제 친구 중에도 유대인들이 있는데 만나서 대화해보면 그들에게는 하나님은 하나님이고 인간은 인간입니다. 하나님과 인간 사이에는 엄격한 구별이 있습니다. 어떤 인간도 하나님으로 묘사되거나 하나님으로 간주되어 신앙고백의 대상이 될 수 없습니다. 과거나 지금이나 하나님과 인간 사이의 엄격한 분리는 유대교 전통 속에 확고하고 명백하게 견지되는 사안입니다. 그런데 초기 교회 성도들 역시 유대인이 아닙니까? 이들은 철두철미한 일신론자(Monotheisten)였습니다. 그들에게는 철저하게 인간은 인간이고 피조물은 피조물일 뿐입니다. 하나님만이 거룩하시고 하나님만이 영원하시고 하나님만이 절대적이시고 하나님만이 이 세상을 구원하실 수 있다고 믿는 사람들이지요. 그런 유대인들이 누구와의 만남 속에서 구원을 경험했죠? 예수님과의 만남 속에서 구원을 경험했습니다.

따라서 초기 교회의 유대인 그리스도인들은 다음과 같은 질문을 할 수밖에 없었습니다. "우리에게 구원을 베풀어주신 이 예수는 누구인가? 조상과 부모들의 신앙과 가르침에 따르면 하나님만이 우리를 구원하신다고 했는데, 우리가 예수를 만나서 구원을 경험했으니…" 그러므로 초기 교회 안에서는 자연히 하나님 아버지와 예수 사이의 관계가 신학적 문제로 제기되었습니다. 그래서 "하나님만이 우리를 구원하시는데 우리가 예수님을 만남으로써 구원을 경험했으니 예수님도 하나님이시다"라는 신학적 논리가 자연스럽게 형성되었습니다. 삼위일체 교리의 형성 과정을 원초적으로 표현하면 이런 것입니다. 성령님에 관해서도 마찬가지입니다. 예수님이 십자가에서 부활하고 승천하셔서 더는 우리 곁에 없는데, 오순절 성령 강림의 경험 속에서 우리 가운데 예수님이 다시 오시는 경험을 했던 것이지요. 초기 교회 성도들은 재림이 임박해 있다고 기대했습니다. 예수님께서 곧 오시리라 믿으며 재림을 열망하고 있었습니다. 그런데 예수님께서 곧 오셨나요? 아니었습니다. 그처럼 예수님이 안 오셨다고 실망하고 있을 때, 성령님의 현존을 경험하면서 그들 곁에 누가 와 계시는 경험을 한 것입니까? 예수님께서 이미 와 계심을 경험하고 깨달은 거죠.

그런데 여러분, 논리학에 따르면 동종끼리만 서로 '매개'(media)가 가능합니다. 무슨 말인가 하면, 개는 누가 매개하나요? 개를 매개할 수 있는 것은 개입니다. 지금은 죽고 없지만 옛날에 저희 집에서 행순이라는 개를 키웠습니다. 그리고 그 전에는 빵순이를 키웠습니다. 빵순이는 중국산 시추였습니다. 제 여동생이 은퇴하고 적적해하시는 아버지를 위해 선물한 개였지요. 여동생에게 시추를 선물 받은 아버지는 녀석의 이름을 빵순이라고 짓고 지극 정성으로 키우셨습니다. 아버지가 하도 애지중지하고 예뻐하시다 보니, 빵순이 녀석은 어느덧 우리 집에서 자신이 아버지 다음가는 서열이라고 생각하기에 이르렀지요. 아버지 외에 다른 사람이 자기 몸에 손을 대면 얼마나 앙칼지게 성질을 부렸는지 모릅니다. 하루는 욕실에서 발을 씻고 나온 조카가 빵순이에게 장난을 친다고 발바닥으로 빵순이의 머리를 한 번 쓱 쓰다듬었습니다. 그러자 빵순이가 기분이 상해 성질을 내기 시작하는데, 자기 성질에 못 이겨 입에 거품을 물고 눈까지 까뒤집히더니 급기야는 뒤로 쓰러지고 말았습니다. 이를 지켜보시던 아버지가 쏜살같이 달려와 입에 거품을 물고 숨이 넘어가고 있는 빵순이의 코에다 입을 대시고 인공호흡을 한 후 동물병원에 데려가셨습니다. 수의사에 따르면 아버지의 응급조치는 대단히 탁월했다고 합니다. 인공호흡을 하지 않았으면 녀석은 벌써 죽었을 거라고 하시더군요. 빵순이는 동물병원에서 치료를 받은 후 집으로 돌아왔는데 그때부터 몸을 떨기 시작했습니다. 중풍이 온 것입니다. 결국 빵순이는 아버지의 지극 정성으로 6개월을 더 살더니 죽었습니다.

은퇴하시고 첫정을 붙인 녀석인지라 아버지는 빵순이의 죽음에 크게 상심하셨습니다. 이에 여동생은 개로 받은 상처는 개로 치유해야 한다며 마르티스 한 마리를 사서 아버지께 다시 선물했습니다. 아버지는 이 녀석에게 행순이라는 이름을 지어주시고는 빵순이 대하듯 행순이를 대하셨지요. 그러면서 간혹 저에게 "동영아, 행순이를 보면 빵순이가 생각 난다"라고 말씀하시곤 했습니다. 행순이가 아버지에게 빵순이를 매개하고 있는 것입니다. 그리고 이것은 가능한 일입니다. 개는 개끼리 매개가 가능 하기 때문입니다. 그러나 아버지가 저를 보시고 "동영아, 너를 보면 빵순 이 생각이 난다"라고 하신다면 그것은 제가 개라는 말입니다. 행순이는 빵 순이를 매개할 수 있습니다. 같은 개이니까요. 인간 이동영이 행순이나 빵 순이를 매개할 수는 없습니다. 개가 개를 매개합니다. 인간은 인간이 매개 할 수 있고요. 말씀드리고 싶은 것은, 동류끼리만 서로 매개가 가능하다는 점입니다. 그렇다면 하나님은 누가 매개할 수 있나요? 오직 하나님만이 하 나님을 매개할 수 있습니다. 성령의 임재 속에서 성령님을 통해 인간은 무 엇을 경험했습니까? 예수님의 현존을 경험했습니다. 그러므로 당연히 교 회 공동체 속에 성부의 독생자 예수 그리스도를 매개하신 성령님도 누구 입니까? 하나님이십니다! 하나님만이 하나님을 매개할 수 있으니까요.

이렇게 해서 초기 교회 안에서는 하나님 아버지께 찬양이 바쳐지고, 예수님의 이름으로 세례가 베풀어지고, 성령님의 임재를 간구하면서 성만 찬이 행해졌습니다. 그러면서 자연스럽게 삼위 하나님에 대한 예배가 시 작됐습니다. 하나님께서 성령의 능력 안에서 예수 그리스도를 통해 우리 에게 구원을 베푸셨다는 것, 이러한 초기 교회의 구원 경험이 바로 삼위 하나님에 대한 신앙고백을 낳았습니다. 그래서 초기 교회 성도들은 삼위 하나님께서 베푸신 구원의 은총을 기리고 삼위 하나님께 경배와 찬양을 드렸습니다. 신약성경 안에서 성부, 성자, 성령에 대한 고백이 예수 그리스 도 안에서의 하나님의 구원 사건에 대한 송영적 고백과 밀접하게 결합되 어 있고(고후 13:13; 엡 1:3) 예전적 축도 형식과도 밀접하게 결합되어 있습 니다(고전 12:4 이하; 엡 4:4 이하). 이는 삼위일체 교리가 초기 교회의 구원 경험으로부터 형성된 교리이며, 초기 교회 성도들의 기도 언어, 찬양 언어, 예배 언어였음을 입증합니다.

한국교회의 예배 언어 및 기도 언어의 전제군주적 일신론 경향

개신교 신학교에서 삼위일체론을 가르칠 때 신학생들이 머리 아파하는 이유도 이와 관련이 있습니다. 삼위일체 교리에 관한 강의가 우리의 예배에 대한 해설이 된다면 친숙하면서도 실제적으로 와닿겠지만 초기 교회 성도들과는 달리 우리는 그런 예배를 경험해볼 기회가 잘 없습니다. 한국교회는 교리적으로는 삼위일체론을 정통 신앙으로 고백하면서도 예배에서는 지나치게 '전제군주적 일신론'(monarchischer Monotheismus)에 경도된 측면이 있습니다. 우리의 기도 언어는 삼위일체론적이기보다 전제군주적 일신론의 경향을 강하게 띠고 있으며, 찬양 언어도 그러하고 예배의 형식도 그러합니다. 그래서 삼위일체 교리를 아무리 잘 해설해도 우리 자신이나 교회 현장과는 아무런 상관도 없이, 단지 하나님의 존재의 신비를 논의하는 사변적·추상적 지식으로 머리만 아프게 하는 것입니다. 미국 웨스트민스터 신학교(Westminster Theological Seminary)의 교회사 교수 칼 트루먼(Carl R. Trueman)은 삼위일체론이 예배의 형식을 구성하고 결정해야 한다고 역설하면서 다음과 같이 자신의 경험을 토로했습니다.

삼위일체 교리가 우리의 예배 형식을 결정하고, 우리의 예배에 편만해야만 한다. 그러나 슬프게도 많은 교회들은 그렇지가 않다.…실제로 예배의 모습은 그 교리와 상관없는 경우가 너무나 많다. 나는 몇 년 전에 유니테리언(Unitarian) 친구의 장례식에 참석하게 되었다. 그런데 우리가 삼위일체론적 기독교 예배라고 드려온 예배는 그날 내가 참석한 유니테리언 예배와 별반 다를 바가 없었다. 얼마나 충격을 받았는지 모른다.…[그러므로] 각 교회의 목사와 장로는 의식적으로 예배 가운데 삼위일체 하나님이 잘 드러나도록 힘써야만 한다.…장로들은 삼위일체 신학을 성경적으로 바르게 반영하는 찬양을 선택해야만 한다. 또한 대표 기도의 내용이 삼위일체론을 명백히 담고 있는지를 확인해야만 한다.[1]

저도 한국에 귀국해 예배에 참석하면서 칼 트루먼과 비슷한 경험을 했습니다. 목사님이나 장로님들이 대표 기도를 드릴 때 보면, '하나님 아버지'에게만 집중되어 있음을 쉽게 발견할 수 있었습니다. '예수님'은 기도의 내용 가운데서 찾아보기가 힘들고 마지막에 기도의 종결을 알리는 문구로 한 번 나올 뿐입니다. "예수님 이름으로 기도합니다." 하지만 정작 내용 부분에서는 오로지 아버지 하나님만이 기도의 대상으로 등장했습니다. 성자 하나님, 성령 하나님이 성부 하나님과 함께 기도의 대상으로 등장하지 않는 것이 현재 한국 개신교회 기도 언어의 현실입니다. 우리의 기도 언어 습관이 그렇습니다. 또한 예배에서든 예배 속 설교에서든 우리에게는 전제군주적 일신론이 아주 익숙합니다. 그런데 사실 삼위일체 교리라는 것은 초기 교회가 예배 속에서 삼위일체 하나님께 기도드리고 찬양을 드릴 때 사용했던 고백과 진술을 정리하고 종합한 후 해설을 붙인 것입니다. 칼 트루먼은 이 사실을 예리하게 통찰하며 이렇게 말합니다.

---

1   Carl R. Trueman, 김은진 역, 『교리와 신앙』(*The Creedal Imperative*, 서울: 지평서원, 2015), 223.

삼위일체론에 관한 논의는 교회의 송영에 대한 고민에서 출발하였고…신조들은 그 논의의 결과물이다.[2]

그러므로 삼위일체 교리가 먼저 정립되고 나서 삼위일체 하나님께 기도와 찬양이 드려진 것이 아니라, 삼위 하나님에 대한 기도와 찬양으로부터 삼위일체론이 정립되어나온 것입니다.

조카들의 식사 기도

이처럼 한국 개신교회는 기도 언어와 예배 언어가 전제군주적 일신론에 경도된 측면이 있습니다. 여기에 관한 예를 들어보겠습니다. 제게 어린 조카 둘이 있는데 한 녀석은 개신교회를 다니고 다른 한 녀석은 가톨릭교회를 다닙니다. 그 녀석들이 부모님을 따라 제가 유학하던 오스트리아 빈에 놀러왔었습니다. 그때 그 꼬마들에게 저녁 식사 기도를 시킨 거지요. 한 녀석만 시킬 수 없으니 오늘은 이 녀석 내일은 저 녀석, 이렇게 순서대로 시켰습니다. 개신교회에 다니는 조카 녀석은 이렇게 기도했습니다. "아버지 하나님, 우리에게 일용할 양식을 주셔서 감사합니다. 이 음식 잘 먹고 잘 자라서 훌륭한 사람이 될게요. 준비한 손길도 축복해주세요. 예수님 이름으로 기도합니다. 아멘!" 아주 성실하게 하나님 아버지에게만 집중된 기도입니다. 다음 날 성당 다니는 동갑내기 조카 녀석은 이렇게 기도했습니다. "성부와 성자와 성령의 이름으로 아멘! 사랑을 베푸시는 성부와 은총을 내리시는 성자와 일치를 이루시는 성령께서는 이 음식을 축복하시고 우리

---

2   앞의 책, 222.

모두를 축복해주세요. 우리 주 예수 그리스도를 통하여 비나이다. 아멘!"

두 조카의 기도를 들은 저는 조직신학도로서 또 삼위일체론 전공자로서 심각한 충격에 빠지지 않을 수 없었습니다. '이거 큰일 났구나, 우리 개신교가!' 눈치채셨겠지만 성당 다니는 조카의 기도 언어가 삼위일체론적 언어였습니다. 삼위일체 교리는 지식으로 배우기 이전에 기도로 바쳐야 하고 찬양으로 불러야 합니다. 이렇게 기도 언어와 찬양 언어로서 삼위일체의 언어가 익숙한 이에게 삼위일체 교리를 해설하면, 그것은 그들이 원래 드리던 기도와 찬양에 대한 해설이기에 은혜와 감격이 넘칠 수 있습니다. 그러나 전제군주적 일신론에 경도되어 있는 이에게 삼위일체 교리를 해설한다는 것은 단지 교리적 지식을 전달하는 것 이상의 의미가 없습니다.

초기 교회의 예배 속에 자리했던 삼위일체 교리

삼위일체 교리는 원래 초기 교회의 예배 속에서 정당한 '신학적 자리'(*locus theologicus*)를 차지하고 있었습니다. 성도들은 예배 가운데 예수님의 이름으로 성부 하나님께 기도를 바쳤고 예수님을 주님으로 불렀으며 성만찬의 '성령 임재 기원'(Epiklese)과 더불어 성령님의 이름을 불렀습니다. 이처럼 초기 교회의 예전(*liturgia*)은 삼위일체 교리의 모태입니다. 삼위일체 교리는 예배라는 어머니로부터 태어난 딸입니다. 예전이 삼위일체 교리를 낳은 셈입니다.

그러니까 예배 가운데서 사용하던 삼위 하나님에 대한 기도와 찬양의 언어를 정리하여 신학적 반성과 함께 체계화한 것이 삼위일체 교리지, 삼위일체 교리를 먼저 정립한 후 삼위 하나님께 예배드린 것이 아닙니다. 삼위일체 교리를 추상적·사변적으로 먼저 구성한 후 그 교리를 따라 삼위하나님께 예배드린 것이 아니라는 것이지요. 이는 삼위일체 교리만의 문제가 아닙니다. 거의 모든 교리가 예외 없이 그렇게 형성됐습니다. 조직신학(교의학)을 공부할 때, 교리가 예배 안에서 형성된 예배의 언어를 종합·정리하여 해석을 덧붙이면서 형성된 것임을 깨닫는 순간부터 조직신학을 바라보는 새로운 지평이 열립니다. 딱딱하게만 느껴졌던 조직신학을 구성하는 글자들이 살아 꿈틀거리는 예배 언어로 바뀌는 경험을 하게 될 것입니다.

교부 문헌 앞에서의 경험: 지극히 작은 나의 존재

여러분, 혹시 유럽 여행을 가게 되면 제가 공부했던 오스트리아 빈 대학교(Universität Wien) 신학부의 도서관에 한번 가보실 것을 권합니다. 개신교 신학부의 약 35만 권의 장서와 가톨릭 신학부의 25만 권의 장서, 도합 60여만 권이 되는 신학 장서가 있습니다. 게다가 대학 중앙도서관에 가면 50만 권 정도 되는 신학 장서가 더 있습니다. 그리고 빈에 있는 오스트리아 국립도서관(Österreichische Nationalbibliothek)에 가면 수십만 권의 신학 장서가 더 있습니다. 그러니까 빈에 가면 고대 교부의 저서부터 현대 저서에 이르기까지 웬만한 신학책은 다 구해볼 수 있다는 겁니다. 특히 빈 대학교는 독일어권에서 가장 오래된 대학교(1365년 개교)이기 때문에 유럽 안에서도 구하기 힘든 고문서를 많이 소장하고 있습니다. 그리고 혹시 빈에 가볼 기회가 있다면 빈 대학교 신학부 도서관에서 교부 문헌을 소장하고 있는 서고실에도 꼭 한번 방문해보십시오. 그 서고실에 처음 들어갔을 때, 저는 제가 지극히 작아지는 기분이었습니다. 저 자신이 그렇게 작게 느껴질 수 없었습니다. 제가 죽도록 공부해봐야 그 교부 문헌 중 몇 권이나 파보고 죽겠습니까? 그런 생각을 하니 저의 학문적 역량이라는 것이 초라하기 그지없었습니다. 죽기 전까지 그곳에서 도대체 몇 권이나 볼 수 있겠습니까? 하늘의 별처럼 늘어선 교부들의 문헌을 보면서 저는 깨달았습니다. 그리스도교가 정말 위대한 종교라는 사실을 말입니다. 별과 같이 빛나는 수많은 교부가 그곳에 허다한 문헌을 남겨두었습니다. 그 앞에서 저는 거의 기다시피 하는 심정으로 문헌들을 빼본 기억이 납니다.

모든 교리는 예배에서 나왔다

저는 그래도 꽤 오랜 세월 동안 고대 교부와 중세 교부와 현대 조직신학 거장들의 문헌을 나름대로 많이 섭렵했습니다. 그렇게 오랜 세월 공부하고 내린 결론이 무엇인가 하면, 신학(교리)은 예배로부터 나왔다는 것입니다. 이런 간단한 사실을 통찰하는 데 너무나 오랜 시간이 걸렸습니다. 삼위일체 교리가 예배로부터 나왔다는 사실, 저는 그것을 오랫동안 몰랐습니다. 결국 삼위일체 교리라는 것은 초기 교회가 삼위 하나님께 드린 예배에 대한 신학적 해설이었습니다.

말씀드린 바와 같이 이것은 비단 삼위일체 교리만의 문제가 아닙니다. 예를 들어, 칼케돈 공의회(*Concilium Chalcedonense*, 451)에서 확정한 예수 그리스도에 관한 "두 본성 교리"(Zwei-Naturen-Lehre)를 보십시오. 소위 "양성론"이라고도 부르는 교리입니다. 두 본성 교리에 따르면 예수 그리스도는 두 본성, 즉 신적 본성과 인간적 본성을 가지고 있는데, 이 두 본성인 신성(θεοτης)과 인성(ανθρωποτης)이 예수 그리스도의 하나의 인격 속에 "혼합 없이"(α-συνχυτος), "변화 없이"(α-τρεπτως), "분열 없이"(α-διαιρετως),

"분리 없이"(α-χωριστως) 존재한다는 것입니다.[3] 이것을 소위 "알파 프리바 티바(α-privatia)의 공식"이라고 부릅니다. 우리말로는 'α-부정공식' 정도로 번역할 수 있습니다. '알파'(α)가 각 형용사 앞에 붙어 그 형용사를 부정함으로써, 두 본성의 분리를 주장하는 네스토리우스(Nestorius)에 맞서서는 두 본성의 분리 없음을, 두 본성의 혼합을 주장하는 에우티케스(Eutyches)에 맞서서는 두 본성의 혼합 없음을 묘사하고 있기 때문입니다.

　　우리는 보통 그리스도론을 배울 때 이 칼케돈 공의회의 두 본성 교리를 머리 아프게 암기만 합니다. 예수 그리스도의 한 인격 속에 신성과 인성이 혼합 없이, 변화 없이, 분열 없이, 분리 없이 존재한다고 말입니다. 그러나 실은 두 본성 교리가 칼케돈 공의회에서 교리 체계로 확정되기 이전부터, 이미 초기 교회의 예배 속에 예수 그리스도의 신성과 인성에 대한 경배와 찬양이 존재하고 있었습니다. 초기 교회가 이단들과의 대결 속에서 예수 그리스도의 '참 하나님(verus Deus) 되심'과 '참 인간(verus homo) 되심'에 대한 경배와 찬양을 신학적으로 반성하고 묵상하는 가운데 칼케돈의 두 본성 교리가 정립된 것입니다. 즉 예수 그리스도의 신성과 인성에 대한 경배와 찬양으로부터 두 본성 교리가 나온 것이지, 두 본성 교리가 나오고 나서 예수님의 신성과 인성이 경배된 것이 아닙니다. 종말론도 마찬가지입니다. 초기 교회 성도들은 예배 가운데 "마라나타" 즉 "주 예수여 오시옵소서!"라고 간구하며 예수님의 재림을 열망하는 동시에 종말에 오실 예수님을 경배하고 찬양했습니다. 이것을 신학적으로 반성하고 체계적으로 정리하여 해설을 붙인 것이 종말론입니다.

3　참조. Alfred Adam, *Lehrbuch der Dogmengeschichte I* (Gütersloh: Gütersloher Verlagshaus Gerd Mohn, 1992[6]), 336.

교리에 관한 해설은 예배에 관한 해설이어야 한다

여러분이 조직신학을 통해 배우는 '교리에 대한 해설'은 사실 '예배에 대한 해설'입니다. 그런데 조직신학자의 교리 해설이 왜 우리에게는 그토록 와닿지 않느냐? 이 예배라는 것이 사실 '리투르기아'(liturgia), 즉 예전인데, 우리나라 개신교회에는 예전이 부재하기 때문입니다. 예전이 없으니 조직신학자가 교리를 아무리 잘 해설해도 그것은 단순한 교리 지식에 불과한 꼴이 되고 맙니다. 시작할 때 삼위일체 하나님의 이름으로 초대를 받고, 삼위일체 하나님 앞에서 자기 죄를 고백하고 용서를 받고, 삼위 하나님을 향하여 영광송(Gloria)을 부르면서 설교로 들어가서, 설교자가 삼위 하나님의 이름으로 말씀을 선포하고, 삼위 하나님의 이름으로 성만찬을 행한 후, 삼위 하나님의 이름으로 평화의 인사를 나누고, 삼위 하나님의 이름으로 세상을 향해 다시 파송되는 것이 예배입니다. 그런데 지금 우리의 예배에서는 삼위일체 교리를 오직 예배 말미의 축도에서밖에 확인할 길이 없습니다.

예배 시작 때 성 삼위일체 하나님의 이름으로 하는 예배로의 초대가 이루어지지 않는 것이 현실입니다. "사랑을 베푸시는 성부와 은총을 내리시는 성자와 일치를 이루는 성령께서 이 자리에 있는 여러분 모두를 축복해주시기를 원합니다"라는 기원과 함께 예배가 시작되지 않고 있습니다. 성만찬을 할 때도 "그리스도를 통하여 그리스도와 함께 그리스도 안에서 성부이신 하나님께서는 성령으로 하나 되어 모든 존귀와 영광과 찬양을 받으시나이다"라고 하면서 성 삼위 하나님께 영광과 찬양을 돌리면서 시작되지 않습니다. 예배라는 것은 본래 온통 삼위 하나님에 대한 송영이고 찬양이어야 합니다. 예배는 모든 순서가 삼위일체 하나님에 대한 기도와 찬양으로 엮이면서 시종일관 삼위일체론이 주도해야 하는데, 우리는 그런 예배를 경험해본 적이 없습니다. 이런 상황에서 삼위일체 교리를 열심히 배워도 그것은 그저 추상적·사변적 교리 지식이 되어버리기 십상입니다. 이 사태의 심각성을 여러분도 이해하셨으면 좋겠습니다.

교리의 예전적 실천이 중요하다

예전은 신학(교리)의 모태입니다. 그래서 앞서 언급했듯 교부 프로스페르는 "예배의 법(예전)이 신앙의 법(신학)을 앞선다"(*legem credendi lex statuat supplicandi*)라고 예리하게 갈파했습니다.[4] 그러므로 교리의 예전적 실천 없이는 그에 대한 어떤 훌륭한 해설도 사변이 될 공산이 큽니다. 삼위일체론, 그리스도론, 구원론, 교회론, 종말론을 배웠으면 이 교리를 예전적으로 실천해야 합니다. 예전적 실천 없이 교리만을 학습하면 그것은 십중팔구 사변적인 교리 지식으로 전락할 것입니다.

성 삼위 하나님의 이름으로 예배를 시작하고 기도를 바치고 찬양을 드리며 성만찬을 집행함과 더불어 예수 그리스도의 성육신, 죽음, 부활, 다시 오심(종말)을 기리고 경배하고 묵상하는 시간이 있어야 합니다. 성만찬에서 떡과 잔을 나누어 먹고 마시는 행위를 통하여, 그에 참여하는 모든 성도가 예수 그리스도의 신비로운 몸에 연합되어 '그리스도의 신비체'(*corpus mysteriosus Christi*)를 이루고 있음을 자각하고 각성하고 경험하지 않는 이상, 교리에 대한 해설은 사변적 지식으로 전락할 가능성이 매우 큽

---

4   C. M. LaCugna, *God for Us: The Trinity and Christian Life* (San Francisco, CA: Harper SanFrancisco, 1991), 112, 358.

니다.

신학이 예배를 무시하는 것은 자식이 어머니를 무시하는 격

왜 조직신학이 한국교회 안에서 인기 없는 학문이 되었을까요? 도대체 그 이유는 무엇일까요? 저는 예배 현장과 교리의 분리가 그 원인이 아닌가 합니다. 예전이라는 어머니가 교리라는 딸을 낳았는데, 딸(교리)만 살아 있고 어머니(예전)는 죽고 없는 것과 같은 양상입니다. 제가 교리나 신학을 딸이라고 부르는 이유는 두 단어가 라틴어로 여성 명사이기 때문이지 다른 의도는 없습니다. 라틴어나 독일어 등의 언어는 명사에 성이 있습니다. 이런 언어에서 흔히 쓰이는 수사적 기교지요. 예를 들면, 독일의 대문호 실러(Friedrich Schiller, 1759-1805)는 "예술은 자유의 딸이다"(Die Kunst ist eine Tochter der Freiheit)라는 말을 했습니다. 여기서 예술이 자유의 아들이 아니라 딸인 까닭은 우리말 '예술'에 해당하는 독일어 '쿤스트'(Kunst)가 여성 명사이기 때문입니다. 단지 그래서 예술이 자유의 딸이라고 불리는 것일 뿐, 다른 의도는 없습니다. 신학이 예배를 무시하는 것은 자식이 낳아준 어머니를 무시하는 격입니다. 예배를 수행하는 교회가 신학을 무시하는 것은 어머니가 자식을 무시하는 격입니다. 그러므로 예배 혹은 예전의 확립은 참으로 중요합니다. 예전으로부터 교리가 나왔기 때문입니다.

신학은 송영이다!

신학은 송영입니다. 신학적 지식은 사변을 위한 지식이 아니라 경배(예배)를 위한 지식이요 찬양을 위한 지식입니다. 우리 구원의 하나님이신 삼위일체 하나님으로 인해 즐거워하고 그러기에 성부, 성자, 성령께 동일한 경배와 영광과 찬양을 드리는 것이 신학이며, 신학의 궁극적 목표입니다. 신학은 이렇듯 예배라는 모태에서 태어난 자녀입니다. 그러므로 모든 교리는 예전 속에 그 정당한 자리가 있으며, 교리의 예전적 실천은 그 교리의 생사를 결정하는 중요한 문제가 됩니다.

신학과 신앙은 분리되어서는 안 된다

우리는 마음과 뜻과 정성을 다해 삼위일체 하나님께 예배드려야 합니다. 예배 속에서 찬양하고 고백하면 그것이 신앙이고, 신앙의 내용을 정리해서 체계적으로 진술하면 그것이 신학입니다. 그러므로 신앙과 신학은 다를 수 없으며, 구분할 수는 있어도 분리할 수 없습니다. 오스트리아 빈에서 목회할 때 저는 초기부터 공교회와 종교개혁의 전통에 따라 예전 확립에 심혈을 기울였습니다. 예전의 확립 없이는 신학이 맥을 못 추기 때문입니다. 그래서 예전을 확립하려고 노력하는데, 사사건건 저에게 시비 거는 집사님이 있었습니다. 그분은 저에게 이런 말씀을 하셨습니다. "목사님, 신학과 신앙은 다릅니다." 저는 목사로서 당시나 지금이나 그 말에 동의할 수 없습니다. 신학과 신앙이 다르다면 그것은 심각한 문제입니다. 신학과 신앙이 다르다는 것은 머리와 가슴이 다르다는 것이고, 이론과 고백이 다르다는 것이니까요.

그런데 제가 이런 이야기를 그 집사님께만 들은 것이 아닙니다. 신학생 시절에 선배들도 우리에게 종종 이렇게 말했습니다. "신학하고 신앙은 달라. 목회는 신앙과 '영빨'로 하는 거고, 신학은 그냥 배워두면 도움이 될수도 있고…." 혹시 여러분 중에도 그렇게 생각하시는 분이 있다면 그것은 몹시 심각한 문제입니다. 대놓고 이중적으로 살아가라는 이야기거든요. 마음의 고백과 머릿속의 논리를 달리 하라는 것입니다. 여러분! 우리는 이런 주장에 동의해서는 안 됩니다. 그렇게 고백하는 자는, 그 고백을 따라 또한 그렇게 진술해야만 하는 것입니다. 그것이 정직한 모습이고 논리와 고백이 일치하는 모습입니다. 그리고 논리적으로 그렇게 진술하는 자는 또한 그 진술을 따라서 그렇게 고백해야만 합니다. 논리적 진술과 마음의 고백은 일치해야 합니다. 행동도 일치해야 하고요. 그렇지 않다면 우리는 표리부동한 위선자들입니다.

송영

삼위일체론, 그리스도론 같은 것은 초기 교회의 경배와 찬양, 즉 예배로부터 형성된 것입니다. 예배가 먼저 있고 예배로부터 교리가 형성되었습니다. 그래서 언제나 예배의 법이 신앙의 법을 앞섭니다. 신학은 예배라는 어머니로부터 태어난 예배의 자녀임을 다시 한번 강조하면서, 초기 교회 때부터 삼위일체 하나님께 바쳐온 유명한 영광송과 함께 본 강의를 마칠까 합니다.

영광이 성부와 성자와 성령께,
처음과 같이 이제와 항상 영원히 있나이다. 아멘!

(Gloria Patri et Filio et Spiritui sancto, sicut erat in principio et est nunc et erit semper et in saecula saeculorum. Amen!)

한국교회의 신학 부재 현상

신학 따로, 예배 따로!

지난 강의에서 강조했듯이 교리의 예전적 실천은 그 교리의 생사를 결정하는 중요한 문제입니다. 사실 예전적 예배가 드려지지 않는 이상, 교리를 아무리 기발하고 탁월하게 해설한다 할지라도 사변의 굴레를 벗어나기 힘듭니다. 그러다 보면 교리와 예배가 분리되어 둘이 따로 노는 현상이 발생합니다. 한국교회 안에는 예배는 예배대로 드리고 교리는 예배와 관계없이 지식으로만 배우는 이분법이 고착되면서, 교리와 예배가 괴리되는 고질적 병폐가 뿌리 깊게 자리 잡고 있습니다. 신학과 예배의 분리는 또한 신학교와 교회의 괴리를 의미합니다. 예전은 신학과 예배를 중재하고 신학을 예배 안으로 주입(*infusa*)하는 매개체(*medium*)라고 할 수 있습니다. 이처럼 신학과 예배 사이를 중재하는 예전이 없다 보니 신학 따로 예배 따로, 신학교 따로 교회 따로라는 심각한 분리 및 괴리 현상이 한국교회에 만연한 형편입니다.

신학은 경배를 위한 지식이고 찬양을 위한 지식이다

원래 교리(신학)를 구성하는 언어는 사변적 언어가 아니라 기도의 언어이 자 예배(경배)의 언어입니다. 지난 시간에도 살펴봤듯이 삼위일체 교리는 예배의 신학입니다. 삼위 하나님에 대한 예배에서 삼위일체 교리가 형성 되었으니까요. 그러므로 예배 자체가 삼위 하나님에 대한 경배요 찬양이 되어야 합니다. 말씀드린 바와 같이 "테올로기아"(*theologia*)라는 말은 삼위 하나님을 찬양한다는 뜻입니다. 신학이란 삼위 하나님을 찬양하는 것 외 에 다른 것이 아닙니다. 우리가 신학적 지식을 통해 추구하는 궁극적 목 적은 삼위 하나님을 경배하고 삼위 하나님께 찬양과 영광을 돌리는 것입 니다. 그 외의 것들은 신학에서 부차적입니다. 신학은 근원적으로 경배와 찬양을 위한 지식이지 사변과 쟁론을 위한 지식이 아닙니다.

전제군주적 일신론에 중독된 한국교회

한국교회 예배 영성의 가장 큰 문제점은 '사도신경'(*Symbolum Apostolorum*)을 통해 삼위일체 교리를 정통으로 고백하기는 하지만, 예배가 '전제군주적 일신론'(der monarchische Monotheismus)의 경향을 강하게 띠고 있다는 사실 입니다. 기도 언어가, 예배 언어가, 교회의 제도가 전제군주적 일신론 경향 을 띱니다. 그래서 예배 때 드려지는 기도를 들어보면 대부분 오직 아버지 하나님께만 집중되어 있습니다. 물론 여기서 오해하지 말아야 할 점이 있 습니다. 기도할 때 아버지 하나님께 기도드리는 것이 잘못됐다는 말이 아 닙니다. 세상의 창조주(*Creator mundi*)시며 예수 그리스도의 아버지(*Pater Jesu Christi*)시고 예수 그리스도를 통해 우리의 아버지(*Pater noster*)가 되신 성부 하나님께 기도하는 것은 마땅하고 옳은 일입니다. 그러나 아버지 하나님께 기도드리는 것과 마찬가지로 아들 하나님께도, 성령 하나님께도 같은 기도와 경배를 돌려야 합니다. 성부와 성자와 성령은 같은 본질을 공유하시는 한 하나님, 즉 동일하신 하나님이시기 때문입니다. 삼위께 동일한 경배와 찬양을 돌려 드리는 것이 마땅합니다. 그러므로 성부 하나님께 기도드리는 것과 마찬가지로, 성자 하나님과 성령 하나님께도 기도드릴 수 있어야겠습니다. 또한 경우에 따라서는 성 삼위의 성호를 모두 부르며 기도할 수도 있어야 합니다.

전제군주적 일신론의 전형, 유대교와 이슬람교

아버지 하나님이 홀로 하늘 높은 곳에 좌정하셔서 이 세상을 굽어보시며 전제군주처럼 만물을 지배하고 다스린다는 것이 전제군주적 일신론의 주된 가르침입니다. 그런데 이런 신론의 가장 큰 문제점은 그 속에 '사귐'(communio, Gemeinschaft)의 개념이 들어설 틈이 없다는 것입니다. 종교사적으로 볼 때 전제군주적 일신론의 전통을 첨예하게 구현한 두 종교가 있습니다. 그것은 다름 아닌 유대교와 이슬람교입니다. 이들에 따르면 하나님은 홀로 하늘에 계셔서 이 세상을 굽어보고 통치하실 뿐이며, 인간과 만물은 천상에 있는 전제군주에게 오직 복종만을 바쳐야 합니다. 이러한 주장은 해석하기에 따라 틀린 말이 아닙니다. 문제는 이것이 자칫 잘못 해석되면 심각한 신학적 문제를 발생시킨다는 데 있습니다. 전제군주적 일신론은 한 분 하나님의 지배 질서를 강조하기 때문에, 하나님의 일차적 속성을 '통치'나 '지배'로 파악합니다. 그리고 하나님의 지배 대상인 인간과 피조물은 그분의 지배 앞에서 오직 복종해야만 하는 존재로 묘사합니다. 이

것이 전제군주적 일신론의 하나님 교리가 강조하는 것입니다. 유대교와 이슬람교의 하나님 교리를 보면, 바로 지배라는 속성을 하나님의 첫 번째 성품으로 강조합니다.

그리스도교는 전제군주적 일신교가 아니다

그러나 삼위일체 교리는 하나님을 영원 전부터 천상에 홀로 고독하게 계신 전제군주로 보지 않습니다. 삼위일체 교리에 따르면 하나님께서는 창세 전부터 성부와 성자와 성령으로 계셨으며, 세 인격 사이에 사랑의 사귐과 교제와 교통(소통)이 있었습니다. 전제군주적 일신론이 하나님의 첫 번째 성품을 '지배'와 '권력'으로 파악하는 반면, 삼위일체 교리는 삼위 하나님의 첫 번째 성품을 '사귐'과 '교제'로 파악합니다.

지배하는 전제군주적 유일신과 사귐의 삼위일체 하나님

사귐! 사귐이야말로 삼위일체이신 하나님을 규정하는 첫 번째 성품입니다. 전제군주적 일신론의 가장 큰 문제점이 여기서 드러납니다. 전제군주적 일신론의 하나님 개념 안에는 사귐의 개념이 들어설 틈이 없습니다. 전제군주적 일신론은 철저하게 하나님은 인간과 피조물에 대해 지배권을 행사하고, 모든 인간과 피조물은 그 앞에서 복종해야 한다는 것을 금과옥조처럼 가르칠 뿐입니다.[1] 그런데 삼위일체 교리가 우리에게 가르쳐주는 하나님의 첫 번째 성품이 무엇일까요? 그것은 다름 아닌 '사귐'입니다. 사

---

1   이슬람(Islam)이라는 말 자체가 '신에게 복종하다'라는 뜻이다.

권! 교통! 소통! 삼위일체 교리에 따르면 이 사귐이야말로 하나님을 규정하는 첫 번째 성품입니다. 전제군주적 일신론이 통치와 지배와 권력 행사를 하나님의 첫 번째 성품이라고 이야기하는 반면, 삼위일체 교리는 사귐, 소통, 교통이 하나님을 규정하는 첫 번째 성품이라고 가르칩니다. 그런데 전제군주적 일신론에 너무 중독되어 있다 보면, 어떻게 됩니까? 하나님은 오로지 명령하고 지배하는 존재고, 우리는 굴종하고 복종해야 하는 존재로만 여기게 됩니다.

전제군주적 일신론 vs. 삼위일체론[2]

	전제군주적 일신론	삼위일체론
하나님을 규정하는 첫 번째 성품	지배	사귐(교제, 소통)
지향하는 공동체 구조	수직적 계급	수평적 사귐
대표적인 종교	유대교, 이슬람교	그리스도교

이런 전제군주적 일신론은 교회의 계급적·교권적 지배 질서를 신학적으로 정당화하는 일에 악용될 수 있습니다. 교회 위계질서의 정점에 하나님의 대리자 담임 목사가 있고, 그 밑에 장로들(당회)이 있고, 그 밑에는 안수집사들(제직회)이 있고, 그 밑에 성도들이 있고, 뭐 이런 식으로 말입니다. 전제군주적 일신론에 찌들어 있다 보면 이런 교권적·위계적 구조가 마치 신학적으로 정당한 것처럼 착각할 수 있습니다.

---

2   김자경 도표.

천상에는 한 분 하나님이, 지상에는 그의 유일한 대리자 칭기즈칸이

이와 관련된 재미있는 이야기가 있습니다. 중세 시대 때 프란치스코 수도회의 어느 수도사가 선교 여행을 떠나 몽골까지 갔는데, 당시 칭기즈칸이 한창 그 지역에서 세력을 넓혀가던 상황이었습니다. 이 수도사가 몽골 제국 군인들에게 잡히게 되었는데요, 유럽 사람이다 보니 몽골 군인들이 볼 때 행색이 좀 다르잖아요? 그래서 결국 칭기즈칸 앞에까지 잡혀갔습니다. 칭기즈칸은 수도사를 심문하면서 이렇게 물었습니다. "어디서 왔느냐?" 수도사가 답변했습니다. "로마에서 왔습니다." "로마? 로마에 누가 있느냐?" "한 분 하나님의 대리자이신 교황님과 교황님의 신실한 후견인이신 황제 폐하께서 계시지요." 수도사가 이렇게 답하자 칭기즈칸이 노기 어린 말투로 다음과 같이 말합니다. "내 말을 똑똑히 듣고 너희 교황에게 가서 전하거라. 천상에는 한 분 하나님이 계시고, 지상에는 그의 유일한 대리자 나 칭기즈칸이 있다고!"

몽골의 망구 칸(Mangu Kahn)은 프랑스 왕에게 이 마지막 말과 같은 취지의 편지를 보내기도 했습니다. "이것은 영원한 신의 질서이다. 하늘에는 유일하고 영원한 신만이 계시고, 지상에는 오직 한 명의 주인, 칭기즈칸, 신의 아들만이 있다."[3] 또한 칭기즈칸의 인장에는 다음과 같은 글귀가 새겨져 있었다고 합니다. "천상에는 한 분 하나님, 지상에는 칭기즈칸."[4] 이처럼 전제군주적 일신론에 따르면 천상의 정점에 한 분 하나님이 계시고, 지상에는 항상 그의 대리자가 있습니다. 이것을 중세의 위계적 구조로 표

---

3   Leonardo Boff, *Kleine Trinitätslehre* (Düsseldorf: Patmos, 1991[2]), 10.
4   앞의 책, 10.

현하면 '한 하나님-한 교황-한 황제-한 제국-한 교회-한 백성'의 위계적 도식이 될 것입니다. 교황과 황제의 순서는 교권이 강하냐, 왕권이 강하냐에 따라서 항상 유동적이었지요. 어쨌든 전제군주적 일신론은 이러한 위계질서를 언제나 정당화해줬습니다.

전제군주적 일신론으로 목회하기가 수월하다?

그러나 하나님의 일차적 성품이 지배가 아니라 사귐과 교제와 교통이라고 주장하는 삼위일체 교리의 관점에서 봤을 때, 이처럼 교권적이고 위계적인 전제군주적 일신론은 삼위일체론에 정면으로 대립되는 신학적 이념입니다. 교회와 예배가 전제군주적 일신론 관점에서 조직될 때 목회자가 목회하기는 오히려 수월할지도 모르지요. 교권적이고 위계적인 질서가 은연중에 신자들의 신앙 영성 속에 주입될 테니까요. 하나님께서는 하늘에 계시고 하나님의 사자인 목사가 교회에서 하나님의 대리자로 통치한다는 질서 말입니다. 그래서 주의 종에게 대들면 어떻게 됩니까? 벌을 받겠지요. 영원 전부터 하늘에 계신 고독한 절대자로서의 하나님을 묘사하는 전제군주적 일신론은, 하나님을 천상에 좌정하고 있는 '슈퍼 마초'로 묘사하는 신학 사상입니다.

하나님은 천상에 있는 '슈퍼 마초'가 아니다

그리스도교를 이슬람교나 유대교 같은 일신교, 즉 단일신교로 알고 계신 분들이 종종 있는데, 그건 그리스도교에 대한 심대한 오해입니다. 어떻게 그리스도교가 단일신교입니까? 이슬람교는 단일신교죠? 유대교도 단일신교가 맞습니다. 두 종교에 따르면 오직 하늘에 있는 알라 하나님(이슬람교)만, 야웨 하나님(유대교)만 하나님이시니까요. 이들은 하나님을 전제군주적이고 절대 주체적이며 절대 권력을 가진 슈퍼 마초로 묘사합니다. 그래서 대단히 위계적이고 교권적입니다. 제도도 아주 위계적이고 교권적이지요. 성직자와 평신도 사이, 남자와 여자 사이의 철저한 위계를 강조합니다. 전제군주적 일신론 경향이 있는 종교 안에서 과연 남자가 여자 밑에 있겠습니까, 여자가 남자 밑에 있겠습니까? 아니면 남녀가 동등하겠습니까? 여자가 남자 밑에 있겠지요? 이런 정서와 영성이 은연중에 한국교회 현장 속에 팽배해 있습니다. 비록 삼위일체 교리를 정통 교리로 배우기는 하지만 현실적으로 예배의 언어, 기도의 언어, 신앙의 언어가 전제군주적 일신론의 경향을 띠고 있기 때문입니다.

질문과 답변

Q: 저는 기도할 때 하나님 아버지도 찾지만 주님도 찾습니다. 실제로 많은 사람이 하나님 아버지를 찾기도 하지만 주님을 더 즐겨 찾는 경향도 있습니다. 이것도 전제군주적 일신론적인 경향성입니까?

A: 기도에서 주로 하나님 아버지를 찾는 경우가 많고, 그렇지 않을 때는 주님을 찾지요? 그런데 이것이 불명확합니다. 그 주님이 누구인지? 누구를 두고 주님이라고 하는지? 주님이 아버지인지 아들인지 성령인지가 애매하다는 겁니다. 그러므로 여기서 분명히 해야 하는 부분이 있습니다. '주님'(Dominus)이라는 신명은 성부와 성자와 성령 모두에게 해당하므로, 단지 주님이라고 부르면서 기도할 때 이 기도는 삼위 모두

를 향해 바치는 기도라는 사실입니다. "하나님!" 하고 부르면서 기도하는 경우에도 삼위 모두를 향한 기도입니다. 기도와 관련하여 이런 부분을 좀 명확히 알고 할 필요가 있습니다. "니케아-콘스탄티노플 신경"(*Symbolum Nicaeno-Constatinopolitanum*, 381)에는 이런 고백이 나오지 않습니까?

우리는 주님이시며 생명의 수여자이신 성령을 믿습니다. 성령은 성부로부터 영원히 나오시며, 성부와 성자와 더불어 동일한 경배와 동일한 영광을 받으시며, 예언자들을 통하여 우리에게 말씀하셨나이다.

성부와 성자와 더불어 동일한 경배와 동일한 영광을 받으시는 그 성령님이 우리의 기도 언어에서는 종종 빠져 있지 않습니까? 물론 예외도 있습니다. 성령강림절 날은 성령님을 기도의 대상으로 여기기는 합니다. 그러나 "성령님도 아버지와 아들처럼 우리 일상의 기도와 찬양 속에서 동일한 경배와 동일한 영광과 동일한 찬양을 받으시는 하나님이신가요?"라고 묻는다면, 이 자리에서 누가 당당하게 "예"라고 대답할 수 있겠습니까?

Q: 삼위는 일체라고 하지 않습니까? 우리가 아버지 하나님만을 찾아도 그 하나님은 삼위일체 하나님이지 않습니까? 그러니까 굳이 성령님과 아버지 하나님을 구별할 필요가 있겠습니까?

A: 이 문제는 신론을 배울 때 좀 더 자세히 배우겠지만 일단 여기서 말씀드리고 싶은 것은 이렇습니다. 삼위는 일체가 맞습니다. 우리는 '삼

위'(τρεις υποστασεις)를 경배하며 그 삼위는 성부 하나님, 성자 하나님, 성령 하나님이십니다. 우리는 삼위를 경배하는 동시에 '일체'(*unitas*)를 찬양합니다. '일체'를 경배하는 동시에 '삼위'를 찬양합니다. 이처럼 삼위께 기도를 바치고 삼위의 하나되심(일체)을 찬양하는 것은 신자가 마땅히 해야 할 의무요 본분이요 도리입니다.

그러므로 성부, 성자, 성령께 동일한 경배와 존귀와 영광을 돌리는 기도 훈련과 예배 훈련은 대단히 중요합니다. 그와 동시에 삼위의 일체성, 즉 하나되심을 경배하고 찬양하는 것 또한 매우 중요합니다. 삼위를 경배(예배)하고 동시에 삼위의 하나되심을 찬양하는 것은 삼위일체 하나님에 대한 바른 경배의 태도일 뿐 아니라, 이러한 경배와 기도의 훈련을 통해 삼위 하나님의 존재의 신비인 '다양성 속에서 일치'의 영성을 체득할 수 있기 때문입니다. 전제군주적 일신론 경향을 띤 예배 및 기도 언어나 애매모호하고 개념이 정확하지 않은 기도 언어는 우리의 삼위일체적 신앙의 영성, 즉 사귐과 교제와 소통의 영성에 짙은 암영을 드리울 수 있습니다.

예전적 전통과 교리 교육을 회복해야 한다

교회사 속에서 고대 교부들, 고대 교회, 종교개혁자들의 기도를 보면 언제나 기도와 예배는 구분할 수는 있지만 분리할 수 없었다는 사실을 깨닫게 됩니다. '예전'이라고 번역되는 라틴어 '리투르기아'(*liturgia*)라는 말 자체가 성문 기도, 다시 말해 글로 쓰여 있는 기도라는 뜻입니다. 역사적으로 공교회의 예전은 삼위일체적 형식으로 되어 있었습니다! 그런데 이런 삼위일체적 기도 언어와 예배 언어가 현재 우리에게는 생소하기만 합니다. 이는 예전과 기도 언어에 대한 의식이 희박한 청교도 성향의 선교사들로부터 복음을 전수받아 초기 한국교회의 전통이 형성됐기 때문입니다. 그러다 보니 한국교회 안에 교리 교육이나 예전의 중요성에 대한 의식이 없었던 것입니다. 예전과 교리 교육으로 교회에 기초를 놓기보다, 부흥사경회, 단순한 성경 묵상(QT), 기도회, 성경 공부 등으로 교회 생활이 이루어졌습니다.

여러분, 오해는 하지 마시기 바랍니다. 성경 묵상, 성경 공부, 기도회가 중요하지 않다는 말이 아닙니다. 중요하지요! 그리고 필요하고요! 저도 목회하면서 교우 분들과 성경 공부 많이 했습니다. QT와 기도의 필요성도 늘 강조했습니다. 그런데 문제가 무엇인지 아십니까? 예전적 전통에 충실한 교회 신자들과 기도 모임을 하고, 그들이 QT와 성경 공부를 하도록 가르치는 것은 별로 어렵지 않았습니다. 제 목회 경험으로는 분명히 그랬습니다. 그건 어렵지 않더라고요. 그런데 예전 교육이나 교리 교육 없이 기도회와 QT와 성경 공부만 열심히 했던 전통을 가진 교회 신자들에게 예전과 교리를 교육하려니 그것은 정말 힘든 일이었습니다. 아, 정말 힘들더라고요!

제가 목회하면서 교회에서 예전과 교리 교육을 확립하는 데 몇 년이 걸린 줄 아세요? 대략 5년이 걸렸습니다. 나름대로 전력투구해서 5년이 걸린 것입니다. 여기서 전력투구란 생각보다 반대가 많았다는 뜻입니다. 기존 교회에서 신앙생활하는 데 익숙한 분들이 심하게 반대하더라고요. 심지어 이런 일도 있었습니다. 이런 것이 곧 한국교회 교리 교육의 현주소입니다. 제가 목사가 아니고 신학 교수가 아니면 이런 이야기 못 합니다. 자칫 잘못하다가는 일선에서 열심히 목회하는 목사님들을 비난하는 것이 될 수 있으니까요. 그러나 이런 이야기는 과거에 목회자였고 현재는 신학 교수인 저에 대한 자아비판도 됩니다. 저로서는 아픈 이야기이기도 하고요. 그러니 혹시 이 글을 읽는 목사님이 계신다면 너그러운 마음으로 읽어주세요. 한국교회를 사랑하는 충정에서 드리는 말씀이지 다른 뜻은 없습니다.

니케아-콘스탄티노플 신경으로 신앙을 고백했더니 이단이라고?

여러분, 삼위일체 교리를 아주 명확하고 아름답게 고백한 신경이 있습니다. 무엇일까요? 고대의 신경들이 있지 않습니까? 그중 어떤 신경이지요? 지금 우리가 고백하는 정통 삼위일체 교리는 이 신경에 의한 것입니다. 뭐죠? 바로 "니케아-콘스탄티노플 신경"입니다! 우리가 믿는 삼위일체 교리를 확정적으로 고백하는 것이 이 신경입니다. 교파를 막론하고 전 세계 교회가 "니케아-콘스탄티노플 신경"으로 삼위일체 신앙을 고백합니다. 정교회는 매주 예배 때마다 "니케아-콘스탄티노플 신경"을 사용합니다. 서방 전통을 계승한 개신교회는 매주 이 신경을 사용하지는 않지만 적어도 3대 절기인 부활절, 성령강림절, 성탄절 때는 사용합니다. 따라서 유럽의 개신교회도 이 신경으로 신앙고백을 하는데, 한국교회는 예배 때 "니케아-콘스탄티노플 신경"을 거의 사용하지 않습니다. 그런데 안 쓰는 것이 문제가 아닙니다. 안 쓸 수도 있습니다. 한국 개신교회는 "사도신경"을 존중하는 서방 교회의 전통을 따르니까요. 진짜 문제는 이런 것입니다. 제가 목회했던 교회에서 부활절 날 "니케아-콘스탄티노플 신경"으로 신앙고백을 했는데, 예배 마치고 한 집사님이 저에게 와서 이렇게 말하는 것입니다. "목사님! 우리 교회 혹시 이단 아닙니까?"

질문과 답변

Q: "니케아-콘스탄티노플 신경"은 어떤 신경입니까?

A: 네, "니케아-콘스탄티노플 신경"을 좀 설명해드리겠습니다. "니케아-콘스탄티노플 신경"을 고백해보면 "사도신경"은 이 신경의 요약판처럼 보입니다. 예를 들면 이렇습니다. "사도신경"에는 성령 조항이 "성령을 믿사오며"라고 간략하게 되어 있습니다. 그런데 "니케아-콘스탄티노플 신경"은 성령 조항을 보다 구체적으로 상세하게 진술합니다. 교리사적으로 보면 "니케아-콘스탄티노플 신경"에서 성령의 인격성이 최종적으로 확정되고 고백되었습니다. 그 이후부터 성령의 인격성을 의심하던 모든 이단이 더 이상은 성령의 인격성을 공개적으로 의심할 수 없게 되었지요. "니케아-콘스탄티노플 신경"은 성령님에 관해 이렇게 고백합니다.

> 우리는 주님이시며 생명의 수여자이신 성령을 믿습니다. 성령은 성부로부터 나오시며, 성부와 성자와 더불어 동일한 경배와 동일한 영광을 받으시며, 예언자들을 통하여 우리에게 말씀하셨나이다.

또 예를 들어볼까요? 교회에 관해서 "사도신경"은 단지 "거룩한 공회를 믿습니다"라고 고백하지요. 그런데 여기서 "공회"라는 번역은 좀 문제가 있습니다. 공회라고 번역해놓으니 "거룩한 공동 의회" 정도로 잘못 이해하는 분들이 있어요. 공회라는 말은 라틴어로 "카톨리카 에클레시아"(*catholica ecclesia*)인데 이는 '보편적 교회'라는 뜻입니다. 그러니까

"거룩한 공회를 믿습니다"라는 말은 "거룩하고 보편적인 교회를 믿습니다"라고 해야 올바른 번역입니다. 그래서 "사도신경"의 고백은 "거룩하고 보편적인 교회를 믿습니다"입니다. 그런데 "니케아-콘스탄티노플 신경"에서는 이 교회 조항도 보다 상세하고 정교한 고백으로 나타납니다.

> 우리는 하나이고 거룩하고 보편적이고 사도적인 교회를 믿습니다
>
> (*Credimus…unam sanctam catholicam et apostolicam Ecclesiam*).

Q: 교수님! 우리는 지금까지 오랜 세월 동안 기성 교회에서 신앙생활을 했는데, 지금 교수님 말씀을 듣다 보니 기성 교회가 기도나 예배 중에 삼위 하나님에 대한 원칙에 철저하지 않았다는 말씀으로 들리거든요? 그렇게 이해되는 부분 중 하나가 기도 중에 아버지 하나님만 찾는다는 것인데요. 그렇지만 일단 한국교회는 삼위 하나님을 가르쳐오지 않았나요?

A: 제 말은 우리 한국교회가 삼위일체 교리를 안 믿는다는 것이 아닙니다. 한국교회는 "사도신경"의 신앙고백과 함께 삼위일체 교리를 정통 교리로 믿고 고백합니다.

Q: 네, 우리가 기도 중에 자주 찾는 것은 아버지 하나님이고 간혹 성령님도 찾는다고 말씀하셨는데요. 그렇다고 해서 한국교회가 삼위 하나님에 대한 원칙에 소홀했던 것은 아니라고 생각합니다. 저는 하나님만을 찾더라도 영광은 세 분이 받는다고 보고요, 만약 언어적인 부분을 가지

고 이야기한다면 천주교회가 가장 철저하죠. 성부와 성자와 성령의 이름을 부르니까요. 기도의 언어적 측면이 그렇게 중요한지, 저는 좀 혼란스럽거든요?

A: 충분히 이런 혼란이 있을 수 있다고 생각합니다. 저도 목회 현장에서 목회할 때 혼란스러워하는 교우들과 함께 교리 공부를 하며 꽤 오랜 시간 대화를 나눠야 했으니까요. 이는 한국 교인들이 예배와 교리가 일원화된 전통 속에서 예배드리는 경험이 부족해서 빚어진 문제가 아닌가 합니다. 선교 2세기를 앞둔 한국교회의 예배 전통을 반성적으로 성찰해보면 물론 계승해야 할 부분도 있지만, 역사적 그리스도교의 예배 전통 중 빼먹지 말아야 할 요소가 배제되어 있어 회복해야 할 부분도 있거든요. 예를 들어, 열심히 모여서 기도하고 열심히 성경 읽고 열심히 전도하는 것, 이런 것들은 배척할 수 없는 한국교회의 아름다운 전통이지요. 그리고 어떻게 보면 술, 담배를 안 하는 절제의 전통도 세계교회에 유례가 없는 한국교회만의 독특한 전통입니다. 요즘 신자가 아닌 사람들도 건강을 위해 술, 담배를 끊는 마당에, 이런 것은 계속해서 견지할 만한 아름다운 전통이라고 생각합니다.

반면 우리가 반성적으로 성찰해봐야 하는 문제도 있습니다. 청교도 전통을 계승한 선교사들이 우리에게 청교도적 경건과 예배 전통 속에서 이와 같은 훌륭한 전통을 전수해주었지만, 그분들 자신이 예전과 교리의 상관성을 충분히 의식하지 못하다 보니, 그분들의 비예전적·비교리적 예배 전통이 한국교회에 고스란히 전해진 측면이 있습니다. 이것이 교회 현장에서 심각한 문제가 되는 이유가, 오늘날 그 여파로 한국교회에서 예전적 예배와 교리 교육을 별로 중요시하지 않는 데 있습니다.

물론 교리 교육을 아주 안 하는 것은 아닙니다. 하기는 해요. 여기서 별로 안 한다는 것은 이를테면 세례받기 전의 교리 교육이라든지 교리를 지속적으로 가르치는 일을 별로 중요하게 생각하지 않는다는 말입니다. 지나치게 약식으로 뭉뚱그려서 대충하지요. 소략하게 말입니다. 교회마다 좀 다르기는 합니다. 3주 하는 교회가 있는가 하면 6주 하는 교회도 있고, 길게는 3개월까지 하는 교회도 본 적이 있습니다. 제가 목회했던 교회에서는 1년을 했습니다. 세례받으려면 1년 동안 저와 함께 "사도신경"을 처음부터 끝까지 다 배워야 합니다. 1년간 교리 교육을 받고 세례받을 사람들은 세례를 받고 집사 될 사람들은 집사도 되고 교회의 부서도 맡고 그렇게 합니다. 제가 교리 교육을 신자들에게 실시하면서 느꼈던 점은 한국교회는 교리와 예배가 분리되어서 교리 따로 예배 따로라는 의식이 강하다는 것이었습니다.

교리가 우리의 예배 언어고 기도 언어라는 통찰이 없다 보니, 교리를 단지 지식적으로만 생각하고 저에게 이런 반문을 하는 교우들이 더러 있었습니다. "목사님! 우리가 교리를 그렇게까지 배워야 하는 겁니까?" 그러나 교리는 사실 예배에서 나온 것입니다. 그러므로 교리의 언어는 기도의 언어입니다. 예배 가운데 행하던 삼위일체 하나님에 대한 경배와 찬양을 조직적으로 정리해서 체계화해놓은 것이 삼위일체론입니다. 예배 가운데 행하던 예수님의 신성(θεοτης)과 인성(ανθροποτης)에 대한 경배와 찬양을 조직적으로 정리하고 체계화해놓은 것이 "두 본성 교리"입니다. 예배 가운데 "마라나타" 찬양과 함께 예수님의 다시 오심을 열망하고 간구하던 것을 조직적으로 정리하고 체계화해놓은 것이 다름 아닌 종말론입니다. 모든 교리는 이렇게 초기 교회의 예배(예전)와 직접적으로 밀접한 연관이 있습니다.

한국교회는 교리 교육의 사각지대

한국교회는 교리 교육의 사각지대입니다. 교리 교육을 너무 안 하다 보니 이단의 공세로부터 교회가 어이없이 무너지는 사건도 간혹 발생합니다. 몇 해 전에 들은 이야기인데요, 어느 중견 목회자가 시무하던 교회가 신천지 추수꾼들의 공격을 받아 멀쩡하던 공동체가 와해되었다고 합니다. 추수꾼들이 수많은 교인을 데리고 나가는 사태가 벌어진 것이지요. 그런 문제가 왜 생기는가 하면, 한국교회에서 교리 교육을 잘 안 하기 때문입니다. 또한 예배 자체가 예전적이지 않고 교리적이지도 않습니다. 교리란 원래 예배로부터 나온 것인데 말입니다. 그러다 보니 예배 가운데 교리를 체득한 영성이 부족합니다. 통성으로 기도하고 하나님께 매달리고 외치는 일에는 익숙한데, 교리 공부는 제대로 하지 않습니다. 그런데 이단들은 어떻습니까? 1년 365일 내내 자기들 교리를 철저히 배워 기성 교회 신자들에게 접근해 교리적인 이야기를 합니다.

제가 신천지 관련 동영상을 본 적이 있는데요. 신천지에서 추수꾼을 교육할 때 아주 철저하게 하는 것이 자기들의 교리, 즉 조직신학 교육입니다. 스파르타식으로 철저히 가르치더라고요. 그래서 교리 교육을 거의 받아본 적 없는 기성 교회 신자들이 신천지 같은 이단 교리를 들으면 홀딱 넘어가기 십상입니다. 거기에 끌리는 기성 교회 신자들 이야기를 들어보면 이구동성으로 하는 말이 교회에서 안 가르쳐주는 내용을 이들은 가르쳐준다는 겁니다. 그러다 보니 호기심 많은 신자가 관심을 보이면서 좀 더 배워보고 싶다는 생각을 갖게 되지요. 그러면 어떻게 됩니까? "나하고 성경 공부 해볼래?" 이렇게 되는 겁니다. 그런데 이 성경 공부라는 것이 실은 이단 교리 공부인 셈이지요.

　요즘은 교회마다 가보면 현수막이나 벽보에 적힌 이런 문구를 흔히 볼 수 있었습니다. "신천지 추수꾼은 교회 출입을 금합니다." 그래서 제가 만나는 목사님들마다 이런 이야기를 드립니다. 신천지를 경계한다는 이야기만 하지 마시고 이 문제를 좀 더 근원적으로 해결해야 한다고 말입니다.

교리 교육, 이단의 공세로부터 교회를 지키는 길

그렇다면 이 문제를 근원적으로 해결하는 길이 무엇이겠습니까? "사도신경"을 통해 교리를 가르치는 것입니다. "사도신경"이 우리 그리스도교 교리를 압축시켜놓은 것 아닙니까? 그리고 "사도신경"을 가르칠 때 반드시 "니케아-콘스탄티노플 신경"을 함께 가르쳐야 합니다. 물론 "니케아-콘스탄티노플 신경"을 요약한 것이 "사도신경"은 아니지만, "사도신경"을 읽어보면 마치 "니케아-콘스탄티노플 신경"을 요약해놓은 듯합니다. 그래서 "니케아-콘스탄티노플 신경"을 "큰 신경"으로, "사도신경"을 "작은 신경"으로 부르기도 합니다. 둘을 병행한 철저한 교리 교육만이 신천지 같은 이단으로부터 교회를 지킬 수 있는 근원적 예방책입니다.

　교리 교육을 잘 받은 교인은 절대 이단에 넘어가지 않습니다. 이단 교리는 2,000년 교회사의 신학적 유산과 전통의 결정체인 공교회 교리에 비하면 조잡하기 이를 데 없습니다. "사도신경"과 "니케아-콘스탄티노플 신경"에 개진된 공교회 교리가 명품이라면, 이단의 교리는 가품일 뿐입니다. 교리 교육을 바르게 받은 교인이 이단 교리를 들으면 가짜 티가 너무 나고 조잡해서 귀가 오염됐다는 느낌을 받을 수밖에 없습니다. 그런데 한국교회에서 신앙생활을 하면서 교리를 제대로 배울 기회가 별로 없다 보니, 이단의 교리 공세에 쉽게 유혹당하는 것입니다.

남편분은 어쩔 수 없더라도 어머님과 따님은 구원을 받으셔야죠!

요새 이단들의 교리를 보면 예전에 비해 나름 세련되고 논리적이라서 비전문가인 기존 신자가 넘어갈 수 있는 측면이 있더군요. 요즘 대표적으로 약진하는 이단 중에 "하나님의 교회"라는 종파가 있습니다. 과거에 "안상홍 증인회"라고 불렸던 이단이지요.

한번은 하나님의 교회에서 전도하는 사람들이 저희 아내를 포섭 대상으로 삼았던 것 같습니다. 우리 동네에 그 집단의 연수원이 있는데 제 아내와 딸이 그 앞으로 지나가는 것을 본 모양입니다. 그 이후로 우리 집에 열심히 방문한 것이지요. 그 사람들은 한번 찍으면 아주 끈질기게 찾아와서 전도하려 합니다. 어떨 때는 빵도 사들고 와서 "커피 한 잔 주시겠어요?"라고 청하기도 하며, 집요하게 찾아오더라는 거지요. 아내는 하도 성가셔서, 남편이 신학대학의 조직신학 교수라고 말했다고 합니다. 그렇게 말하면 더는 안 올 줄 알았던 겁니다. 그랬더니 그분들이 이렇게 말하더래요. "남편분은 어쩔 수 없지만 어머님하고 따님은 구원을 받으셔야죠!" 그러면서 자기들 교리를 늘어놓더랍니다. 남편인 제가 조직신학자지만 아내는 제가 교리 이야기를 하면 머리 아파하거든요. 그런데 아내가 저에게 그러더라고요. "그런데요, 그 사람들 이야기 들어보니 뭔가 그럴싸합디다." 그럴싸하더라는 것이지요!

여러분, 한국교회는 간증, 부흥 집회, 성경 공부, QT를 통해서 성장한 교회입니다. 초기에 미국 선교사들이 "웨스트민스터 신앙고백서"와 "대교리문답" 및 "소교리문답"을 가지고 들어오긴 했지만, 그것들을 교회에서 거의 가르치지 않았습니다. 교리 교육의 바탕 위에서 예전을 구성하고 교회 질서와 구조를 확립하는 데는 부족함이 있었던 것이지요. 그러다 보니 신자들에게 교리가 생소한 것이 되어버렸습니다.

한국교회의 교리 교육 수준

장로교회를 위시한 개신교회는 "사도신경", "니케아-콘스탄티노플 신경", "칼케돈 신경", "아타나시오스 신경"을 공교회의 신경으로 받아들이고, 그 신경들을 통해 '정통 신앙'(fides orthodoxa)을 고백합니다. 그런데 여기서 "사도신경"을 제외하고 "니케아-콘스탄티노플 신경", "칼케돈 신경", "아타나시오스 신경"은 처음 들어본다고 하는 교인들이 많더군요. 하지만 그 정도는 교회에서 교리 공부만 성실하게 시켰어도 알 수 있는 일반적 상식에 해당하지요. 교리 교육이 부재한 한국교회의 상황을 고려한다면, 부활절 예배에서 "니케아-콘스탄티노플 신경"으로 신앙고백한 것에 심하게 충격받은 교인들이 이해가 안 가는 바는 아닙니다. 몇 분은 상당히 큰 반감을 표하시더라고요. 우리 교회가 이단이 아니냐며 이의를 제기할 정도였으니까요. 이 말씀을 드리는 이유는 그분들을 비난하고자 함이 아닙니다. 그런 모습이 바로 한국교회 교리 교육의 현실을 보여주고 있다는 것을 말씀드리려는 것입니다.

예배·기도·삶이 하나님의 삼위일체성을 지향해야 한다

우리가 "니케아-콘스탄티노플 신경"을 거부하면 어떻게 됩니까? 삼위일체 교리를 인정하지 않는다는 말밖에 더 되겠습니까? 니케아 공의회(*Concilium Nicaenum Primum*, 325)와 콘스탄티노플 공의회(*Concilium Constantinopolitanum Primum*, 381)에서 우리가 믿는 삼위일체 교리가 승인·확증·고백 되었고, 그로 인하여 더는 이단들이 다른 신론을 가르칠 수 없게 됐습니다. 서방과 동방의 보편교회가 예배 때 "니케아-콘스탄티노플 신경"으로 신앙을 고백하면서 삼위 하나님에 대한 신앙을 공교회의 정통 신앙으로 명백하게 확증·선포하게 된 것입니다. 물론 그전에도 삼위 하나님께 예배드리고 신앙고백도 하고 그랬죠. 그런데 이단들이 일어나 온갖 이상한 이야기를 퍼트리고, 이 때문에 교회 안팎에서 문제가 발생하고 소란이 일어나다 보니, 교회가 확증적으로 신경을 작성하고 선포하여 삼위일체에 대한 신앙고백을 공식적으로 분명히 한 것입니다.

이 삼위일체 교리를 단지 논리적 교리 해설의 문제로 접근하면 그것은 교리 지식밖에 되지 않습니다. 우리의 예배와 기도의 언어가 삼위일체론적으로 구성되어야 하고, 삶이 삼위일체적 '사귐'과 '교제'와 '소통'을 지향해야 하고, 교회의 제도 및 직제도 삼위일체적 관점에서 목회자, 당회, 신자들 사이가 수평적이며 '사귐'을 지향하는 제도로 바뀌어야 합니다. 한국교회가 이렇게 삼위일체의 영성을 키워나가지 않으면, 삼위 하나님을 섬기며 그분의 성품을 닮은 '사귐'(koinonia)의 종교요 '봉사'(diakonia)의 종교로서의 영성을 담지하기 힘듭니다. 물론 오해는 없으시기를 바랍니다. 한국교회가 삼위일체 교리를 정통 교리로 인정하지 않는다는 말이 아닙니다. 인정하고 가르치기도 합니다. 그러나 우리가 삶 속에서 실질적으로 삼위 하나님을 경배하게 되며, 성부, 성자, 성령께 동일한 경배와 영광과 찬양을 돌리는 그런 예배가 회복되었으면 하는 저의 바람이 잘 전해졌으면 좋겠습니다.

삼위일체 하나님에 대한 경배와 찬양은 공교회의 신앙이자 신앙고백입니다. 이 교리를 고백하면 그리스도교이고 그렇지 않으면 그리스도교가 아닙니다. 그러므로 네덜란드의 개혁신학자 헤르만 바빙크가 강조한 것처럼, 삼위일체 교리는 그리스도교의 정체성을 결정하는 실로 중요한 교리가 아닐 수 없습니다. 그리스도교의 예배 대상은 삼위일체 하나님이십니다. 예배의 대상이 삼위 하나님이시기 때문에 마땅히 예배 가운데 삼위 하나님께 기도와 경배와 찬양을 바쳐야 합니다.

Q: 삼위일체에 관해서 명확하게 설명해주셨습니다. 하지만 실제 믿음 생활은 교리나 의지만 가지고는 힘들기에 성령님의 도우심을 받아야 한다고 생각합니다. 그 점에 관해서 어떻게 생각하십니까?

A: 예, 맞습니다! 맞는 말씀입니다. 성령님의 도우심을 받아야만 하지요. 그러므로 우리가 신학 공부를 하고 신앙생활을 할 때 성령님의 도우심을 기도로써 간구해야 합니다.

이왕 삼위일체와 관련한 이야기가 나왔으니까 덧붙여 말씀드리고 싶은 것이 있습니다. 우리가 예배 끝나기 전 시행하는 축도 때도 삼위 하나님의 각 위격을 언급하면서 기원하는 내용이 있지 않습니까?

아버지 하나님의 사랑과 우리 주 예수 그리스도의 은혜와 성령님의 교통하심이 너희 무리와 함께 있을지어다!

그런데 여러분, 이런 생각 안 해보셨습니까? 왜 아버지 하나님께는 "사랑"(amor), 아들 하나님께는 "은혜"(gratia), 성령 하나님에게는 "교통"(communio)이라는 속성을 붙여서 축도하는가? 성령님께 돌리는 교통이라는 속성을 아버지나 아들에게 돌리면 안 되나요? 아버지께 돌리는 사랑이라는 속성을 아들이나 성령께 돌리면 안 되나요? 됩니까, 안 됩니까? 됩니다! 어차피 삼위 하나님의 사역은 세 분의 '동역'(Synergie)이기 때문입니다. 그런데 왜 우리는 군이 아버지 하나님께 사랑, 아들 하나님께 은혜, 성령 하나님께 교통이라는 속성을 돌릴까요? 이는 경우에 따라 꽤 중요한 질문이 될 수 있습니다.

이에 더해 삼위일체 교리와 관련하여 또 한 가지 흥미로운 사안이 있습니다. 성경의 가르침이나 교부의 사상과 전통에 따르면 성부 하나님을 '창조주'(Creator), 성자 하나님을 '구속주'(Redemptor), 성령 하나님을 '성화주'(Sanctficator)라고 부릅니다. 여기서 창조주라는 호칭이 아버지에게 돌려지기는 하지만 아버지 하나님께서 홀로 이 세상을 창조하신 것이 아닙니다. 창조가 아버지 하나님의 단독적 사역이 아니라는 말입니다. 그렇다면 삼위일체적 관점에서 창조를 설명하면 어떻게 됩니까? 아버지가 아들을 통하여(durch) 성령의 능력 안에서(in) 세상을 창조한 것입니다. 바로 이것이 삼위일체적 관점에서의 창조 이해입니다. 유대교나 이슬람교의 전제 군주적 일신론 관점에서 창조를 설명하면 오직 한 분이신 하나님만이 이 세상을 창조하신 것입니다. 그러나 그리스도교는 창조 사역을 결코 아버지 하나님의 단독 사역으로 생각하지 않습니다. 아버지 하나님께서 아들 하나님을 '통하여' 성령 하나님의 능력 '안'에서 세상을 창조하셨다는 것이 이슬람교와 유대교 같은 전제군주적 일신론 종교의 창조 이해와 그리스도교의 창조 이해 사이의 결정적 차이점입니다. 그리스도교는 성부를 창조주로 성자를 창조의 중보자로 성령을 창조의 능력으로 고백합니다.

이처럼 창조 사역은 삼위 하나님의 공동 사역임에도 창조주라는 호칭은 아버지 하나님께 돌립니다. 우리는 마땅히 아버지 하나님을 창조주로 고백합니다. 그러나 그 창조 사역에서 아들과 성령도 배제되어 있지 않습니다. 구원 사역은 성자께서 혼자 행하신 사역입니까? 그렇지 않습니다. 성화 사역은 성령님 혼자 행하시는 사역인가요? 아닙니다. 이 모든 사역은 삼위께서 함께 수행하시는 공동 사역입니다. 그럼에도 아버지 하나님을 창조주, 아들 하나님을 구속주, 성령 하나님을 성화주라고 부릅니다. 그 이유는 무엇일까요?

이런 것들은 삼위일체와 관련해 중요하면서도 흥미로운 문제들입니다. 그 이유를 여기서 지금 심층적으로 다루기는 어렵지만 훗날 삼위일체 교리를 공부할 기회가 있으면 차근차근 배워보도록 합시다. 신학서론 시간에 삼위일체 교리에만 너무 많은 시간을 할애할 수는 없습니다. 그리고 신학의 어떤 분야를 공부하더라도 체계적으로 차근차근 공부해나가야 전체를 조망할 수 있음을 반드시 말씀드리고 싶습니다.

신학은 교회를 섬기는 학문이다!

마지막으로 강조하고 싶은 것은 신학이라는 학문의 봉사적 성격입니다. 신학은 곧 교회를 섬기는 학문입니다. 신학의 일차적 목적이 삼위일체 하나님을 경배하고 찬양하는 것이라면—이런 의미에서 신학은 '송영학'(*doxologia*)이라고 할 수 있습니다—신학의 과제는 교회를 섬기는 것입니다. 즉 '봉사학'(diakonia)이지요. 이런 맥락에서 여러분께 당부하고 싶은 것이 있습니다. 물론 저도 강의를 하면서 중요한 내용을 강조하기 위해 언성도 높이고 부정적인 예화도 들고 풍자도 합니다. 또한 여러분이 신학 공부를 통해 새로운 것을 배우셨다면 이를 잘 섭렵해서 목회 현장에서 잘 활용하시는 것은 좋습니다. 그러나 혹시 새로운 것을 배웠다고 하여 그 신학적 지식을 가지고 자신이 섬기는 교회를 비판하고 성토하는 수단으로 사용하면 안 됩니다. 만약 여러분이 배운 신학 지식에 비추어 현재 섬기는 교회의 관습이나 전통이 옳지 않다고 여겨지는 경우, 그것을 지적해서 자연스럽게 수용되고 시정될 수 있다면 그렇게 하셔도 됩니다. 그러나 그렇지 않다면 굳이 그것을 가지고 싸우거나 담임 목사님과 대립각을 세우면 안 됩니다. 그런 문제는 가슴에 묻어두고, 직접 담임 목사로 사역하게 되었을 때 부족한 부분을 고쳐나가며 쇄신해나가시기 바랍니다. 신학이라는 학문이 교회를 섬기는 학문임을 잊어서는 안 됩니다.

저도 모교회에 가면 언제나 저를 위해 기도해주시는 권사님들이 계십니다. 만나 뵙고 인사드리면 늘 반갑게 맞아주시며 제 손을 잡고 "아버지 하나님!" 하면서 기도하십니다. 그렇다고 해서 제가 "왜 삼위일체적으로 기도하지 않으세요?"라고 따지지 않습니다. 그런 것은 장차 교회 지도자가 되어 교회를 섬겨야 할 여러분에게 바르고 온당한 기도 지식을 전달하려고 말씀드린 것입니다. 그러므로 교회 현장에서 일어나는 문제에 관해서는 목회적 사랑과 배려가 필요하다는 사실도 잊어서는 안 됩니다. 이를 망각하면 신학은 교회를 섬기는 학문이 될 수 없습니다. 이 부분을 꼭 말씀드리고 싶습니다. 그래도 지금은 신학 수업 시간이니까, 한국교회가 빨리 삼위일체적 예배, 삼위일체적 기도, 삼위일체적 사귐의 영성을 좀 회복했으면 좋겠다는 저의 바람을 다시 한번 강조하며 이번 챕터를 마무리하겠습니다.

좋은 신학의 요건

이번 장에서는 좋은 신학 혹은 교의학의 요건에 관해 생각해보려 합니다. 훌륭한 신학은 어떤 요건을 갖추어야 할까요? 이에 관해 살펴보겠습니다.

1. 좋은 신학은 성경적이다

훌륭한 신학(교의학)은 우선 성경적이어야 합니다. 너무나 당연한 이야기죠. 아무리 기발하고 번득이는 통찰로 가득한 신학이라도 성경에 굳건히 뿌리박고 있지 않으면, 그것은 훌륭한 신학일 수 없습니다. 훌륭한 신학은 성경적입니다. 그러므로 교의(교리)를 토론하되 사변적으로 하지 않고 철저히 성경에 의존하여 토론하는 교의학이야말로 훌륭한 교의학이라고 할 수 있습니다. 그런 의미에서 교의학은 엄밀하고 과학적인 성경신학자들의 성경 주석을 참고하고 존중해야 합니다.

성경 본문을 바라보는 교의학자와 성경신학자의 견해 차이

그러나 성경학자와 교의학자가 성경 본문을 대하는 관점에는 다소 차이가 있습니다. 스위스 개혁교회 출신으로 취리히에서 가르쳤던 신학자 에밀 브루너(Emil Brunner)가 지적한 것처럼, 성경신학자의 연구는 성경의 개별 본문을 엄밀하게 주석하는 일에 초점을 맞춥니다. 반면 교의학자는 개별 본문에 관한 성경신학자의 엄밀한 주석을 참고하고 존중하되, 성경의 사상을 주제별로 정리하여 그에 관한 성경 전체의 사상을 묘사하고 드러내는 데 연구의 초점을 맞춥니다. 비유하건대, 성경학자의 성경 주석 작업이 숲속의 개별 나무를 정밀하게 관찰하는 작업이라면, 교의학자의 신학 작업은 전체 숲을 조망하는 작업이라고나 할까요. 그러므로 교의학자의 작업은 "성경에 대한 전체적인 해석"을 만들어내는 데 주안점이 있다고 할 수 있습니다.[1]

성경은 규정하는 규범이고 교리는 규정된 규범이다

교의학자가 성경학자의 성경 주석을 무시하면서 훌륭한 신학을 조직하고 구성할 수는 없습니다. 하나님 말씀으로서의 성경은 신학과 교회를 규정하는 규범이기 때문이지요. 그래서 우리는 성경을 '규정하는 규범'(norma normans)이라고 부릅니다. 라틴어로 '노르마'(norma)는 '규범'이라는 뜻이고 '노르만스'(normans)는 '규정하는'이라는 뜻이니 둘을 붙이면 '노르마 노

---

1 Horst Georg Pöhlmann, *Abriß der Dogmatik* (Gütersloh: Güterslohers Verlagshaus Gerd Mohn), 29; Emil Brunner, *Dogmatik I* (Zürich: Zwingli Verlag, 1946), 97.

르만스'(*norma normans*), 곧 '규정하는 규범'이 됩니다. 그렇다면 교리는 무엇입니까? 교리는 성경에 의해 '규정된 규범'이지요? 교리가 우리에게 권위, 즉 규범이 되는 까닭이 여기에 있습니다. 교리 자체에 권위가 있어서 규범적 권위가 되는 것이 아니라, 그 교리가 성경에 의해 규정된 규범이기 때문에 우리에 대해 규범적 권위가 있는 것입니다. 그래서 교리를 '노르마 노르마타'(*norma normata*), 즉 '규정된 규범'이라고 부릅니다. 성경은 신학과 신앙을 '규정하는 규범'이요, 교리는 성경에 의해 '규정된 규범'이기 때문에 신학은 성경적이어야 한다는 것입니다. 성경적이지 않은 신학(교의학)은 아무리 체계적이고 영감 어린 통찰로 가득해도 결코 훌륭한 신학이라 할 수 없습니다.

2. 좋은 신학은 역사적이다

훌륭한 신학(교의학)은 역사적입니다. 신학이 역사적이어야 한다는 말은 무슨 뜻일까요? 고대 교부가 대변하는 공교회의 전통과 신경에 굳건히 뿌리 내리고 있으면서 종교개혁적 신조와 가르침에도 잘 부합해야 한다는 의미입니다. 고대 교부와 종교개혁자들의 전통은 역사적 그리스도교가 어떻게 성경을 읽고 그 의미를 규명했으며 규명된 의미를 어떻게 교회 공동체와 세상에 적용했는지를 보여줍니다. 이런 의미에서 신학의 역사는 성경 주석의 역사라 할 수 있습니다. 그러므로 신학이 '오직 성경'(*sola scriptura*)의 원리에 지배된다고 해도 고대 교부의 가르침과 그 요약인 고대 신경들("니케아-콘스탄티노플 신경", "사도신경", "칼케돈 신경" 등) 및 종교개혁자의 가르침과 그 요약인 종교개혁 신조들을 도외시하면 안 됩니다. 그런 신학은 교의학자 개인의 사적 주장이나 독단적 표현으로 전락하거나 역사성이 결여되어 신뢰하기 힘든 신학으로 귀결될 가능성이 높습니다.

그러므로 신학은 역사적이어야 하며, 이 말의 의미는 두 가지 정도로 정리할 수 있습니다. 첫째, 신학은 고대 교부의 가르침을 청종해야 합니다. 따라서 그 가르침의 집약체인 고대의 에큐메니칼 신경들, 즉 "니케아-콘스탄티노플 신경", "사도신경", "칼케돈 신경" 등에 굳건히 뿌리내리고 그에 부합해야 하는 것이지요. 둘째, 신학은 종교개혁자의 가르침을 청종해야 합니다. 따라서 개혁자들의 가르침의 집약체인 종교개혁 신조들, 즉 개혁파 신조인 "하이델베르크 교리문답서", "벨기에 신앙고백서"(네덜란드 신앙고백서), "제1 스위스 신앙고백서", "제2 스위스 신앙고백서", "도르트 신경", "웨스트민스터 신앙고백서"와 루터파 신조인 "아우크스부르크 신앙고백서", "일치 신조" 등에 굳건히 뿌리를 내리고 그에 잘 부합해야 합니다. 공교회의 신경과 종교개혁 신조에 굳건히 뿌리내린 신학(교의학)이야말로 역사성 있는 신학이라고 할 수 있습니다.

성경적이기가 쉽지 않고 이단들도 성경만 인용한다

여러분, 이처럼 신학이 성경적이어야 한다는 것은 맞는 말입니다. 그런데 이 '성경적'이라는 것이 생각보다 쉽지 않아요. 이단들도 다 자기들 교리가 성경적이라고 합니다. 그들은 성경 외에 다른 문헌을 인용하지 않습니다. 아까 제 아내를 전도하려고 자주 찾아오던 이단 종파 사람들이 있었다고 했죠? 아내가 성가셨던 나머지 남편이 조직신학자라고 밝혔더니 그분들이 이렇게 말하더라는 겁니다. "남편분이 성경 말고 다른 이야기도 많이 하지요? 예를 들면 아우구스티누스가 어떻다, 루터가 어떻다, 칼뱅이 어떻다,

뭐 이런 이야기를 하지 않던가요?" 아내가 생각해보니 제가 그런 말을 하거든요. 그래서 그렇다고 하니까 그분들이 이렇게 말하더래요. "그것 보세요! 성경 말씀 말고 다른 이야기를 하잖아요?"

교회의 역사적 전통은 우리의 성경 해석을 비춰주는 거울이다

여러분, 성경을 읽고 해석해서 적용할 때 우리의 해석이 옳은지 그른지는 어떻게 압니까? 그것을 알 수 있는 기준이 무엇입니까? 우리가 성경을 주석하지 않습니까? 그런데 한 본문에 하나의 주석만 있는 것은 아니죠? 다양한 주석이 있을 수 있습니다. 그 주석이 객관적으로 옳은지 아닌지 아는 방법이 무엇일까요? 신학자나 신앙인 개인의 사적인 주석 자체만으로는 그 주석이 옳은지 그른지 판별할 수 없습니다! 그렇다면 그 주석이 옳은지를 판별할 수 있는 기준, 즉 비춰 볼 거울이 있어야 할 것 아닙니까? 그 거울이 뭘까요? 바로 공교회의 역사적 전통입니다. 2,000년 교회사 속 성도들이 성경을 읽고 해석해온 것의 역사적 집약, 그 집약체가 뭐라고요? 고대 신경과 종교개혁 신조들이지요.

이처럼 그리스도교의 역사적 성경 해석 전통의 거울에 비추어, 용인될 수 있는 주석인지 아닌지를 객관적으로 판단해볼 수 있습니다. 그러니 역사적 전통을 잘라내버리고 성경만 가지고 신학을 하면 바른 신학이 세워지겠어요? 세워질 수 없습니다! 역사를 다 잘라내고 성경만 가지고 신학하다가 뭐가 생깁니까? 바로 이단이 생기는 것입니다. 교주들이 2,000년 교회사의 역사적 신학과 신앙과 성경 주석의 전통을 깡그리 무시한 채, 자기가 성경 읽은 것을 가지고 자기 교리를 세운 게 뭐예요? 그것이 바로 이단입니다. 그러니까 훌륭한 신학(교의학)이 되려면 첫째, 성경적이어야 하고요, 둘째, 역사적이어야 합니다. 성경과 역사에 굳건히 뿌리내리고 있어야만 훌륭한 신학입니다.

3. 좋은 신학은 현실에 적합하다

그렇다면 성경적이고 역사적이기만 하면 훌륭한 신학(교의학)이 되나요? 둘만으로는 부족합니다. 그러면 무엇이 더 필요한가요? 교리의 내용이 현실에 적합해야 합니다. 훌륭한 개신교 신학은 현실 적합성을 떠나서는 상상할 수 없습니다. 신학이 현실에 적합하다는 것은 무엇을 의미합니까? 오늘날 교회와 시대가 안고 있는 문제에 응답할 수 있다는 것을 의미합니다. 신학은 성경과 역사적 전통을 요약할 뿐 아니라 새롭게 표현해야 합니다. 그렇게 함으로써 개별 교리의 의미를 오늘날의 상황 속에서 해명해야 합니다.

해석의 중요성: 해석학은 성경 본문에 불을 지펴내는 기술이다

지금까지 많은 신학(교의학)이 성경적이고 역사적이긴 하지만, 단순히 성경 및 교리의 역사를 고찰하고 정리하는 것에만 골몰한 나머지 무미건조하고 딱딱하고 무의미하고 현실 적합성 없는 학문으로 치부되기도 했습니다. 그러므로 성경적이고 역사적이어야 한다는 것에 더해 좋은 신학의 또 한 가지 요건은 교리의 해설과 진술이 현실에 적합해야 한다는 것입니다. 교리의 진술이 아무리 성경적이고 역사적이어도 현실 적합성이 없으면 쓸모가 없을뿐더러, 그러한 교리만 떠들다 보면 여기 있는 여러분은 모두

'장판 디자이너'가 될 것입니다. 장판 디자이너를 아십니까? 옛날에 "황신혜밴드"라는 밴드가 있었는데 그들의 노래 중 "뒹굴뒹굴"이라는 곡에 나오는 말입니다. 시적 화자가 하는 일 없이 온종일 뒹굴뒹굴하다가 "나는 장판 디자이너"라고 말하는 대목이 나옵니다. 그 의미는 알아서 상상하시기 바랍니다.

어쨌든 교의학은 현실 적합성이 있어야 합니다. 헤르만 바빙크의 『개혁교의학』이 당대에도 위대한 교의학의 걸작으로 평가받고 오늘날에도 고전적 가치를 인정받는 까닭은, 그것이 성경적인 동시에 역사적으로 교부 및 종교개혁자들의 사상에 굳건히 뿌리내리고 있을 뿐 아니라, 현실에 적합했기 때문일 것입니다. 신학은 성경의 진술과 그에 관한 교부 및 종교개혁자들의 가르침을 단지 반복·요약·나열하는 것으로 끝나서는 안 되고, 성경의 현실 적합성을 새롭게 해명하고 선포해야 한다는 해석학적 과제가 있습니다. 저는 여기서 '해석학'(Hermeneutik)의 중요성을 강조하고자 합니다. 신학은 개별 '교리들'(Dogmen)과 오늘날의 '상황'(Kontext)을 해석학적으로 가교해야 합니다. 독일 신학자 호흐케펠(W. Hochkeppel)이 비유한 것처럼 해석학은 성경 본문이라는 나무에 불을 지펴내는 기술입니다.[2]

그러므로 교의학은 기독교 진리를 오늘날 우리에게도 의미 있는 진리로 철저하게 해명해내야 합니다. 개별 교리와 현재의 상황 사이에 해석학적 가교가 없다면 아무리 성경적이고 역사적인 신학이라도 우리에게 별 도움을 주지 못하는 무의미한 사변이 될 수 있습니다. 그래서 신학자 에밀 브루너는 "신학(교의학)은 성경을 우리 시대의 언어로 옮겨놓는 기능을 가

---

2   Horst Georg Pöhlmann, *Abriß der Dogmatik*, 30

진다"라고 말했습니다.[3]

성령의 내적 조명을 기도로 간구해야 한다

이처럼 교의학의 현실 적합성은 훌륭한 교의학의 중요한 조건 중 하나입니다. 그래서 교의학의 중요한 과제는 성경의 증언을 오늘날 우리 문제에 대한 응답으로서 증언하고 적용하고 선포하는 것입니다. 교의학은 성경에 따라 과거에 그랬다고만 말해서는 안 되며, 성경에 따라 지금 여기에서도 그러하다고 말해야 합니다.[4] 그래서 헤르만 바빙크는 이렇게 말했습니다.

> 성경은 단지 우리에게 과거에 무슨 일이 발생했었는지를 역사적으로 알려 주기 위한 것이 아니다.…하나님은 성경 안에서 매일 자기 백성들에게 다가온다. 하나님은 그 안에서 자기 자녀들에게 말씀하되, 멀리서가 아니라 가까이서 말씀한다.…성경은 하나님의 살아 있는 음성이며, 자신의 피조물에게 보내는 전능하신 하나님의 편지다(*viva vox Dei. Epistola Dei omnipotentis ad suam creaturam*).[5]

그런데 성경이 증언하는 삼위일체 하나님의 구원 사건을 '지금 여기서도'(*nunc et hic*) 여전히 살아 역사하게 하는 분은 누구십니까? 그분은 다름

---

3   Emil Brunner, *Dogmatik I*, 96f, 107 (Horst Georg Pöhlmann, *Abriß der Dogmatik*, 30을 따라 인용).

4   Gerhard Ebeling, *Wort und Glaube I* (Tübingen: Mohr Siebeck, 1960), 454.

5   Herman Bavinck, 박태현 역, 『개혁교의학 1』(*Gereformeerde Dogmatiek I*, 서울: 부흥과개혁사, 2011), 515.

아닌 성령 하나님이십니다.[6] 그러므로 교의학자는 신학 작업을 성경적이고 역사적으로 하되 성령의 도우심을 간구하며 개별 교리의 현실 적합성을 확립하려고 노력해야 합니다. 이를 위해 다양한 해석학적 작업을 시도해야 하겠지만, 그 과정 속에서 '말씀과 더불어'(*cum verbo*) 역사하시는 '성령님의 내적 조명'(*illuminatio Spiritus sancti interna*)을 기도로서 간구해야 하는 것입니다.

교리와 현실 사이에는 수백 년에서 1,600여 년 이상의 시간적 거리가 놓여 있습니다. 이런 시간적 거리를 메우려면 둘 사이를 가교하려는 해석학적 노력이 필수입니다. 교리와 현실 사이를 가교하기 위해 과학적 해석 이론들이 들어올 수 있겠지만, 성령님의 도움 없이 해석학적 이론만으로 현실 적합성이 생기는 것은 아닙니다. 그러므로 여러 가지 유용한 해석학적 도구도 사용하되 결국 그러한 신학 작업을 할 때 말씀과 더불어 역사하시는 성령님의 내적 조명을 기도로서 간구해야 하는 것입니다. 이것이 개혁신학의 유명한 교리인 '성령의 내적 조명' 교리입니다. 이 내용을 도표로 정리하면 다음과 같습니다.

교리와 현실[7]

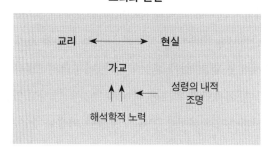

---

6   앞의 책, 515-516.
7   김자경 도표.

4. 좋은 신학은 조직적·체계적·구성적이다

그렇다면 성경적이고 역사적이며 현실에 적합하다는 요건만 충족하면 훌륭한 신학이 되나요? 여기에 더하여 무엇이 필요할까요? 훌륭한 신학의 네 번째 요건은 조직적·체계적·구성적 기술입니다. 아무리 좋은 내용이라도 조직적·체계적·구성적이지 않으면 도무지 알아들을 수 없습니다. 그래서 교의학을 '조직신학'(Systematic Theology)이라고 부르기도 하고, 최근 영미권에서는 '구성신학'(Constructive Theology)이라고도 부릅니다. 교의학은 성경적으로 고찰되고 역사적으로 조명되며 현실적 상황에 적용된 교리의 내용을 조직적으로 구성해 펼쳐내야 합니다. 그렇지 못하면 내용이 아무리 알차고 의미가 깊어도 도무지 이해할 수 없는 미로가 되어버리기 때문입니다.

체계가 아름다운 헤르만 바빙크의 『개혁교의학』

헤르만 바빙크의 『개혁교의학』을 접할 때 경탄을 금할 수 없는 까닭은 그 내용이 공교회적이면서도 개혁파적이며, 고대로부터 당대에 이르기까지의 철학사와 신학사를 아우르는 장구한 사상적 범주와 스케일, 깊은 뉘앙스와 풍부한 해설을 담고 있기 때문입니다. 바빙크의 교의학을 해부학적으로 비유한다면, 아름답고 견고한 뼈대와 그것을 받치고 있는 강인한 힘줄과 치밀한 신경조직과 두꺼운 근육의 모습에 비유할 수 있습니다.[8] 한마

---

8   참조. John Bolt, "Grand Rapids between Kampen and Amsterdam: Herman Bavinck's Reception and Influence in North America," *Calvin Theological Journal* 38 (2003): 277 (Herman Bavinck, 박태현 역, 『개혁교의학 1』, 17의 "편역자 서문"을 참조).

디로 너무나도 치밀하고 구성적이며 아름다운 조직신학 체계입니다. 그래서 사람들이 지금까지도 바빙크의 『개혁교의학』을 많은 교의학 작품 중에서도 걸작으로 꼽는 것이지요. 성경적이고 역사적이고 현실에 적합하면서도, 대단히 치밀한 체계로 조직화되어 있기 때문입니다.

조직적이고 체계적이라야 이해 가능하다

이러한 치밀한 구성과 조직이 왜 필요할까요? 조직을 자랑하려고 조직하나요? 간혹 주변에 보면 논리를 위한 논리를 좋아하는 사람들이 있습니다. 제 친구 중에도 그런 것을 즐기는 사람이 있어요. 논쟁을 위한 논쟁! 그런 사람과는 가능한 한 논쟁을 하면 안 됩니다. 물론 알기 위한 논쟁과 토론은 얼마든지 장려할 만하죠. 질문하고 답변하고 토론하고 논쟁하는 것을 통해 많은 것을 배울 수 있습니다. 그런데 논쟁을 위해 논쟁하는 사람의 목적은 오로지 논쟁에서 이기는 것뿐입니다. 제 친구 중에도 그런 사람이 있는데 아주 많은 친구에게 상처를 줍니다. 그래서 다른 친구들은 대부분 그에게 져줍니다. 이겨 먹으면 골치 아파지거든요. 두고두고 복수혈전을 펼치려 하니 말입니다. 신학이 조직적·체계적·구성적이어야 하는 이유는 그 자체를 위해서가 아니라, 조직적이고 체계적이어야 이해 가능하기 때문입니다. 여러분이 제 강의를 이해할 수 있는 이유가 뭘까요? 제가 나름대로 체계적이고 조직적으로 이야기하려 하기 때문입니다. 제가 중구난방으로 떠들어 보십시오. 여러분이 알아들을 수 없을 것입니다, 그렇죠? 그래서 신학도 조직적이고 체계적이고 구성적이어야 한다는 것입니다.

바빙크의 『개혁교의학』이 아름다운 사람이라면
벌코프의 『조직신학』은 그의 엑스레이 사진!

헤르만 바빙크의 『개혁교의학』은 체계가 너무나 치밀하고 아름답습니다. 그 조직신학적 체계는 마치 지극히 치밀하고 견고하고 정교하게 직조된 비단을 보는 것 같습니다. 저는 뭐니 뭐니 해도 사람의 모습이 가장 아름답다고 생각하는데요, 지금 여기 우리가 가장 아름답다고 여기는 어떤 사람이 서 있다고 생각해봅시다. 그 사람을 바라보면 무척 아름답겠죠. 그런데 제가 그 사람의 엑스레이 사진을 찍어서 칠판에 붙여놓고 "예쁘다"고 말하면 사람들이 저를 보고 뭐라고 하겠어요? 미쳤다고 하지 않겠습니까? 바빙크의 『개혁교의학』이 한 인간의 모습처럼 아름답다고 한다면, 루이스 벌코프의 『조직신학』은 그 사람의 엑스레이 사진과 같다고 하겠습니다. 바빙크의 『개혁교의학』은 독자를 찬탄하게 합니다. 그것은 철저히 성경에 대한 주석에 근거하면서도 교부들의 신학, 고대 신경, 종교개혁자의 견해 및 종교개혁 신조에 잘 부합할 뿐 아니라 그가 속했던 당대 교회와 시대 현실에도 적합하며, 매우 치밀하고 체계적이고 아름답게 구성되어 놀라운 조직력을 과시합니다. 그래서 그 책은 개혁교회 역사 속에서 고전적 가치가 있는 위대한 작품 중 하나로 오늘날까지 자리매김하고 있습니다.

한편 한국의 보수적인 신학교에서 가장 많이 사용했던 조직신학 교과서는 벌코프의 『조직신학』이 아닌가 합니다. 사실 벌코프의 『조직신학』에도 훌륭한 장점이 있습니다. 비록 『개혁교의학』의 아름다움은 없어도 요약판만의 장점이 있거든요. 방대한 내용을 공부하고 섭렵할 때 요약판이 있으면 상당히 도움이 됩니다. 그러나 요약판이다 보니 바빙크의 『개혁교의학』이 보여주는 구성적·조직적 체계의 아름다움을 보여주지 못한다는 약점도 있습니다. 이런 약점은 바빙크 교의학에서 강인한 힘줄, 치밀한 신경조직, 두꺼운 근육을 모두 제하고 뼈대만 추려놓은 형태가 되다 보니 빚어진 문제입니다. 그래서 헤르만 바빙크를 읽을 때 느끼는 감흥이 벌코프를 읽을 때는 잘 느껴지지 않지요. 바빙크의 『개혁교의학』이 부드러운 크림과 신선한 잼을 듬뿍 바른 잘 구운 빵이라면, 벌코프의 『조직신학』은 말라버린 딱딱한 빵과 같다고 할까요? 벌코프의 『조직신학』을 깎아내리려는 의도는 없습니다. 그 책의 약점은 요약판으로서의 약점이니까요. 그래도 한국에 변변한 조직신학 교과서가 없던 시절, 벌코프의 『조직신학』은 더할 나위 없이 훌륭한 교과서 역할을 했습니다. 바빙크의 『개혁교의학』전 4권은 몇 해 전에 우리말로 번역되면서 한국의 많은 신학생과 목회자들이 읽고 공부할 수 있게 되었습니다.

5. 정리

지금까지 논의한 훌륭한 신학의 요건을 정리하면 다음과 같습니다. 첫째, 성경적이어야 한다. 둘째, 역사적이어야 한다. 셋째, 현실에 적합해야 한다. 넷째, 조직적·체계적·구성적이어야 한다. 이 네 가지 요건을 두루 갖춘 신학이야말로 훌륭한 신학입니다.

제10강

신학의 기능

이번 장에서는 신학의 기능을 알아보겠습니다. 독일 신학자 호르스트 게오르크 푈만(Horst Georg Pöhlmann)은 신학에 네 가지 근본적인 기능이 있다고 봤습니다. 1) 교회적-실존적 기능(kirchlich-existentielle Funktion), 2) 재생적 기능(reproduktive Funktion), 3) 생산적 기능(produktive Funktion), 4) 합리적 기능(rationale Funktion)이 그것입니다.[1] 이제부터 신학의 이 네 기능을 차례로 살펴보겠습니다.

---

1   Horst Georg Pöhlmann, *Abriß der Dogmatik*, 26-27.

1. 신학의 교회적-실존적 기능

신학 작업은 교회 구성원으로서의 신앙 행위로만 가능하다

신학은 교회 안에서 교회에 의해서 수행되는 교회의 한 기능입니다. 교회
는 하나님에 관해 말하고 하나님을 향해 말함으로써 하나님께 신앙을 고
백하기 때문입니다. 그런 의미에서 신학은 "신앙으로부터 신앙에 이르는
길"(롬 1:17)입니다. 신앙 없는 신학 작업은 의미 없는 사변에 불과합니다.
그래서 17세기 네덜란드 개혁신학자이며 언약 신약의 집대성자인 요한네
스 콕세이우스(Johannes Coccejus, 1603-1669)는 신학자를 다음과 같이 정의
했습니다.

> 신학자는 하나님에 관하여 말하되 하나님으로부터 하나님 앞에서 하나님의
> 영광을 향하여 말하는 자이다.[2]

신학 작업은 오직 교회의 일원으로서, 교회로서의 사명의식과 교회에 대
한 봉사의식으로서, 신앙을 통해서만 바르게 수행할 수 있습니다.[3] 그러므
로 교의학적 사고는 단지 신앙에 '관한' 사고가 아니라 신앙 '안에서' 하는
신앙에 '의한' 사고입니다.[4] 그래서 신학 작업은 기도 없이는 불가능하고
오직 신앙의 행위로만 가능합니다.[5]

---

2   Johannes Coccejus, *Summa theologiae I* (1669), 1.

3   Emil Brunner, *Dogmatik I*, 3.

4   앞의 책, 6.

5   Karl Barth, *Kirchliche Dogmatik I*, 1, 23.

20세기 독일의 위대한 신학자요 설교자였던 헬무트 틸리케(Helmut Thielicke, 1908-1986)는 이렇게 말했습니다.

> 영적인 인간이기를 멈춘 사람은 그가 비록 사상적으로 믿을 만하고 정통적이고 루터적 지식을 소유하고 있다 해도, 곧장 그릇된 신학을 수행합니다.[6]

신학의 어원적 의미 자체가 '하나님을 향해 말하고'(Sprache zu Gott) '하나님을 향해 찬양하는'(Lob zu Gott) 것이기 때문입니다. 그러므로 하나님을 향해 2인칭으로 말하지 못하는 자는 신학자가 될 수 없습니다. 이 점에 관해서도 틸리케는 다음과 같이 예리하게 통찰합니다.

> 이제 신학을 공부하고 교의학을 공부하는 사람은 자신이 점차 2인칭이 아닌 3인칭 속에서 신학적으로 사고하고 있지는 않은지 곰곰이 살펴보기 바랍니다.[7]

그런데 여기서 하나님을 향해 2인칭으로 말한다는 것은, 그를 향해 경배한다는 뜻이요 기도한다는 뜻입니다. 신학의 대상이신 하나님을 향해 단지 무미건조하게 아무 생각 없이 말한다는 뜻이 아니고요.

---

6   Helmut Thielicke, *Kleines Exerzitium für Theologen* (Hamburg: Agentur des Rauen Hauses, 1959), 42.

7   앞의 책, 42.

하나님을 향해 '성의 없이' 말하는 것은 신학이 아니다

말을 많이 하긴 하는데 아무런 생각도 성의도 없이 번드르르한 말만 늘어놓는 이들이 있습니다. 제 친구 중에도 그런 사람이 있습니다. 평소에는 전화 한 번 없다가 자기가 필요할 때만 전화해서 열심히 자기 말만 하는데, 다른 친구가 필요해서 전화하면 아주 성의 없이 받습니다. 말은 하지만 아무런 성의도 애정도 없어요. 그래서 다들 그 친구를 기분 나쁘게 생각하지요. 간혹 그런 사람들 있지 않습니까? 신학도 하나님에 관해 말하고 하나님을 향해 말하는 것이지만, 하나님에 관해 하나님을 향해 무미건조하고 성의 없이 말하는 것은 신학이 아닙니다.

하나님께 붙잡혀서 하나님과 더불어
하나님을 향해 하나님에 관해 말하는 것

우리가 하나님께 이끌려 그분께 붙잡히지 않는 한 하나님을 향해 2인칭으로 말할 수도 없을뿐더러, 말한다 해도 그것은 성의 없는 말이지 신학이 아닙니다. 우리가 그분께 이끌려 그분께 붙잡혀서 말하게 될 때, 하나님에 관해 하나님을 향해 2인칭으로 온당하게 말할 수 있게 됩니다. 하나님은 우리 신학의 대상이시지만, 단순한 대상이 아니라 동시에 신학의 주체도 되시기 때문입니다. 학문의 주체와 대상이 동일하다는 것은 다른 학문과 비교할 때 오직 신학만의 독특한 특성입니다. 학문은 대부분 주체와 대상이 구분되지만, 신학은 주체도 하나님이요 대상도 하나님입니다. 시종일관 하나님에 의해 주도되고 하나님을 통해 진행되며 하나님과 더불어 마치는 학문입니다. 하나님께 붙잡혀서 하나님과 더불어 하나님을 향해 말하고, 하나님과 더불어 하나님에 관해 말하는 것이 신학입니다. 이처럼 신학은 신학의 주체이신 '하나님으로부터'(von Gott) 시작하여 '하나님을 향해'(zu Gott) '하나님에 관해'(über Gott) 말하는 '학문'(*scientia*, 독: Wissenschaft, 네: wetenschap)입니다. 하나님을 단지 대상으로만 파악하고 그 대상을 가치 중립적으로 논구하는 것은 신학이라 불릴 수 없습니다. 그것은 잘 봐줘야 '종교학'(Religionswissenschaft)에 불과합니다. 찬양하지 않는 자, 기도하지 않는 자, 경배(예배)하지 않는 자의 신학은 신학이 아니라 종교학입니다.

우리 구원의 삼위 하나님을 찬양하고 그분으로 인하여 즐거워하며 그분께 영광 돌리는 것이 신학이라면, 신학은 하나님에 관한 가치 중립적 지식이 아니라 하나님과 실존적으로 관계하는 지식이자 신앙적 지식입니다. 따라서 신학은 교회적 지식이고, '신학의 좌소'(*locus theologicus*)는 신학교가 아니라 교회입니다. 그러므로 신학은 엄밀하게 교회적이고 실존적인 기능을 가집니다. 그러므로 신자만이, 예배하는 자만이, 하나님을 향해 실존적으로 찬양하고 기도하는 자만이 올바른 신학을 할 수 있습니다. 이것이 신학의 교회적-실존적 기능입니다.

2. 신학의 보존적-재생적 기능

신학은 반드시 삼위 하나님의 구원 사건을 보존·재생해야 한다

신학은 또한 성경과 교부들과 교회사의 전통을 잘 보존하고 정리하여 재생하는 기능이 있어야 합니다. 특히 신학이 반드시 보존·정리·재생해야 하는 것은 성경이 증언하는 삼위 하나님의 '구원 사건'(Heilsgeschehen)입니다. 하나님께서 그리스도를 통해 성령의 능력 안에서 우리에게 구원을 베풀어주셨다는 성경의 메시지는 신학이 반드시 보존·정리·재생해야 하는 그리스도교 신학의 핵심입니다.[8] 그래서 지금은 세상을 떠난 현대 조직 신학의 거장 중 한 명인 요한 밥티스트 메츠(Johann Baptist Metz, 1928-2019)는 신학에 관해 이렇게 말합니다. 신학은 본질적으로 신약성경이 증언하는 예수의 해방(구원) 행위에 대한 회상이고 기억이며, 반드시 그것을 보존·재생해야 한다고 말입니다. 그는 예수님의 사역과 십자가의 죽음과 고난에 대한 회상은 위험한 회상이며, 신학이 반드시 생생하게 보존하고 재생해야 하는 회상이라고 말합니다.[9] 즉 예수 그리스도의 사역과 십자가 고난과 죽음과 부활을 보존하고 재생하는 것이 신학이며, 그것을 보존하고 재생하는 일에 관심이 없는 것은 신학이라고 할 수 없다는 것입니다.

보존적-재생적 기능이 없는 신학은 이데올로기로 변질된다

신학이 보존적-재생적 기능을 수행하지 않고 오직 현실 적합성만 추구할 때, 즉 세 번째 기능인 생산적 기능에만 매달릴 때 신학은 이데올로기로 변질될 수 있습니다. 그러니까 신학이 반드시 보존하고 재생해야 하는 중요한 내용은 바로 신약성경이 증언하는 예수 그리스도의 성육신과 사역과 고난과 죽음과 부활입니다! 이처럼 예수 그리스도의 구원 사건은 신학이 반드시 보존하고 재생해야 하는 항목이며, 이것을 빼먹고 보존하지 못

---

8   Horst Georg Pöhlmann, *Abriß der Dogmatik* (Gütersloh: Güterslohers Verlagshaus Gerd Mohn), 28-29.

9   Johann Baptist Metz, "Erlösung und Emanzipation," *Stimmen der Zeit* 98 (1973): H. 3, 182f.

하면서 오직 현실 적합성과 생산성만 추구하는 신학은 이데올로기로 전락할 수밖에 없습니다. 그렇다고 해서 신학이 생산적 기능을 거부하고 오로지 보존적-재생적 기능에만 몰두하면 어떻게 될까요? 그런 신학은 모방적·교조적 재생주의, 장부 기입식 서술주의나 교조적 근본주의로 전락하고 말 것입니다.[10]

3. 신학의 생산적 기능

신학은 생산적 기능과 함께 현실 적합성을 추구해야 한다

신학의 세 번째 기능은 생산적 기능입니다. 신학은 단지 재생적 기능에만 집착해서는 안 되고 생산적 기능과 더불어 현실 적합성을 추구해야 합니다. 신학의 생산적 기능은 신학의 '전통 관련성'보다 '상황 관련성'에 더 집중하는 것입니다.[11] 재생적 기능만을 담당하려 하는 신학은 단지 전통적 교리를 요약하고 반복할 뿐, 그것을 새롭게 해석하고 적용하는 데는 아무 관심이 없습니다. 신학이 생산적 기능을 거부하면 비현실적이 되면서 현실 적합성을 상실하고 맙니다. 신학자가 교회와 시대가 처해 있는 현실에 무관심한 채, 현실성이 전혀 없는 천상의 독백만 나열한다면 그런 신학으로는 교회와 세상을 섬길 수 없습니다. 바로 여기서 신학의 생산적 기능의 중요성과 불가피성이 드러납니다. 그러므로 신학은 개별 교리와 현실

---

10 Horst Georg Pöhlmann, *Abriß der Dogmatik*, 29-30.
11 앞의 책, 30.

간의 상관성 및 적용의 문제를 해석학적으로 철저히 해명해야 합니다. 그래서 독일 신학자 파울 알트하우스(Paul Althaus, 1888-1966)는 이렇게 말했습니다.

[조직신학은] 기독교의 진리를 오늘날 우리와 연관된 타당성 속에서 철저하게 해명해야 한다.[12]

생산적 기능은 재생적 기능과의 상관성 속에서 추구해야 한다

그러므로 신학은 우리 시대의 언어로 성경의 가르침을 번역하고 옮겨놓는 기능을 합니다. 하지만 신학의 생산적 기능이 아무리 중요하다 해도, 그것은 반드시 재생적 기능과의 상관관계 속에서 추구해야 합니다. 그렇지 못할 때 신학은 삼위 하나님께서 예수 그리스도 안에서 계시하고 보여주신 구원의 '소식'(Botschaft)이 아니라, 특정 집단의 '정치 이데올로기'로 변질될 수 있기 때문입니다. 신학이 오직 생산적 기능만을 추구하고 재생적 기능을 거부한다면 이데올로기로 전락하는 것을 피할 수 없습니다.[13] 이처럼 신학이 재생적 기능 없이 생산적 기능만 강조하다 보면 특정 집단의 이데올로기로 전락하는 반면, 생산적 기능 없이 재생적 기능만 강조하다 보면 현실과 아무런 관계 없는 교조적 근본주의로 전락할 수 있음을 늘 명심해야 합니다.

12　Paul Althaus, *Die christliche Wahrheit* (1966[7]), 9

13　Horst Georg Pöhlmann, *Abriß der Dogmatik*, 30.

신학은 보수적이면서 동시에 진보적인 학문이다

그래서 헤르만 바빙크는 "신학은 보수적이면서 동시에 진보적인 학문"이라고 예리하게 통찰했습니다.[14] 신학은 보수적인 동시에 진보적인 학문이다! 이게 도대체 무슨 말일까요? 신학은 성경이 기록하고 증언하는 삼위 하나님의 구원 사건을 보존하고 재생한다는 관점에서 보수적인 학문입니다. 하지만 우리가 속한 현실 속에서 삼위 하나님의 구원 사건에 의거해 교회와 세상을 어떻게 변화시키고 변혁할지를 논구한다는 관점에서는 진보적인 학문입니다.

보수와 진보, 이론과 실천은 양자택일의 문제가 아니다

보수냐 진보냐, 이론이냐 실천이냐를 양자택일의 문제로 몰고 가다 보면, 두 영역이 각기 함의하는 간과할 수 없는 진리의 측면들을 놓치는 우를 범하게 됩니다.[15] 그러므로 보수가 말하는 보존적-재생적 기능의 진리와, 진보가 말하는 생산적 기능의 진리는 상호보완적인 것이라 하겠습니다. 한쪽이 다른 한쪽을 잘라내버리면 어떻게 되겠습니까? 진리의 양 측면 중 하나를 상실하고 말 것입니다. 둘 중 하나만 택해야 한다고 전제한 논쟁은 정말이지 무익하고 헛된 논쟁일 뿐입니다. 새는 오른쪽 날개와 왼쪽 날개로 날지 않습니까? 다시 말해 '우익'과 '좌익'의 두 날개로 날아갑니다. 보수 없는 진보, 진보 없는 보수가 가당키나한 이야기입니까? 이론 없는 실

---

14 Herman Bavinck, *De wetenschap der Heilige Godgeleerdheid* (Kampen: G. Ph. Zalsman, 1883), 47.

15 참조. Horst Georg Pöhlmann, *Abriß der Dogmatik*, 29.

천, 실천 없는 이론이 말이 된다고 생각하십니까? 그러므로 신학의 생산적 기능과 재생적 기능 중 하나를 택해야 한다면, 양자 모두 포기해야 하는 사태가 발생하고 말 것입니다.

여러분, 생각해보십시오. 신학에서 보수적 입장을 견지하는 사람은 생산적 기능을 강조할까요, 재생적 기능을 강조할까요? 재생적 기능을 강조합니다. 그런데 재생적 기능만 강조하면 어떻게 될까요? 현실 적합성 없는 장부 기입식 서술주의나 교조적 근본주의를 피할 길이 없습니다. 그렇다고 신학의 보존적-재생적 기능을 배척해야 합니까? 아니죠! 하나님께서 예수 그리스도 안에서 우리에게 나타내신 그분의 구원 사역을 철저하게 보존하고 재생해야 합니다. 그리스도의 구원 사건을 보존하고 재생하는 것이 오늘날 우리의 구원에는 어떤 의미가 있는지를 탐구할 때, 바로 보존적-재생적 기능에서 생산적 기능으로 넘어가는 것입니다! 한편 현실 적합성과 생산적 기능만 이야기하면서 재생적 기능을 거부하면 어떤 문제가 발생합니까? 신학이 이데올로기로 전락하는 것을 피할 수 없습니다. 그러니까 재생적 기능과 생산적 기능은 상호배타적이 아니라 상호보완적입니다. 그런데 자꾸만 "이것이냐 저것이냐?" "너의 입장이 무엇이냐?"라는 식으로 강요당한 나머지 둘 중 하나만 택한다면, 게르하르트 자우터(Gerhard Sauter)의 말마따나 두 가치 모두 무너지고 말 것입니다. 바빙크는 그래서 "신학은 보수적이면서 동시에 진보적인 학문"이라고 말했던 것입니다.

그러므로 재생적 기능과 생산적 기능 중 하나만을 선택하는 우를 범하면 안 되겠습니다. "이론이 먼저냐, 실천이 먼저냐?" "신앙고백이 먼저냐, 삶의 실천이 먼저냐?"를 양자택일의 문제로 몰고 가는 것은 진정한 의미의 개혁신학이라 할 수 없습니다. 개혁신학은 신학과 삶의 종합을 추구합니다. 그래서 칼뱅은 "복음은 헛바닥을 위한 교리가 아니라, 삶을 위한 교리"(Nicht Zungenlehre sondern Lebenslehre)라고 갈파했던 것입니다.[16]

그렇게 고백하는 자는 그렇게 살아야 한다

고백과 삶은 일치해야 합니다. '고백 따로, 삶 따로'라는 식의 태도에는 심각한 문제가 있습니다. 복음서의 서기관과 바리새인들이 바로 그렇게 이중적인 태도로 살았던 사람들입니다. 예수님은 그들에 관해 이렇게 말씀하셨습니다. "저자들이 하는 말은 좋은 말이니 듣고 지켜야 하지만, 저자들이 하는 행동은 본받지 말아야 한다"(마 23:3). 예수님께서 이렇게 말씀하신 마당에 우리가 그들과 똑같은 부류의 인간이 되면 안 되지 않겠습니까? 그래서 재생적 기능과 생산적 기능이 둘 다 필요하다는 것입니다. 이에 관해 게르하르트 에벨링(Gerhard Ebeling)은 이렇게 말했습니다.

조직신학이 할 일은 전승된 신앙 증언을 오늘날 응답해야만 하는 증언으로 숙고하는 것이다. 조직신학은 "과거에 그랬다"고만 말해서는 안 되고, "지금도 그러하다"고 말해야 한다.[17]

예수께서는 2,000년 전에 부활·승천하셔서 하나님 우편에 앉으셨는데, 그렇다고 "2,000년 전에 예수께서 부활하셨다!"라며 과거에 부활하신 것만을 이야기하면 안 됩니다. 예수의 부활을 믿고 그 부활하신 예수를 따른다

---

16   Jean Calvin, *Institutio Christianae Religionis* III, 6, 4.

17   Gerhard Ebeling, "Diskussionsthemen für eine Vorlesung zur Einführung in das Studium der Theologie," *Wort und Glaube I* (1962^2), 454.

면, 우리 삶과 생활 속에서도 부활의 의미와 역사가 드러나야 합니다. 우리 곁에서 쓰러져 가던 사람들이 우리로 인해 회복되고, 용기를 잃었던 사람이 용기를 얻고, 절망하던 사람이 삶의 의미를 찾고, "내가 부활을 경험했습니다"라고 하는 고백이 나와야 합니다. 그래야 우리가 "예수의 부활을 믿는다"고 고백했을 때, 그 고백을 듣는 사람이 공감하고 공명할 수 있는 것 아니겠습니까? "아! 예수의 부활을 믿는 사람들의 삶은 저런 것이구나"라면서 말입니다.

4. 신학의 합리적-학문적 기능

계속해서 신학의 합리적-학문적 기능을 살펴본 후 결론을 내려보도록 하겠습니다. 신학에 네 가지 기능이 있다고 했지요. 첫 번째 기능이 뭡니까? 교회적-실존적 기능입니다. 두 번째 기능은요? 보존적-재생적 기능입니다. 세 번째 기능은? 생산적 기능이지요. 마지막으로 네 번째 기능이 바로 합리적-학문적 기능입니다.

　신학의 합리적-학문적 기능은 신학의 이해 가능성과 관련해 대단히 중요합니다. 신학이 아무리 하나님의 계시와 그것을 믿는 우리의 신앙에서 출발하는 학문이라 해도 가능한 한 이해될 수 있는 방식으로, 즉 합리적이고 학문적인 방식으로 논증되고 설명되고 서술되어야 합니다. 그래서 교부 캔터베리의 안셀무스(Anselmus Cantuariensis, 1033/34-1109)는 신학이 "이해를 추구하는 신앙"(Fides quaerens intellectum)임을 강조했습니다. 마르틴 루터 또한 다음과 같이 말했습니다.

확실성(합리성)을 제거해보라. 그리하면 그리스도교 자체를 제거해버리는 것이다.[18]

성령은 회의(懷疑)하는 분이 아니며, 모호한 것이나 한낱 의견을 우리 마음에 새겨 넣지 않으셨다. 오히려 삶 자체와 모든 경험보다 더 확실하고 굳건한 확실성(합리성)들을 새겨 넣으셨다.[19]

그러므로 교의학으로서의 신학은 합리적이고 학문적이어야 하며, 체계적이고 구성적이어야 합니다. 교의학을 다른 말로 '조직신학'(systematic theology)이라 부르고, 요즘 영미권에서는 '구성신학'(constructive theology)이라 부르는 이유도 바로 신학의 합리적-학문적 기능과 밀접한 관련이 있습니다.

신학과 신앙은 구분할 수 있지만 분리할 수는 없다

신학과 신앙은 구분할 수 있지만 분리할 수는 없습니다. 한국교회의 가장 큰 문제 중 하나는 신학과 신앙을 분리하는 데 있습니다. 제가 신학을 공부할 때부터, 신학은 신학교에서 배우고 교회 와서는 신학을 싹 버리고 신앙만으로 목회해야 한다는 이분법적 사고가 팽배해 있었습니다. 선배들 가운데 이렇게 말하는 분도 적지 않았습니다. "신학은 아주 진보적으로 하고, 신앙은 아주 보수적으로 해라." 목회 현장에 가면 신학교 때 배운 신학

---

18   Marin Luther, *De servo arbitrio ad D. Erasmum Roterdamum* (Wittenberg: Hans Lufft, 1525), *WA* 18: 603.

19   앞의 책, 605.

은 싹 잊어버리고 보수적 신앙에 따라 목회해야 한다는 것이지요. 이런 이야기의 배후에는 신학과 신앙을 이분법적으로 생각하는 논리가 도사리고 있습니다.

제가 외국에서 꽤 오래 목회를 했는데, 그 시절에 어느 집사님 한 분이 이런 말씀을 하셨습니다. "목사님! 그것은 신학교에서 배우는 신학 아닙니까? 신앙으로 목회를 하셔야지 자꾸 신학 이야기하시면 안 되지요?" 이런 식으로 자꾸 제 의견에 반대하셨어요. 그런데 여러분, 곰곰이 생각해보세요. 신학과 신앙이 그렇게 무 자르듯 나누어집니까? 신앙과 신학이 정말 다른 것인가요? "다르긴 다른데, 무 자르듯 나뉘지는 않는 것 같아요"(어느 신학생). 그렇죠, 다르긴 다른데 어떻게 다른가요? "좀 실천적인 느낌이 드는 게 신앙이라면, 지식적 측면이 강한 게 신학이라고 할 수 있지 않나요?"(어느 신학생) 그렇죠? 말씀드렸다시피 교부 안셀무스에 따르면 신학이란 "이해를 추구하는 신앙"입니다. 우리가 믿는 바 신앙을 논리적·합리적으로 진술하면 신학이 됩니다. 반대로 논리적·학문적으로 진술한 그 신학적 내용을 입술로 뜨겁게 고백하면 신앙이 됩니다.

신앙 따로 신학 따로, 이중인격자가 되란 말인가?

그러므로 신학과 신앙은 구분할 수 있지만 분리할 수는 없습니다. 신학 따로 신앙 따로 살라는 것은 이중인격자로 살라는 이야기밖에 더 됩니까? 그것은 모순적이고 위험한 의미가 내포된 말입니다. 신학이 진보적인데 어떻게 신앙이 보수적일 수 있어요? 신학이 보수적이라야 신앙이 보수적이지요. 신학이 진보적이면 신앙도 진보적이어야 합니다. 이런 이야기를 부끄러운 줄 모르고 하던 시절이 있었어요. 대놓고 이중적으로 살라는 말을 신학교에서 선후배끼리 당연하다는 듯이 했죠. 그러나 교부 안셀무스의 말처럼, 신앙이 이해를 추구할 때 그것이 곧 신학입니다.

신학자 vs. 계몽주의 사상가: 신학은 학문인가?

신학은 물론 '무전제의 학문'이 아닙니다. '계시'(revelatio)와 '신앙'(fides) 이라는 명백한 전제가 있는 학문이죠. 신학이 계시와 신앙이라는 전제 위에 구축된 학문이다 보니 다른 인문학 영역에서는 신학이 학문임을 인정하지 않는 경향이 있습니다. 계몽주의가 시작된 이래로 서유럽의 인문학 영역에서는 신학의 학문성에 관한 논쟁이 심각하게 벌어졌습니다. 신학은 계시와 신앙이라는 전제에서 시작하는 학문 체계이므로 무전제의 학문인 여느 인문학 분야들과 다르다는 것입니다. 그래서 많은 계몽주의 사상가는 신학이라는 학문이 정상적인 학문이 아니라고 비판했습니다. 그래서 신학부를 대학에 두는 것도 반대했습니다. 그러다 보니 계몽주의 계열의 인문학자들과 전통적인 교회의 신학자들 사이에 아주 격렬한 논쟁이 일었습니다. 이처럼 신학의 학문성에 대한 계몽주의자들의 이의 제기는 유럽 국립대학교 내 신학부의 존폐가 걸릴 정도로 심각한 논쟁이라서, 신학자들은 신학의 학문성을 치열하게 방어해야 했습니다. 헤르만 바빙크의 『개혁교의학』 1권에 보면 바빙크도 신학이 왜 학문인가에 상당히 긴 분량을 할애하며 심혈을 기울여 논증하고 있습니다. 이것이 바로 그가 활동하던 19세기의 시대적 분위기였습니다. 신학이 학문이냐 아니냐는 계몽주의 계열의 인문학자들과 교회 신학자들 사이의 심각한 사상적 투쟁이었습니다.

대학교에 신학부가 없는 프랑스, 그러나 예외가 있었으니…

그 여파로 계몽주의와 프랑스 대혁명 이후로 프랑스에는 일반 대학교 안에 신학부가 존재하지 않습니다. 일반 대학교 안에 신학부가 있는 경우는 알자스 지역의 스트라스부르 대학교(Universität Straßburg)가 유일합니다. 스트라스부르 대학교는 프랑스 안에서도 좀 특이한 전통이 있는 대학교이기 때문입니다. 스트라스부르가 속한 알자스 지역 자체가 프랑스와 독일의 접경 지대에 있어, 아주 독특한 정체성을 가집니다.

여러분, 프랑스 소설가 알퐁스 도데(Alphonse Daudet, 1840-1897)의 『마지막 수업』(*La Dernière Classe*)이라는 단편 소설 아세요? 알퐁스 도데는 바로 이 알자스 지역이 배출한 소설가입니다. 알자스 지역은 역사적으로 프랑스와 독일이 번갈아가면서 지배했던 곳입니다. 프랑스-프로이센 전쟁(Franco-Prussian War, 1870-1871) 당시 알자스가 독일에 점령당하면서, 더는 프랑스어를 배울 수 없는 상황을 배경으로 쓴 소설이 알퐁스 도데의 『마지막 수업』입니다. 그러니까 한 번은 독일이 지배했다가, 한 번은 프랑스가 지배했다가, 이렇게 번갈아가면서 두 나라의 지배를 받았던 것이지요. 그래서 그곳은 때로는 프랑스 땅이었고 때로는 독일 땅이었습니다. 결국 현재는 프랑스 땅이지만 독일 색채가 매우 강한 곳입니다. 오늘날까지도 알자스 지역에서는 프랑스어와 독일어가 공용어로 사용되고 있습니다.

이 지역 출신 중 유명한 인물이 있는데, 그가 누구죠? 알자스 지역 출신으로 스트라스부르 대학교의 신약학 교수였고, 요한 제바스티안 바흐(Johann Sebastian Bach)가 작곡한 오르간 곡의 탁월한 해석자요 연주자요 오르간 제작자였을 뿐 아니라, 철학자였고 의사였던 사람입니다. 그는 누구일까요? 그 사람은 결국 의사가 되어서 아프리카로 갔습니다. 누구죠? 네?

신학 레시피

리빙스턴이라고요? 데이비드 리빙스턴(David Livingstone)은 어느 나라 사람입니까? 스코틀랜드 출신의 선교사지요. 자, 누구죠? 슈바이처죠? 알베르트 슈바이처(Albert Schweitzer, 1875-1965) 아닙니까? 슈바이처가 바로 이 알자스 지역 사람입니다. 사실 대다수는 알베르트 슈바이처를 인도주의를 실천한 의사로서 아프리카에 가서 일생을 보낸 인물 정도로만 알고 있죠. 그런데 슈바이처는 사실 아까 말한 스트라스부르 대학교의 신약성서학 교수였습니다. 그냥 교수가 아니라, 당대 신약성서학의 거장 중 하나였어요. 지금도 역사적 예수에 관해 연구하려면 알베르트 슈바이처가 쓴 『예수의 생애 연구사』(Geschichte der Leben-Jesu-Forschung, 1906)를 읽어봐야 합니다. 17세기 헤르만 라이마루스(Hermann Samuel Reimarus, 1694-1768)로부터 빌리암 브레데(William Wrede, 1859-1906)까지의 약 300년 동안 역사적 예수가 어떻게 연구되었으며 그 연구의 쟁점이 무엇이었는지 알려면 이 책과 씨름해야 합니다.

슈바이처는 바울 연구 분야에서도 혁혁한 공을 세웠습니다. 바울 신학과 관련해 엄청난 업적을 남겼습니다. 그가 바울 신학에 관해 쓴 두 권의 책인 『바울 연구의 역사: 종교개혁부터 현재까지』(Geschichte der paulinischen Forschung von der Reformation bis auf die Gegenwart, 1911)와 『사도 바울의 신비주의』(Die Mystik des Apostels Paulus, 1930)는 바울 신학 분야에서 고전적 가치를 인정받는 작품들입니다. 그뿐만 아니라 그는 칸트 철학의 대가로서 칸트 해석에 큰 발자취를 남겼습니다. 또한 뛰어난 오르간 연주자이자 바흐 음악의 탁월한 해석자이기도 했습니다. 심지어 『요한 세바스찬 바흐』(J. S. Bach, 1908)라는 대단히 방대한 책을 썼는데, 오늘날까지도 바흐 해석에 있어 고전적인 작품으로 평가됩니다. 요즘도 유럽에서 음악학을 전공해서 바흐로 박사학위를 하려면 이 책을 반드시 참고해야 합니다.

이렇게 다재다능하여 여러 분야에서 출중한 능력을 드러냈던 슈바이처가 바로 알자스 출신이었다는 것입니다. 자연히 슈바이처의 모국어는 프랑스어와 독일어 둘 다였습니다. 요즘으로 말하면 '이중 모국어 사용자'(bilingual)였습니다. 그의 자서전인 『나의 생애와 사상』(*Aus meinem Leben und Denken*, 1931)을 보면 프랑스어로 이야기할 때와 독일어로 이야기할 때의 느낌 차이를 흥미롭게 묘사하고 있습니다. 프랑스어로 말할 때는 마치 아주 잘 정돈되고 아름답게 가꾸어진 프랑스식 정원을 거니는 느낌이고, 독일어로 말할 때는 울창하고 웅장한 숲속을 거니는 느낌이라고 말합니다.

여러분, 프랑스식 정원에 가본 적 있습니까? 유럽의 정원에는 두 종류가 있습니다. 하나는 영국식이고 하나는 프랑스식이죠. 그런데 제가 살던 오스트리아 빈은 원래 합스부르크 제국의 수도잖아요. 합스부르크 왕가 사람들이 병적으로 좋아했던 것이 프랑스식 정원이었어요. 합스부르크 왕가의 궁전은 모두 바로크식인데, 이 바로크식 궁전이란 것이 아주 흥미로운 건축물이거든요. 바로크식 궁전에 가보면 정면에는 마치 황량한 운동장 같은 뜰이 있습니다. 정면에서 보면 앞에 아무것도 없습니다. 그런데 바로크 궁전의 정수를 보려면 후면을 봐야 합니다. 궁전 앞은 황량한 운동장 같은 뜰인데, 뒤로 돌아 들어가서 보는 순간 "우와!" 하고 탄성이 나오거든요. 왜 이런 방식으로 건축했을까요? 여기에는 고도의 정치적 계산이 깔려 있습니다. 정치적 선전(Propaganda)이라는 겁니다. 백성에게 보이는 것은 궁전의 정면일까요, 후면일까요? 다름 아닌 정면입니다. 그러니까 백성은 궁전을 정면에서 보며 황제와 그 가족이 평소 백성을 생각해서 참으로 검소하게 산다고 생각하지 않겠습니까? 궁전 정면에는 아무것도 없으니까요. 문제는 궁전 후면입니다. 그곳은 엄청나게 화려한 정원,

분수대, 조각 작품들로 꾸며져 있어요. 오스트리아 빈에 있는 바로크 궁전의 정수인 쇤브룬 궁(Schloß Schönbrunn)의 후면도 그렇습니다. 그중에서도 단연코 눈길을 끄는 것은 엄청나게 화려한 프랑스식 정원입니다.

제가 그곳에 갔을 때가 생각납니다. 프랑스에서도 쉽게 찾아볼 수 없을 정도로 제대로 된, 아주 병적일 정도로 프랑스식인 정원이 궁전 뒤뜰에 조성되어 있었습니다. 프랑스 정원 집착증 환자만이 조성할 수 있는 그런 프랑스식 정원이 펼쳐져 있는데, 세심하게 다듬어놓은 꽃밭과 깎아놓은 나무들을 보고 있자니 감탄이 절로 나왔습니다. 정말 이건 직접 봐야 해요! '백문이불여일견'(百聞而不如一見)이라는 말은 이럴 때 쓰는 거죠. 쇤브룬 궁 후면에 조성된 프랑스식 정원을 처음 본 순간 제가 한 생각은, '우와! 이 왕족이라는 자들은 정말 끝내주게 사치스럽게 살았구나'였습니다. 궁전 언덕 위에 올라가 아래를 내려다보니, 정원 꽃밭이 마치 아름답게 직조된 비단 옷감 같았습니다. 위에서 본 그 모습은 형언할 수 없는 아름다움이었습니다. 바로 이런 게 프랑스식 정원이거든요.

반면 영국식 정원은 자연미를 한껏 강조합니다. 매우 울창하고 웅장한 느낌이 드는 정원이지요. 영국 왕실 소유의 하이드 파크(Hyde Park)가 대표적입니다. 울창한 숲속에서 사슴이 뛰어놀고 곰이 나타나기도 하는 것이 영국식 정원의 전형입니다. 자연미를 한껏 강조한 정원이죠. 건축학 강의 시간도 아닌데 정원 이야기가 너무 길어졌네요.

다시 슈바이처 이야기로 돌아와서, 그의 말로는 프랑스어를 할 때는 잘 정돈되고 가꾸어진 프랑스식 정원을 걷는 느낌이고 독일어를 할 때는 울창하고 웅장한 숲속을 걷는 느낌이라고 합니다. 저는 개인적으로 독일어를 하면서 울창한 숲을 거닌다는 느낌을 못 받았어요. 영어보다 훨씬 장중하다는 느낌 정도는 받았지만요. 제가 독일어를 외국어로 해서 그런지도 모르겠습니다. 모국어로 독일어를 하면 그런가 봅니다. 프랑스어와 독일어, 둘 다 모국어였던 슈바이처는 그랬다고 하니까요. 그는 처음에 『요한 세바스찬 바흐』라는 책을 쓸 때 프랑스어로 썼습니다. 그런데 이것을 독일 독자들에게도 알리려고 독일어로 번역하려다가, 포기하고 독일어로 다시 썼다는 것 아닙니까! 프랑스식 정원처럼 아름다운 느낌을 주는 프랑스어를 울창하고 장엄한 느낌을 주는 독일어로 번역하려니 잘 안 되더라는 것입니다. 그래서 번역을 때려치우고 프랑스어판은 그대로 남겨놓은 채, 독일어로 다시 집필했습니다. 이 이야기가 그의 자서전인 『나의 생애와 사상』에 나옵니다.

이렇게 다재다능하고 여러 분야에 정통했던 인물인 슈바이처가 재직했던 스트라스부르 대학교에는 독일 전통을 따라 신학부가 존재하는데, 이것이 프랑스 내 일반 대학교에 설치된 유일한 신학부입니다. 그 외에 프랑스 안에서 신학을 교육하는 교육기관은 모두 신학대학이라는 단과 대학, 즉 세미너리(Seminary) 형식으로만 존재합니다.

전제로부터 출발하니 학문이 아니라는 공격은 부당하다

철학자나 법학자들의 비판처럼 신학은 '계시'(성경)와 '신앙'을 전제로 구축된 체계가 맞습니다. 틀린 지적은 아닙니다. 신학에는 전제가 있습니다. 그러나 전제로부터 출발하니 학문이 아니라는 공격은 매우 부당합니다. 철학은 전제가 없습니까? 법학은 전제가 없습니까? 경제학은 전제가 없습니까? 심리학은 전제가 없나요? 모든 학문에는 전제가 있습니다. 전제 없이 성립될 수 있는 학문은 없습니다. 무전제의 학문은 없다는 것입니다. 가장 합리적인 학문이라 불리는 수학조차도 무전제의 학문이 아닙니다. 수학이 성립하려면 몇 가지 수학적 명제에 관한 약속이 필요하고 이 약속을 전제로 공식을 만듭니다. 가장 합리적이고 무전제적이라는 수학조차도 완전히 무전제적인 학문이 아니라는 것이지요.

신학은 근대 이성 철학의 주-객 도식에 따른 인식론을 거부한다

다른 학문과 마찬가지로 신학에도 명백한 학문의 대상이 있습니다. 신학이라는 학문의 대상은 누구입니까? 하나님이십니다. 그런데 이 하나님은 삼위일체이신 하나님입니다. 신학이라는 학문의 명백한 대상은 삼위일체 하나님인데요, 이 삼위일체 하나님은 단지 신학의 대상으로만 머물지 않고 동시에 신학의 주체가 되십니다. 신학이 학문이기는 하되 다른 학문과 구별되는 이유가 바로 여기에 있습니다. 학문의 주체와 대상이 같다는 것, 이것이 바로 다른 학문과 구별되는 신학만의 독특한 성격입니다. 예를 들어, 법학의 경우 학문의 주체는 법학자이고 학문의 대상은 법학입니다. 그러나 신학이라는 학문 안에서는 이런 주-객 도식(Subjekt-Objekt-Schema)이 애초부터 해체(Abbau)되어 있습니다. 삼위일체 하나님은 신학의 주체(Subjekt der Theologie)이시면서 동시에 신학의 대상(Objekt der Theologie)이 되십니다. 이런 의미에서 신학은 오늘날 포스트모더니즘이 비판하는 근대 이성주의의 주-객 도식을 일찍부터 넘어서고 있었다고 할 수 있습니다. 포스트모더니즘 계열 사상가들은 주-객 도식을 비판하고 그것의 해체를 주장하면서 주객의 합일을 주장합니다. 이처럼 포스트모더니즘이 근대 이성주의 인식론의 주-객 도식을 비판하고 해체를 주장하기 훨씬 전부터 그리스도교 신학은 주-객 도식이라는 이분법적 분리의 사고를 이미 넘어서고 있었던 셈입니다.

사실 근대의 모든 학문에 해당하는, 인식의 '주체'(Subjekt)와 '객체'(Objekt)를 나누는 이분법적 도식은 어떻게 보면 상대적입니다. 쉽게 말하자면 이런 것입니다. 성함이 어떻게 되시죠? "강병식입니다"(수강자). 강병식 전도사님이 두 눈으로 저를 쳐다보면 제가 뭐가 되지요? 제가 전도사님의 인식 대상이 되겠지요. 전도사님이 주체, 제가 객체가 되는 것입니다. 이렇게 주-객 도식이 성립하게 됩니다. 이제 전도사님이 제 입을 틀어막아 아무 말도 못 하게 해놓고 저를 보면 어떻게 되나요? 전도사님이라는 주체는 절대적인 주체(absolutes Subjekt)가 되고 저는 전도사님의 주체 인식(subjektive Erkenntnisse)의 포로가 됩니다. 그렇죠? 그런데 현재 우리의 관계는 그렇지 않아요. 서로 평등한 관계로서 마주보고 있으니, 저도 주체가 되어 전도사님을 바라볼 수 있는 입장이지요. 제가 전도사님을 바라볼 때는 제가 주체고 전도사님이 제 인식의 대상이지만, 전도사님이 저를 바라볼 때는 전도사님이 주체고 제가 전도사님의 인식 대상입니다. 이러한 주-객 도식이 근대 계몽주의 인식론의 기본적인 틀입니다. 근대 철학자들은 이 주-객 도식이 인정되어야 상호 간에 이해도 가능하고 인식도 가능하다고 봤습니다.

　　그런데 포스트모더니즘은 이 주-객 도식으로 대변되는 근대 이성 철학의 인식론에 도전장을 내밀었습니다. 주-객 도식이 절대적이지 않다고 주장하면서 말입니다. 이 주-객 도식은 언제든 해체될 수 있고, 주-객 사이의 합일이 얼마든지 가능하다고 본 것입니다. 20세기 후반부터 포스트모더니즘 사상가들은 이런 논의를 해왔습니다. 그런 의미에서 신학이 주체와 대상이 같은 학문이라고 했을 때, 그것은 근대적 학문이 설정한 주-객 도식의 논리에 잘 들어맞지 않습니다. 신학은 포스트모더니즘이 형성되기 훨씬 전인 신학 형성 초창기부터 이런 주장을 했습니다. 중세 이전의 고대부터 말입니다. 신학은 고대 교회 시대부터 신학의 주체도 하나님이고 대상도 하나님이라고 주장해왔습니다. 그래서 고대로부터 중세를 거쳐 오늘날에 이르기까지 신학 안에서는 주체와 객체의 합일(*unitas*)에 관한 깊은 사유가 형성되고 성찰되고 통찰되어왔습니다.

그런데 철학이 이것을 주장하기까지 약 2,000년 이상이 걸렸습니다. 철학은 2,000년이 지난 지금에 와서야 주-객 도식을 비판하면서, 주-객 도식에 너무 매이지 말고 그것으로부터 해방되어 다시 철학을 해보자고 말합니다. 그러나 신학은 2,000년 전에 이미 주-객 도식을 비판하면서 출발했습니다. 따라서 철학이 신학을 너무 우습게 보면 안 되겠지요. 간혹 철학하는 분들을 만나보면 신학하는 저 같은 사람을 아주 우습게 보기도 하시더라고요. 그런데 사실 신학이라는 학문은 포스트모던주의자들이 근대의 주-객 도식 해체를 주장하기 훨씬 이전부터 과격하게 주-객 도식을 비판해왔던 것이 사실입니다. 포스트모더니즘 계열 철학자들이 말하는 주-객 도식 해체라는 것은 신학적 관점에서 보면 오히려 너무 온건하고 불철저한 측면이 있습니다. 그러므로 저 같은 신학자의 눈에 비친 포스터모던 철학은 모더니즘을 철저하게 근원적으로 극복하지는 못하고 있는 것으로 보입니다. 신학이라는 학문은 애초부터 모더니즘을 신뢰하지 않았습니다.

근대 철학자들은 신학의 반(反)모더니즘적 경향을 전근대적이라고 매도했지만, 신학이 근대의 이성 절대주의에 동조하지 않고 그것을 비판한 이면에는 단순히 전근대적이라고 매도할 수 없는 복잡한 이유와 위대한 성찰이 있었음을 꼭 지적해두고 싶습니다. 그 모든 이유를 여기서 자세히 설명하기는 어렵습니다. 다만 이처럼 신학은 포스트모더니즘 철학이 주-객 도식의 인식론을 비판하고 그 해체를 주장하기 훨씬 전부터, 그러한 이분법적 사고를 비판해왔다는 사실을 다시 한번 강조하는 바입니다.

폴 틸리히가 말하는 신학의 합리적 기능

폴 틸리히(Paul Tillich, 1886-1965)는 신학이 합리적-학문적 기능을 하려면 다음 세 가지가 필요하다고 말합니다.[20] 첫째, 개념적 합리성(semantische Rationalität)입니다. 신학에는 개념적 합리성이 있어야 합니다. 즉 신학을 구성하는 다양한 개념을 합리적으로 해명해야 합니다. 개념적 합리성이 없으면 신학은 합리적-학문적 기능을 수행할 수 없습니다. 둘째, 논리적 합리성(logische Rationalität)입니다. 신학은 논리적으로 진술돼야 한다는 겁니다. 물론 신학적 진술에서도 역설과 풍자와 유머를 사용할 수는 있지만, 신학의 개념은 절대 모호해서는 안 됩니다. 신학적 진술은 명확하고 명료해야 합니다. 논리적 합리성이 있어야만 신학이 합리적-학문적 기능을 수행할 수 있습니다. 셋째, 방법론적 합리성(methodische Rationalität)입니다. 신학은 방법론이 일관되어야 한다는 거죠. 이 세 가지가 있어야 신학이 학문적-합리적 기능을 할 수 있습니다.

신학의 합리적-학문적 기능은 재생적 기능 및 생산적 기능과 함께 추구되어야 합니다. 그렇지 않으면 신학은 일반 학문 이상의 의미를 띠지 못할 것입니다. 계몽주의 이후의 신학이 보여준 것처럼, 지성주의나 학문주의의 나락으로 떨어지게 될 것입니다. 그래서는 올바른 신학을 세우기가 어렵습니다.

---

20   Horst Georg Pöhlmann, *Abriß der Dogmatik*, 33.

5. 정리

지금까지 우리는 훌륭한 교의학(신학)이 갖춰야 하는 네 가지 기능을 살펴 봤습니다. 1) 교회적-실존적 기능, 2) 재생적 기능, 3) 생산적 기능, 4) 합 리적-학문적 기능이었지요. 이 네 기능의 교차점에서 올바른 교의학이 형 성될 수 있습니다. 독일 신학자 호르스트 게오르크 푈만은 이것을 다음과 같은 도식으로 정리했습니다.[21]

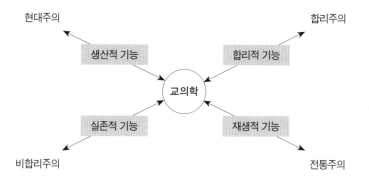

기억에 남도록 반복하겠습니다. 올바른 교의학을 수립하려면 네 가지 신 학적 기능을 염두에 둬야 합니다. 첫 번째 기능은 무엇입니까? 교회적-실 존적 기능입니다. 두 번째 기능은 무엇입니까? 재생적 기능입니다. 세 번 째 기능은요? 생산적 기능입니다. 순서는 크게 상관없습니다. 마지막은 무 엇입니까? 합리적-학문적 기능입니다. 제대로 된 교의학이 되려면 이 네 기능을 동시에 갖춰야 합니다. 네 가지를 모두 염두에 두고 교의학을 구성 해야 제대로 된 교의학을 구성할 수 있습니다.

---

21   앞의 책, 37.

그러면 위 도표를 보세요. 교의학이 재생적 기능만 강조하면서 재생적 기능만을 끌어당기려고 하면 어떻게 되나요? 교의학은 매우 위험한 전통주의, 즉 장부 기입식 교리주의나 교조주의적 근본주의의 나락으로 떨어지고 말 것입니다. 그렇다면 교의학이 교회적-실존적 기능에만 너무 집착해서 교회적-실존적 기능만을 끌어당기려 하면 어떻게 될까요? 교회에서도 그런 사람을 더러 만나지 않습니까? 신학이고 뭐고 다 필요 없고 기도만 열심히 하면 된다는 사람 있잖아요. 성경 공부도 다 필요 없고 기도만 열심히 하면 된다는 그런 사람들을 보면 일반적으로 비합리적이고 신비주의적인 경향을 띠지 않습니까? 우리가 신학에서 실존적 기능만 너무 강조하게 되면 비합리주의, 즉 신비주의나 열광주의를 피할 수 없게 됩니다. 또 신학이 생산적 기능에만 집착해서 그것만을 끌어당기려 하면 어떻게 될까요? 이 경우에는 신학이 현대적 이데올로기가 되기 십상입니다. 마지막으로 신학이 합리적-학문적 기능에만 집착해서 그것만을 끌어당기려고 하면 어떻게 될까요? 사변화되고 지나치게 합리주의적인 경향을 띠겠지요.

따라서 올바른 교의학의 수립을 위해서는 어느 한쪽에 치우쳐 그것만을 극단적으로 추구해서는 안 되고 네 가지 기능을 균형 있게 추구해야 합니다. 신학 안에서 이 네 기능이 동시에 작동하게 해야 바른 신학으로 세울 수 있습니다. 신학 공부를 할 때도 네 기능을 항상 염두에 둬야 바르게 공부할 수 있을 것입니다. 그렇게 할 때 교회를 섬기고 시대를 섬기며 자기 영성에도 도움이 될 뿐 아니라, 학문적으로도 탁월한 신학을 할 수 있습니다. 신학 작업을 할 때 앞의 네 기능 중 어느 한쪽으로 치우치면 오류의 나락으로 떨어지고 만다는 것을 명심하도록 합시다.

고대의 신경들

니케아 공의회 + 콘스탄티노플 공의회 = 니케아-콘스탄티노플 신경

고대 신경 가운데 "니케아-콘스탄티노플 신경"이라는 것이 있습니다. 명칭이 "니케아-콘스탄티노플 신경"인 까닭은 325년 니케아 공의회에서 확정된 "니케아 신경"을 381년 콘스탄티노플 공의회가 계승하고 보충했기 때문입니다. "니케아 신경"에서는 단지 "우리는 성령을 믿습니다"라고 간략하게 언급한 성령 조항을, 콘스탄티노플 공의회에서 교부들이 상세하게 토론하여 성령의 인격성에 대한 신학적 입장을 확정해 보충하면서 "니케아-콘스탄티노플 신경"이 탄생했습니다.

니케아-콘스탄티노플 신경: 성령의 인격성을 명백히 하다

"니케아 신경"에서 간략히 고백했던 성령 조항을 콘스탄티노플 공의회 교부들이 좀 더 상세하게 진술하여 성령의 인격성과 함께 성령께서 성부 및 성자와 더불어 동일한 경배와 찬양을 받으시는 하나님이심을 명확하게 진술하려 했던 이유가 있었습니다. 니케아 공의회 이후에 등장해 성령이 인격적 하나님이 아니라 단지 성부의 능력 내지는 에너지에 불과하다고 주장했던 "성령 훼방론자들"(Pneumatomachen) 때문이었습니다. 이런 주장을 한 대표적 인물은 342-360년 사이에 콘스탄티노플 주교로 재위했던 마케도니우스(Macedonius)였습니다. 마케도니우스를 중심으로 성령 훼방론자들이 그 세력을 형성한 것입니다.[1] 콘스탄티노플 공의회는 교회 내부에서 일어난 이런 성령 훼방론자들에 맞서 성령의 인격성을 명백히 할 뿐만 아니라 성령 하나님도 성부 하나님 및 성자 하나님과 함께 동일하고 동등하게 경배와 영광을 받으시는 하나님이심을 명확하게 할 필요가 있었습니다.

따라서 "니케아 신경"의 성령 조항에는 "우리는 성령을 믿습니다"라고만 되어 있었지만, 콘스탄티노플 공의회는 성령 조항을 보충하여 다음과 같이 좀 더 정교하게 진술합니다.

> 우리는 주님이시며 생명의 수여자이신 성령을 믿습니다. 성령은 성부로부터 나오시며(발출하시며), 성부와 성자와 더불어 동일한 경배와 동일한 영광을 받으시며 예언자들을 통하여 우리에게 말씀하셨나이다.

그래서 381년 콘스탄티노플 공의회에서 최종 확정된 이 신경을 "니케아-콘스탄티노플 신경"이라고 부르지요. 줄여서 "니케아 신경"이라고도 합니다.

---

1   Yve Congar, *Der Heilige Geist* (Freiburg, Basel, Wien: Herder, 1982), 83.

그리스어 텍스트 "우리는 믿나이다"와
라틴어 텍스트 "나는 믿나이다"

"니케아-콘스탄티노플 신경"은 그리스어 텍스트가 있고 라틴어 텍스트가 있습니다. 그리스어 텍스트는 "우리는 믿나이다"(Πιστευομεν)라는 말로 시작하는 반면 라틴어 텍스트는 "나는 믿나이다"(Credo)라는 말로 시작합니다. "사도신경"은 어떻게 시작하지요? "나는 믿나이다"(Credo)입니다. 그래서 유럽 교회에서는 "사도신경"을 라틴어로 "크레도"(Credo)라고도 부릅니다. 교회사나 조직신학 책을 보면 "사도신경"이라 표기하고 괄호 안에 "크레도"를 함께 적은 경우가 간혹 있습니다. "사도신경"(Credo)과 같이 말입니다. "사도신경"의 첫째 조항인 성부 하나님에 관한 조항을 라틴어 어순에 따라 번역하면 "나는 전능하신 성부, 하늘과 땅의 창조자를 믿습니다" 정도가 됩니다. 이것이 "사도신경"입니다. 그런데 "니케아 신경"은 "우리는 믿나이다"로 시작합니다. 서방의 신경인 "사도신경"이 "나는 믿나이다"(Credo)라고 고백함으로써 신앙고백의 개인적 차원을 강조하고 있다면, 동서방의 에큐메니컬 신경이라 할 수 있는 "니케아-콘스탄티노플 신경"은 "우리는 믿나이다"(Πιστευομεν, Credimus)라고 고백함으로써 신앙고백의 공동체적 차원을 강조하고 있습니다. 신앙고백의 개인적 측면과 공동체적 측면은 우리의 신앙고백에 없어서는 안 될 두 가지 측면입니다. 이때 두 측면 중 어느 것이 옳으냐는 식의 양자택일 논리는 무익하고 헛된 것입니다.

성령 조항과 교회 조항에 관한 구체적 진술

325년 니케아 공의회에서는 성자 예수님이 성부 하나님과 '동일본질'이라는 "호모우시오스(ὁμοούσιος) 교리"가 확정되어 "니케아 신경"을 통해 반포됐습니다. 그리고 381년 반포된 "니케아-콘스탄티노플 신경"에서 주목할 것은 성령에 관한 구체적 진술입니다. "사도신경"에서는 그냥 "성령을 믿사오며"라고 간략하게 고백하지만, "니케아-콘스탄티노플 신경"은 이를 상세히 고백합니다.

> 우리는 주님이시며 생명의 수여자이신 성령을 믿습니다. 성령은 성부로부터 나오시며(발출하시며), 성부와 성자와 더불어 동일한 경배와 동일한 영광을 받으시며 예언자들을 통하여 우리에게 말씀하셨나이다.

여기서 우리는 성령의 인격성에 대한 아주 구체적인 고백을 만나게 됩니다. 그리고 교회 조항에 관해서도 "사도신경"보다 훨씬 구체적으로 진술합니다. "사도신경"에서는 교회에 관해서 그저 "나는 거룩하고 보편적인 교회(한글 번역: 거룩한 공회)를 믿습니다"라고 매우 간략하게 고백하는 반면, "니케아-콘스탄티노플 신경"은 "우리는 하나이고 거룩하고 보편적이며 사도적인 교회를 믿습니다"라고 매우 구체적이고 상세하게 고백하고 있습니다. 그리고 "사도신경"에는 "[나는] 죄를 사해주시는 것과 몸이 다시 사는 것과 영원히 사는 것을 믿습니다"라고 되어 있지만, "니케아-콘스탄티노플 신경"에는 "[우리는] 죄를 사해주는 하나의 세례를 믿으며 죽은 자의 부활과 후세의 영생을 기다리나이다"라고 되어 있습니다.

니케아-콘스탄티노플 신경: 동서방 공동의 신앙고백

"니케아-콘스탄티노플 신경"은 동서방이 예배 때 공식적으로 사용하는 공동의 '신앙고백'(Glaubensbekenntnis)입니다. 오늘날에도 동서방 교회는 이 신경을 사용하여, 예배 속에서 삼위 하나님을 향해 교회의 신앙을 공적으로 고백하고 있습니다. 동방 정교회는 매주 예배 때마다 "니케아-콘스탄티노플 신경"을 사용합니다. 서방 전통에 속한 교회, 예를 들어, 유럽의 개혁교회, 루터교회, 성공회 같은 교회는 적어도 3대 절기인 부활절, 성령강림절, 성탄절에는 "니케아-콘스탄티노플 신경"으로 신앙을 고백합니다.

니케아-콘스탄티노플 신경이 공중 예배에서 사용되기를!

"니케아-콘스탄티노플 신경"은 삼위일체 하나님에 대한 신앙을 참으로 아름답게 진술한 신경입니다. 하지만 유감스럽게도 한국교회에서는 예배 때 이 아름다운 신경을 사용하지 않습니다. 미국 웨스트민스터 신학교의 교회사 교수 칼 트루먼은 삼위일체 하나님에 관해 바르게 가르치고 배우기 위해 예배 중에 "니케아-콘스탄티노플 신경"을 사용할 것을 권합니다.

> 삼위일체에 대해 바르게 가르치는 또 하나의 방법이 바로 우리의 예배에서 신조들을 사용하는 것이다. 주일에 니케아 신조를 함께 고백한다면, 우리는 하나님께서 삼위일체로 존재한다는 사실을 서로에게 상기시켜줄 수 있을 것이다.[2]

---

2   Carl R. Trueman, 김은진 역, 『교리와 신앙』(*The Creedal Imperative*, 서울: 지평서원, 2015),

제 개인적 바람이기는 하지만, 한국교회에서도 일상 예배 때는 사도신경으로 신앙을 고백하더라도 적어도 3대 절기(부활절, 성령강림절, 성탄절) 때만큼은 "니케아-콘스탄티노플 신경"으로 하는 것도 매우 뜻깊고 유익한 일이 아닐까 합니다.

사도신경: 동방 교회도 인정은 하지만

여러분께 한 가지 문제를 내보겠습니다. "사도신경"은 서방 교회에서 매주 예배 때 사용하는 신경이죠? 그렇다면 동방 교회는 "사도신경"을 공교회의 신앙고백으로 인정할까요, 인정하지 않을까요? 예를 들어, 동방 정교회 같은 경우 "사도신경"을 공교회의 신앙고백으로 인정할까요, 인정하지 않을까요? 인정하지 않을 리가 없겠죠. 왜 안 하겠습니까? 동방 교회는 "사도신경"을 공교회의 신앙고백으로 인정은 하되, 예배 때 사용하지는 않습니다. 한국 개신교회가 "니케아-콘스탄티노플 신경"을 공교회의 신앙고백으로 인정하면서도 정작 예배에서는 사용하지 않는 것처럼 말입니다. 그러므로 동서방 교회가 예배 때 공히 사용하는 신경은 "니케아-콘스탄티노플 신경"이라고 할 수 있습니다. 동방은 언제나 사용하고 서방은 3대 절기 때 주로 사용한다는 차이가 있기는 하지만, "니케아-콘스탄티노플 신경"이야말로 동서방 교회 모두 예배 때 공적으로 사용하는 신경입니다.

224.

칼케돈 신경

"칼케돈 신경"도 동방과 서방이 함께 고백하는 신경이죠. 여러분이 잘 아는 예수 그리스도의 "두 본성 교리"가 칼케돈 공의회에서 확정되었습니다. 그래서 공교회는 칼케돈 신경을 통하여 예수님께서 "참 하나님"(Θεος αληθης)이시고 "참 인간"(ανθρωπος αληθης)이시며, 따라서 "신성"(θεοτης)과 "인성"(ἀνθρωποτης)을 함께 가지신 분으로 고백합니다. 이 칼케돈 신경도 동서방이 함께 고백하는 공교회의 신앙고백입니다. 다음으로 "아타나시오스 신경"(*Symbolum Athanasianum*)이 있습니다.

아타나시오스 신경: 서방 교회만이 인정하는 신경

"아타나시오스 신경"은 교부 아타나시오스의 이름이 붙었으나, 사실 아타나시오스가 작성한 것이 아닙니다. 그래서 이 신경을 다른 말로 "위(僞) 아타나시오스 신경"이라고도 하지요. 아타나시오스 신경은 동방 교회에서 고백했을까요, 서방 교회에서 고백했을까요? 동방 교부 아타나시오스의 이름을 사용하고 있지만 역사적으로 로마를 중심으로 하여 서방 교회에서만 고백했습니다. 그렇다면 동방 교회는 아타나시오스 신경을 인정할까요, 인정하지 않을까요? 예? 뭐라고요? 인정할 것 같죠? 그런데 흥미롭게도 동방 교회는 이 신경을 인정하지 않습니다. 동서방 지역에 보편적으로 유포되어 예배 중에 공동으로 사용한 신경이 아니었기 때문입니다. 이 신경은 로마를 중심으로 서방 교회에서만 고백했고, 지금도 서방에서만 인정합니다. 예를 들어, 장로교회는 "아타나시오스 신경"을 공교회의 신앙고백으로 인정합니다. 장로교회는 서방 전통에 속한 교회이기 때문입니다.

헤르만 바빙크를 통해서 보는 개혁신학의 특징

12강에서 생각해 볼 것은 개혁신학의 특징입니다. 그냥 이야기하면 밋밋하고 재미없으니, 19세기 네덜란드의 개혁신학자 헤르만 바빙크를 예로 들어 이야기해봅시다. 사실 이러한 논의가 신학하는 데 큰 도움이 될 수 있습니다.

1. 성경적 신학

'오직 성경으로'의 원리

종교개혁 이래로 개혁신학은 성경을 신학의 '객관적 원리'(*principium objectivum*)로 천명합니다. 개혁신학은 어떤 신학 사상과 마주치더라도 그 사상의 성경적 적합성과 정합성을 치열하고 치밀하고 집요하게 따져 논하는 신학입니다. 신학 사상의 가치와 진위는 오직 그것이 얼마나 성경에 부합하냐에 따라 판가름 날 뿐입니다. 신학 사상을 주장하는 사람의 그 어떤 학연도 문벌도 인맥도 그 사상의 가치와 진위 판단에 개입될 수 없습니다. 실제로 한국교회에서는 어떤지 모르겠지만 개혁신학의 원칙은 그렇습니다. 그런 의미에서 '오직 성경'(sola scriptura) 그리고 '전체 성경'(tota scriptura)이야말로 개혁신학의 중요한 원리입니다. 성경은 성경으로 해석해야 한다는 개혁신학의 원리란, 신학은 철저히 성경 본문으로부터 도출되고 구성되어야 하며 특정 교리나 신학적 이데올로기의 틀로 성경 본문을 짜 맞추는 방식에서 도출되거나 그렇게 구성되어서는 안 된다는 것입니다.

바빙크, 15,000번 이상 성경을 인용하다

칼뱅은 『기독교 강요』 최종판에서 신구약 성경을 약 6,800번 이상 인용합니다. 그는 신학적 논지를 펼 때마다 언제나 성경을 근거로 그 당위성을 주장했습니다. 헤르만 바빙크는 『개혁교의학』에서 약 15,000번 이상 성경을 인용합니다. 그가 해설하는 모든 신학 사상과 철학 사상의 장단점을 성경에 근거해 비평할 뿐 아니라, 본인의 신학적 논지를 펼 때도 철저히 성경 주석에 의존합니다. 바빙크는 교부 시대부터 자기 시대에 이르기까지의 모든 성경 주석에 정통했을 뿐 아니라, 그러한 성경 주석에 의거하여 『개혁교의학』을 구성해냈습니다. 그의 모든 신학 사상과 견해는 성경에서 나왔다고 해도 과언이 아닙니다. 그런 의미에서 바빙크는 철저하게 성경 주석에 기초해 신학을 수립한 신학자였습니다. 우리는 그를 통해 훌륭한 신학은 성경적이어야 한다는 것을 배울 수 있습니다. 성경적인 신학, 성경에 의존하는 신학, 성경 적합성(정합성)을 치열하고 치밀하고 집요하게 추구하는 것이야말로 개혁신학의 중요한 특징 가운데 하나입니다.

2. 역사적 신학

고대 신경에 확고히 뿌리를 두면서도 종교개혁 신조에 부합해야 한다

공교회의 신학은 고대 교부 신학의 정수라 할 수 있는 역사적 신경들, 즉 고대 에큐메니컬 신경인 "사도신경", "니케아-콘스탄티노플 신경", "칼케돈 신경"에 확고히 뿌리를 두면서도 종교개혁 신조에 잘 부합해야 합니다. 제아무리 기발한 착상과 눈부신 영감으로 가득한 신학이라도 역사성이 없으면, 한 신학자의 기발한 신학적 착상은 될 수 있어도 공교회의 신학은 될 수 없습니다. 공교회의 스승인 교부들의 가르침과 고대 교회의 신경과 종교개혁 신조에 확고히 기반하지 않은 신학은 올바른 개신교 신학이 아닙니다. 이 점에서 헤르만 바빙크의『개혁교의학』은 교부의 가르침과 고대의 신경에 확고히 뿌리박고 있으면서도 종교개혁 신조에 잘 부합하는 역사성을 과시합니다.

개혁파 전통에 확고히 기반하되 현실에 적합해야 한다

헤르만 바빙크의『개혁교의학』은 종교개혁 이후 개혁교회 진영에서 구축한 개혁파 정통주의 신학의 정수입니다. 이 책은 레이든 대학교의 개혁신학자인 폴리안더(Johannes Polyander), 티시우스(Anthonius Thysius), 리베투스(Andreas Rivetus), 왈레우스(Antonius Walaeus)가 공저한『순수신학통론』(Synopsis Purioris theologiae)의 신학적 성취뿐 아니라[1] 그 이후에 저술된 수많

---

1 『순수신학통론』제6판(1881)의 편집자가 다름 아닌 헤르만 바빙크였다. Johannes

은 개혁파 정통주의 계열 저서의 성취를 충분히 흡수·반영하면서도 그것
들을 단순히 교조적으로 원용하는 것에 그치지 않고 당대에 맞는 뛰어난
해석학적 적용성과 함께 탁월한 현실 적합성을 보여주고 있습니다.

3. 선별적 비평의 방법

바빙크의 학문 진술 방식은 공정하고 신중하고 엄밀하며 객관적이다

헤르만 바빙크의 『개혁교의학』에 나타나는 학문 진술 방식은 대단히 공정
하고 신중하고 엄밀하며 객관적입니다. 그는 고대로부터 당대에 이르기까
지 전개된 신학사와 철학사의 여러 사조를 취급하면서 그것들을 대단히
공정하게 다루고 있지요. 그의 이런 공정한 비평 방법을 '선별적 비평 방
법'이라 부릅니다. 헤르만 바빙크는 선별적 비평 방법을 통해 언제나 열린
자세로 겸손하게 상대의 말을 경청한 후 공정하게 평가하여 그것의 장점
을 수용하고 단점을 걸러내는 방식으로 신학 작업을 수행했습니다.

바빙크는 신학이라는 저택의 현관 입구에 이런 글귀가 써있다고 했습
니다. "하나님이 지혜롭고 슬기 있는 자들에게는 숨기시고 어린아이들에
게는 나타내셨다"(마 11:25). 무릇 신학자에게는 어린아이 같은 겸손함이

Polyander, Andreas Rivetus, Antonius Walaeus, Anthonius Thysius, *Synopsis Purioris theologiae* (Lvgdvni Batavorvm, 1625; Herman Bavinck 편집, Lugduni Batavorum, 1881). 그는 레이든 대학교 신학자들의 이 저서를 "개혁교리의 여왕"(*regina doctrinae Reformatae*) 이라고 불렀다(Herman Bavinck, 박태현 역, 『개혁교의학 1』, 43의 "편역자 서문"을 따라 인용).

있어야 함을 강조한 것입니다.[2] 그 자신이 그렇게 함으로써 역사적 개혁파 신학을 보다 풍성하고 생산적으로 만들 수 있었습니다. 헤르만 바빙크는 종교개혁의 전통에 따라서 성경을 신학의 객관적 원리로 봤고, 성경에 비추어 당대까지의 모든 신학사적·철학사적 쟁점을 대단히 공정하게 비평함은 물론 성경적 대안을 제시했습니다. 그렇게 함으로써 역사적 개혁파 신학의 발전에 공헌할 뿐 아니라 당대의 사회와 교회를 섬길 수 있는 유익하고 생산적인 신학을 펼칠 수 있었습니다.

레이든 대학교의 신학 스승들

헤르만 바빙크가 신학을 공부했던 레이든 대학교는 당시에 '근대의 아테네'라 불리던 곳입니다. 그곳에서 그는 자유주의 신학의 대가였던 요한네스 스홀턴(Johannes Henricus Scholten, 1811-1885)과 아브라함 쿠에넨(Abraham Kuenen, 1828-1891)에게서 배웠습니다. 아브라함 카이퍼(Abraham Kuyper, 1837-1920)의 박사학위 지도 교수이기도 했던 요한네스 스홀턴 교수의 지도하에 "츠빙글리의 윤리학"(De ethiek van Ulrich Zwingli, 1880)이라는 제목으로 박사학위를 받았습니다. 바빙크는 요한네스 스홀턴과 아브라함 쿠에넨이 견지한 자유주의 신학의 전제들은 수용하지 않았지만, 그들에게서 신학적으로 많은 것을 배우고 영향을 받았습니다. 예를 들면, 요한네스 스홀턴에게서는 이성주의적 관점에서 16-17세기 개혁신학의 전통과 역사를 대단히 명확하고 명료하게 설명하는 법을 배웠습니다. 그리고 그

---

2   Herman Bavinck, *Godsdienst en godgeleerdheid*, 61 (Herman Bavinck, 박태현 역, 『개혁교의학 1』, 21의 "편역자 서문"을 따라 인용).

리스도교 교회의 역사와 개혁신학의 전통을 당대에 생동감 있게 적용할 수 있는 탁월한 해석학적 방법을 배웠죠. 그뿐만 아니라 신학을 합리적·조직적으로 치밀하게 구성할 수 있는 체계를 세우는 훈련을 받았습니다.[3]

그러한 훈련의 결실인 총 네 권의 『개혁교의학』을 보면 경탄을 금할 길이 없습니다. 어떻게 한 신학자가 교부에서부터 종교개혁과 계몽주의를 거쳐 자기 시대에까지 이르는 그 방대하고 복잡한 신학사의 전통과, 그와 평행선을 그리며 서로 영향을 주고받은 난해하고 사변적인 철학사의 전통을 손금 보듯 꿰면서 장단점을 일별하여 명료하게 비평적으로 해설해낼 수 있는지요! 게다가 그 결과물을 어떻게 그토록 치밀하고 체계적으로 조직해낼 수 있는 것인지요! 그는 한마디로 타의 추종을 불허합니다. 바빙크에게 이런 학문적 훈련을 시켜준 신학 스승이 바로 요한네스 스홀턴이었습니다. 그가 없었더라면 바빙크는 그처럼 방대한 철학사적·신학사적 지식을 구별하고 요약해서 체계적으로 조립하고 조직하는 학문 방법을 훈련할 수 없었을 것입니다.

바빙크에게는 또한 아브라함 쿠에넨이라는 스승이 있었습니다. 그는 당시 레이든 대학교의 구약학 교수였는데 윤리학을 함께 가르치고 있었습니다.[4] 당대 비평주의 구약학의 선두주자로 명성이 자자한 인물이었지요.[5] 바빙크는 쿠에넨이 사용했던 역사비평적 방법을 성경에 사용하는 것에는 명백히 반대했습니다. 그러나 교회사, 교리사, 신학사를 역사비평적 방법으로 읽고 재구성하는 법을 쿠에넨으로부터 배웠습니다. 여러분, 비평적 안목으로 역사를 볼 수 있어야 역사가 우리에게 타산지석의 지혜가 될 수

---

3   참조. 유해무, 『헤르만 바빙크: 보편성을 추구한 신학자』(서울: 살림, 2004), 32.

4   Herman Bavinck, 박태현 역, 『개혁교의학 1』, 24의 "편역자 서문".

5   유해무, 『헤르만 바빙크: 보편성을 추구한 신학자』, 32.

있지 않겠습니까? 몇 년, 몇 월, 며칠에 무슨 사건이 어디서 벌어졌고, 그곳에서 몇 사람이 죽고 몇 사람이 살았느냐, 이와 같은 사실(fact)에 관한 진술만으로는 역사로부터 현재를 위한 지혜를 구할 수 없지 않겠습니까? 그러므로 역사 문헌을 비평적으로 바라보면서 거기서 의미와 가치를 통찰해내는 역사비평적인 안목으로 교리사와 교회사와 신학사를 읽어내는 것은 대단히 중요한 일입니다. 바빙크는 쿠에넨으로부터 그런 역사해석학 훈련을 받았습니다. 즉 학문할 때의 공정하고 엄격하고 엄밀한 비평적 태도를 배운 것입니다.

바빙크의 서재에 붙어 있던 쿠에넨의 사진

헤르만 바빙크는 레이든 대학교 시절 이래로 스승 아브라함 쿠에넨을 존경했습니다. 수년 동안 서재에 쿠에넨 교수 사진을 걸어두고 그의 고귀한 인품과 학자로서의 겸손한 태도를 본받고자 했습니다.[6] 이를 보며 제가 느낀 것은, 19세기에 활동한 정통주의 신학자들이 자기만 옳다고 생각하는 옹졸한 외골수가 아니었다는 사실입니다. 저는 헤르만 바빙크의 생애를 기록한 글에서 이런 내용을 읽고 신선한 충격을 받았습니다. 자기 서재에 당대에 이름을 날리던 자유주의 신학의 거두 아브라함 쿠에넨의 사진을 붙여뒀다는 사실이 놀라웠습니다.[7] 바빙크는 그 사진을 바라보며 스승 쿠에넨을 흠모하고 존경했습니다.

그런데 여러분, 생각해보세요. 당시 헤르만 바빙크가 속해 있던 분리

---

6   Valentijn Hepp, *Dr. Herman Bavinck* (Amsterdam: W. ten Have, 1921), 55.

7   앞의 책, 55(Herman Bavinck, 박태현 역, 『개혁교의학 1』, 24의 "편역자 서문"을 따라 인용).

파 교회가 어떤 곳입니까? 19세기 당시에 개혁파 정통주의 신학을 사수하기 위해 여러 가지 불이익을 감수하면서 네덜란드의 국가교회(Nederlandse Hervormde Kerk)로부터 분리(네: afscheiding, 독: Abschied)되어 나온 교회 아닙니까? 바빙크는 이 분리파의 아들이었습니다. 그런 바빙크가 레이든 대학교에서 박사학위를 받고 돌아와 분리파 교단의 캄펜 신학교(Theologische Universiteit Kampen van de Gereformeerde Kerken) 교수가 된 후, 서재에 아브라함 쿠에넌 교수의 사진을 떡하니 걸어놓은 것입니다. 이는 그가 비록 자기와 사상적 경향이 다른 사람이라도 존경할 점은 존경하고 배울 점은 배울 줄 아는 인품과 도량이 있는 겸손한 사람이었다는 뜻이죠.

적이라도 존경할 수 있는 적이 있다

여러분, 적이라도 존경할 수 있는 적이 있어요. 요새는 많은 사람이 속이 좁은 데다 밥그릇 싸움한다고 진영 논리에 민감하게 매여 있지만, 옛날만 해도 그런 낭만이 있었습니다. 예를 들어, 임진왜란 때 일본군 제1군단을 이끌고 부산포에 상륙했던 사무라이 고니시 유키나가(小西行長)가 동래산성을 지키던 성주 송상현 장군을 존경했던 일화가 있습니다. 송상현 장군이 동래산성을 지키다가 장렬히 전사하자 고니시 유키나가는 휘하의 모든 장수에게 그의 죽음 앞에서 예를 갖추어 애도할 것을 명하지 않습니까? 유명한 일화지요. 고니시 유키나가는 당시 동래산성을 지키던 송상현 장군에게 "무고한 희생을 원치 않으니 성문을 열어 길을 내어주면, 그냥 평화롭게 진군하겠다"라고 편지를 보내요. 이 편지에 대한 답장으로 송상현 장군이 한시(漢詩)를 한 수 써서 보내는데, 그 시가 바로 「전사이가도난」(戰死易可道難)입니다. "전쟁에서 죽기는 쉬워도 길을 빌려주기는 어렵다"라는 뜻입니다. 이 말에 고니시 유키나가는 무릎을 치면서 감복했습니다. "이 사람이 우리 일본의 장군이었다면 얼마나 좋았을까?"라고 경탄하며 애석해하기도 했지요. 결국 송상현 장군은 고니시 유키나가가 이끄는 일본군에 대항해 동래산성을 지키다가 장렬히 전사합니다. 그 직후 고니시 유키나가는 송상현이라는 위대한 무사의 죽음 앞에서 예를 다해 경의를 표하라고 전군에 명령합니다.

존경할 만한 인물이라면 적이라도 마땅히 존경할 줄 아는 넓은 마음, 옛날에는 전쟁터에서조차 이런 도량과 겸양과 낭만이 있었던 듯합니다. 그러나 요새는 자기 입장과 조금 다르면 상대방에 대해 너무 쉽게 적개심을 가지고, 존경도 하지 않습니다. 견해가 다르면 상대방에게 아무리 탁월한 장점이 보여도 인정하지 않으려 합니다. 그냥 적으로 간주하고 죽이려고 듭니다. 참으로 안타까운 일이지요.

바빙크의 선별적 비평 방법

헤르만 바빙크는 레이든 대학교에서 당대의 현대신학과 윤리학 쟁점들을 공부하고 섭렵했지만, 그의 신학 형성에 유익을 끼쳤던 것은 현대신학과 윤리학의 '내용'이 아니었습니다. 자유주의자인 스승들이 그런 학문의 영역에서 보여준 공정하고 엄밀한 학문적 방법론과, 견해를 달리하는 사람의 말도 경청하는 열린 자세를 배운 것이 큰 유익이었지요. 그래서 그는 평생 그의 절친한 친구이며 신학적으로 자유주의자였던 크리스티안 스눅 후르후론녀(Christiaan Snouck Hurgronje, 1857-1936)에게 쓴 편지에서 이렇게 말했습니다.

쿠에넌과 스홀턴은 나에게 큰 영향을 미치지는 못했다네.…하지만 그들은 내가 그 진리들을 껴안는 능력과 방법에 있어서 영향을 미쳤다네.[8]

그에게 쓴 1879년 8월 19일 자 편지에서는 이렇게 말했지요.

레이든은 내게 여러모로 유익했다네. 나는 그것을 항상 감사로 인정할 것이네.…내가 만약 레이든에 무엇인가 감사할 게 있다면 바로 이것이라네. 상대방을 이해하려고 애쓰는 것이라네.[9]

그러므로 바빙크의 선별적 비평 방법이라는 학문적 방법과 태도는 레이든 대학교에서의 신학 수업으로 형성된 측면이 강하다고 할 수 있습니다. 물론 그의 온건하고 온화한 기질과도 관계가 있겠지만 말입니다.

바빙크는 『개혁교의학 1』의 초판 서문에서 신학할 때 자신의 공정한 비평적 태도, 즉 선별적 비평의 방법을 로마 가톨릭 신학과의 관계에서 설명합니다.

이레나이우스, 아우구스티누스, 토마스 아퀴나스와 같은 신학자들은 로마교회에만 독점적으로 속한 것이 아니다. 그들은 모든 기독교회가 은혜를 입은 교부들이고 교사들이다. 더 나아가 종교개혁 이후의 로마교회 신학 역시 잊지 말아야 한다. 개신교도들은 종종 로마교회와의 공통점과 차이점을 알지

---

8 J. de Bruijn(red.), G. Harinck(red.), *Een Leidse vriendschap* (Baarn: Ten Have, 1999), 81 (Herman Bavinck, 박태현 역, 『개혁교의학 1』, 26의 "편역자 서문"을 따라 인용).

9 앞의 책, 55-57(Herman Bavinck, 박태현 역, 『개혁교의학 1』, 26의 "편역자 서문"을 따라 인용).

못한다. 토마스의 후원 아래 로마교 신학의 부흥은 개신교 그리스도인들로 하여금 로마교와의 관계에 대해 의식적이고 더욱 선명한 해설을 해야만 하는 갑절의 필요성을 제공한다.[10]

바빙크는 레이든 대학교에서 신학 공부를 하면서 자유주의 신학자인 스승들에게 배웠습니다. 그는 자유주의 신학의 이념적 위험성은 배제하면서도, 그들의 엄밀하고 정교하고 공정한 학문 방법론, 역사를 비평적 관점에서 재구성할 수 있는 해석학적 안목, 다양한 신학적 관점을 비평하여 수미일관하게 조합할 수 있는 치밀한 조직학적 체계를 배웠습니다. 그는 이런 훈련을 통해 선별적 비평 방법이라는 매우 공정하고 엄밀하고 생산적인 신학의 방법론을 구축할 수 있었습니다.

자애로웠던 바빙크의 레이든 스승들, 자애로웠던 나의 암스테르담 스승들

반대로 이런 측면도 있습니다. 분리파의 아들 헤르만 바빙크가 레이든 대학교에서 공부를 했습니다. 당시 국가교회 입장에서 보면 분리파 교도들은 국가교회에서 뛰쳐나간 이들 아닙니까? 국가교회 측에서 보면 괘씸한 사람들일 수 있지 않겠어요? 그런 분리파 교단에서 처음으로 레이든 대학교에 공부하러 온 신학생이 바빙크였고, 이 친구가 학위를 받으면 그 교단 최초의 신학박사가 된다는 것입니다. 그런데 바빙크가 공부한 이야기를 들어보면 상당히 감동적인 측면이 있습니다. 자유주의자였던 스승들이

---

10   Herman Bavinck, 박태현 역, 『개혁교의학 1』, 54.

단 한 번이라도 국가교회의 신학적 입장을 가지고 바빙크를 어렵게 했다든지, 생각이 다르다는 이유로 걸고넘어졌다든지 했다는 말이 없어요. 오히려 바빙크의 신학적 논의를 성실하게 경청해주고, 그의 신학적 논지와 역량이 박사 논문에서 잘 발휘될 수 있도록 격려하고 지도하고 도와줬습니다.

이런 모습을 보면 저의 유학 시절을 추억하게 됩니다. 제 스승들이 유럽에 참 많이 계십니다. 네덜란드, 독일, 오스트리아 등지에 말입니다. 네덜란드 스승으로는 두 분을 꼽을 수 있습니다. 아트 판 에흐몬트 교수님(Prof. Dr. Aad. van Egmond)과 코넬리스 판 더 코이 교수님(Prof. Dr. Cornelis van der Kooi)이지요. 제가 에흐몬트 교수님을 처음 만났을 때 저보고 그러시더라고요. 저는 한국에서 왔기 때문에 항상 한국교회와 한국의 시대적 상황을 염두에 두면서 신학을 해야 한다고요. 유럽의 신학적 입장을 가지고 유럽 교회에 기여하는 신학을 하면 안 된다며, 그건 유럽 신학자들의 몫이라고 하셨습니다. 또 이런 이야기를 해주셨습니다. 비평적 안목으로 유럽 신학을 공부하라고 말입니다. 에흐몬트 교수님과 판 더 코이 교수님이 다 그런 입장이었어요. 에흐몬트 교수님에 따르면 유럽 신학은 유럽 교회의 상황과 유럽 사회의 현실 속에서 발생하는 문제에 응답하기 위해 형성된 신학이기에, 네덜란드 신학이나 독일 신학을 교조적으로 답습하는 것은 아시아 교회나 한국교회에 별로 도움이 안 된다는 것입니다. 그러므로 한국교회의 역사적·신학적 배경을 토대로 하여 유럽 신학을 비판적 안목으로 접근하라고 당부하셨습니다. 그래야 저의 신학 연구가 유럽 신학자들에게도 도움을 줄 수 있다는 것입니다. 그러면서 칼 바르트, 헤리뜨 꼬르넬리스 베르까우어(Gerrit Cornelis Berkouwer), 코넬리스 헤이코 미스코터(Kornelis Heiko Miskotte), 아놀드 판 룰러(Arnold Albert van Ruler), 위르겐 몰트만(Jürgen Moltmann), 볼프하르트 판넨베르크(Wolfhart Pannenberg), 에버하르트 윙엘(Eberhard Jüngel) 같은 신학자에게 너무 주눅 들지 말라는 것입니다. 너무 걱정하지 말고 비판적 안목으로 접근하라는 것이었습니다.

에흐몬트 교수님이 제게 이렇게 충고하시자 저는 겁이 덜컥 나서 이렇게 말씀드렸어요. "제가 뭘 안다고 그런 위대한 거장들을 비판합니까? 그러다가 잘못 비판하여 오류에 빠지면 어떻게 되겠어요?" 그랬더니 에흐몬트 교수님이 인자하게 웃으시며 저에게 뭐라고 하셨는지 아세요? "너무 걱정하지 말아요. 바로 그래서 곁에 내가 있지 않습니까? 혹시 잘못 비판하면 내가 그것을 교정해줄 테니 걱정 말고 비판하세요. 그리고 나의 신학도 예외가 아닙니다. 나를 교조적으로 따르면 안 돼요. 내 신학도 비평적인 안목으로 읽고 비평적으로 수용해야 합니다. 내가 허락해줄 테니, 나의 신학을 비판해야 합니다." 그러면서 제가 공부하는 동안 한국교회와 한국 사회가 안고 있는 문제와 그에 대한 저의 신학적 문제의식에 관해 저를 매우 존중하시면서 제 의견을 성실하게 경청해주시고, 자신의 의견을 말씀해주셨어요. 그때 저는 굉장히 감동하면서, 한국에 돌아가면 저도 그런 선생이 되어야겠다고 다짐했습니다.

장점은 섭렵하고 단점은 배제하자!

헤르만 바빙크는 레이든 대학교에서 자기와 신학적 입장이 다른 이들의 입장을 경청하면서, 그들의 장점을 수용하고 단점을 걸러내는 선별적 비평의 태도와 자세를 배웠습니다. 그에게는 신학적 적대자에게도 배울 점이 있다는 신념이 있었습니다.[11] 헤르만 바빙크는 개혁신학에 대한 확신과 크나큰 자부심이 있었지만, 자기의 신학적 기반인 개혁신학을 단지 교조적으로 추종하고 암기하고 나열하는 데 골몰하지 않았습니다. 네덜란드 신학자 헤리뜨 푸칭어(Gerrit Puchinger)가 지적한 것처럼, 그는 자신과 경향이 다른 신학자나 사상가라 할지라도 그들 사상의 장단점을 공정하고 엄밀하게 분석하여 해설하고 선용했던 균형 잡힌 신학자였습니다.[12]

이처럼 교의학 작업을 수행할 때 특정한 신학적 입장을 교조적으로 신봉해서는 안 됩니다. 헤르만 바빙크가 우리에게 가르쳐준 선별적 비평 방법에 따라서, 어떤 내용이나 사상을 접하더라도 공정하고 주의 깊게 다뤄야 하며 선별적으로 비평하여 그 장점을 섭렵하고 단점을 걸러내야 할 것입니다. 그런 자세로 신학을 할 때 우리의 신학 작업은 풍성하고 생산적일 수 있으며, 교회와 세상을 섬길 수 있습니다.

4. 이론과 실천의 유기적 통일과 하나님 영광의 지향

헤르만 바빙크에 따르면 개혁신학은 이론과 실천의 유기적 통일을 추구하며 하나님의 영광을 지향하는 신학입니다. 이는 개혁신학의 중요한 특징 중 하나입니다. 사실 계몽주의 시대 이래로 서방 신학의 가장 큰 폐해는 너무 이성주의적인 관점으로만 신학 작업을 했다는 데 있습니다. 그러다 보니 신학의 영역을 이론과 실천으로 구분하고 이 둘 사이의 관계 설정에

---

11   유해무, 『헤르만 바빙크: 보편성을 추구한 신학자』, 55.

12   Gerrit Puchinger, *Theologische persoonlijkheden* (Kampen: Kok, 1973), 63-68(Herman Bavinck, 박태현 역, 『개혁교의학 1』, 19의 "편역자 서문"을 따라 인용).

만 골몰했습니다. 이론이 먼저냐, 실천이 먼저냐? 둘의 관계를 어떻게 설정할 것이냐? 그러나 신학함의 궁극적 목적은 이론에 있는 것도 실천에 있는 것도 아닙니다. 그것들은 목적에 도달하기 위한 방편에 불과합니다. 신학적 이론과 실천이 공동으로 지향하는 신학함의 궁극적 목적은 하나님을 찬양하는 것입니다. 즉 송영이야말로 신학의 궁극적 목적입니다. 서방 신학은 계몽주의 이래로 이론과 실천의 지평 사이에, 이 둘이 공동으로 지향하는 '송영'의 지평이 존재함을 간과해온 경향이 있습니다. 송영이야말로 신학의 궁극적 목표인데 말입니다.

이론과 실천은 송영이라는 제3의 지평에서 서로 만나고 포옹하고 입맞춥니다. 신학에서 이 송영의 영역이야말로 시문학의 영역이요 찬양(음악)의 영역이요 예술의 영역이요 미학의 영역입니다. 오늘날 신학계에서는 신학의 제3 지평인 송영의 영역에 대한 관심이 무척 고조되고 있습니다. 신학의 시문학적·미학적·예술적 영역을 선구적으로 개척했던 20세기의 거장이 바로 스위스 태생의 로마 가톨릭 신학자 한스 우르스 폰 발타자르(Hans Urs von Balthasar, 1905–1988)였습니다. 발타자르는 역사 속에서 전개되는 구원의 역사 자체를 하나님께서 감독이 되어 연출하시는 '구원의 드라마'(Heilsdrama)로 파악합니다. 그런데 하나님의 구원 역사를 드라마로 파악하는 이러한 생각은 발타자르가 처음 한 것이 아닙니다. 발타자르가 이야기하기 약 400여 년 전에 이미 개혁교회의 교부 칼뱅이 통찰했던 바였지요. 칼뱅에 따르면 이 세상은 하나님의 구원 역사가 펼쳐지는 "영광의 무대"(theatrum gloriae Dei)입니다.[13] 그는 하나님께서 창조하신 이 세상을 하나님의 영광이 현시되는 무대로 보고, 이 영광의 무대에서 전개되는 '구

---

13   Jean Calvin, *Institutio Christianae Religionis* I, 14, 20.

원의 역사'(*historia salutis*)를 하나님께서 주도하시는 구원의 드라마로 봤습니다. 구원의 역사에 관한 이런 통찰은 칼뱅 당대에 매우 탁월하고 독특하며 독존적인 것이었습니다.

발타자르가 종교개혁자 칼뱅을 통해 이런 통찰을 얻었는지 여부는 알 수 없으나, 어쨌든 이러한 칼뱅적 통찰을 체계적으로 심화하고 발전시킨 인물임에는 틀림없지요. 발타자르의 저서 『신의 드라마』(*Theodramatik* I-V, 1973-83)는 전통적인 "구원사의 신학"(*theologia historiae salutis*)을 시문학적·미학적 관점에서 방대하고 심원하고 치밀하게 재구성한 명저입니다. 발타자르에 따르면 구원사의 끝은 하나님 영광의 현시(現示)입니다. 삼위 하나님의 영광의 광채는 너무나도 눈부시고 아름답고 위대해서 인간의 이성적인 능력으로는 그 영광에 접근할 수 없습니다. 오로지 성부께서 성자를 통해 성령의 능력 안에서 인류를 그분의 영광으로 끌어들이실 때만, 인류는 삼위 하나님의 영광에 참여할 수 있습니다. 그러므로 구원사의 끝에 도래할 하나님의 영광의 현존 앞에서 인간은 찬양과 감사로 그 영광을 받아들일 수 있을 뿐입니다. 감사와 찬양 외에 인간이 할 수 있는 일이 없다는 것입니다.

그런데 발타자르가 이런 신학적 진술을 하기 50여 년 전에 헤르만 바빙크가 이미 신학의 궁극적 목적으로서 하나님의 영광을 강조했다는 사실을 아는 사람은 드뭅니다. 그런 의미에서 바빙크는 모든 시문학적·미학적·예술적 신학의 선구자라고 할 수 있습니다. 물론 신학의 궁극적 목적에 관한 이런 통찰은 그가 칼뱅의 저술을 섭렵하는 과정에서 얻은 것입니다. 그러니 바빙크가 시문학적·예술적·미학적 신학의 선구자라면 칼뱅은 그것의 태두나 시조라고 불러야겠죠. 칼뱅과 그의 신학에 무지한 이들이 그를 오해하여 칼뱅은 예술적이고 미학적인 것을 혐오하고 배척했다고 주장하는데, 당치도 않은 말입니다. 칼뱅의 저서를 읽어보지 않아서 그런 주장을 하는 것입니다. 우리는 칼뱅의 저서에서 별들의 찬란함과 밤하늘의 광대함, 예쁜 꽃과 들풀의 향기에 대한 예찬, 자연의 아름다움과 다양성과 조화에 대한 경이와 경탄을 만날 수 있습니다.[14] 칼뱅은 자연의 질서를 "하나님의 영광의 거울"(speculum gloriae Dei)이라고 불렀습니다.[15]

자, 바빙크로 다시 돌아와서 말씀드리면, 그는 신학의 궁극적 목적이 이론에 있는 것도 실천에 있는 것도 아니라고 봅니다. 그렇다고 이론과 실천이 중요하지 않다는 것도 아닙니다. 이론과 실천은 하나님의 영광을 지향하는 수단이기 때문입니다. 그 둘을 거부하면 하나님의 영광을 지향하는 중요한 수단을 잃게 되므로, 이론과 실천은 중요합니다. 그러나 이론과 실천 자체가 신학의 궁극적인 목적은 아니라는 것입니다. 그 둘을 신학의 궁극적 목적으로 오해하고 착각한 것이 계몽주의와 개신교 자유주의 신학이 저지른 오류였습니다. 바빙크는 이론과 실천의 지평 사이에 있는, 신학의 제3지평을 명백하게 통찰하고 있었습니다. 바빙크에 따르면 이론과 실천이 궁극적으로 지향하는 것은 하나님의 영광입니다. 그래서 그는 "개혁신학이란 이론과 실천의 유기적 통합을 통하여 하나님의 영광을 지향하는 신학"이라고 말했던 것입니다.

---

14 참조. Jean Calvin, *Corpus Reformatorum* LI, 5.

15 Jean Calvin, *Institutio Christianae Religionis* I, 5, 1.

교의학과 윤리학: 신학적으로 그렇게 고백했다면
윤리적으로 그렇게 살아내야 한다!

17세기 계몽주의 이래로 신학에 대한 윤리학의 독자성과 독립성이 강조되었습니다. 계몽주의 신학은 교의학으로부터 독립된 독자적인 윤리학을 추구했습니다. 계몽주의의 대표주자였던 임마누엘 칸트는 교의학에 대한 윤리학의 독자성과 자율성을 특별히 강조했습니다. 칸트는 윤리학이 교의학에 의존하지 않는 독립적·독자적 학문이 되어야 한다고 봤습니다.[16]

그러나 계몽주의 철학자들의 생각과는 달리, 개혁신학적 관점에서 교의학은 형이상학적 사변이 아니기에 교의학과 윤리학이 분리되어야 할 이유가 없습니다. 바빙크는 신학을 정의할 때 그것이 이론적 학문인 동시에 실천적 학문이며, 보수적 학문인 동시에 진보적 학문임을 강조했습니다. 개혁신학의 전통은 신앙(믿음)과 사랑(행위), 나무와 열매, 고백(교의학)과 삶(윤리)을 구분하긴 하지만 분리하지는 않기 때문입니다. 그래서 바빙크는 이렇게 말합니다.

> 교의학은 사람에게 하나님이 누구이며, 사람을 위하여 무엇을 하신 분인지를 교육하며, 그로 하여금 하나님을 자신의 창조자, 구원자, 거룩하게 하는 분으로 알게 한다. 윤리학은 사람이 하나님에게 누구이며 하나님을 위해 무엇을 하는지, 그리고 사람이 어떻게 완전히 지혜와 뜻과 모든 힘을 다해 감사와 사랑으로 말미암아 하나님께 헌신하는지를 설명한다.…교의학은 하나님에 대한 지식의 체계이며, 윤리학은 하나님에 대한 봉사의 체계다. 두 학문은 독립

---

16 Horst Georg Pöhlmann, *Abriß der Dogmatik*, 38.

적으로 서로 마주하고 있는 것이 아니라, 함께 하나의 체계를 형성하여 하나의 유기체로서 서로에게 소속하는 지체들이다.[17]

개혁신학에 따르면 신학적으로 그렇게 고백하는 사람은 윤리적으로 그렇게 살아야 합니다. 신학적 고백과 삶이 일치하지 않는 사람은 바리새인이요 표리부동한 이중인격자지, 참다운 신자도 신학자도 아닙니다. 그러므로 개혁신학은 교리(doctrina)와 실천(Practicum)을, 즉 신학(theologia)과 윤리(ethica)를 구분하지만 분리하지 않습니다. 둘은 상호의존적일 뿐 아니라 그럴 때만 제각기 올바른 기능을 수행할 수 있습니다. 그러므로 교의학적 질문은 항상 윤리학적 질문으로 연장되어야 하고, 윤리학적 질문 또한 항상 교의학적 질문으로 연장되어야 합니다.[18]

오직 하나님의 영광만을 지향하는 공교회의 신학

개혁신학은 개혁교회 교부 칼뱅의 전통을 따라 우리의 고백과 삶, 이론과 실천이 지향하는 최상의 거룩한 목적을 "하나님의 영광"(Gloria Dei)이라고 천명합니다. 그래서 헤르만 바빙크는 이렇게 말했습니다.

[신학이란] 하나님의 계시로부터 신지식을 도출하고 성령의 인도하심 아래 숙고하고 하나님의 영광을 위해 묘사하는 것을 추구한다.[19]

---

17 Herman Bavinck, 박태현 역, 『개혁교의학 1』, 103.

18 Horst Georg Pöhlmann, *Abriß der Dogmatik*, 38.

19 Herman Bavinck, *Magnalia Dei* (1907), 22.

우리는 이런 진술 속에서 신학의 궁극적인 목적이 우리 구원의 하나님이신 삼위 하나님으로 인해 즐거워하고 그분께 감사함으로 나아가 그분을 찬양하고 송축하며 그분께 영광을 돌리는 것이라는, 동방 교회적 성찰의 개혁파적 선율을 듣게 됩니다. 그런 의미에서 개혁신학은 개혁파적이면서도 공교회적이라고 할 수 있습니다.

5. 교회의 일치를 추구하는 신학

개혁신학은 교회의 일치를 추구하는 신학입니다. 헤르만 바빙크가 표현한 개혁신학에는 어떤 신학에서도 찾아볼 수 없는 교회 일치적 신학의 정신이 흐르고 있습니다. 그는 그리스도교의 보편성(Katholizität)과 우주성(Universalität)을 교리의 근본 원천(fons fundamenti)인 성경을 통해 사유하고 사색했습니다. 헤르만 바빙크는 예수 그리스도의 십자가 대속 사건의 보편성을 강조했습니다. 예수 그리스도의 십자가 대속으로 말미암아 하나님과 인간, 하늘과 땅, 유대인과 이방인, 남자와 여자, 종과 자유인이 서로 화목하게 되었다는 것입니다. 그러므로 그리스도 복음은 단지 개인에게만이 아니라 창조세계와 우리 삶의 모든 영역(가정, 사회, 국가, 예술, 학문 등)에 기쁜 소식입니다. 모든 인간은 출신, 문화, 국적, 신분, 혈통에 따른 어떠한 차별도 없이 그리스도 안에서 한 몸을 이루고 있다는 것입니다. 여기서 바빙크는 그리스도교 교회의 보편성을 강조하며 편협한 분파주의를 비판합니다. 1888년 12월 18일에 행했던 캄펜 신학교 학장 퇴임 강연인 "그리스도교와 교회의 보편성"(De Katholiciteit van Christendom en Kerk)에서 그는 이렇게 말했습니다.

누구든지 하나의 작은 교회나 편협한 집단 가운데 자신을 고립시키는 자는 교회의 보편성을 깨닫지 못한 자이며 교회가 주는 생각과 위로를 경험하지 못한 것이다.[20]

바빙크는 자신이 속한 '분리파'(Afscheiding) 교단의 편협한 분파주의의 위험성을 직시하고 이에 대해서도 용기 있게 비판했습니다.

칼뱅의 『기독교 강요』의 재발견과 분리파 교회의 탄생

헤르만 바빙크는 원래 분리파 교회의 아들이었습니다. 19세기 초 네덜란드 국가교회의 자유로운 신학적 경향에 맞서 개혁파 정통 신앙을 지키려고 국가교회에서 분리되어나갔던 교회가 분리파 교회였습니다. 당시 네덜란드는 개혁교회가 국가교회였는데, 18세기 이래로 이 국가 개혁교회는 계몽주의의 입장을 수용합니다. 그렇게 함으로써 유럽에서 맹위를 떨치며 대학 강단을 지배하던 자유주의 신학을 수용했습니다. 그러면서 국가교회의 칼뱅주의자들은 자유주의적 칼뱅주의자로 변질되어갔습니다. 그런데 국가교회 안에서 이런 자유주의 흐름에 맞서 전통적 개혁신앙을 사수하고자 한 정통주의적 칼뱅주의자들이 있었고, 이들이 결국 국가교회에서 이탈해 교회를 분리하게 되었습니다. 이를 네덜란드어로는 '아프스케이딩'(Afscheiding)이라고 하는데 번역하면 '분리', '절교' 정도가 됩니다. 네덜란드 국가교회로부터 분리되어나간 교파라는 것입니다. 순수한 칼뱅주의

---

20   Herman Bavinck, *De Katholiciteit van christendom en kerk*, 16 (Herman Bavinck, 박태현 역, 『개혁교의학 1』, 33의 "편역자 서문"을 따라 인용).

전통과 신앙을 사수하려고 분리를 감행했던 것이지요.

바로 이 분리파 교단의 아들이 바빙크입니다. 바빙크는 분리파 교단 최초로 신학 박사학위를 취득했던 인물입니다. 당시 분리파는 소수파였어요. 분리파의 지지 기반은 네덜란드어로 '작은 사람들'(kleine luiden)이라 불렸던 네덜란드의 기층 민중, 즉 민초들이었습니다. 주로 농어민들이었지요. 이들은 교육도 제대로 못 받고 글자도 몰랐지만, 당시 국가교회 목사들의 설교와 이야기를 듣다 보니 세련된 논박은 못해도 뭔가 마음으로 동의가 안 되었던 거예요. 그럴 수 있잖아요? 예를 들어, 저 같은 신학자가 여러분 앞에서 유창한 논리로 막 떠들면 논박은 못해도 마음으로 동의가 안 되는 경우가 있습니다. 그렇죠? 그런 경우였던 것입니다. 이때 국가교회의 계몽주의적이고 자유주의적인 신학과 신앙 노선에 반대하던 몇몇 목사가 있었습니다. 그중 헨드릭 드 콕(Hendrik de Cock, 1801-1894)이라는 인물이 있었는데, 그가 당시 분리파의 지도자였습니다. 헨드릭 드 콕 목사를 중심으로 분리 운동이 일어났으며, 운동의 지지 기반은 대부분 민초들이었습니다. 이처럼 분리파는 민초들을 지지 기반으로 국교회에서 이탈했습니다.

이 민초들은 교육을 받지 못해 라틴어는 고사하고 네덜란드어도 모르는 사람이 많았습니다. 그런데 드 콕 목사가 목회 현장에서 이들을 만나며 한 가지 놀라운 사실을 발견하게 됩니다. 이들의 신앙고백을 자세히 들어보니 교육받지 못한 이들이 할 수 있는 내용이 아니었던 것입니다. 신앙고백이 상당히 조직적이고 교리적이었던 거지요. 배운 사람들도 아닌데, 이들의 신앙고백은 어떤 일관된 체계에서 나왔음을 감지할 수 있었습니다. 드 콕 목사는 그것이 대체 무엇인지 궁금해져서 민초들의 신앙과 경건의 배후를 추적했습니다. 알고 보니 그 배후에는 놀랍게도 칼뱅의 『기독교 강요』가 있었습니다. 드 콕 목사는 목회 현장에서 민초들과 만나다가 『기독교 강요』를 재발견한 것입니다. 당시 『기독교 강요』는 잊힌 책이었습니다. 그저 교회사적 지식으로 알고 있었을 뿐, "경건의 대전"(*summa pietatis*)으로 읽고 연구하고 묵상하는 분위기는 아니었습니다. 그런데 민초들의 신앙과 경건의 기초가 『기독교 강요』에 근거하고 있었던 것입니다. 그들이 이 책에 나오는 신학과 신앙과 경건을 누구에게 배웠겠습니까? 글도 모르던 사람들이 말입니다. 증조할아버지, 증조할머니, 할아버지, 할머니, 아버지, 어머니를 거치며 오랜 세월 동안 구전된 것을 듣고 배운 것이지요. 구전이라는 것이 이렇게 무섭습니다. 『기독교 강요』의 재발견으로 분리 운동이 힘을 얻게 되었고, 그것이 분리파 교회 형성으로까지 이어졌으니까요.

"당신은 아들을 사자 굴에 처넣었소이다!"

그러나 민초로 이루어진 이 교단에서 전문 신학자가 나오기는 참으로 어려운 일이었겠지요. 분리파 교단에서 나온 신학박사 1호가 바로 헤르만 바빙크였습니다. 바빙크는 1873년 김나지움(gymnasium, 문법 학교)을 우수한 성적으로 졸업한 후, 당시 네덜란드 최고의 명문이었던 레이든 대학교 신학부로 진학하여 신학 공부를 시작하고 싶었습니다. 이때 아버지의 권유로 일단 자기 교단 신학교인 캄펜 신학교에서 학업을 시작했지만, 1년 다니고 그만두기로 합니다.[21] 헤르만 바빙크의 학업에 대한 열정과 학문적 욕구를 충족시켜주기에 캄펜 신학교는 턱없이 부족한 곳이었습니다. 당시

---

21 유해무, 『헤르만 바빙크: 보편성을 추구한 신학자』, 30.

이 분리파 신학교는 학문적 수준이 열악하기 그지없었습니다. 그 시절 바빙크 아버지의 친구인 교단 목사들이 박사학위도 없이 그곳에서 신학을 가르치고 있었는데, 그래서야 제대로 된 신학 교육이 이루어졌을 리 만무합니다. 영특했던 바빙크가 1년 공부해보니 정말로 더는 배울 것이 없었습니다. 그래서 애초에 가고 싶었던 레이든 대학교에 가기로 결심하게 됩니다.

레이든 대학교는 당대 자유주의 신학의 거장들이 즐비한 곳이었습니다. 그러니 목회자 후보생도 몇 안 되었던 그 작은 교단에서 난리가 나지 않았겠습니까? 발칵 뒤집혔겠죠? 정통 신앙을 사수하려고 국가 개혁 교회로부터 분리 형성된 교단의 중진 목사 아들이 자유주의 신학의 거장들이 포진하고 있는 레이든 대학교로 가서 신학 공부를 하겠다고 하니, 그 교단으로서는 얼마나 충격이었겠습니까? 1874년 6월, 교수 회의가 소집되었고 교수회에서는 헤르만 바빙크의 아버지 얀 바빙크 목사에게 아들을 설득해달라고 요청하고 좌우지간 난리가 났습니다.[22] 당시 신학교 교수였던 브럼멜캄프(Anthony Brummelkamp, 1811-1888)는 아버지 얀 바빙크 목사에게 "당신은 아들을 사자 굴에 처넣었소이다!"라며 극언을 서슴지 않았습니다. 아들을 사자 굴에 처넣었다니, 참 무시무시한 말이지요. 그런데 바빙크의 아버지가 참 훌륭합니다. 그는 자기 친구였던 브럼멜캄프 교수에게 이렇게 답합니다. "저는 전능하신 하나님께서 제 아들을 은혜 가운데 지켜주실 것이라고 믿습니다."[23] 그렇게 해서 바빙크는 레이든 행을 결정합니다. 레이든 대학교에는 당대의 저명한 자유주의 신학자들, 즉 요

22 유해무, 『헤르만 바빙크: 보편성을 추구한 신학자』, 30.

23 J. H. Landwehr, *In Memoriam, Prof. Dr. H. Bavinck* (Kampen: Kok, 1921), 9 (Herman Bavinck, 박태현 역, 『개혁교의학 1』, 24의 "편역자 서문"을 따라 인용).

한네스 스홀턴이라든가 아브라함 쿠에넨, 코르넬리위스 페트뤼스 틸러 (Cornelius Petrus Tiele, 1830-1902) 같은 이들이 교편을 잡고 있었습니다. 바빙크가 그들 밑에서 신학을 공부하게 된 것입니다.

분리파의 아들 바빙크, 교회의 보편성을 지향하다

헤르만 바빙크는 레이든에서 공부를 마친 후 분리파 교단의 캄펜 신학교에서 교수 생활을 하면서 분리파가 빠지기 쉬운 편협한 분파주의의 위험성을 직시했고, 이를 경계하여 비판했으며 시종일관 교회의 보편성을 강조했습니다.[24] 그는 친구 후르후론녀에게 보낸 1888년 12월 22일 자 편지에서 다음과 같이 말했습니다.

> 자네가 나의 특강을 잘 받아보았으리라 믿네. 이 특강은 때때로 우리 교회 내부에서 나타나는 분리주의적이고 분파주의적인 경향에 대항하여 하나의 유일한 처방책으로 의도된 것이라는 사실을 알아주게. 우리 가운데 편협하고 속 좁은 견해가 아주 많고 아주 심각한 사실은 이러한 견해가 경건함으로 여겨지고 있다는 것이네.[25]

우리는 교회의 분열이 어떤 방식으로도 정당화될 수 없음을 명심해야 합니다. 교회의 분열 앞에서는 어떤 변명도 불가하며, 오직 참회와 뉘우침만 있을 뿐입니다. "하나님의 어린양, 이 세상의 죄를 없애시는 주님, 우리를

---

24 참조. 유해무, 『헤르만 바빙크: 보편성을 추구한 신학자』, 5-6, 215.

25 J. de Bruijn(red.), G. Harinck(red.), *Een Leidse vriendschap*, 136 (Herman Bavinck, 박태현 역, 『개혁교의학 1』, 33의 "편역자 서문"을 따라 인용).

불쌍히 여기소서!"(*Agnus Dei, qui tollis peccata mundi, miserere nobis!*)

헤르만 바빙크는 교회의 보편성을 다양성 속의 일치라고 천명했습니다.

> 보편적 기독교란 신앙 색깔의 다양성을 초월하지 않으며, 오히려 그 다양성 가운데 현존한다. 단 하나의 교회가 얼마나 순수하든, 보편적 교회와 일치하지 않는 것과 마찬가지로, 단 하나의 신앙고백이 하나님 말씀에 비추어 아무리 순수하여도 기독교 진리와 동일시되어서는 안 된다. 자신의 집단을 그리스도의 유일한 교회로 여기며 진리를 독점한다고 생각하는 모든 분파는 나무에서 잘려진 가지처럼 말라죽을 것이다.[26]

그래서 그는 아브라함 카이퍼의 교회의 다양성 이론에 동의했습니다.[27] 실제로 바빙크는 1834년에 네덜란드 개혁교회(Hervormde kerk)로부터 이탈한 '분리파 교회'와 1886년에 카이퍼가 주도해 형성된 '애통파 교회'를 연합시키기 원했습니다. 1892년 결국 두 교회의 합동이 성사되기까지, 바빙크는 양자 사이에서 신학적 입장을 조율하고 하나되게 하는 일에 신학적 노력을 아끼지 않았습니다. 그리고 분리파 소속의 캄펜 신학교와 애통파(Doleantie)에 속한 암스테르담 자유대학교 신학부까지 통합하기 위해 있는 힘을 다했지만, 결국 실패로 돌아가고 말았습니다. 바빙크가 두 학교를 통합하려고 그토록 노력했던 이유는 자신이 속한 분리파 교회를 신학적 고

---

26 Herman Bavinck, *De katholiciteit van Christendom en kerk*, 52 (Herman Bavinck, 박태현 역, 『개혁교의학 1』, 36의 "편역자 서문"을 따라 인용); 참조. 215.

27 유해무, 『헤르만 바빙크: 보편성을 추구한 신학자』, 215.

립주의와 분파주의로부터 벗어나게 하려는 열망이 있었기 때문입니다.[28] 그러나 두 학교의 통합이 무산되면서 크나큰 내적 상처를 받게 됩니다. 바빙크는 다음과 같은 유명한 말로 이 사태를 묘사했습니다.

> 세속 정치는 대개 더러운 측면을 가지고 있으나, 교회 정치는 언제나 더러운 측면을 가지고 있다.[29]

세속 정치의 더러움과 교회 정치의 항구적 더러움! 그는 두 파를 연합시키려다 엄청난 반대에 부딪혔던 것입니다.

반목하거나 입장이 다른 두 파를 연합시키려 하다 보면 양쪽의 협공을 당하는 경우가 있습니다. 중간에서 중재하며 연합을 시도하려는 사람은 항상 이것을 조심해야 합니다. 아주 위험할 수 있어요. 양쪽에서 다 따져 물을 것입니다. "너는 누구 편이냐? 입장을 분명히 밝혀라!" 저도 유럽에서 목회하면서 그런 경험을 한 적이 있습니다. 갈등하고 반목하는 두 그룹을 중재하여 화해시키려다가 중간에 끼어서 양쪽의 협공을 당한 것입니다. 연합하고 통합하고 협력하여 하나되는 것은 말처럼 쉬운 일이 아닙니다.

바빙크도 분리파 교회와 애통파 교회를 연합시키기 위해 굉장히 노력하고 노심초사했는데, 결국 그 노력이 결실을 맺습니다. 두 교회의 연합 논의는 1888년 8월에 시작하여 약 4년 뒤인 1892년 6월에 하나의 총회를 구성하는 데 성공함으로써 마무리됩니다.[30] 그러나 캄펜 신학교와 암스테

---

28 앞의 책, 111.

29 Valentijn Hepp, *Dr. Herman Bavinck*, 322.

30 참조. 유해무, 『헤르만 바빙크: 보편성을 추구한 신학자』, 61-75.

르담 자유대학교 신학부를 통합하려 했던 그의 노력은 참담한 실패로 돌아갑니다. 어찌 됐든 여기서 제가 말씀드리고 싶은 바는, 바빙크를 통해 보는 개혁과 신학의 중요한 특징 중 하나가 교회 일치의 추구라는 것입니다.

6. 정리

지금까지 우리는 네덜란드의 개혁신학자 헤르만 바빙크의 예를 통해 개혁신학의 특징을 다음과 같이 다섯 가지로 정리하여 살펴봤습니다. 1) 성경적 신학, 2) 역사적 신학, 3) 선별적 비평의 방법, 4) 이론과 실천의 유기적 통일과 하나님의 영광을 지향하는 신학, 5) 교회의 일치를 추구하는 신학이었지요. 이 다섯 가지 특징은 바빙크의 개혁신학이 함의하는 역사적 개혁신학의 특징입니다. 우리가 바빙크의 어깨 위에 서서 발전적으로 개혁신학을 계승한다는 것은 1) 성경적이고, 2) 역사적이고, 3) 선별적 비평 방법을 통해 엄정한 학문성을 추구하면서, 4) 이론과 실천의 유기적 종합을 통하여 현실의 교회 및 시대의 문제에 답변함으로써 하나님의 영광을 지향하며, 5) 교회의 일치를 추구하는 공교회적 신학을 해나가는 것을 의미합니다.

계시란 무엇인가?

사람들이 기독교 신앙에 대해 제기할 수 있는 가장 중요한 질문 중 하나는 "하나님에 관해 어떻게 알 수 있는가?"입니다. 이는 신학의 존폐가 걸린 중대한 문제입니다. 신학은 '하나님에 관한 지식' 외에 다른 어떤 것이 아니기 때문입니다. 그러므로 "하나님에 관하여 어떻게 알 수 있는가"라는 질문은 "신학이라는 학문이 어떻게 가능한가"라는 질문의 다른 표현입니다. 이런 질문에 대한 신학적 답변을 논의하는 분야가 '계시론'(Offenbarungslehre)입니다. 계시라는 것은 그리스도교의 신앙과 신학의 기초요, 토대요, 내용 그 자체입니다. 하나님의 자기 계시가 없다면 우리는 하나님을 알 수 없고, 우리가 하나님을 알 수 없다면 신앙도 신학도 불가능합니다. 그러므로 "만일 우리가 하나님에 관해서 알고자 한다면, 하나님은 당신 자신을 계시하셔야만 하는 것"[1]이며 "우리는 오로지 하나님에 의해서만 하나님을 알 수" 있습니다.[2]

---

1   Herman Bavinck, 박태현 역, 『개혁교의학 1』(*Gereformeerde Dogmatiek I*, 서울: 부흥과개혁사, 2011), 397. "Indien wij God kennen zullen, moet Hij zich openbaren."

2   앞의 책, 398.

성경에 따르면 하나님은 그분 자신을 계시하십니다(창 35:7; 삼상 2:27; 3:21; 9:15; 사 40:5; 마 11:25, 27; 요 1:31; 2:11). 하나님은 계시 사건의 주체이시며 계시의 내용이실 뿐 아니라 계시의 목표이십니다. 그러므로 '계시'(revelatio)는 하나님의 계시 행위와 계시 내용과 계시 목표를 모두 포함합니다.

1. 계시란 무엇인가?

양복 뒤집어쓰기와 계시의 개념

계시란 무엇입니까? '계시하다'에 해당하는 그리스어 동사는 '아포칼립테인'(αποκαλυπτειν)으로서 '덮개를 벗기다', '베일을 벗다', '가면을 벗다'라는 뜻입니다. 덮여 있으면 계시가 안 되죠? 여러분, 제가 양복 상의를 뒤집어쓰고 있으면 제 얼굴이 안 보이겠죠. 그런데 제가 이렇게 뒤집어쓰고 있는 양복 상의를 걷어 젖히고 여러분께 얼굴을 들이밀면 제 얼굴이 여러분 눈에 분명하게 보이지 않습니까? 이런 의미에서 '계시하다'에 해당하는 그리스어 동사 '아포칼립테인'은 원래 '베일을 벗기다'나 '덮개를 벗기다'라는 뜻입니다. 어떤 사물에 덮개가 덮여 있으면 그것을 알아볼 수 없습니다. 그런데 덮개를 벗기면 사물의 모습이 눈앞에 드러납니다. 그래서 '아포칼립테인'이라는 말은 단순히 드러낸다는 뜻이 아니라, 덮개나 베일 같이 실체를 덮고 있는 장애물을 제거하는 신적 의지를 강조하는 말입니다.

[아포칼립테인이라는 말은] 감춰진 것을 알지 못하게 방해하는 [덮개나 베일

을] 치우는 것을 강조하는 말인데, 지금까지 보이지 않았던 것의 신비로운 성격에…[대하여] 덮개를 치우고 그 신비를 깨닫게 하는 신적 행위의 강조가 [이 단어에] 놓여 있다.[3]

그러므로 하나님께서 의지적으로 자신과 인간 사이의 소통 장애를 걷어내고 자신을 드러내는 행위가 '아포칼립테인', 곧 계시입니다. 이처럼 '감추어진 하나님'(*Deus absconditus*)은 하나님의 계시를 통해서 우리에게 '드러난 하나님'(*Deus revelatus*)이 되는 것입니다.

계시: 인격적 하나님과 인격적 인간 사이의 관계적 개념

계시에 관해 반드시 지적해야 할 중요한 부분이 있습니다. 계시라는 개념 자체가 하나님과 우리 사이의 관계를 함의하는 개념이라는 점입니다. 계시 사건은 하나님과 인간 사이의 인격적 관계 속에서 발생하는 사건입니다. 계시의 주체인 하나님과 계시의 대상인 인간 사이에서만 계시라는 개념이 성립할 수 있습니다. 계시라는 사건은 인격적 하나님과 인격적 인간 사이에서 발생하는 사건입니다. 그래서 구약성경에서 하나님은 그가 만나주시고 부르셨던 사람의 이름에 따라 불리십니다. 이것은 고대 근동의 여러 다른 종교와 다르게 이스라엘 종교에서만 관찰되는 하나님을 부르는 독특한 방식이지요. 종교사적으로 유일무이하게 성경의 하나님은 "아브라함의 하나님, 이삭의 하나님, 야곱의 하나님"이라고 불리십니다.[4]

---

3   앞의 책, 444.

4   Jürgen Moltmann, *Erfahrungen theologischen Denkens: Wege und Formen christlicher Theologie* (Gütersloh: Chr. Kaiser/Gütersloher Verlagshaus, 1999), 39-38.

인간 없이는 하나님의 계시는 계시가 아니라 '자기 독백'(Selbstmonolog)이 되기에, 성경에는 인간이 없는 그 어떤 추상적 신론도 나타나지 않습니다. 인간과의 관계를 철저히 배제하고 하나님을 순수형이상학적으로 논구하는 신론은 고대 그리스 철학자들의 신론이지 성경의 신론이 아닙니다. 인간과 세계로부터 신을 고립시킨 관념적·추상적 신론은 정당한 그리스도교 신론이 될 수 없습니다. 그래서 루터는 인간과 세계와의 관계를 무시하고 하나님만을 추상적·관념적으로 논의하는 사변적 신론을 이런 풍자로 비판했습니다.

> 천지창조 전에 하나님이 무엇을 하고 계셨는지 그토록 쓸데없는 질문을 하는 인간을 매질하기 위하여 하나님은 회초리를 깎고 계신다.[5]

칼뱅도 『기독교 강요』에서 인간은 하나님을 알지 못하면 자기 자신을 알 수 없고, 자기 자신을 알지 못하면 하나님을 알 수 없다고 주장합니다.

> 하나님에 관한 지식과 우리(인간)에 관한 지식은 너무나 밀접하게 연관되어 있어서 어느 것이 먼저라고 말할 수 없다.[6]

칼뱅은 계속해서 성경의 관심사는 인간 및 세계와 고립된 하나님이 아닌 인간과 관계하시는 하나님이라고 했습니다. 즉 성경은 하나님과 인간의 관계 속에서 하나님이 어떤 분이신지 논의하는 데 관심이 있다는 것입

---

5 Dietrich Bonhoeffer, *Creation and Fall* (New York: Macmillan, 1966), 16.

6 Jean Calvin, *Institutio Christianae Religionis* I, 1, 1.

니다.

> 우리의 관심은 하나님의 본성이 어떠한가에 있는 것이 아니라, 그가 우리와
> 관계하시어 어떤 분이 되시고자 하는가에 있다.[7]

칼 바르트는 신학이 "하나님과 인간의 관계 속에서, 하나님이 인간에게 누구이시며 어떠한 분이 되기 원하시는가를 논구하는 학문"이라는 관점에 착안하여 신학을 "신인학"(Theo-Anthropologie)이라고 불렀습니다.[8] 그러면서 그리스도교의 전통에서는 오직 "하나님과 인간 사이의 계약(언약) 관계와 교제를 논구하는 신학만 있을 수 있다"고 강조했습니다.[9]

구약성경에서 하나님과 인간 사이의 관계를 인격적으로 친밀하게 묘사하는 한 가지 중요한 그림 언어는 다름 아닌 '언약'(בְּרִית)입니다. 구약성경에서 하나님은 인간에게 찾아오셔서 인간과 언약을 맺으시는 분으로 묘사됩니다. 하나님은 이스라엘과 언약을 체결하여 하나님은 이스라엘의 하나님이 되시고 이스라엘은 하나님의 백성이 됨으로써 둘 사이에 친밀한 교제가 발생합니다(출 19:19; 렘 7:23). 이처럼 그 옛날 언약 안에서 이스라엘과 관계를 맺으시고 예언자들을 통해 말씀하셨던 하나님께서는 종국적으로 그분의 아들을 통해 우리에게 말씀하셨습니다(히 1:2; 요 1:1). 그래서 우리는 예수 그리스도를 '하나님의 자기 계시의 절정'이라고 부릅니다.

---

7   Jean Calvin, *Institutio Christianae Religionis* III, 2, 6.

8   "19세기 개신교 신학"(Evangelische Theologie im 19. Jahrhundert), Karl Barth, 신준호 역,
    『하나님의 인간성』(*Die Menschlichkeit Gottes*, 서울: 새물결플러스, 2017), 13.

9   앞의 책, 13.

계시의 3요소

이처럼 계시는 계시의 주체로서의 '하나님'과 그 대상으로서의 '인간', 그리고 둘 사이에서 전달되는 계시의 내용인 '언약'(계약)으로 구분해 정리할 수 있는데요, 이것을 계시의 3요소라고 합니다.

> 계시의 3요소
> 1) 계시의 주체: 삼위일체 하나님
> 2) 계시의 대상: 인간
> 3) 계시의 내용: 언약

삼위일체 하나님은 계시의 주체입니다. 이는 삼위일체 하나님이 그분 스스로를 우리에게 드러내 보여주지 않는 한 인간이 하나님을 알 수 없음을 의미합니다. 한편 아무리 하나님이 스스로를 드러내셔도 계시의 대상인 인간 없이는 계시가 계시일 수 없습니다. 인간 없는 하나님의 '자기 드러내심'(Selbsterscheinung)은 하나님의 '자기 독백'에 불과합니다. 그러므로 하나님의 드러내심이 자기 독백이 아닌 계시가 되려면 그것을 보고 듣고 거기에 반응하는 대상으로서의 인간이 반드시 있어야 합니다. 이처럼 계시의 주체로서의 하나님과 대상으로서의 인간 사이에서만 하나님의 드러내심은 계시가 됩니다. 다음으로 계시의 주체인 '하나님'과 계시의 대상인 '인간' 사이에 또 하나의 요소가 있으니, 곧 계시의 내용인 '언약'입니다. 그러므로 신학이 계시를 토대로만 성립되는 학문이라면, 결국 신학이란 하나님과 인간에 관한 교리이며, 하나님과 인간 사이의 언약 관계와 둘 사이의 사귐을 논하는 학문입니다. 이와 같이 계시의 주체로서의 삼위일체 하나님, 계시의 대상으로서의 인간, 계시의 내용으로서의 언약을 계시의 3요소라고 부릅니다.

말씀의 신학이냐, 경험의 신학이냐[10]

하나님께서 자신이 누구시며 무엇을 하기 원하시는지를 신현과 행위와 말씀을 통해 인간에게 드러내실 때, 인간은 그것을 보고 듣고 느끼고 경험함으로써 계시를 계시 되게 합니다. 그러므로 성경의 계시가 형성되던 당시의 하나님의 계시와 예언자 및 사도들의 계시 경험은 구분할 수는 있어도 분리할 수는 없습니다. 구약의 예언자들과 신약의 사도들에게 하나님의 계시가 임했을 때, 그 계시는 그들과의 관계 속에 임한 것이었습니다. 이처럼 계시라는 것 자체가 관계적 개념임을 절대 간과하면 안 됩니다. 하나님께서 신현과 이적과 말씀을 통해 자신을 계시하실 때 그것을 받아들인 예언자나 사도들의 인간적 경험도 배제할 수 없습니다. 그러므로 계시와 경험은 구분은 해야 하겠지만, 둘을 분리해서 양자택일의 막다른 골목으로 몰고 가면 안 됩니다. 유대교 랍비 유다 벤 일라이(Judah ben Ilai)는 극단의 길을 선택하는 것이 불과 얼음 중 하나를 택하는 것과 같다고 묘파했습니다.

> 만약 그대가 한 길로만 간다면 불에 의해 불탈 것이고, 다른 한 길로만 간다면 얼음에 의해 얼어붙을 것이다.[11]

---

10 이 항목은 이동영, 『송영의 삼위일체론』(서울: 새물결플러스, 2017), 45-46을 주로 참조하였다.

11 *Avot de-Rabbi Natan*, ch. 28.

그러니 계시 신학이 맞느냐, 경험 신학이 맞느냐의 문제를 설정해놓고 둘 중 어느 것이 옳은지 택하라고 하는 것은 진리의 한 면만을 고집하는 극단적 논리이며, 진리의 전체를 보지 못하는 처사입니다. 종교에는 하나님의 말씀(계시)이 필요하지만 이에 반응하는 인간의 경험도 필요하잖아요? 그런데 우리는 말씀의 신학만을 강조하여 인간의 종교 경험을 철저히 배제하는 신학적 오류를 칼 바르트의 신학에서 발견하게 되고, 인간의 종교 경험만을 강조하고 말씀을 배제하는 신학적 오류를 프리드리히 슐라이어마허의 신학에서 발견하게 됩니다.

경험은 말씀으로 검증되어야 한다

말씀이 먼저냐, 경험이 먼저냐? 우리는 이런 문제로 싸우곤 합니다. 물론 논리적 순서로는 말씀이 먼저고 경험이 뒤따라온다는 사실을 분명히 해야겠지요. 하지만 현실적으로는 말씀과 경험이 동시에 역사한다는 사실도 잊지 말아야 합니다. 그러므로 우리는 경험 속에서 하나님의 말씀을 이해하면서도, 언제나 우리의 신앙 경험을 하나님의 말씀에 비추어 반성적으로 성찰하고 검증해야 합니다. 우리의 경험과 생각은 의도하든 의도하지 않든 종종 자기 기만적 경향을 띠기 때문입니다. 오스트리아 빈 태생으로서 20세기 언어 철학과 분석 철학의 비조로 군림했던 위대한 철학자 루트비히 비트겐슈타인(Ludwig Josef Johann Wittgenstein, 1889-1951)은 "자신을 속이지 않는 것보다 더 어려운 일은 없다"고까지 말했습니다.[12]

---

12 참조. Nicolas Thomas Wright, 박장훈 역, 『성경과 하나님의 권위』(*Scripture and the Authority of God*, 서울: 새물결플러스, 2011), 61.

경험 속에서 말씀을 이해해야 한다는 측면만 주장하다 보면, 신학의 객관적 원리로서의 하나님 말씀을 주관적 경험으로 해소시키는 오류를 범할 수 있습니다. 역으로 경험을 배제한 채 말씀의 객관성만을 강조하다 보면 우리의 신앙과 신학은 차디찬 지성주의의 나락으로 떨어질 것입니다. 경험과 삶의 정황 속에서 하나님의 계시의 말씀을 읽고 듣고 묵상하는 것이지만, 또한 하나님의 계시 말씀 속에서 삶의 경험을 반성하고 검증해야 합니다. 그러므로 하나님의 말씀인 성경과 우리 삶의 정황 사이에는 해석학적 순환 구조가 존재함을 늘 의식해야 합니다. 말씀과 경험이 해석학적 순환 관계 속에서 지속적으로 만나고 상보적으로 영향을 주고받아야 건강한 신앙과 바른 신학을 세울 수 있습니다.

성령의 내적 조명을 기도로 간구해야 한다

성경 말씀을 우리의 신앙과 삶 속에 살아 있는 하나님의 말씀으로 역사하게 하시는 분은 성령 하나님이십니다. 그러므로 성경 말씀과 우리 삶을 가교하려는 모든 해석학적 노력을 게을리하지 않으면서도, 동시에 겸손히 성령의 내적 조명과 내적 증거를 기도로서 간구해야 합니다. 그러므로 신학은 오직 신앙의 행위로서만 가능하고 기도 없이는 불가능한 작업이지요.

2. 계시의 구분

예비적 고찰

우리는 전통적으로 성경에 따라 계시를 이중적으로 이해합니다. 계시는 이중적입니다. 자연과 세계에 대한 하나님의 섭리와 통치를 통해 드러나는 계시(시 19:1-2; 행 14:17; 롬 1:19-20)가 있는가 하면, 하나님의 말씀을 통해 인류를 구원에 이르게 하려고 성경에 구체화된 계시가 있습니다(왕하 17:13; 시 103:7). 이런 입장에 근거하여 인간의 마음과 양심과 자연과 역사에 대한 하나님의 섭리적 통치를 통해 드러나는 계시를 "자연 계시"(*revelatio naturalis*)라 지칭하고, 하나님의 말씀과 행위와 예언과 기적을 통해 나타나고 예수 그리스도의 인격과 사역에서 절정을 이루었으며 성경에 기록된 계시를 "초자연 계시"(*revelatio supernaturalis*)라고 지칭하는 이들이 있었습니다.[13]

토마스 아퀴나스가 계시를 이처럼 자연 계시와 초자연 계시로 구분한 이래로, 이 구분은 중세 스콜라 신학에서 일반적으로 받아들여졌습니다. 그런데 이는 계시의 방편, 즉 계시가 발생하거나 전달된 방식에 따른 분류법입니다. 계시가 피조물을 통해 전달되면 자연 계시라 불렀고, 하나님에 의해 전달되거나 자연의 질서를 뛰어넘는 방식으로 전달되면 초자연 계시라고 불렀던 것입니다.[14] 또한 계시의 내용이 자연에 대한 인간의 관찰로부터 인간의 이성에 의해 획득되면 자연 계시로 간주했고, 자연에 대한

---

13 참조. Herman Bavinck, 박태현 역, 『개혁교의학 1』, 403.

14 앞의 책, 422.

관찰과 인간의 이성으로 획득될 수 없으면 초자연 계시로 간주하기도 했습니다. 이것을 도표로 정리하면 다음과 같습니다.

자연 계시와 초자연 계시[15]

계시의 구분	계시 내용	계시 전달 방법
자연 계시	하나님이 존재하심을 계시	자연과 역사를 통한 계시
초자연 계시	하나님의 구원 역사를 계시	초자연적 방식을 통한 계시

그러나 계시를 자연 계시와 초자연 계시로 구분하는 것에 대한 반론이 제기되면서 계시를 구분하는 적합한 용어를 모색하려는 시도가 일어났습니다. 성경의 가르침에 따르면 모든 계시의 기원(원천)은 삼위 하나님이므로, 모든 계시는 초자연적이라는 것이지요.[16] 그래서 성경은 계시를 자연적 계시와 초자연적 계시로 나누어서 말하지 않는다는 것입니다. 이를테면 성경에서 "드러내다"(גלה), "나타내다"(φανερουν), "계시하다"(αποκαλυπτειν)라는 말은(욥 12:22; 33:16; 36:10; 롬 1:18-19) 자연적 계시에도 사용되고 있다는 겁니다.[17] 그러므로 하나님이 자연을 매개로 계시를 전달하시더라도 초월하시는 하나님이 계시의 주체요 주인이시기에 계시는 그것이 계시인 한 근원적으로 초자연적일 수밖에 없습니다. 이런 입장에서 보면 자연 계시는 존재하지 않으며 모든 계시는 초자연 계시입니다.

　자연 계시와 초자연 계시라는 구분에 대한 이러한 반대 논리는 타당

15　김자경 도표.

16　Herman Bavinck, 박태현 역, 『개혁교의학 1』, 421.

17　앞의 책, 421, 444.

합니다. 사실 '특별한 은총의 나타남'을 뜻하는 특별 계시도 항상 초자연적 방법으로만 발생하는 것이 아닙니다. 예를 들면 구원 역사 속에서 예수 그리스도의 삶과 고난과 죽음이라는 일련의 사건은 초월적인 영역에서 발생한 사건이 아니라 시간과 역사의 영역에서 발생한 사건입니다. 그런데 이것은 우리의 구원에서 그 어떤 초자연적 사건보다 더욱 중요하고 특별한 사건으로서 구원 계시의 절정입니다. 그리고 예수께서 가난한 이들에게 복음을 증거하신 자연스러운 사건이, 병자를 치유하고 죽은 자를 살리신 초자연적 사건보다 덜 중요한 것이 아닙니다. 또한 예수께서 십자가에서 당하신 자연적 고통과 죽음이 그의 초자연적인 탄생보다 덜 중요하지 않습니다.[18] 이에 관한 헤르만 바빙크의 말을 들어봅시다.

특별 은혜에 속한 모든 것이 엄밀한 의미에서 초자연적인 것은 아니다. 이스라엘 역사의 오랜 기간들, 예수의 생애의 많은 날들과 연수들, 그리고 또한 사도들의 삶 가운데 그 같은 세월들이 지났는데, 그 세월들 가운데 초자연적인 계시는 일어나지 않았으나, 그것은 '계시 역사'(historia revelationis)에서 중요한 부분을 형성했다. 예수가 가난한 자들에게 복음을 설교했을 때, 이것은 그가 병자들을 고치고 죽은 자들을 살리는 것보다 결코 덜 중요한 것이 아니었다. 자연적인 것으로 여겨진 죽음은 그의 초자연적인 출생보다 결코 의미가 적은 것이 아니었다. 그러므로 자연적 계시와 초자연적 계시의 구별은 일반 계시와 특별 계시로 구별하는 것과 동일하지 않다.[19]

---

18 앞의 책, 427.
19 앞의 책, 427.

모든 계시의 기원은 초자연적입니다. 그러므로 계시를 자연 계시와 초자연 계시로 구분하는 방법은 문제가 있습니다.[20] 그래서 토마스 아퀴나스 이래로 통용된 계시의 구분, 즉 자연 계시와 초자연 계시의 구분은 '일반 계시'(*revelatio generalis*)와 '특별 계시'(*revelatio specialis*)라는 명칭으로 바꿔 사용하게 되었습니다. 저는 이편이 더 좋은 구분이 아닌가 합니다. 이를 도표로 정리하면 다음과 같습니다.

일반 계시와 특별 계시[21]

계시의 구분	계시의 내용	계시의 전달방법
일반 계시	하나님이 존재하심을 계시	자연과 역사와 인간의 의식을 통한 계시
특별 계시	하나님의 구원 역사를 계시	사건(신현, 기적, 행동)과 말씀을 통한 계시

세상을 등지고는 십자가를 볼 수 없다

계시의 주체가 하나님이라면 하나님께서 자연을 통해 계시하시든 초자연적 방법으로 계시하시든 다 초자연 계시입니다. 초자연 계시가 모두 자연을 배제하고 나타나는 것도 아닙니다. 앞에서도 언급했지만 예수 그리스도의 사역과 고난과 죽음은 분명히 역사 속에서 일어난 사건입니다. 그러나 우리를 위한 구원의 사건이라는 관점에서 볼 때, 그것은 초자연적인 측면을 담지하고 있습니다.

---

20 앞의 책, 422.

21 김자경 도표.

그렇다고 그리스도의 사역과 고난과 십자가 죽음이 이 세상이 아닌 초월 세계에서 발생한 사건은 아니지요. 십자가가 있던 골고다는 초월 세계에 속한 장소가 아니었습니다. 옛날에 유행하던 복음성가 중 이런 노래가 있었지요.

세상 등지고 십자가 보네
세상 등지고 십자가 보네
세상 등지고 십자가 보네
뒤돌아서지 않겠네

그런데 이 가사는 우리를 심각한 오류에 빠트릴 수도 있습니다. 세상을 등지고 어떻게 십자가를 보겠습니까? 십자가가 서 있던 골고다가 저 하늘나라에 있었나요? 골고다가 어디에 있었습니까? 세상입니까, 하늘입니까? 세상에 있었잖아요! 그런데 어떻게 세상을 등지고 십자가를 봅니까? 물론 이 곡의 내용은 순교를 앞둔 상황에서 나온 것으로 추정되기 때문에 작사자의 의도는 충분히 이해할 만합니다. 그러나 문제는 이런 가사가 거룩함의 영역과 세속의 영역을 날카롭게 구분하고, 십자가를 거룩함의 영역으로 밀어 넣는 심각한 신학적 오류와 오해를 조장할 수 있다는 사실입니다. 여러분이 신학 공부를 마치고 목회 현장에서 가르칠 때는 이렇게 신학적으로 오해의 여지가 많은 표현을 피해야 합니다. 신자들에게 성경과 교리를 가르칠 때 여러분이 사용하는 용어는 명확해야 합니다. 신학은 명확하고 명료하고 명쾌하게 표현되어야 합니다. 그래서 개혁교회의 교부 칼뱅도 신학적 진술의 '명료성과 간결성'(*claritas et brevitas*)을 강조했습니다.

말씀드리고 싶은 것은 예수님의 십자가 사건이 물론 역사 속에서 발생한 사건이지만, 이를 '우리를 위한(*pro nobis*) 구원의 사건'이라고 할 때는 초자연적 성격을 띠게 된다는 사실입니다. 그러므로 자연 계시가 다 자연 계시가 아니고 초자연 계시가 다 초자연 계시가 아닙니다. 자연 계시도 초자연적 성격을 띠는 경우가 있고, 초자연 계시도 역사적·자연적 성격을 띠는 경우가 있습니다. 그래서 헤르만 바빙크는 자연 계시와 초자연 계시라는 말 대신 일반 계시와 특별 계시라는 말을 쓰자고 제안했습니다.[22]

일반 계시와 특별 계시의 구분

이번에는 일반 계시와 특별 계시의 구분을 살펴봅시다. 일반 계시든 특별 계시든 그것이 계시인 한, 계시의 주체는 하나님입니다. 그러나 일반 계시에서는 하나님의 신성(*deitas*)이 전면에 부각되어 드러나는 반면, 특별 계시에서는 삼위일체이신 하나님이 전면에 부각되어 드러납니다.[23] 하나님의 구원 계시인 특별 계시에서는 성부 하나님이 성육신하신 성자와 성부의 영이신 성령을 통해 자신을 계시하십니다.[24] 그리고 우리는 오직 믿음의 눈을 통해서만 계시의 삼위일체적 측면을 인식합니다.[25] 특별 계시에서 하나님은 자신의 이름과 본질을 명백하게 성부 하나님, 성자 하나님, 성령 하나님, 곧 삼위일체 하나님으로 우리에게 알리십니다.[26]

그런데 이처럼 성부 하나님이 성령의 능력 안에서 독생자인 성자를

---

22 Herman Bavinck, 박태현 역, 『개혁교의학 1』, 427.
23 앞의 책, 465.
24 앞의 책, 465.
25 앞의 책, 465.
26 앞의 책, 466.

통해 자신을 최종적으로 계시하셨다고 확언하더라도, 하나님께서 로마서 1:18-20에 따라 자연을 통하여 자신의 존재를 알리셨다는 것도 부인하지 않습니다. 여기서 우리는 사도 바울의 말을 고찰해볼 필요가 있습니다. 그는 로마서 1:20에서 "그의 보이지 아니하는 것들 곧 그의 영원하신 능력과 신성이 그가 만드신 만물에 분명히 보여 알려졌나니"라고 했습니다. 이곳에는 하나님께서 특별한 계시 말씀인 '토라'(율법) 없이도 모든 인간에게 알려지셨다는 사상이 나타납니다. 아시다시피 사도 바울은 개종하기 전에 유대교 랍비였지요. 그래서 그가 한 말 중에는 유대교의 신학적 배경을 알아야 제대로 파악할 수 있는 말이 많습니다. 로마서 1:19-20 말씀도 그런 본문 중 하나입니다. 이 말씀의 이면에도 유대교 신학 사상이 자리하고 있습니다.

유대교의 가르침에 따르면, 하나님은 시내산에서 이스라엘 백성에게 율법을 주시기 전부터 자신의 속성(성품)을 통해 모든 사람에게 자기 뜻을 알리셨습니다. 율법이 시내산에서 주어지기 훨씬 전부터 아브라함과 이삭과 야곱에게 자기 뜻을 알리셨으며, 그뿐만 아니라 모든 사람에게 자기 뜻을 알리셨다고 합니다.[27] 하나님의 자비로운 성품을 예로 든다면, 이 땅에 토라를 주시기 전부터 하나님은 인간에게 자비와 용서와 친절을 가르치셨다는 것입니다. 유대교 신학에서는 이를 "데렉 에레츠"(דרך ארץ)라고 하는데, 번역하면 "땅의 법도"입니다.[28] 그러니까 인간이 도덕적 분별력과 탐구력을 가지고 창조하고 이해하여, 야만과 혼돈과 무질서를 물리치고 문화를 창달할 수 있는 것은 모두 하나님의 보이지 않는 속성을 통해 인간에

---

27 Tsvi Sadan, "Jewish New Testament," *Israel Today* (2013/6), 14.
28 앞의 글.

게 그럴 만한 능력이 주어졌기 때문입니다.

사도 바울은 자연 만물을 통해 창조주를 알 수 있다고 했습니다. "창세로부터 그의 보이지 아니하는 것들, 곧 그의 영원하신 능력과 신성이 그가 만드신 만물에 분명히 보여 알려졌다"(롬 1:20)는 말씀의 배경에는 바로 유대교의 '데렉 에레츠 사상'이 있습니다. 유대교 랍비들은 데렉 에레츠가 토라보다 먼저 주어졌다고 가르쳤지요. 랍비 바르 카파라(בר קפרא)는 토라의 모든 원칙이 잠언 3:6에 의존하고 있다고 봤습니다. "너는 범사에 그를 인정하라. 그리하면 네 길을 지도하시리라"(잠 3:6). 여기서 범사에 그를 인정하는 삶이란 바로 데렉 에레츠, 즉 땅의 법도를 인정하고 그 법도에 충실히 따르는 삶을 의미합니다.[29] 그래서 토라를 말하기 이전에 땅의 법도를 따라 인간답게 행동하지 않는다면, 그는 야웨의 토라와 아무런 관계가 없는 인간이라는 것입니다. 그러니까 인간의 도리 혹은 땅의 법도를 다하지 않으면서 토라의 가르침을 운운하는 것은 토라를 모독하는 짓이라고 봅니다. 여기서 우리는 로마서 1장에 따른 그리스도교 일반 계시론의 유대교적 배경과 근거를 발견할 수 있습니다.

일반 계시와 특별 계시의 정의

일반 계시와 특별 계시의 개념을 간단히 정의하면 다음과 같습니다. 첫째, 일반 계시란 자연 만물과 세계와 인간의 의식에 대한 하나님의 섭리와 통치에 의해 인간에게 주어진 계시로서, 하나님께서는 이런 계시를 통해 자신의 능력과 지혜와 선하심을 우리에게 드러내십니다. 둘째, 특별 계시란

---

29 앞의 글.

하나님께서 사건(신현, 기적, 행위)과 말씀을 통해 자신과 자신의 뜻을 우리에게 알리시는 계시입니다.

3. 일반 계시

일반 계시의 가치

말씀드렸듯이 일반 계시란 자연 만물과 세계와 인간의 의식에 대한 하나님의 섭리와 통치에 의해 인간에게 주어진 계시를 말합니다. 하나님께서는 일반 계시를 통해 자신의 능력과 지혜와 선하심을 우리에게 드러내시지요. 일반 계시에는 한계가 있지만, 하나님의 살아 계심이 일반 계시를 통해 신자든 아니든 모든 사람에게 증거됩니다. 그래서 사도 바울은 이렇게 말할 수 있었습니다. "창세로부터 그의 보이지 아니하는 것들 곧 그의 영원하신 능력과 신성이 그가 만드신 만물에 분명히 보여 알려졌나니 그러므로 그들이 핑계하지 못할지니라"(롬 1:20). 하지만 칼 바르트 같은 이는 하나님께서 일반 계시로도 말씀하신다는 것을 인식하지 못했습니다. 비록 일반 계시로는 하나님을 예감할 뿐이며 하나님에 대한 불명확한 지식만 얻을 뿐이라고는 해도 말입니다.[30]

---

30 Wilfried Joest, *Dogmatik I* (Göttingen: Vandenhoeck & Ruprecht, 19954), 33.

일반 계시의 한계와 특별 계시의 불가피성

물론 일반 계시의 가치를 인정하더라도 일반 계시에만 의존해서 신학을 세울 수는 없습니다. 일반 계시에는 명백한 한계가 있기 때문입니다. 일반 계시는 자연을 통해서, 세상을 통해서, 그리고 인간의 의식을 통해서 하나님께서 존재하신다는 사실을 모든 인간에게 일반적으로 알려주지만 명백한 한계가 있습니다. 일반 계시만으로 신학을 세우려 하면 참되고 올바른 신학을 세우기 힘듭니다. 그렇다면 일반 계시의 한계는 무엇일까요? 일반 계시만으로 신학을 세울 수 없는 이유는 무엇입니까? "일반 계시는 하나님이 하시는 일을 무시합니다"(어느 신학생). 일반 계시가 하나님께서 하시는 일을 무시한다고요? 그건 좀 납득이 가지 않습니다. "체계적이지 않습니다"(다른 신학생). 일반 계시가 체계적이지 않다는 말도 납득이 가지 않는군요. "구원의 길이 일반 계시 안에 계시되어 있지 않아서입니다"(또 다른 신학생). 옳은 지적입니다. 그것이 일반 계시만으로 신학을 세울 수 없는 하나의 분명한 이유고요.

자, 여기서는 일반 계시의 한계를 두 가지만 지적하겠습니다. 첫째, 인간의 죄는 일반 계시와 그 계시를 파악하는 인간의 감수성을 변질시키고 말았습니다. 인간의 타락 때문에 죄의 편만한 영향력이 창조세계 전반에 광범위하게 미쳤고, 부패의 요소와 요인들이 창조세계로 들어왔습니다. 비록 죄가 창조세계에 아로새겨진 '하나님의 흔적'(*vestigia Dei*)을 모두 지워버리지는 못했지만, 그것을 불분명하고 흐릿하게 만들어버렸습니다. 게다가 죄의 영향력이 인간의 의식 속에 작용하고 있기에, 자연에 아로새겨진 하나님의 솜씨와 흔적을 명확하게 이해할 수 없을 뿐 아니라 나아가서 오해하고 곡해하게 되었습니다. 그래서 진리를 거짓으로, "썩어지지 아니하는 하나님의 영광을 썩어질 사람과 새와 짐승과 기어 다니는 동물 모양의 우상으로"(롬 1:23) 바꿔놓고 말았습니다.

그러므로 일반 계시는 죄인인 인간에게 불충분합니다. 그것으로는 하나님의 은총과 용서에 관해 아무것도 알 수 없습니다.[31] 그래서 일반 계시는 심지어 하나님의 진노의 계시(롬 1:18-20; 2:14-15)라고까지 합니다.[32] 일반 계시는 종종 인간의 의식을 조명해주고 죄를 억제하지만 인간의 존재와 본성을 변화시키거나 이 세상을 새롭게 창조하지는 못합니다. 일반 계시는 심판에 대한 두려움을 일으킬 수는 있지만 하나님의 자비와 은총에 대한 신뢰와 사랑을 일깨우기는 어렵습니다.[33] 그러므로 일반 계시는 하나님의 진노의 계시로 이해해야지 구원의 계시로 이해해서는 안 됩니다.

둘째, 일반 계시는 신자든 신자가 아니든 간에 모든 사람에게 하나님이 존재한다는 사실을 알게 하는 역할을 하지만(참조. 롬 1:20), 그 하나님께서 성부, 성자, 성령으로 계시며 사랑의 사귐과 교제 속에서 일체를 이루고 계신다는 것은 전혀 알려주지 않습니다. 게다가 일반 계시를 통해서는 하나님의 독생자가 우리를 구원하시려고 하늘에서 내려와 성육신하셨으며 우리와 온 세상을 위해 구원 역사를 성취하신 분이라는 사실도 전혀 알 수 없습니다. 일반 계시는 우리에게 하나님의 존재와 선하심과 정의로우심을 알게 해주지만 성부께로 가는 유일한 길인 그리스도에 관해서는 전혀 말해주지 않습니다(마 11:27; 요 14:6; 행 4:12).[34] 그런 의미에서 일반 계시는 불확실하고 불완전하며 때로 오류가 섞여 있을 뿐 아니라 명백한 한

---

31 Herman Bavinck, 박태현 역, 『개혁교의학 1』, 429.
32 앞의 책, 429; Wilfried Joest, *Dogmatik I*, 33.
33 앞의 책, 429.
34 앞의 책, 429.

계가 있습니다.[35] 그러므로 일반 계시는 죄인인 인간에게 충분할 수 없습니다.[36]

일반 계시에만 의존해서 신학을 세우려 하면 불확실성과 불충분성 때문에 신학적 회의주의나 불가지론에 빠질 수 있습니다. 아니면 자연현상이나 특정 혈통이나 인물을 신격화하는 심각한 우를 범할 수 있습니다. 제2차 세계대전 당시 나치즘이라는 이름의 국가 사회주의에 부역했던 독일교회는 극단적 자연 신학(일반 계시)의 관점에서 히틀러의 독재 정권을 정당화해줬습니다. 이러한 실례에서 보듯, 일반 계시나 자연 계시에만 의존해서 신학을 세우는 일은 불가능하고 위험천만합니다. 몇 해 전 어느 버스 벽면에 붙은 책 광고가 저의 시선을 끌었습니다. 민족 종교 계열의 인물이 저술한 책이었는데 제목이 『국민이 신이다』였습니다. "민심이 천심이다"(Vox popouli, vox Dei) 정도의 말이야 정치가 입장에서 잘 새겨들으면 지혜가 될 수 있겠지만, "국민이 신이다"라는 말은 위험천만합니다. 정말 국민이 신인가요? 국민을 신으로 생각하는 것, 국민 다수의 생각을 하나님의 계시와 동일시하는 것이야말로 일반 계시만을 극단적으로 강조하여 신학을 세우려 할 때 발생할 수 있는 가장 위험한 오류가 아닌가 합니다. 이런 가공할 오류의 전형이 제2차 세계대전 당시 히틀러의 나치즘을 옹호한 독일교회의 신학에서 발견됩니다. 일반 계시는 하나님의 존재를 암시할 수는 있어도 삼위일체 하나님과 그의 구원에 관한 구체적 지식을 주지는 못합니다. 일반 계시는 우리를 구원의 길로 인도하지 못합니다. 그래서 특별 계시가 필요합니다.

---

35   앞의 책, 429-430.

36   앞의 책, 429.

4. 특별 계시

특별 계시의 가치

특별 계시의 필수 불가결성과 가치는 일반 계시의 한계를 고찰하면서 이미 드러난 셈입니다. 그리스도교 신학의 내용과 구성에 필요한 하나님과 세계와 구원에 관한 명확한 지식은 특별 계시를 통해서만 얻을 수 있습니다.

특별 계시의 방편

구원사의 지평 위에서 특별 계시가 주어지는 방법은 매우 다양하지만, 대략 세 가지로 정리할 수 있습니다. 첫째는 신현이고, 둘째는 예언이며, 셋째는 이적입니다. 특별 계시는 이 세 가지 방법으로 우리에게 전달됩니다.

1) 신현

성경은 신현 사건으로 가득한데요, 우선 구약성경부터 보겠습니다. 구약에는 하나님의 현존인 신현에 관한 여러 기사가 나타납니다. 하나님은 성막 그룹들 사이에서 현존하시고(시 80:1; 99:1) 불과 연기와 구름 속에서 현존하시며(창 15:17; 출 3:2; 19:9; 33:9; 시 78:14; 99:7) 폭풍 속에서와(욥 38:1; 40:6; 시 18:1-16) 미풍 속에서(왕상 19:12) 현존하십니다. 또 구약성경을 읽어보면 간혹 "주의 사자"가 현현하는데, "주의 사자"는 신적 존재로서 때로는 하나님과 구별된 존재로 나타나고(출 23:20-23; 사 63:8-9) 때로는 하나님과 동일시됩니다(창 16:13; 31:11, 13; 32:28). 그래서 고대 교부 중에는 하나님의 사자를 삼위일체 중 두 번째 위격, 즉 성자 하나님으로 해석하는 이도 있었습니다.

　신약성경에서는 하나님의 현존인 신현이 육체로 임합니다. 그것이 바로 성자 하나님의 성육신 사건입니다. 삼위 가운데 두 번째 위격이신 성자 하나님이 사람이 되어 그 신성의 충만함이 육체 가운데 거하게 된 것입니다(골 1:19; 2:9). 구약과 유대교의 신학적 전통에 따르면 하나님은 영원하고 무한하신 분이라서 시간적이고 유한한 이 세상에 직접적으로 현존하거나 내주(내재)하실 수 없습니다. 하나님께서 유한한 세상 가운데 내주한다면 그분은 이 세상에 속한 분, 즉 이 세상보다 더 작은 분이 될 수밖에 없습니다. 하나님은 영원하고 무한하셔서, 즉 이 세상보다 크셔서 이 세상에 내주할 수 없습니다. 그는 영원하고 무한하시므로 이 세상에 내주하는 분이 아니라 세상을 초월하는 분이십니다. 그러나 세상을 초월해 있기만 한 하나님은 세상보다 크신 분은 될 수 있어도 세상과 자기 백성을 구원하는 신은 될 수 없습니다. 이 세상을 초월한 존재는 이 세상과 무관한 존재이기 때문입니다. 그렇다면 이 세상에 내주하는 신은 이 세상을 구원할 수 있느냐? 그럴 수 없습니다. 이 세상에 내주하기만 하는 신은 세상에 속해 있으므로, 세상보다 작은 존재일 수밖에 없습니다. 하나님이 세상을 구원하는 신이려면 세상보다 크셔야 합니다. 세상에 부속되어 있지 않고 세상보다 크셔야 이 세상을 구원할 수 있습니다.

　이처럼 하나님이 세상과 자기 백성을 구원하는 구원의 하나님이 되려면, 하나님의 초월성과 내재성이 동시에 확립되어야 합니다. 세상을 초월하면서 동시에 세상에 내재하셔야만 합니다. 하나님의 초월성과 내재성을 동시에 확립하기 위해 유대교에서 발전되어나온 신학적 사유가 바로 하나님과 세상을 가교하는 매개체나 매개자(Mittler) 개념이었습니다. 구약과 유대교에 따르면 하나님은 이 세상에 내주하고자 할 때 '쉐키나'(שכינה)라는 매개체를 수단으로 내주하십니다.[37] 여기서 하나님이 세상에 현존하기 위한 매개체로 명명되는 쉐키나라는 말 자체가 히브리어로 '현존' 즉 '신현'(Theophanie)을 의미하는 단어입니다. 영원하시고 무한하시며 세상을 초월하시는 하나님께서 쉐키나를 매개로 유한한 이 세상에 간접적으로 현존(내주)하시는 것입니다.

랍비들은 하나님이 현존하는 공간(쉐키나가 머무는 공간)을 '성전'(지성소)으로 봤으며, 하나님이 현존하는 시간(쉐키나가 머무는 시간)을 '안식일'로 봤습니다. 구약과 초기 유대교는 성전과 성전에서의 제사가 중심이 된 종교였습니다. 그러나 바빌로니아가 성전과 지성소를 파괴하고 유대인을 포로로 끌고 가자 랍비들 사이에 흥미롭고도 심각한 논쟁이 발생했습니다. 하나님의 쉐키나가 어디로 갔는지에 관한 논쟁이었지요. 한편에서는 지성소가 파괴되어 좌정할 장소(공간)를 잃자, 쉐키나는 다시 하늘로 돌아가 버렸다고 주장했습니다. 그래서 더는 이 세상에 하나님의 쉐키나가 존재하지 않는다는 것입니다. 다른 한편에서는 하나님의 쉐키나가 하늘로 올라간 것이 아니라 자기 백성이 포로로 끌려갈 때 고난받는 백성과 함께 바빌로니아로 유배를 떠났다고 주장했습니다. 여기서 흥미로운 점은 바빌로니아 제국에 의해 예루살렘 성전이 파괴되고 난 이후, 유대교의 쉐키나 사상에 주목할 만한 변화가 있었다는 것입니다. 하나님의 쉐키나에 대한 이해가 성전 중심적·공간적 이해에서 안식일 중심적·시간적 이해로 바뀌어

---

37 '쉐키나'(שכינה)라는 용어는 신구약 중간기에 하나님의 '현존'(Gegenwart) 혹은 '내주'(Einwohnung)를 의미하는 말로 사용되었다. 히브리어 성경에는 이 용어가 표현하고자 하는 사상은 나타나지만, 이 용어가 직접적으로 사용되지는 않는다. 히브리어 성경을 아람어로 번역한 "타르굼"에서 '하나님의 현존'을 '쉐키나'로 번역한 용례가 간혹 나타난다.

갔습니다. 하나님의 쉐키나는 성전이 파괴되어 더 이상 좌정하실 공간이 없자 고난받는 자기 백성과 유배를 떠났을 뿐 아니라, 본디 성전이라는 공간 속에 좌정해 계셨던 쉐키나가 이제 안식일이라는 시간 속에 좌정하게 되었다는 것입니다. 하나님이 현존하는 공간이 성전이었다면 하나님이 현존하는 시간이 안식일이라는 것이지요. 이렇게 유대교는 포로기 이후로, 성전 제사를 강조하는 성전 중심적 종교가 아닌 안식일 성수를 강조하는 종교로 바뀌어갔습니다.

이러한 쉐키나 사상의 관점에서 보면 예수 그리스도의 성육신 사건과 관련하여 하나의 흥미로운 통찰이 가능합니다. 쉐키나의 공간이 성전이고 쉐키나의 시간이 안식일이라면 쉐키나의 육체, 즉 하나님께서 친히 현존하시는 육체를 성육신으로 볼 수 있지 않을까요? 여러분은 어떻게 생각하십니까? 구약과 유대교의 전통에 따르면 하나님의 쉐키나가 현존하는 곳에는 언제나 하나님의 '카보드'(כבוד) 즉 '영광'(δοξα, gloria)이 함께 나타나 머뭅니다.[38] 영광은 종종 빛이나 광채로 묘사되지요(참조. 겔 10:4; 히 1:3). 그래서 하나님의 백성은 하나님의 영광이 머물러 있는 것을 보고 그곳에 하나님의 쉐키나가 머무신다는 것, 하나님께서 현존하고 계시다는 것을 깨달았습니다(참조. 출 40:34-38). 예수님의 성육신 사건에 대한 보도인 "말씀이 육신이 되어 우리 가운데 거하시매 우리가 그의 영광을 보니 아버지의 독생자의 영광이요 은혜와 진리가 충만하더라"라는 요한복음 1:14의 묘사는 쉐키나 사상의 관점에서 봐야 비로소 그 맥락이 밝히 드러납니다. 예수님의 성육신은 하나님의 쉐키나가 육체가 된 사건이라는 것이지요. 그

---

[38] 구약에서는 하나님의 현존을 의미하는 용어로서 '쉐키나'와 '카보드'(영광)가 종종 동의어로 쓰인다.

래서 본문에는 "말씀이 육신이 되었다"는 표현과 함께 "그의 영광"이라는 표현이 나란히 등장하고 있습니다.

구약과 유대교에 따르면 '영광'은 쉐키나의 가시적 현상입니다. 그러므로 요한복음 1:14의 묘사는 전형적인 쉐키나의 현존(신현) 장면을 그린 그림이라고 할 수 있습니다. 하나님 아들의 '성육신 사건'(Inkarnationsgeschehen) 속에서 초기 그리스도인들은 쉐키나의 절정이자 계시의 절정을 봤습니다. 그래서 히브리서 저자는 예수 그리스도를 "하나님의 영광의 광채"시며 "그 본질의 형상"이라고 말했습니다(히 1:3). 그러므로 하나님을 바르게 인식하고 그의 뜻을 바르게 알려면 쉐키나의 화신(化身)인 성육신하신 예수 그리스도를 바르게 인식하고 알아야 합니다. 이처럼 예수 그리스도를 하나님의 자기 계시의 절정이요 완성으로 인식하는 그리스도교 신학의 전통적 계시 이해는 구약과 유대교 신학의 쉐키나 사상에 뿌리를 둡니다.

지금까지 살펴본 것처럼 구원사의 지평 속에서 신현은 매우 다양한 양상으로 나타났으며, 그것은 특별 계시의 주목할 만한 한 방편이었습니다. 신현은 성육신, 복음 사역, 고난, 죽음, 부활, 승천으로 이어지는 예수님의 생애 가운데 그 절정을 구가했습니다.

2) 예언

계시의 방편으로서의 예언은 이스라엘 역사와 인류 역사 안에서 예언자들을 통해 이루어진 유일무이하고 독특한 현상입니다.[39] 예언자는 자기 생각

---

39 J. van Genderen, W. H. Velema, 신지철 역, 『개혁교회 교의학』(*Beknopte Gereformeerde Dogmatiek*, 서울: 새물결플러스, 2018), 108.

이 아니라 하나님의 생각을 말하는 사람입니다. 그래서 예언자의 생각과 하나님의 예언 사이에 긴장이 존재했던 적도 종종 있었습니다. 예언자 예레미야는 이렇게 고백했습니다. "여호와께서 나를 속이셨으므로 내가 주님께 속았습니다. 여호와께서 나보다 더 강하셔서 나를 이기셨습니다"(렘 20:7).[40] 아모스에 따르면 주 여호와께서는 그분의 비밀을 그의 종 예언자들에게 계시하십니다(암 3:7). 예언자는 자신에게 하나님의 말씀이 주어졌으며 자신이 하나님과 연합되어 있음을 선포합니다. 예언자는 하나님의 백성을 향한 하나님의 입(렘 15:19)이며, 하나님의 백성 앞에서 하나님의 말씀을 대언하는 사람입니다.[41] 그래서 예언자들은 하나님의 말씀을 대언할 때 이런 말로 시작합니다. "여호와께서 이와 같이 말씀하신다."

예언자들은 이 세상과 백성을 위한 하나님의 구원 계획과 약속과 심판을 선포했습니다. 또한 특별 계시의 방편이었던 구약 예언자들의 예언은 예수 그리스도라는 목표를 지향하면서 점진적으로 발전해갔습니다. 그러므로 "하이델베르크 교리문답서"에 아름답게 표현된 것처럼, 우리의 으뜸가는 예언자요 교사로서 구원에 대한 하나님의 은밀한 계획과 뜻을 온전히 계시해주시는 그리스도 안에서 예언은 절정을 이뤘습니다("하이델베르크 교리문답서", 제12주일).[42]

3) 이적

특별 계시의 세 번째 수단은 이적입니다. 이적은 오직 하나님만이 행하시는 계시의 수단으로서(시 72:18), 하나님은 이적을 통해 자신의 '전

---

40   앞의 책, 108-109.

41   앞의 책, 109.

42   앞의 책, 110을 따라 인용.

능'(*omnipotentia*)을 드러내십니다. 특별 계시 수단으로서의 이적은 하나님의 권능을 나타내고 인간에게 경이를 일으키는 하나님의 특별한 임재의 표징이라 할 수 있습니다. 하나님께서 예언자를 통해 일으키신 이적은 예언자의 예언에 확증과 권위를 더했습니다. 사도들이 복음을 전할 때도 이적은 사도들의 복음에 확증과 권위를 부여했습니다(요 5:36; 행 14:3).

그런데 성경에 등장하는 이적이 실제로 일어난 일이고 의미가 깊다 해도 모든 사람이 이적을 인정할 수 있는 것은 아닙니다. 성경의 이적을 올바르게 이해하려면 믿음이 필요합니다. 믿음이 없이는 이적을 이해할 수도 인정할 수도 없습니다.[43] 예를 들어, 빈 무덤은 예수 그리스도의 부활을 믿는 우리에게는 부활에 대한 외적 증거이며 부활이라는 이적의 확실한 증거입니다. 그러나 믿지 않는 이들에게는 시신 도난 사건의 증거로 오해될 뿐입니다(마 27:64). 그러므로 성경에 나타나는 이적은 믿음으로 이해하고자 할 때만 하나님 나라의 도래를 알려주는 징표(*signum*)가 될 수 있습니다. 특히 하나님의 아들이 육신이 되어 세상에 강생하셨을 때, 하나님의 계시 역사에서 가장 위대하고 중대한 이적이 일어났습니다.[44] 그러므로 예수 그리스도의 성육신과 사역과 죽음으로부터의 부활은 이적 중의 이적이라 하겠습니다. 예수 그리스도는 신현과 예언의 중심이고 절정이시듯, 이적의 중심이고 절정이시기도 합니다.

지금까지 특별 계시가 전달되는 방편으로서의 신현, 예언, 이적을 살펴봤습니다. 이 세 가지 방편은 구원사의 지평에서 상관 관계를 이루며 구원사 진전의 추진력이 되었습니다. 신현, 예언, 이적이 서로 영향을 주고받

---

43 앞의 책, 111.

44 앞의 책, 111.

으며 서로를 확증하고 조명하면서, 구원사는 예수 그리스도를 향하여 전진해갔습니다. 신현과 예언과 이적의 절정은 예수 그리스도의 성육신 사건입니다. 특별 계시의 세 방편은 예수 그리스도 안에 수렴되고 그분 안에서 통일되어 절정에 달했습니다. 예수 그리스도는 신현의 절정이고 예언의 절정이며 이적의 절정입니다. 성육신은 하나님의 쉐키나가 육체로 임한 것이며, 하나님 말씀으로서의 예언이 보고 듣고 만질 수 있는 형태로 임한 것이기 때문입니다. 성육신으로 시작해 공생애, 고난, 죽음, 부활, 승천으로 이어진 예수님의 전 생애는 이적 중의 이적이요 기적 중의 기적이라 하겠습니다. 이처럼 특별 계시의 세 방편(신현, 예언, 이적)은 모두 그리스도를 향했고 그리스도 안에서 최정점에 도달했는데, 이는 구원사의 중심이 예수 그리스도이기 때문입니다.

특별 계시의 성격과 목적

특별 계시는 구원을 위한 계시입니다. 그래서 특별 계시의 성격은 구원론적입니다. 또 특별 계시는 역사적입니다. 특별 계시의 내용이 여러 세기에 걸쳐 점진적으로 전개되면서 역사 속에 확고히 뿌리내렸기 때문입니다. 그런 의미에서 특별 계시는 역사 속에서 점진적으로 발전하여 예수 그리스도 안에서 절정을 이루었다고 할 수 있습니다. 특별 계시의 성격이 구원론적이라면 이 계시의 목적은 죄인인 인간과 만물의 구원(구속)에 있는 것이 자명합니다. 특별 계시는 인간과 만물의 구원을 위해 역사 속에서 주어지고 점진적으로 발전하여 예수 그리스도께로 수렴되어 절정에 이른 계시입니다. 그리고 인간과 만물의 구원은 종국적으로 하나님의 영광을 그 목표로 지향합니다. 그래서 바울 사도는 이렇게 말했습니다. "깊도다! 하나님의 지혜와 지식의 부요함이여, 그의 판단은 측량치 못할 것이며 그의 길은 찾지 못할 것이로다. 누가 주의 마음을 알았느뇨, 누가 그의 모사가 되었느뇨. 누가 주께 먼저 드려서 갚으심을 받겠느뇨. 이는 만물이 주에게서 나오고 주로 말미암고 주에게로 돌아감이라. 영광이 그에게 세세에 있으리로다. 아멘"(롬 11:33-36). 또한 개혁파 정통주의자들은 종종 교의학 저술의 끝부분을 이런 송영으로 장식하기를 좋아했습니다. "오직 하나님께만 영광이 있나이다!"(*Soli Deo Gloria!*)

일반 계시와 특별 계시는 구분해야 하지만 분리해서는 안 된다

계시를 일반 계시와 특별 계시로 구분하여 이해하는 것은 계시에 대한 개신교 정통주의의 전통적 분류법입니다. 그런데 이때 둘 중 어느 하나만을 주장하면서 나머지 하나를 폐기하는 방향으로 계시를 이해해서는 안 됩니다. 만일 일반 계시의 현실성을 부인한다면 당장 창조 교리에서부터 문제가 생기겠죠. 창조는 곧 일반 계시의 시작이므로 창조 교리를 간과하거나 무시하면 어떤 신학도 바르게 세울 수 없습니다. 삼위 하나님께서 종말에 이루실 새 창조(*creatio nova*)도 원 창조를 전제로 해야 가능한 사건 아니겠습니까? 그뿐만 아니라 일반 계시를 부정한다면 하나님의 섭리 교리도 성립할 수 없습니다. 일반 계시의 현실성을 부인할 때, 하나님의 섭리 자체를 거부하는 신학적 논리를 피할 수 없으니까요. 일반 계시의 거부는 창조 세계에 대한 하나님의 섭리 자체를 거부하는 논리로 귀결됩니다.

일반 계시는 특별 계시로 보충되어야 할 뿐 아니라 특별 계시의 빛 아래서 이해되어야 합니다. 특별 계시 없이 일반 계시만 주장하다 보면 신학적 허무주의나 범신론적 절대주의를 피할 수 없습니다. 이것이 바로 나치치하의 독일교회 계시론의 오류입니다. 그러나 일반 계시 없이 특별 계시만 주장하다 보면 하나님의 구원을 계시하는 특별 계시가 역사적 기반을 상실하고 비역사적 가현설(假現說)의 나락으로 떨어지는 것을 피할 수 없습니다. 이것이야말로 일반 계시를 거부하고 오직 특별 계시만을 지나치게 강조한 초기 칼 바르트 신학 계시론의 문제점입니다.

특별 계시를 둘러싼 오늘날의 논쟁

계시론에 대한 잘못된 이해는 이단으로 가는 관문이다

계시론에 대한 잘못된 이해는 이단으로 가는 관문이기에, 계시론을 바르게 이해하는 것이 대단히 중요합니다. 모든 이단은 예외 없이 계시론이 잘못되어 있습니다. 특히 계시가 무엇인지 잘못 이해한 채 요한계시록을 읽으면 영락없이 이단의 사악한 교설에 빠지고 맙니다. 그런 이단 중 최근 한국교회 안에서 가장 큰 물의를 빚고 있는 대표적 이단이 바로 '신천지'입니다. 사실 1970-80년대를 거치며 한국교회가 가르친 종말론에는 세대주의적 색채가 농후했는데요, 이런 세대주의적 종말론의 토양 위에서 오늘날의 신천지처럼 극단적 세대주의 종말론으로 무장한 이단이 은둔하고 서식할 수 있었던 것입니다. 이 문제에 관해서는 "성경 영감 교리"를 공부하는 시간에 좀 더 자세하게 말씀드리도록 하고, 여기서는 계시론을 둘러싼 현대신학의 논쟁들을 살펴보겠습니다.

점진적 계시 vs. 종결된 계시: 점진적 계시를 주장한 트뢸치와 틸리히

특별 계시를 둘러싼 오늘날의 대표적 논쟁 가운데 하나는, 계시가 점진적이라서 지금도 계속되고 있느냐 아니면 이미 종결되었느냐에 관한 것입니다. 이 논쟁은 특별 계시와 관련해 대단히 중요합니다. 점진적 계시를 주장한 인물로는 19세기 독일 신학자 중 에른스트 트뢸치(Ernst Troeltsch, 1865-1923)가 대표적입니다. 트뢸치는 계시 사건을 그리스도 사건(성육신, 사역, 죽음, 부활, 승천)과 더불어 종결된 것으로 보지 않고, 그 이후에도 점진적으로 계속되고 있다고 봤습니다. 트뢸치는 성경을 그리스도교의 근본적이고 핵심적인 계시로 인정했지만, 계시는 성경에서 종결된 것이 아니라 교회사적 전통과 우리의 종교 체험에 의해 계속된다고 봤습니다. 이렇게 트뢸치는 "점진적 계시"(progressive Offenbarung)를 주장했고,[1] 이러한 입장은 20세기 들어와서 폴 틸리히 같은 신학자가 이어갔습니다. 틸리히는 예수 그리스도 안에서 우리에게 드러난 계시를 "원래적 계시"(originale Offenbarung)라고 불렀는데요,[2] 틸리히에 따르면 이 원래적 계시가 교회의 역사 가운데 계속되되 역사의 종말에 이르기까지 계속된다는 것입니다.

---

1   Ernst Troeltsch, *Die Absolutheit des Christentums und die Religionsgeschichte* (Tübingen: Mohr Siebeck, 1929³), 70이하; 참조. Horst Georg Pöhlmann, *Abriß der Dogmatik* (Gütersloh: Güterslohers Verlagshaus Gerd Mohn), 47.

2   Paul Tillich, *Systematische Theologie I* (1956³), 159; Horst Georg Pöhlmann, *Abriß der Dogmatik*, 47.

점진적 계시 vs. 종결된 계시: 종결된 계시를 주장한 쿨만, 리델보스, 차른트

특별 계시가 점진적으로 계속된다는 트뢸치와 틸리히의 주장은 이후 여러 신학자의 거센 비판과 공격을 당했습니다. 예를 들어, 오스카 쿨만(Oscar Cullmann, 1902-1999)과 헤르만 리델보스(Herman Ridderbos, 1909-2007)는 특별 계시가 오늘날에도 점진적으로 계속된다는 사상에 맞서 특별 계시의 기간을 국한했습니다. 그러니까 특별 계시는 구약의 "약속의 시기"에 시작하여 신약의 "성취의 시기", 즉 예수 그리스도의 출생과 사역과 죽음과 부활을 거쳐 사도들의 죽음에 이르러 끝난 것이라면서 "종결된 계시"(abgeschlossene Offenbarung)를 주장한 것입니다.[3] 하인츠 차른트(Heinz Zahrnt, 1915-2003)는 계시가 계속된다는 생각이야말로 틸리히 신학의 가장 위험한 요소라고 비판했습니다.[4]

특별 계시는 보충할 수 없고 해석·적용할 수 있을 뿐이다

특별 계시는 구약 시대에 시작해서 예수 그리스도의 탄생과 사역과 죽음과 부활과 승천으로 절정에 달했으며, 사도들의 증언과 죽음 그리고 신약 성경의 완성과 함께 종결됐다고 봐야 합니다. 그러므로 우리는 신학 작업을 통해 성경의 계시를 보충하는 것이 아니라 그것을 밝히 드러내고 해명하는 것뿐입니다. 우리의 종교적 체험은 계시일 수 없습니다. 우리는 성경

---

3   참고. Oscar Cullmann, *Heils als Geschichte* (Tübingen: Mohr Siebeck, 1965), 97; 정훈택, 『헤르만 리델보스: 교회를 위한 신학자』(서울: 살림, 2003), 164.

4   Heinz Zahrnt, *Die Sache Mit Gott: Die Protestantische Theologie im 20. Jahrhundert* (München: Piper, 1966), 468.

읽기와 교회의 선포인 설교를 통해 하나님의 계시를 해석하고 적용할 뿐, 계시 말씀을 보충하는 것이 아닙니다. 그래서 헤르만 바빙크는 성경을 읽거나 설교를 들을 때 성령께서 역사하여 그 말씀을 조명하시고 말씀에 대한 내적 증거를 주신다고 해도, 이는 또 다른 계시가 아니라 그리스도 안에서 우리에게 주신 계시의 적용이라고 말했습니다.[5] 그러므로 종교 체험이 아무리 강렬하고 성령의 내적 조명 아래 있다 해도 그것은 단지 신앙의 체험일 뿐, 하나님의 계시를 보충하는 또 다른 계시일 수는 없습니다.

율법과 복음의 관계: 루터파의 이원론적 이해

두 번째로 살펴볼 것은 율법과 복음의 관계입니다. 19-20세기에 성경 계시가 일원론적이냐 이원론적이냐를 놓고 논쟁이 벌어졌습니다. 전통적으로 루터파 신학은 특별 계시를 이원론적으로 나누어 토론했습니다. '율법'(Evangelium)과 '복음'(Gesetz)으로 나누어서 말입니다. 이는 루터 이래로 루터파 신학자들이 전통적으로 견지해온 특별 계시에 대한 이해 방식입니다. 그래서 전통적 루터파 신학에서는 율법과 복음을 상호 대립적인 개념으로 파악합니다.

---

5   Herman Bavinck, 박태현 역, 『개혁교의학 1』, 514.

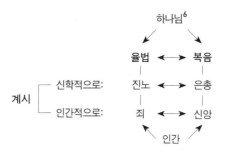

율법과 복음에 대한 이런 이분법적 도식은 현대의 루터파 신학자인 베르너 엘러트(Werner Elert, 1885-1954), 에트문트 슐링크(Edmund Schlink, 1903-1984), 에른스트 킨더(Ernst Kinder, 1910-1970)가 거듭 강조했습니다. 그들에 따르면 하나님의 특별 계시는 율법과 복음으로 나뉘는데 율법을 통해서는 하나님의 진노가, 복음을 통해서는 하나님의 은총이 계시된다는 것입니다. 그래서 율법은 우리의 죄를 드러내고 복음은 우리에게 신앙을 준다고 봤습니다. 하나님의 대척점에 인간이 서 있다는 것이지요.

> 하나님에게 있어서는 율법을 통하여 진노가, 복음을 통하여 은총이 계시되며, 인간에게 있어서는 율법을 통하여 죄가, 복음을 통하여 신앙이 계시된다.[7]

율법과 복음으로 이분화된 하나님의 계시 앞에서, 율법은 인간에게 진노를 계시하고 복음은 은총을 계시합니다. 그래서 루터파는 전통적으로 율법의 '정죄적이고 교화적인 용법'(*usus elenchticus sive paedagogicus*)을 지나치게 강조합니다. 이처럼 율법과 복음을 서로 대립된 이분법적 개념으로 이해

---

6   Horst Georg Pöhlmann, *Abriß der Dogmatik*, 48.

7   Werner Elert, *Der christliche Glaube* (1956[3]), 139.

하는 것이 특별 계시에 대한 루터파의 전통적 입장입니다.

율법과 복음의 관계: 개혁파의 일원론적 이해

개혁교회는 루터교회의 '계시 이원론'(Offenbarungsdualismus)에 대항해 '계시 일원론'(Offenbarungsmonismus)을 주장합니다. 개혁교회의 전통은 율법과 복음을 서로 대립하는 것으로 보지 않으며, 율법과 복음을 모두 하나님의 은총의 선물로 이해합니다. 하나님 말씀은 인간에게 항상 은총이기 때문입니다. 율법을 통해 말씀하시든 복음을 통해 말씀하시든 상관없이, 하나님께서 우리에게 말씀하신다는 사실은 그 자체로 은총입니다. 우리가 그리스도 밖에 있을 때는 우리를 정죄하던 그 율법이, 그리스도 안에 있을 때는 기쁜 마음으로 순종할 계명이 되었습니다. 율법 안에서 우리에게 진노하시던 그 하나님께서 그리스도 때문에 성령 안에서 우리를 사랑하시는 방식으로, 진노의 율법은 사랑의 계명이 되었습니다. 인간의 타락으로 인해 우리를 정죄하고 죽이던 율법이 그리스도의 복음으로 말미암아 우리에게 살리는 계명이 된 것입니다(참조. 롬 7:10). 그리스도의 법은 사랑의 법입니다(갈 5:22). 사랑은 율법을 폐하지 않고 율법을 완성하므로(갈 5:22) 선행은 믿음이라는 나무에 맺히는 열매이며 성령의 열매입니다(갈 5:22).[8] 그래서 독일의 개혁신학자 파울 야콥스(Paul Jacobs)는 이렇게 말합니다.

  율법은 회개로 인도하는 복음이요, 복음은 그리스도에 의한 성취로 말미암아

---

8   유해무, 『개혁교의학』(서울: 크리스천다이제스트, 1997), 507.

성화를 이루는 율법이다.[9]

그러므로 율법과 복음은 서로 구분해야 하지만 분리해서는 안 됩니다. 구약의 율법 중 '제사법'(*lex ceremonialis*)과 '형벌법'(*lex iudicialis sive forensis*)은 폐기되었다고 해도, '도덕법'(*lex moralis*)은 그리스도 안에서 여전히 유효한 사랑의 계명으로 '지금 여기서' 역사합니다. 그러므로 루터교회의 고전적 견해인 '계시 이원론', 즉 율법과 복음을 이분법적으로 분리하는 방식은 '구약 폐기론' 혹은 '율법 폐기론'의 혐의를 벗을 수 없습니다.

율법과 복음의 관계: 한국교회의 이해

한국교회 안에는 율법과 복음(행위와 믿음)의 관계를 대립적으로 보고 이분법적인 관계로 파악하여 구약의 율법이 폐기되었다는 생각이 팽배해 있습니다. 이런 주장은 개혁파적인 것이 아니라 루터파적입니다. 헤르만 바빙크에 따르면 어떤 루터파 신학자들은 율법과 복음을 극단적으로 대립하는 것으로 본 나머지 선행(*opera bona*)이 구원에 해롭다고까지 생각했다고 합니다.[10] 이처럼 율법은 폐기되었고 행함은 구원을 가져다줄 수 없으며 오직 믿음만이 우리를 구원한다는 생각이 한국교회 안에 확고히 자리 잡고 있습니다. 구원에서 칭의(*iustificatio*)만을 극단적으로 강조하고 성화(*sanctificatio*)라는 항목을 제외한 후 그 자리를 상급론으로 대체하면서, 선행을 필수 사항이 아닌 선택 사항으로 돌려버렸습니다. 믿는 자들은 이미

---

9 Paul Jacobs, *Theologie reformierter Bekenntnisschriften in Grundzügen* (Neukirchen: Neukirchener Verlag, 1959), 103(앞의 책, 508을 따라 인용).

10 Herman Bavinck, 박태현 역, 『개혁교의학 4』, 298.

구원받아서 천국 백성이 되었기에 예수님의 교훈과 가르침을 지키는 것은 구원과 아무 관계가 없고 단지 천국에서 상급 받는 것과 관계될 뿐이라는 이해가 한국교회 안에 널리 퍼져 있습니다.[11] 구원에 있어 믿음만이 극단적으로 강조되고, 선행은 구원과 아무 상관 없는 상급의 영역으로 전락해 버린 모습입니다.[12]

제 스승이셨던 정훈택 교수님께서는 이런 식의 구원론이 한국 장로교회 안에 팽배한 현실을 두고 한국 개혁신학의 변질이라며 개탄하신 적이 있습니다. 개혁신학은 "다른 어떤 신학 체계보다 그리스도인의 윤리적·사회적·정치적 책임을" 강조해왔기 때문입니다.[13] 칼뱅을 따르는 개혁파 전통에서는, 율법을 그리스도 안에서 "아멘"으로 받아들여야 할 은총의 선물로 이해합니다. 17세기 네덜란드의 개혁파 정통주의 신학자 기스베르투스 푸티우스(Gisbertus Voetius, 1586-1676)는 선행을 구원의 원인이나 공로로 보는 것은 반대하면서도, 그것을 영생을 위한 "예비적 원인"이라고 가르쳤습니다.[14] "항상 복종하여 두렵고 떨림으로 너희의 구원을 이루라"(빌 2:12)고 한 성경 말씀처럼 개혁신학이 성화를 강조한 것은 온당합니다.[15] 율법은 폐기된 것이 아닙니다. 예수 그리스도는 율법과 예언자를 폐하러 오신 것이 아니라 완성하러 오셨습니다(마 5:17). 따라서 그리스도를 믿는다면서 그의 가르침에 순종하지 않는 사람은 그리스도를 믿는 사람으로 보기 어

---

11   정훈택, 『열매로 알리라: 마태복음에 나타나는 믿음과 행위의 관계』(서울: 총신대출판부, 2008), 4.

12   성경에 우리말 '상'으로 번역된 그리스어 '미스토스'(μισθος, 히: 사카르[שכר])는 '상급'이 아니라 '삯', '급료', '보상'이라는 뜻이다.

13   정훈택, 『열매로 알리라: 마태복음에 나타나는 믿음과 행위의 관계』, 9.

14   Gisbertus Voetius, *Selectarum Disputationum Theologicarum V*, 675 이하.

15   Herman Bavinck, 박태현 역, 『개혁교의학 4』, 299.

렵습니다. 예수께서 말씀하셨듯이, 좋은 나무는 아름다운 열매를 맺고 나쁜 나무는 나쁜 열매를 맺습니다(마 7:17). 그래서 "그들의 열매로 그들을 알게 되는" 것입니다(마 7:20).

믿음과 행위의 관계를 말할 때, "참된 믿음은 반드시 선한 행동을 수반한다"고만 해서는 안 됩니다. 물론 "좋은 나무가 좋은 열매를 맺는다"는 것은 옳은 말입니다. 나무가 열매를 만들지 열매가 나무를 만들지 않기 때문입니다.[16] 그래서 루터는 다음과 같이 말합니다.

> 선한 행위가 결코 선하고 경건한 사람을 만드는 것이 아니라, 선한 사람이 선하고 경건한 행위를 하며, 그래서 모든 길에서 모든 선한 행위에 앞서 인격이 선하고 경건해야 하며, 경건하고 선한 인격으로부터 선한 행위가 뒤따르고 나온다. 열매가 나무를 내는 것이 아니며, 또한 나무가 열매 위에서 자라나는 것이 아니라, 그 반대로 열매가 나무에서 자라나는 것이다.[17]

분명 나무가 먼저고 열매가 나중입니다. 즉 믿음이 먼저 사람을 새롭게 하고 믿음으로 변화된 사람이 새로운 행위를 드러냅니다. 사람의 행위는 그 사람의 존재(됨됨이)로부터 나오는 것이니까요(*Operari sequitur esse*, 행위는 존재[됨됨이]로부터 나온다).[18] 나무가 그 나무의 열매보다 앞서는 것처럼 사람

---

16   Martin Luther, *A Commentary on St. Paul's Epistle to the Galatians* (first Published, 1535; revised and translated, 1575; reprinted, London: James Clarke, 1953), 247.

17   Martin Luther, *WA*, 7, 32, 5-12

18   이 말은 원래 Arthur Schopenhauer의 말인데(Arthur Schopenhauer, *Die Welt als Wille und Vorstellung I*, 477 이하, 692 이하), Herman Bavinck가 『개혁교의학』 3권에서 인용하고 있다(Herman Bavinck, 박태현 역, 『개혁교의학 3』, 676).

의 됨됨이도 그 사람의 행위보다 앞섭니다.[19] 그러나 이렇게 말하는 것만
으로는 부족합니다. "우리를 의롭게 하는 믿음은 결코 홀로 있지 않고"(*sola
fides numquam sola*)[20] 반드시 선행을 수반하기 때문입니다.

그러므로 "그들의 열매로 그들을 안다"는 예수님의 가르침에서 나타
나는 역의 논리도 반드시 견지해야 합니다. 즉 선행(열매)은 믿음(나무)이
진짜인지 가짜인지 검증하는 바로미터요 리트머스 시험지라는 논리지요.
이것을 반드시 함께 강조해야 합니다. 선한 행동이야말로 믿음의 진위를
가리는 기준임을 충분히 강조하지 않으면, 참된 믿음이 반드시 선행을 수
반한다는 주장도 허언이 될 가능성이 큽니다. 열매를 보면 나무를 압니다.
예수님께서 친히 말씀하셨듯이 열매가 가짜면 나무도 가짜입니다. 덴마크
신학자 레긴 프렌터(Regin Prenter, 1907-1990)는 이렇게 말했습니다.

> 신약성경이 선행을 믿음의 열매로 이해함에도 불구하고 믿음에 따른 심판이
> 아니라 행위에 따른 심판에 관해 말하는 것은, 믿음을 계시하고 드러내는 것
> 이 행위이기 때문이다.[21]

그러므로 믿음을 선행의 존재론적 기반으로 인정하면서도 선행을 믿음의
인식론적 기반으로 인정해야 합니다.[22] 선행은 믿음으로부터 나오지만, 믿
음은 선행에 의해 인식됩니다. 나무에서 열매로 진행되는 도식만을 강조

---

19 Herman Bavinck, 박태현 역, 『개혁교의학 4』, 220.

20 Herman Bavinck, 박태현 역, 『개혁교의학 4』, 230; Horst Georg Pöhlmann, *Abriß der Dogmatik*, 266.

21 Regin Prenter, *Schöpfung und Erlösung, Dogmatik, Band 2: Erlösung* (Göttingen: Vandenhoeck & Ruprecht, 1960), 526.

22 Horst Georg Pöhlmann, *Abriß der Dogmatik*, 283.

신학 레시피

하고(좋은 나무가 아름다운 열매를 맺는다), 역으로 열매로부터 나무를 검증하는 도식을 무시하면(열매를 보고 나무를 안다), 이는 율법폐기론이나 반(反)율법주의로 가는 관문이 될 수 있습니다.

믿음과 행위에 대한 청교도들의 논쟁

믿음과 행위, 칭의와 성화의 관계는 청교도 신학 안에서 꽤 심각한 논쟁을 불러일으켰습니다. 영국의 청교도 존 번연(John Bunyan)은 그리스도에 대한 참다운 믿음이 선한 행동을 불러일으킨다는 것을 부인하지 않았습니다. 그러나 그 역의 논리인 행위(열매)를 보고 믿음(나무)의 진위를 가릴 수 있다는 입장으로까지 나아가야 하는데, 번연은 이에 대해 대단히 소극적입니다. 거의 침묵으로 일관하니까요. 그러다 보면 선한 행동은 구원과 아무 관계가 없고 단지 상급과 관계될 뿐이라는 논리가 암묵적으로 지지받고 힘을 얻게 됩니다. 그러면서 결국 성화의 자리에 성화는 없어지고 상급만 남게 됩니다.

물론 청교도들이 모두 이런 입장이었던 것은 아닙니다. 청교도 신학자 리차드 백스터(Richard Baxter, 1615-1691)는 믿음(나무)과 행위(열매)의 상호관계를 충분히 적극적으로 강조하면서 번연을 반(反)율법주의자라고 비판했습니다. 물론 번연과 번연을 지지하는 청교도들은 백스터를 신(新)율법주의자라고 비난했지요. 이런 논쟁은 영국 청교도 신학계 안에서 불붙었던 중요한 신학적 논쟁 가운데 하나였습니다. 18세기 미국의 뉴잉글랜드 지역에서 목회했던 위대한 청교도 신학자 조너선 에드워즈(Jonathan Edwards, 1703-1758)도 구원에 있어서의 성화의 중요성과 필수 불가결성을 대단히 강조했습니다. 그는 열매와 나무의 상관관계에 관한 예수님의 가르침에 따라 성화가 칭의를 증명한다는 정당한 주장을 펼쳤습니다.

구한 말엽 한국에서 활동한 초기 선교사들의 신학적 경향성이 청교 도적이었음을 감안할 때, '칭의와 성화에 관한 청교도 논쟁'은 한국교회의 바른 구원론 정립을 위해 향후 좀 더 구체적이고 다차원적으로 연구해볼 필요가 있는 주제입니다. 요즘 학회에 참석해보면 이러한 주제의 연구 논문이 자주 발표되던데 이는 고무적인 일이라고 생각합니다.

개혁파의 구원론: 그리스도와의 신비로운 연합, 칭의, 성화 그리고 영화

칼뱅은 예수 그리스도의 십자가 고난과 죽음과 부활을 '우리를 위한'(pro nobis) 화해의 사건으로 봤습니다. 칼뱅에 따르면 예수 그리스도께서 십자가에서 우리 죄를 담당하사 우리와 세상의 죄를 속량하시고 부활하고 승천하심으로써 하나님과 우리 사이에 '화해'(reconciliatio)가 이루어졌습니다. 그래서 화해 사건의 중심에는 그리스도의 십자가와 부활 사건이 서 있습니다. 칼뱅은 그리스도께서 그분의 사역을 통해 행하신 화해의 사건을 우리가 성령의 감화 속에서 믿음으로 붙잡을 때 "그리스도와의 신비로운 연합"(unio mystica cum Christo)이 이루어진다고 봤습니다. 그래서 칼뱅은 믿음을 표현할 때 성령의 도우심으로 예수 그리스도를 붙잡는 상태, 그리스도를 옷 입는 것, 그리스도 안에 심겨짐, 우리 안에 그리스도께서 거하심, 그리스도와 우리 사이의 거룩한 혼인, 감추어진 연합, 머리와 지체들의 연합 등으로 표현했습니다.[23]

---

23 Jean Calvin, *Opera Selecta* IV, 191, 27 (Ho-Duck Kwon, "E. Böhls Aufnahme der reformatorischen Theologie, besonders der Calvins: die Bedeutung dieser 'Reformatoren-Renaissance' für die Lösung theologischer Probleme der Gegenwart," [Univ. Heidelberg,

칼뱅에 따르면 그리스도께서 이루신 화해의 사건이 우리 것이 되려면 십자가에서 고난 당하시고 죽으시고 부활하시고 승천하신 그리스도께서 우리에게 성령을 보내주셔야 합니다. 그리스도께서 성령을 보내주시고 그 성령께서 우리 마음을 감동하여 마음속에 믿음을 불러일으킴으로써 우리로 그리스도를 붙잡게 해주십니다. 이런 의미에서 칼뱅은 성령께서 "띠"(*vinculum*), 즉 "그리스도께서 그분과 우리를 동여매는 띠"가 되신다고 말합니다.[24] 성령은 우리에게 믿음을 불러일으키셔서 우리와 그리스도 사이를 굳게 동여매주십니다.[25]

칼뱅에 따르면 그리스도와의 신비로운 연합으로부터 두 개의 은총이 흘러나오는데, 그것을 '이중 은총'(*gratia duplex*)이라고 부릅니다. 그리스도와의 신비로운 연합이라는 원천(*fons*, 샘)으로부터 동시에 흘러나오는 이중 은총의 물줄기 가운데 하나는 '칭의'(*iustificatio*)고, 다른 하나는 '성화'(*sanctificatio*)입니다. 그러므로 그리스도와의 신비로운 연합은 칭의와 성화의 전제요 원천입니다. 이때 논리적 맥락에서는 그리스도와의 신비로운 연합으로부터 칭의가 먼저 나온 후 칭의로부터 성화가 나온다고 봐야 합니다. 그러나 시간적 맥락에서는 그리스도와의 신비로운 연합으로부터 칭의와 성화가 동시에 신자들에게 주어진다고 봐야 합니다. 그리고 이 두 은총은 동시에 신자들에게 무엇을 지향하게 하느냐? '영화'(*glorificatio*)를 지향하게 합니다. 영화는 무엇입니까? 그것은 성화의 과정, 즉 그리스도의 장성한 분량까지 자라가는 과정 속에서 얻어지는 은총입니다.

Diss., 1991], 186을 따라 인용.)

24 Jean Calvin, *Institutio Christianae Religionis* III, 1, 1.

25 Ho-Duck Kwon, "E. Böhls Aufnahme der reformatorischen Theologie, besonders der Calvins," 185.

그런데 여기서 칭의는 법정적인 개념입니다. 하나님께서 자기 아들의 대속적 죽음을 보시고 우리를 의롭게 봐주신 것이지요. 여기서 눈여겨 봐야 하는 것은 우리가 의롭게 된 것이 아니라, 하나님께서 우리를 의롭게 봐주셨다는 점입니다. 그래서 믿음의 사람은 "의로운 자들"(*iusti*)이 아니라 "의롭다고 인정된 자들"(*iustificati*)입니다.[26] 우리 각자의 죄가 있고 각자가 받아야 하는 죄에 대한 형벌이 있는데, 의로운 재판관이신 하나님께서 우리를 위하여 당하신 그리스도의 십자가에서의 대속을 보시고, 이 대속 사건을 성령의 도우심 안에서 믿음으로 받아들여 그리스도로 옷 입은 이들에게 "너는 의로운 자이다, 너에게 형벌은 없다"라고 법정적 차원에서 의롭다고 판결해 주신 것입니다.[27] 그래서 죄인인 인간은 그리스도의 의의 전가로 말미암아 신분적으로는 의롭게 됐습니다. 그래서 루터는 이렇게 말했습니다. 신자는 "의인이면서 동시에 죄인이다"(*simul iustus et peccator*). 그런데 여기서 의인이라는 것은 의롭게 되었다는 의미가 아니라 하나님께서 그리스도의 의가 우리에게 '전가'(*imputatio*)된 것을 보시고 우리를 의롭게 봐주셨다는 의미입니다. 하나님께서 그리스도 때문에 죄인인 인간을 의롭게 봐주셨기에 인간의 신분은 법정적으로는 의로운 것이지요. 그러나 실재적으로는 현상태에서 여전히 죄인이라는 말입니다. 독일 신학자 한스-마르틴 바르트(Hans-Martin Barth)는 "의인이면서 동시에 죄인이다"라는 역설(Paradox)을 세 가지로 설명합니다. 첫째, 하나님의 율법 아래서 나를 보면 나는 죄인이지만 복음의 약속으로 나를 보시면 나는 의인이라는 것입니다. 둘째, 나는 현실 속에서는 죄인이지만 종말론적인 영원한 약속

---

26   Herman Bavinck, 박태현 역, 『개혁교의학 4』, 224.

27   Jean Calvin, *Opera Selecta* IV, 183, 6.

안에서는 의인이라는 것입니다. 셋째, 하나님께서 내 안에서 새로운 창조를 시작했으며 그것을 확실하게 이루실 것이기에, 비록 내가 여전히 죄인이라 해도 나를 향해 시작된 하나님의 행위로 말미암아 나는 나를 의롭다고 말할 수 있다는 것입니다.[28] 우리는 법정적 판결로는 의인이지만, 실질적 삶 속에서는 여전히 죄를 짓고 살아가는 죄인입니다. 그러기에 우리에게는 여전히 성화의 삶이 요청됩니다.

그러므로 우리는 구원의 두 가지 국면인 칭의와 성화 모두를 우리 구원에 필수적인 국면으로 봐야 하고, 성화를 상급론으로 대체하여 격하하면 안 됩니다. 칼뱅은 성화를 명백히 칭의의 결과로 보기 때문에 칭의와 성화는 구분할 수 있어도 분리할 수 없습니다. 그래서 칼뱅은 칭의와 성화를 구분하여, 칭의와 마찬가지로 성화도 필수불가결함을 강조합니다.

바울은 의롭다고 인정받는 것[칭의]과 새로운 피조물이 되는 것[성화]은 서로 다르다는 것을 분명히 암시한다.[29]…비록 양자의 개념이 구분된다고 할지라도, 우리를 의롭다고 인정하는 은총[칭의]은 중생으로부터 분리될 수 없다. 의인 안에도 죄의 잔재가 남아 있다는 것은 경험으로부터 우리에게 충분히 알려져 있다. 그러므로 칭의는 **새로운 삶의 변화**[성화]와는 전적으로 다르게 발생한다.[30]

---

28 Hans-Martin Barth, 『마르틴 루터의 신학』(*Die Theologie Martin Luthers: Eine kritische Wurdigung*, 서울: 대한기독교서회, 2015), 388 (우병훈, "루터의 칭의론과 성화론과의 관계: 대[大] 『갈라디아서 주석』[1533년]을 중심으로, 개혁논총 46[2018], 93을 따라 인용).

29 Jean Calvin, *Institutio Christianae Religionis* III, 11, 6.

30 Jean Calvin, *Institutio Christianae Religionis* III, 11, 11. 강조는 덧붙여진 것임.

칼뱅은 논리적인 맥락에서 칭의와 성화를 구분하여 칭의를 성화의 원인으로 보고 성화를 칭의의 결과로 이해합니다.

> …하나님께서는 그가 선택하신 사람들을 마침내 영화롭게 하시기 위해서 의롭다 하시기 때문에(롬 8:30), 앞에 온 은총[칭의]을 다음에 온 은총[성화]의 원인으로 만드신다.[31] 이신칭의가 행위에 의한 의[성화]의 시초이며, 기초이며, 원인이며 증명해 주는 것이며, 본체임을 부인할 수 없다.[32]

칼뱅이 칭의와 성화를 원인과 결과로 이해했다는 것은 칭의와 성화가 분리되어 있지 않음을 의미하는 동시에 둘이 서로 구분된다는 것을 의미합니다. 그래서 칼뱅은 칭의와 성화를 구분하여 칭의를 법정에서 일어난 즉각적 사건으로 보고, 성화를 하나님께서 그리스도 안에서 성령을 통해 우리 속에 시작하신 지속적 사역으로 파악합니다. 그리고 이 성화의 사역은 종국적으로 주님이신 예수의 날에 성취되고 완성될 것이라고 말합니다.[33]

> 신자들이 복음에 대한 인식과 성령의 조명을 통하여 그리스도와의 교제에 참여하게 되자마자, 그들 안에서 영원한 생명(성화)이 시작된다. 이렇게 하나님께서 그들 안에서 시작하신 선한 일은 주 예수의 날에 이르러 완성될 것이다 (빌 1:6).

그래서 칼뱅은 칭의와 성화를 그리스도와의 신비로운 연합이라는 동일한

---

31   Jean Calvin, *Institutio Christianae Religionis* III, 14, 21.

32   Jean Calvin, *Institutio Christianae Religionis* III, 17, 9.

33   Jean Calvin, *Institutio Christianae Religionis* III, 18, 1.

원천으로부터 흘러나오는 이중의 은총으로서, 구분은 해야만 하지만 분리할 수 없는 것으로 봤습니다. 칼뱅에 따르면 칭의와 성화는 논리적으로는 원인(*causa*)과 결과(*effectus*)의 순서를 따질 수 있을지 몰라도 시간적으로는 선후를 따질 수 없는 사건입니다. 둘은 신자가 믿음으로 그리스도를 붙잡아 그분과 연합했을 때, 그리스도와의 연합으로부터 성령을 통하여 신자에게 동시에 주어지기 때문입니다. 이렇게 주어진 칭의와 성화의 궁극적 목표는 "하나님의 참 형상"(*vera imago Dei*)이신 예수 그리스도의 장성한 분량까지 자라가는 것, 다시 말하면 영화(*glorificatio*)입니다.[34] 영화의 완성에 이르는 순간까지, 믿음으로 의롭다 여김을 받은 성도는 '성화'의 지속적인 과정에 따라 '영화'를 향해 나아가게 됩니다. 그리고 영화는 최종 완성의 때에 이루어질 것입니다. 이것을 그림으로 표현하면 다음과 같습니다.[35]

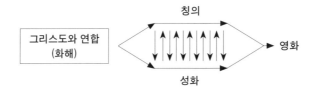

예수 그리스도의 십자가 사건과 부활로 말미암아 하나님과 화해를 이룸으로써 의롭다고 인정받은 이는 마땅히 그리스도의 가르침에 순종하고 그의 가르침에 따라 살아야 합니다. 그러므로 칭의와 성화는 동전의 양면과 같습니다. 두 개념 중 하나의 개념만을 택해야 하는 문제로 몰고 가면, 두 개념을 모두 폐기하는 가공할 오류를 초래하고 맙니다. 그래서 칼뱅은 이

---

34 참조. Ho-Duck Kwon, "E. Böhls Aufnahme der reformatorischen Theologie, besonders der Calvins," 188.

35 앞의 논문, 190.

렇게 말합니다. "만약 누군가가 칭의로부터 성화를 분리시키려 한다면 그것은 그리스도를 산산조각내는 일이다."[36] 여기서 칼뱅은 칭의와 성화의 불가분리성, 즉 둘을 구분할 수는 있으나 분리할 수 없음을 강조하며 칭의로부터 성화를 분리시키는 것은 그리스도를 산산조각내는 행위라고 강경하게 비판합니다. 그러면서 오직 믿음으로 칭의되지만 선행이 없는 믿음은 거짓 믿음이라고 갈파합니다.[37] "오직 믿음은 결코 홀로 믿음만이 아니라"(sola fides numquam sola)는 것입니다.[38] 칼뱅에 따르면 인간에게 구원을 가져다주는 믿음은 "선행을 수반하는 믿음"(fides cum opera bona), 즉 사랑으로 역사하는 믿음입니다.[39] 칭의에는 반드시 칭의에서 비롯된 성화가 수반되기 때문입니다. 그러므로 독일의 개혁파 정통주의 신학자이며 "하이델베르크 교리 문답서"(Heidelberger Katechismus)의 작성자 중 한 명인 자카리아스 우르시누스(Zacharius Ursinus, 1534-1583)가 지적한 것처럼, 하나님의 계명에 대한 순종으로서의 선행만이 우리의 믿음을 참된 것으로 증명해줍니다.[40]

칭의와 성화가 그리스도와의 신비로운 연합으로 말미암아 신자에게 주어지는 이중 은총이고, 둘이 원인과 결과의 관계로 서로 밀접하게 관계되어 있다면, 우리는 구원을 말할 때 칭의와 성화라는 두 개념을 구분은 하되 결코 분리하지 말아야 합니다. 그리스도를 믿음으로써 칭의된 사람

---

36 Jean Calvin, J. W. Fraser(tr.), *The First Epistle of Paul the Apostle to the Corinthians* (Grand Rapids: Eerdmans, 1973), 46.

37 Jean Calvin, G. Baum(ed.), E. Cunitz(ed.), E. Reuss(ed.), P. Lobstein(ed.), A. Erichson(ed.), *Ioannis Calvini Opera quae supersunt omnia*, 7, 479(아하 CO).

38 참조. Horst Georg Pöhlmann, *Abriß der Dogmatik*, 266.

39 Jean Calvin, *Institutio Christianae Religionis* III, 11, 20.

40 Zacharias Ursinus, 원광현 역, 『하이델베르크 요리문답해설』(*The Commentary of Dr. Zacharias Ursinus on the Heidelberg Catechism*, 서울: 크리스천다이제스트, 2006), 64.

은 마땅히 성화의 삶을 살 것입니다. 그러나 성화의 열매가 없는 사람이 스스로 칭의되었다고 말할 때, 안타깝지만 그러한 칭의는 지극히 의심스럽습니다. 나무가 열매를 만들 수 없고 나무로부터 열매가 나오는 것이지만, 열매를 보면 나무를 알 수 있습니다. 그와 같이 선행은 구원을 가져올 수 없지만, 의롭게 하는 믿음은 선행을 수반합니다. 그러므로 악을 행하는 자가 말하는 칭의는 의심스러울 수밖에 없습니다.

칭의 없이는 성화가 있을 수 없고, 성화 없는 칭의는 의심스럽다[41]

그런데 한국교회 안에는 성화를 철저히 배제한 채 오직 칭의만을 가지고 구원을 이야기하려는 경향이 강하게 자리 잡은 측면이 있습니다. 구원을 이야기할 때 성화를 배제하고 성화의 자리에 상급을 집어넣습니다. 그러나 여러분, 오해하지 마세요. 구원에 있어 칭의(원인, 나무)와 성화(결과, 열매)의 유기적 상관성을 강조하는 개혁신학의 입장은 펠라기우스주의(Pelagianismus)와는 전혀 다릅니다. 펠라기우스주의는 하나님 앞에서 우리의 선행만으로도 구원에 이를 수 있다고 주장하지만 개혁신학은 그러한 견해를 철저히 배격합니다. 오직 하나님의 은혜로부터 오는 성령님의 감동과 감화로 말미암아 자기 속에서 발생한 믿음을 통해 신자들이 그리스도를 굳게 붙드는 것, 즉 '그리스도와의 신비로운 연합'이 없이는 칭의도 성화도 불가능하다고 가르치기 때문입니다. 그러므로 칭의와 성화를 '그리스도와의 신비로운 연합'으로부터 흘러나오는 '이중 은총'으로 이해하

---

41 이 항목은 이동영, "그들의 열매로 그들을 알게 될 것이다 개혁주의 신약학자 정훈택의 구원론", 「한국개혁신학」 52(2010), 183-187을 주로 참조하였다.

고 둘의 관계를 유기적이고 논리적인 원인과 결과로 이해하여, 우리 구원에 있어 칭의와 성화의 두 국면을 모두 강조하는 개혁신학의 입장은 펠라기우스주의와 전적으로 다릅니다.

우리가 예수님을 주님으로 믿고 영접해서 예수께서 우리의 주인이 되셨다면, 우리는 마땅히 그분의 종이고 종은 주인의 가르침과 명령에 기꺼이 순종해야 합니다. 주인의 명령에 순종하지 않는 자는 종이 아니잖아요? 그러므로 예수님의 가르침과 명령에 순종하지 않는다는 것은 곧 예수님의 주님(주인) 됨을 인정하지 않는 것입니다. 이에 관해 칼뱅은 하나님의 말씀에 순종하여 외아들 이삭을 바친 아브라함의 순종을 예로 들면서 아브라함이 하나님께 순종했기 때문에 약속을 받은 것은 아니지만, 약속의 말씀을 믿었기에 순종했음을 강조합니다.[42] 여기서 칼뱅은 중세 가톨릭교회의 행위 구원론과 그에 대한 반동으로서의 반율법주의를 모두 비판하고 경계합니다. 하나님의 약속을 믿은 자는 그 약속의 말씀에 순종하여 움직이고 행동하고 실천합니다.

> 바울은 그들이 이 때문에 수고한다고 말하면서, 신자들이 구원을 얻기 위해 일평생 달음질을 계속해야 한다고 말한다.[43]

여기서 "신자들이 구원을 얻기 위해 일평생 달음질을 계속해야 한다"는 사도 바울의 말을 인용하면서 칼뱅이 한 말은 성화를 두고 한 말입니다. 칼뱅에게 성화란 참회, 중생, 새로워짐, 회심, 자기를 부인하고 십자가를

---

42 Jean Calvin, *Institutio Christianae Religionis* III, 18, 2.

43 Jean Calvin, *Institutio Christianae Religionis* III, 18, 3.

신학 레시피

지는 것과 동의어입니다.[44]

예수 그리스도를 주님으로 믿고 고백하며 복음의 약속을 믿는 사람은 일평생 주님이신 예수 그리스도의 가르침과 명령대로 살려고 노력해야 하고 마땅히 그렇게 할 것입니다. 예수님의 가르침에 순종하여 그 가르침을 실천하는 일에는 관심이 없으면서, 예수님을 주님으로 믿는다고 말로만 고백하는 것은 거짓이고 위선입니다. 그래서 예수님께서는 그분 주변에 있던 사람들을 이렇게 책망하신 것입니다. "너희는 나를 불러 주여, 주여 하면서도 어찌하여 내가 말하는 것을 행하지 아니하느냐?"(눅 6:46). 그러므로 예수님을 주님으로 믿고 고백한다면 주님의 명령과 가르침에 순종하며 살아야 합니다. 그것이 주님을 향한 종의 마땅한 본분이고 도리입니다. 입으로는 얼마든지 예수님을 주님이라고 말할 수 있겠죠. 입으로는 무슨 말을 못 하겠어요. 말이 다가 아닙니다. 언행일치가 안 되는 말은 거짓이고 위선입니다.

그래서 칼뱅은 복음에 관해 아무리 방대한 지식을 가지고 있어도 삶을 통해 그리스도를 나타내는 데 관심이 없는 자들의 유창한 말은 거짓이며 비난받아 마땅하다고 했습니다.[45] 그런 사람이 아무리 유창한 말로 그리스도를 아는 체해도 그것은 거짓이며 공허할 뿐입니다. "복음은 혓바닥에 관한 교리가 아니라 삶에 관한 교리"(Denn dies ist nicht eine Zungenlehre, sondern eine Lebenslehre)이기 때문입니다.[46] 그래서 칼뱅은 복음의 가르침대로 살지 않으면서 세 치 혓바닥으로만 나불대는 자들은 미움을 받아 마땅

---

44   Jean Calvin, *Institutio Christianae Religionis* III, 3, 1-9.

45   Jean Calvin, *Institutio Christianae Religionis* III, 6, 4.

46   Jean Calvin, *Institutio Christianae Religionis* III, 6, 4.

한 궤변가들이라고 비판했습니다.[47] 또한 주님께서 우리를 양자로 삼으신 유일한 목적은 그리스도를 우리의 생활에서 나타내게 하기 위함이었다고도 합니다.

> 주께서 우리를 자녀 삼으신 것은 우리로 하여금 우리의 자녀 됨의 띠 (Band)가 되시는 그리스도를 우리의 생활에서 나타내라는 것이었다. 따라서 우리가 그러한 의[그리스도를 우리의 생활 속에서 나타내는 일]에 헌신하지 않는다면, 우리는 우리의 창조주에게 반역하는 사악한 배신행위를 하는 것일 뿐만 아니라, 우리는 또한 우리의 구주 자신을 배척하는 것이다.[48]

이처럼 칼뱅에 따르면 예수 그리스도의 가르침을 따라 살지 않는 것은 창조주이신 성부 하나님에 대한 사악한 배신행위일 뿐 아니라, 그리스도 자신을 배척하는 것입니다. 그러므로 정말 예수님이 우리의 주님이라면 예수님의 가르침에 순종하여 그 가르침을 실천하는 제자도의 삶을 살아야 합니다. 그런 사람이 진실로 예수님을 믿는 사람입니다. 그래서 예수님께서는 "그들의 열매로 그들을 안다"고 말씀하셨던 것입니다(마 7:16, 20).

> 믿음은 하나님에 대한 공허하고 속이 빈 지식이 아니라 순종하는 지식이다. 사람은 행위에 의해 칭의된다. 믿음으로 말미암은 의는 그 열매에 의해 증명되기 때문이다.[49]

---

47 Jean Calvin, *Institutio Christianae Religionis* III, 6, 4.

48 Jean Calvin, *Institutio Christianae Religionis* III, 6, 3.

49 Jean Calvin, *Commentary on James*, 2, 25 (CO 55, 407).

여기서 칼뱅은 믿음은 하나님에 대한 사변적인 지식이 아니라 순종하는 지식, 즉 선행을 수반하는 지식이라고 말합니다. 다시 한번 강조하지만 말로는 예수님을 주님으로 믿는다고 하면서 예수님의 가르침에 순종하지 않는 것은 예수님을 진정 주님으로 믿는 사람의 태도가 아닙니다. 그래서 칼뱅은 그의 『에스겔서 주석』에서 이렇게 말합니다.

> 오직 행함이 없는 믿음이 칭의시킨다는 가설은 거짓이다. 행함이 없는 믿음은 공허(허위)하며…죽은 믿음이기에, 더 이상 믿음의 역할을 수행할 수 없기 때문이다. 요한이 말한 것처럼 하나님께로부터 난 자는 의롭다(요일 5:18). 그러므로 태양으로부터 그 열이 분리될 수 없는 것처럼, 믿음은 행위로부터 분리될 수 없다.…그러나 오직 믿음만이, 우리 안에서가 아니라 하나님의 독생자 안에서 우리를 하나님과 화해시키고 하나님으로 우리를 사랑하시도록 한다.[50]

그러므로 칼뱅에 따르면 오직 믿음만이 행위 없이 홀로 우리에게 칭의를 가져다주지만, 우리에게 칭의를 가져다주는 "오직 믿음은 결코 홀로 믿음만이 아니라"(*sola fides numquam sola*) 사랑으로 역사하는 믿음(갈 5:5-6)입니다. 그래서 유창형 교수는 칼뱅의 에스겔서 18:17 주석에 의거하여 다음과 같이 예리하게 지적합니다. "…칼빈의 모든 진술을 종합적으로 고려해볼 때, 오직 믿음은 행위 없이 칭의시키지만 행위를 동반하지 않는 믿음은 죽은 믿음이기에 칭의시킬 수 없다."[51] 칼뱅은 또한 그의 『야고보서 주

---

50 Jean Calvin, *Commentary on Ezekiel* 2, 18, 17 (CO 40, 429).

51 유창형, "칼빈의 칭의론에서 믿음, 선행, 영생의 관계", 「개혁신학」 13(2010), 207.

석』에서 행함 없는 믿음은 "속이 빈 지식"(내용 없는 지식)이며, 그런 믿음은 인간에게 구원을 가져다줄 수 없다고 단언합니다.[52]

> 야고보는 남자든 여자든 누구라도, 어떤 조건이나 어떤 민족이나 어떤 사회적 계층에 속해 있는 사람이라도 선행이 없이는 의로워질 수 없다는 것을 명백하게 보여주려고, 의도적으로 전혀 다른 성격의 두 사람인 아브라함과 라합을 예로 든다. 야고보는 모든 이들 중에서 가장 탁월한 족장 아브라함을 거명한다. 야고보는 아브라함의 칭의시키는 믿음이 어떤 종류의 믿음인지를 증명하고자 한다. 아브라함은 하나님께 순종하여 행하였다.…의로워지고자 하는 자들은 그 누구라도…선한 행위에 의해서만 의롭다고 여겨질 수 있다. 사람은 오직 믿음에 의해 칭의된다. 여기서 믿음은 하나님에 대한 공허하고 속이 빈 지식이 아니라 순종하는 지식이다. 그러므로 사람은 행위에 의해 칭의된다. 믿음으로 말미암은 의[나무]는 그 열매[행위]에 의해 증명되기 때문이다. 그리고 야고보는 창녀인 라합에 대해 말한다. 야고보는 자신의 어법에 따라 라합이 행위에 의해 의롭다 하심을 받았다고 선언한다.[53]

여기서 칼뱅이 야고보의 가르침을 따라 아브라함과 라합의 '행위에 의한 칭의'를 말한 것은 오직 믿음에 의해서만 칭의된다는 사상을 부인한 것이 아닙니다. 오직 믿음만이 홀로 인간에게 칭의를 가져다주지만, 인간에게 칭의를 가져다주는 '오직 믿음'은 '열매(선행)를 수반하는 믿음'임을 강조한 것입니다. 그러므로 선행을 동반하지 않은 믿음은 죽은 믿음이며 죽은

---

52 유창형, "칼빈의 칭의론에서 믿음, 선행, 영생의 관계, 211.

53 Jean Calvin, *Commentary on James*, 2, 25 (CO 55, 407).

믿음은 인간에게 칭의를 가져다줄 수 없고, 그러기에 선행은 칭의의 증거이자 열매입니다.[54] 그래서 앞에서 말했듯이 칼뱅은 복음의 가르침대로 살지 않고 세 치 혓바닥으로만 복음을 나불대는 자들은 미움을 받아 마땅한 궤변가들이라고 비판했습니다.[55]

칭의와 성화의 상호관계라는 관점에서 칼뱅의 구원론을 요약한다면 오직 믿음만이 의롭게 하지만 의롭게 하는 믿음은 홀로 믿음이 아니라 선행을 수반하는 믿음, 즉 열매를 산출하는 믿음입니다. 그러므로 칼뱅에게 선한 행위는 칭의의 외적 증거이며 열매였습니다. 믿음으로부터 칭의되고 칭의로부터 성화가 나옴을 강조하면서, 역으로 성화를 통해 칭의를 안다는 것이 믿음과 행위, 칭의와 성화에 관한 칼뱅의 가르침입니다. 칼뱅은 성화가 칭의에 의존한다는 것을 지적합니다. 그리고 이러한 사실은 칭의를 약화하는 것이 아니라 오히려 강화하며 강력하게 한다고 말합니다. "만일 행위에 의한 의가…이신칭의에 의존한다면 이신칭의는 이 관계로 인해 약화되지 않을 뿐 아니라 더욱 강하되며, 이신칭의의 힘은 더욱더 강력하고 눈부시게 빛나게 될 것이다."[56] 아! 참으로 찬란하고 아름다운 묘파가 아닐 수 없습니다.

그래서 오스트리아 빈에서 가르쳤던 신학자 빌헬름 단티네(Wilhelm F. F. Dantine, 1911-1981)는 이렇게 말할 수 있었습니다. "칭의는 결코 성화 없이는 존재할 수 없으며, 성화가 없다면 칭의는 아무것도 아니다."[57] 단티네

---

54 유창형, "칼빈의 칭의론에서 믿음, 선행, 영생의 관계", 212.

55 Jean Calvin, *Institutio Christianae Religionis* III, 6, 4.

56 Jean Calvin, *Institutio Christianae Religionis* III, 17, 9.

57 Wilhelm F. F. Dantine, *Helsinki 1963* (Horst Georg Pöhlmann, *Abriß der Dogmatik*, 285 을 따라 인용).

의 이 말 역시 성화가 칭의를 만든다는 말이 아닙니다. 칭의는 나무이고 성화가 열매이므로 성화의 열매가 없는 칭의는 참된 칭의일 수 없다는 말입니다. 그러므로 예수 그리스도를 믿음으로 칭의되지 않으면 성화의 삶이 있을 수 없는 것처럼, 성화의 삶 없는 칭의에 대한 주장은 신뢰하기 어렵습니다. 의롭게 하는 믿음은 언제나 선행을 수반하기 때문입니다. 이러한 개혁신학의 구원론은 믿음을 통한 칭의를 선행의 전제요 원인이요 근원으로 보고 예수님의 가르침과 그에 대한 반응으로서의 선행이 예수님에 대한 믿음을 전제로 한다는 점에서, 펠라기우스주의의 구원론과 명백히 다릅니다. 펠라기우스의 사상은 믿음으로 말미암은 칭의를 선행의 원천이자 원인으로 여기지 않고, 선행으로 의로워질 수 있다고 가르치기 때문입니다.

특별 계시와 성경의 관계

하나님의 계시는 잠정적이지만 그 기록으로서의 성경은 항구적이다

16강에서는 특별 계시와 성경의 관계를 생각해보도록 합시다. 성경은 하나님의 말씀이 기록된 것입니다. 성경은 기록된 하나님의 말씀이기 때문에 항구적이고 영속적입니다. 원래 하나님의 계시는 특정한 시간과 역사 속에서 나타났으므로, 시간의 흐름 속에 "지나가 버린 행동"(*actus transiens*)이고 사건이었습니다.[1] 그래서 역사 속에 나타난 하나님의 특별 계시의 성격은 잠정적일 수밖에 없었습니다. 그러나 특정 시간과 역사 속에서 나타나 잠정적인 성격이 있다고 해서, 특별 계시의 의미와 내용이 잠정적인 것은 아닙니다. 특별 계시는 모든 시대의 모든 사람을 위한 항구적인 내용을 담고 있습니다.[2] 그래서 하나님의 특별 계시는 모든 세대를 위해 문자로 기록될 필요가 있었고, 그 기록이 바로 성경입니다.

---

1   최홍석, 『당신의 말씀은 진리니이다: 교의학의 원리와 방법』(서울: 총신대학교출판부, 1991), 178.

2   앞의 책, 178.

칼 바르트의 종교 비판

"하나님께서는 하늘에 계시고 인간은 땅에 있습니다"(Gott ist im Himmel und Du auf Erden).[3] 하나님께서는 무한하시고 인간은 유한합니다. 그러므로 하나님(영원)과 인간(시간) 사이에는 건널 수 없는 간극과 심연, 즉 "무한한 질적 차이"(der unendliche qualitative Unterschied)가 존재합니다. 그래서 개혁교회 교부 울리히 츠빙글리(Ulrich Zwingli, 1484-1531)는 "유한은 무한을 포용할 수 없다"(*Finitum non capax infiniti*)라는 유명한 말을 남겼습니다. 유한이 무한을 포용할 수 없다면, 유한한 인간 편에서 무한한 하나님을 찾아 알 길은 없습니다. 인간 편에서 하나님께로 나아가는 것은 전적으로 불가능합니다. 하나님께서는 의로우시고 인간은 죄인입니다. 죄인인 인간은 스스로 교만해져서 자기 공로로 하나님께 도달하려 합니다.

칼 바르트는 초기 저서인 『로마서 주석(2판)』(*Der Roemerbrief*, 1922)에서, 인간의 노력으로 하나님께 도달해보려는 모든 시도를 "종교"(Religion)라고 부르면서 종교는 자기 기만이고 자기 속임수라고 말했습니다. 이렇게 자기 기만적인 인간은 하나님의 심판을 피할 길이 없습니다. 그러므로 인간은 하나님 앞에서 심판받아 죽을 것이며 산산조각(zerschellen)날 것입니다. 바르트에 따르면 종교는 자기 뜻을 하나님의 뜻으로 포장하여 선전하는 가장 악랄하고 악질적인 이념입니다. 그러기에 종교는 경우에 따라 가장 무서운 우상숭배일 수 있습니다. 무신론자들은 적어도 자기 잘못을 하나님의 뜻이라고 포장하여 정당화하고 미화하는 짓은 하지 않습니다. 자기

---

3   Karl Barth, *Der Römerbrief* (Zweite Fassung, 1922; Zürich: Theologischer Verlag, 1999[16]), XX.

잘못을 동료에게 돌리며 남을 탓하는 경우는 있더라도, 하나님 뜻 운운하며 자기 잘못을 하나님의 뜻으로 미화하는 비루한 짓을 하지는 않습니다. 그런데 종교를 가진 이들은 부끄러운 줄도 모르고 그런 짓을 버젓이 하는 경우가 있습니다. 이러한 종교 비판 속에는 "자연 신학"(theologia naturalis)을 앞세워 하나님과 인간의 정치적 이념, 하나님과 인간의 문화적 이념을 동일시하려 했던 개신교 자유주의 신학에 대한 바르트의 불꽃 같은 분노가 서려 있습니다.

칼 바르트의 자연 계시(revelatio naturalis) 혹은 일반 계시(revelatio generalis)에 대한 이해는 극단적인 면이 있습니다. 초기 바르트의 오류는 이런 부분에 있었습니다. 비록 하나님이 불확실하게 예감되고 불명확하게 인식된다고 할지라도, 하나님께서 일반 계시를 통해 자기 존재를 알리신다는 사실을 인식하지 못한 것입니다. 그러나 바르트는 구원자이신 그리스도를 계시하는 특별 계시(revelatio specialis)의 절대적 중요성과 가치를 극단적이고 과도하게 강조함으로써, 오류의 방식으로 신학사에 공헌했다고 할 수 있습니다.

신학은 '하나님이 예수 그리스도 안에서 자신을 계시하신 계시의 빛'에 비추어 인간의 종교적 사건, 역사적 사건, 정치적 사건들을 이해하려고 시도해볼 수는 있습니다. 그러나 그러한 종교적 사건, 역사적 사건, 정치적 사건을 삼위 하나님의 계시 역사와 동일시해서는 절대로 안 됩니다. 신학의 주된 관심사는 일반적 종교사도 정치사도 문화사도 아니며 예수 그리스도 안에서의 '하나님의 자기 계시'(Selbstoffenbarung Gottes)임을 간과해서는 안 됩니다.[4] 이것을 극단적인 방식으로 과도하게 강조했던 인물이 바르

---

4   Wilfried Joest, *Dogmatik* I (Göttingen: Vandenhoeck & Ruprecht, 1995⁴), 33.

트였습니다. "자유주의자들이여, 하나님의 가치와 인간의 가치를 뒤섞지 말고 하나님의 하나님 되심을 인정하라!" 종교에 대한 바르트의 이러한 비판은 당시 아돌프 히틀러(Adolf Hitler)와 나치당(Nationalsozialistischer Partei)의 뜻을 하나님의 뜻으로 날조하고 독일 국민을 향해 온갖 감언이설로 선전과 선동을 일삼았던, 독일 개신교회 자유주의 신학자와 목회자들에 대한 실로 혹독한 비판이었습니다. 복음을 세상의 이데올로기로 환원해버린 자들을 향해서, 바르트는 자기 공로로 하나님께 도달할 수 있다는 생각과 자기 야욕과 욕심과 욕망을 하나님의 뜻으로 포장하려 하는 모든 논리와 이념을 "종교"라고 비판했습니다. 이러한 종교는 하나님 앞에서 무신론보다 더 악랄하고 악질적인 논리이며, 하나님의 이름을 만홀히 여기는 짓으로서 하나님의 불꽃 같은 심판과 진노 아래 놓여 있다는 것입니다. 그래서 바르트는 이렇게 말했습니다.

> 종교의 실체는 싸움이요 분개요 죄요 죽음이요 악마요 지옥이다(Die Wirklichkeit der Religion ist Kampf und Ärgernis, Sünde und Tod, Teufel und Hölle).[5]

아브라함 헤셸의 종교 비판

20세기의 위대한 유대교 철학자이자 랍비였던 아브라함 헤셸(Abraham Joshua Heschel, 1907-1972)도 종교가 경우에 따라 가장 무서운 우상숭배가 될 수 있다고 지적했습니다.

---

5   Karl Barth, *Der Römerbrief*, 262.

종교적으로 생각하고 믿고 느끼는 일은 인간 정신의 가장 큰 속임수들 가운데 포함될 수 있다. 우리는 스스로 하나님을 믿노라고 주장하면서 실제로는 개인의 사욕을 속에 감추고 있는 상징을 믿을 때가 종종 있다. 스스로 하나님께 끌려들어 감을 느낀다고 말하면서 실제로 우리가 우상숭배하는 대상은 이 세상의 세력일 때가 많다. 하나님을 생각하노라 주장하면서 실제로는 자신의 자아를 염려할 수도 있다.[6]

그래서 헤셸은 우상숭배에 빠지지 않기 위해 우리의 신앙 실존을 끊임없이 반성적으로 성찰해야 한다고 강조합니다.[7] 종교가 자기 기만과 위선이 될 수 있다는 것, 이것이야말로 우리의 신앙에 매우 치명적인 위험입니다. 그래서 헤셸은 신앙에서 가장 중요한 덕목을 정직으로 봤습니다. 그는 경계하여 이르기를 위선은 이단의 사설보다 더욱 우리의 정신에 몰락을 가져온다는 것입니다. "당신은 마음속의 진실을 기뻐하시나이다"(시 51:6)라는 말씀에 나타난 것처럼 말입니다. 헤셸은 왕의 권위를 상징하는 도장인 옥새를 예로 들어 설명합니다. 모든 왕은 옥새를 가지고 있는데 이 옥새에는 왕의 위엄과 권위를 상징하는 문장이 새겨져 있습니다.

"하나님의 옥새는 진실이다"(Sabbat 51, a). 그리고 그 진실은 우리의 유일한 시금석이다. 위선자는 감히 그분 앞에 설 수 없다(욥 13:16).[8]

---

6   Abraham Joshua Heschel, 이현주 역, 『사람을 찾는 하느님』(*God in search of Man: A Philosophy of Judaism*, 일산: 한국기독교연구소, 2007), 34.

7   앞의 책, 34.

8   앞의 책, 37.

왕 중의 왕이신 하나님의 옥새에는 진실이라는 단어가 새겨져 있다는 것이지요. 지적인 정직함이 없는 사람이 신학을 공부하면 자기 자신을 속이고 수많은 사람을 속이는 무서운 위선자가 될 수 있습니다. 신앙을 빙자하여 위선과 교만과 독선과 편견과 미신을 조장하는 것은 하나님이 가장 미워하시는 일입니다. 신앙이 뜨겁다 보면 자기도 모르는 사이에 독선과 편견의 나락으로 떨어질 수 있습니다.[9] 그러므로 헤셸은 신앙 없는 사람의 종교 비판에 열린 마음을 갖는 태도와 이성적으로 신앙을 반성하고 성찰하는 자세는 올바른 신앙을 유지하기 위해 반드시 필요하다고 강조합니다.[10]

성경은 특별 계시가 종의 형체로 낮아진 것이다

하나님 편에서 인간에게 자신을 드러내 보여주시지 않는 이상, 인간은 하나님에 관해 알 수 없고 하나님의 뜻을 발견할 수 없습니다. 하나님께서 그분의 뜻을 인간에게 드러내 보이시는 것을 '계시'(*revelatio*)라고 부릅니다. 하나님의 말씀이 인간에게 계시되려면 그 말씀이 인류 가운데 들어와야 하고, 시공의 제약을 받는 인간의 언어로 낮아져야 합니다. 삼위 하나님께서 그분들끼리 대화하는 방식이나 천사들과 대화하는 방식으로 말씀하시면, 우리는 알아들을 길이 없습니다. 하나님의 말씀이 인간의 언어로 낮아지지 않았다면 하나님의 말씀은 계시될 수 없었을 것이고 하나님과 인간 사이의 '교통'(*communio*, 교제)은 불가능했을 것이며, 인간을 구원하

---

9 앞의 책, 37.

10 앞의 책, 36.

기 위한 하나님의 계시의 목적은 성취될 수 없었을 것입니다. 그러므로 계시는 인간의 언어로 기록되기까지 낮아져야 했습니다. 하나님의 로고스가 우리와 온 세상의 구원을 위해 마리아의 모태로부터 혈과 육을 취해 '성육신'(*incarnatio*)하사 종의 형태로 낮아진 것과 마찬가지로, 하나님의 말씀 또한 우리와 온 세상의 구원을 위해 인간의 언어가 되어 종의 형태로 낮아졌습니다.

헤르만 바빙크는 예수 그리스도가 "하나님의 영원한 말씀의 육화"(로고스)인 것처럼 성경은 "하나님의 영원한 말씀의 언어화", 즉 하나님의 말씀이 인간의 언어로 변한 것이라고 했습니다. 영원한 말씀이 예수 그리스도 안에서 사람이 된 것처럼, 영원한 말씀이 성경 안에서 인간의 언어가 되었습니다. 그래서 바빙크는 성경을 성육신 사건에 비견하여 "특별 계시가 종의 형태를 취하여 낮아진 것이 곧 성경"이라고 갈파했습니다.[11] 따라서 특별 계시와 성경의 관계는 서로 구분되어야 하지만 분리될 수는 없습니다.

성경과 특별 계시는 구분해야 하지만 분리할 수 없다

물론 하나님의 특별 계시는 성경의 형태로 기록되기 전에도 있었습니다. 모세 이전에도 하나님께서는 특별 계시의 말씀을 하셨지만, 그때 성경은 존재하지 않았습니다.[12] 그러므로 특별 계시의 역사는 성경 계시의 역사보다 훨씬 장구합니다. 분량도 성경보다 훨씬 많습니다. 하나님의 구원 역

---

11 Herman Bavinck, 박태현 역, 『개혁교의학 1』(*Gereformeerde Dogmatiek I*, 서울: 부흥과개혁사, 2011), 509.

12 최홍석, 『당신의 말씀은 진리니이다: 교의학의 원리와 방법』, 179.

사 속에서 계시된 하나님의 말씀이 모두 성경으로 기록된 것은 아니기 때문입니다.[13] 그래서 특별 계시와 성경은 구분할 필요가 있습니다. 그러나 둘을 분리할 수는 없습니다.[14]

만약 특별 계시와 성경을 분리해버리면 성경은 하나님의 영감된 계시의 말씀이 아니라 단지 인간의 책으로 전락할 위험성이 있습니다. 하나님의 로고스가 성육신한 것처럼, 하나님의 로고스가 인간의 언어가 되었습니다. 헤르만 바빙크가 아름답고 예리하게 표현했듯, 예수 그리스도가 인간의 형체를 취하신 것처럼 성경은 하나님의 말씀이 인간의 언어가 되어 종의 형태를 취한 것입니다.

> 언어의 육체는 글이다.…계시는 인류 안에 완벽하게 개입하여 인류의 완전한 소유가 될 수 있도록 성경의 형태와 양식을 취했다. 성경은 계시가 종의 형체를 취한 것이다(De Schrift is de dienstknechtgestalte van de openbaring).[15]

조직신학에 대한 조예가 부족하면 신학 언어가 천박해진다

저는 신학을 공부할 때 매우 아름답고도 예리한 표현력을 배울 수 있는 분야가 조직신학이라고 봅니다. 목사님들 중에 성경 강해는 아주 훌륭하게 하지만, 설교에서 사용하는 신학적 언어가 천박하고 빈곤한 분이 더러 있습니다. 성경신학 훈련에 비해 조직신학 훈련이 상대적으로 불충분했기 때문입니다. 반면 조직신학에 대한 조예가 있는 사람은 아주 아름답고 영

---

13 앞의 책, 179.

14 앞의 책, 179.

15 Herman Bavinck, 박태현 역, 『개혁교의학 1』, 509.

성 깊은 언어로 성경적 지식을 잘 표현해낼 수 있습니다.

몇 해 전 코메니우스 대학교 개신교 신학부의 조직신학 교수였던 이고르 키시스(Igor Kiss)가 "한국 코메니우스 학회"의 초청으로 내한하여 총신대학교에서 강연한 적이 있습니다. 키시스 교수는 코메니우스의 『범개혁론』(Panorthosia)이라는 저서에 하나님께서 이 세상을 통치하실 것이고 이 세상을 아름답게 하실 것이라는 사상이 담겨 있다고 말했습니다. 그가 이 세계에 대한 범개혁을 주장했다는 것이었죠. 그때 한 대학생이 질문합니다. 코메니우스는 윤리, 즉 인간 사이의 수평적 관계만을 지나치게 강조한 것 아니냐고, 하나님과 인간의 수직적 관계도 있지 않냐고 말입니다. 그때 키시스 교수는 코메니우스가 둘을 동시에 강조했다면서 이런 표현을 썼습니다. "우리가 얼굴을 들어 하나님을 바라보면서, 어떻게 이웃에게 차가운 등을 보일 수 있겠습니까?" 참으로 시적이고 함축적이면서도 멋진 표현이죠! 진리를 함축하는 표현 아닙니까? 이런 것이 바로 조직신학자들의 전매특허인 아름답고도 신학적인 표현입니다.

이처럼 조직신학 훈련을 잘 받으면 시적이고 영성적이고 미학적인 표현을 배울 수 있습니다. 물론 성경신학을 열심히 공부하여 성경에 대한 지식을 풍부하게 습득하는 것은 중요합니다. 그러나 조직신학을 통해 교리의 뼈대와 골격도 익혀야 하고, 함축적이고 묵상적이고 시적이며 미학적인 언어도 배워야 합니다.

제16강

성경 영감론

성경의 영감을 심리학적 개념으로 오해하면 안 된다

성경의 영감은 심리학적 개념이 아닌 신학적 개념입니다. '심리학적 개념'(psychologischer Begriff) 혹은 '유사심리학적 개념'(parapsychologischer Begriff)에 따라 영감을 생각하다 보면 그것을 황홀경이나 열광의 개념으로 오해하기 십상입니다. 물론 성경에 보면 성경 저자들이 하나님의 예언의 말씀을 인식하고 대언할 때 황홀경 상태로 들어갔던 예가 나오기는 합니다. 예를 들어, 사도 요한은 성령의 감동으로 황홀경 중에 묵시를 봤습니다. 요한계시록 1:10에 "주의 날에 내가 성령에 감동되어"라는 말씀이 있는데, 이는 "주의 날에 나는 성령에 의해 황홀경에 빠져서"라고 번역할 수도 있습니다. 하나님께서 이렇게 사도나 예언자를 통해 황홀경의 방법으로 그의 뜻과 말씀을 계시하신 적이 있으나 이는 극히 제한적인 경우입니다. 성경의 영감을 황홀경적인 것으로 일반화해서는 안 됩니다. 황홀경 현상은 하나님으로부터 온 것도 있지만 사탄으로부터 온 것도 있습니다. 사도 요한의 말처럼 모든 영이 다 성령은 아니기 때문입니다(요일 4:1-2). 사도 요한은 그 영이 하나님에게서 왔는지 사탄에게서 왔는지 시험해봐야 한다고 했습니다.

성경 영감 교리가 의도한 일차적 의미는 무엇일까요? 바로 하나님께서 성경의 원저자(1차 저자)이심을 명확히 하는 것입니다. 그러므로 성경 영감 교리를 심리학적 범주로 오해해서는 안 됩니다. 독일 신학자 파울 알트하우스의 말을 들어봅시다.

> 영감의 신학적 개념은 어떤 심리학적 발생과는 완전히 무관한 것이다. 영감 교리가 말하고자 하는 것은, 하나님께서 성경 저자가 되신다는 것이다. 다르게 말하면 하나님께서 인간의 언어를 통하여 우리와 함께하시는데, 성령의 능력 안에서 그렇게 하신다는 것이다.[1]

그러므로 성경이 하나님의 영감으로 된 말씀이라고 했을 때, 그 영감의 의미를 황홀경이나 감정의 격동 같은 심리학적 의미로 환원해서는 안 됩니다. 인간인 성경 저자에게 임한 성령의 영감의 범위는 저자의 생각, 사상, 역사적 배경과 그의 구체적 상황 모두를 포함한다고 봐야 합니다. 성경 저자가 황홀경 가운데서 하나님께서 불러주신 것을 타자수처럼 받아 쓴 것이 성경 기록이라고 규정하여, 성경의 문자를 신성시하고 문자에만 붙들려 문자주의적 해석만을 일삼는 것은 영감을 잘못 이해한 결과입니다. 이러한 오해로부터 많은 이단의 사악한 교설이 발생한다는 사실을 명심해야 합니다. 다시 말하지만 성경의 영감을 심리학적 개념으로 오해해서는 안 되며 신학적 개념으로 이해해야 합니다.

---

1   Paul Althaus, 윤성범 역, 『교의학개론』(*Grundriß der Dogmatik*, 서울: 대한기독교서회, 1983), 87.

영감의 방법: 기계적 영감이 아니라 유기적 영감이다

그렇다면 영감의 방법을 구체적으로 알아보겠습니다. 하나님께서 영감을 주시는 방법은 기계적이지 않고 유기적입니다. 우리는 기계적 영감론이 아닌 유기적 영감을 믿습니다. 우선 성경이 하나님의 영감으로 된 하나님 말씀이라는 사실은 성경이 자증하는 바이지요. 디모데후서 3:16은 성경을 "하나님의 입김이 불어넣어진" 혹은 "하나님으로 말미암아 호흡된"(θεοπνευστος, von Gott eingegeben) 책, 그러니까 하나님의 영감으로 된 책이라고 정의합니다.[2] 한글 성경에는 "하나님의 감동으로 된 것"이라고 번역되어 있지요. 그런데 성경이 성령의 영감으로 된 책이라고 해서 성령과 성경 저자를 단지 기계적인 관계로 보지는 않습니다. 성경 저자가 성령의 영감을 받아 성경을 기록했다고 믿지만, 단순히 성령께서 불러주시는 것을 기계적으로 받아 적는 타자수 역할을 했다고 보지는 않습니다.

'영감'(θεοπνευστος)으로 되었다는 것은 성령께서 감동을 주시자 저자가 타자 치듯 기계적으로 말씀을 받아 적었다는 의미가 아닙니다. 우리는 성경 영감론을 그런 식으로 믿지 않습니다. 그런 것은 신학을 이단적 사설로 인도할 수 있는 아주 위험하고 잘못된 견해입니다. 성경 영감론을 그런 식으로 이해하는 사람은 이단에 빠질 가능성이 매우 큽니다. 성경 저자가 황홀경 속에서 하나님의 성령이 불러준 대로 받아 적은 것이 성경이고, 그런 기계적인 의미에서 성경이 영감되었다고 믿는 것은 굉장히 신앙이 좋은 것처럼 보일 수 있습니다. 그러나 이는 이단으로 가는 관문이 될

---

2   Herman Bavinck, 차영배 편저, 『H. Bavinck의 신학의 방법과 원리』(서울: 총신대학교출판부, 1983), 331.

수 있는 매우 위험한 견해입니다. 우리는 성경이 기계적 의미에서 영감되었다고 믿지 않습니다.

우리는 '성경의 저자는 하나님'(*Auctor sacrae Scripturae est Deus*)이라고 믿습니다. 그러나 그렇다고 성령님께서 인간 저자의 인격과 지식과 역사적 배경과 환경을 철저히 배제한 채 말씀을 불러주셨고, 저자는 불러주시는 말씀을 단순히 받아 적었다고 생각하지 않습니다. 하나님의 성령이 성경의 주된 저자인 것은 맞지만, 성경이 인간 저자의 참여를 배제하지는 않습니다. 이 사실 또한 성경이 자증합니다. 보십시오, 사복음서(마태, 마가, 누가, 요한)의 문체가 서로 다르지 않습니까? 게다가 같은 사건의 배열도 복음서마다 다릅니다. 또한 바울의 문체와 야고보의 문체가 다르고, 바울의 신학적 배경과 야고보의 신학적 배경이 다르지 않습니까? 그리고 공관복음과 요한복음을 비교해보면 예수님의 가르침에 대한 강조점의 차이가 분명히 있잖아요? 이처럼 성경 저자들의 사상과 인격과 그들이 처했던 공동체의 상황과 시대적 상황 등이 모두 각 저자의 저작에 반영되어 있음을 성경 자체가 자증 혹은 내증하고 있습니다. 그러므로 성경의 영감을 기계적 영감으로 이해해서는 안 됩니다. 우리는 성경이 유기적 의미에서 영감되었음을 믿습니다. 유기적 영감론을 믿는다는 것은 성령께서 성경 저자에게 영감을 주실 때 그들의 인격을 존중하셔서 개인의 인격과 교육적·사상적 배경은 물론 그들이 처한 공동체적 상황과 시대적 상황 등을 침해하지 않으시면서도 그들을 감동하사 하나님의 말씀을 오류 없이 기록하게 하셨다는 믿음입니다. 이것이 바로 '유기적 영감'의 의미입니다.

우리는 무함마드(Mohammed)가 영감 가운데 코란(Koran)의 내용을 받았듯이 성경 저자가 무의식과 황홀경 상태에서 성령이 불러주시는 것을 기계적으로 받아 적어 성경을 기록했다고 생각하지 않습니다. 이슬람교는 코란을 황홀경 가운데 알라가 불러주신 대로 받아쓴 책이라고 믿지만, 우리는 성경의 영감을 그런 식으로 믿지 않습니다. 우리는 기계적 영감이 아닌 유기적 영감을 믿습니다. 유기적 영감에 대한 믿음은 개혁교회 교부 칼뱅에게서도 발견되며, 개혁신학자 아브라함 카이퍼, 헤르만 바빙크, 에두아르트 뷜, 벤저민 워필드(Benjamin B. Warfield), 게르하르두스 보스 등도 유기적 영감론을 지지했습니다.

영감의 범위: 사상적 영감이 아니라 축자적 영감이다

이제 유기적 영감론과 짝을 이루면서 종종 등장하는 '축자적 영감론'(verbal inspiration)에 관해 말씀을 드릴 차례입니다. 축자적 영감론에 따르면 하나님께서는 성경 저자가 말씀을 기록하기 위해 언어(단어)와 표현을 선택할 때 오류에 빠지지 않도록 지키셨는데, 이때 각자의 문체와 어법에 배어 있는 개성과 독특성을 억압하고 침해하지 않으면서도 오류로부터 지켜주셨다는 것입니다. 유기적 영감론이 영감의 성격 및 방법과 관계된 이론이라면 축자적 영감론은 영감의 범위와 관계된 이론입니다.

또 영감의 범위와 관련해 '사상적 영감론'(ideological inspiration)이라는 것이 있는데 이 이론을 주장하는 이들은 성경의 사상은 영감으로 되었다고 보지만 글자까지 영감으로 되었다는 개념은 배척합니다. 그러나 우리는 이에 맞서 영감의 범위가 사상만이 아니라 글자에까지 미친다는 사실을 천명합니다. 헤르만 바빙크는 언어의 육체에 해당하는 것이 글자라고 봤습니다. 언어 안에 사상이 담기는데, 이 언어의 육체가 글자라면 글자의 오류는 사상의 오류로 연결될 수 있습니다. 사상적 영감의 개념만으로는 사상의 무오성을 지켜내기 힘듭니다. 예를 들어, 뛰어난 요리사가 맛과 영양 모두 완벽한 음식을 만들었다고 합시다. 그런데 이 음식을 담은 그릇의 재질이 불량이고 위생 상태 또한 불결하다면 아무리 맛과 영양이 완벽한 음식이라도 그런 그릇 안에서는 제 기능을 못할 뿐 아니라 맛과 영양이 훼손됩니다. 이런 문제는 사상과 글자의 관계에서 더욱 심각해질 수 있습니다. 사상을 표현하는 글자에 문제가 생기면 그 사상 자체가 훼손될 수밖에 없습니다.

축자적 영감론은 영감의 방법이 아닌 범위와 관계된 교리임을 잊어서는 안 됩니다. 개혁신학이 축자적 영감론(성경 영감의 범위가 글자에까지 미친다)을 통해 의도하는 바는 특정 성경만이 영감으로 된 하나님의 말씀이 아니라, 창세기부터 요한계시록까지의 모든 성경이 동등하게 영감되었기에 전체가 동등한 권위를 가진 하나님의 말씀임을 강조하는 것입니다. 루터 신학의 고전적 성경관은 '이신칭의'(justificatio, 오직 믿음으로 말미암아 의롭게 된다)의 관점에서 '정경 안의 정경'(Kanon in Kanon)을 강조했습니다. '이신칭의'에 부합하는 책은 정경 중에서도 정경이라고 보고, 부합하지 않는 책은 변죽을 울리는 책이라고 봤습니다. 그래서 루터는 '오직 믿음'을 강조하는 바울서신을 정경 중의 정경으로 보고, 그 외의 성경 본문은 그가 바울서신의 핵심이라고 생각한 이신칭의 사상의 잣대에 맞춰 해석했습니다. 그러나 개혁신학에서는 축자적 영감론에 따라 영감의 범위가 성경 전체에 미친다고 보기 때문에 루터 신학의 고전적 성경관, 즉 '정경 안의 정경' 개념을 인정하지 않습니다. 그래서 개혁신학은 루터 신학과는 달리 축자적 영감론과 함께, '오직 성경'(sola scriptura)에서 성경이란 '전체 성경'(tota scriptura)임을 천명합니다. 그래서 축자적 영감론은 영감의 범위에 관한 것임을 명심해야 하는 것입니다. 축자적 영감론이 영감의 방법이라고 오해하거나 착각하는 순간, 교리의 원래 의도를 상실되고 마침내 기계적 영감론으로 왜곡되는 심각한 사태가 발생하고 맙니다. 그래서 우리는 영감의 성격 및 방법에 있어 유기적 영감론의 입장을 견지할 뿐 아니라 영감의 범위에 있어 축자적 영감론의 입장을 견지합니다.

그러나 축자적 영감론은 성경의 사상과 내용을 지키기 위해 견지하는 이론이지, 기계적 영감론에 따른 문자주의적 성경관을 주장하려고 견지하는 이론이 아님을 분명히 해야 합니다. 성경은 유기적인 의미에서 영감되었고 영감의 범위는 글자에까지 이르기에 그 사상과 내용은 정확무오하므로 우리는 신명을 다 바쳐 그 말씀의 가르침에 순종하며 살아야 합니다. 이러한 목적을 위해 견지하는 축자적 영감론은 저명한 복음주의 신학자 제임스 패커(James I. Packer)가 경계했듯이 기계적 영감론과 혼동되지 않도록 매우 주의를 기울여 해설해야 합니다. 축자적 영감의 개념을 조금만 잘못 이해하면 기계적 영감으로 나아가는 관문이 될 수 있습니다. 축자적 영감론을 영감의 범위와 관계해서 이해하지 않고 영감의 방법으로 오인하는 순간, 축자적 영감론은 기계적 영감론으로 오독되는 사태가 발생하고 맙니다. 실제로 축자적 영감의 개념을 종종 기계적 영감과 같은 개념으로 오용하고 남용하는 이들이 있습니다. 따라서 축자적 영감의 개념은 유기적 영감의 개념과 함께 사용해야 하지만—이를 '축자적–유기적 영감론'(the doctrine of verbal-organic inspiration)이라고 부릅니다—기계적 영감의 개념과는 엄격하고 치밀하게 구분하여 설명해야 합니다. 영감의 방법은 유기적 영감입니다. 그러나 영감의 범위는 축자적 영감입니다. 그러므로 영감의 방법과 범위를 결코 혼동해서는 안 됩니다.

예수 그리스도가 참 하나님이고 참 인간이시듯 성경도…

유기적 영감론에 따르면 성경은 100% 하나님의 말씀인 동시에 100% 인간 저자의 기록입니다. 성경이 가진 이러한 두 본성, 즉 신성과 인성을 인정하지 않으면 성경의 역사성을 부인하게 되고, 역사성을 부인한다면 성경은 가현적인 문서로 전락하고 맙니다. 그러면 그리스도론에 있어 가현설 이단에 상응하는 성경 교리에 있어서, 가현설적 이단 논리가 형성되고 맙니다.

그리스도론 중에 가현설(假現說, Docetism)이라는 것이 있는데, 바로 영지주의자들이 주장한 이론이지요. 영지주의자들은 육체가 기본적으로 악하다고 생각했기에 하나님의 영원한 말씀이 육체가 되는 것 자체가 불가능하다고 생각했습니다. 그래서 그리스도교로 개종한 영지주의자들은 초기 교회 안에서 예수 그리스도의 성육신에 의문과 이의를 제기했습니다. 그 때문에 영지주의자들과 교부들 사이에 성육신을 둘러싼 논쟁이 벌어지죠. 교부들은 영지주의자들의 가현설적 그리스도론을 결사적으로 반대합니다. 유명한 영지주의자 중에 마르키온(Marcion, 85?-160?)이라는 인물이 있어요. 마르키온은 당시 지중해에서 선박 사업을 해 돈을 많이 번 거상이었지요. 요즘으로 말하면 선박 회사 회장님이었습니다. 마르키온은 사업하면서 포교를 한 것 같은데, 지중해 연안에서 강력한 세력을 형성하고 있었습니다. 당시 지중해 일대에서 마르키온파가 다수파였으니까요. 마르키온의 그리스도론은 이런 것이었습니다. 예수님이 지상에 계실 때 그는 성육신하신 실재의 인간이 아니었고 육체가 없는 영적 존재였는데 다만 우리 눈에 육체가 된 것처럼 보였을 뿐이라는 것입니다.

십자가 사건에 관한 영지주의 계열의 문헌을 보면, 예수님께서 십자가에 달려는 있는데 이 육체가 가짜라고 주장합니다. 진짜는 하늘에서 십자가에 달려 있는 자기 모조품을 내려다보고 있다고 합니다. 그런데 가만 보니 제자들이 와서 울고 어머니도 울고 여러 사람이 모여서 웁니다. 그러자 진짜 예수는 천상에서 아래를 내려다보면서 모조품을 보고 우는 이들을 조롱합니다. 이처럼 영지주의자들은 지상에서 사역했던 예수 그리스도를 실제로 사람이 되신 하나님의 말씀이라고 생각하지 않았습니다. 영지주의에 따르면 예수 그리스도는 단지 우리 눈에 사람으로 보였을 뿐, 사실은 영적 존재라는 것입니다. 영지주의 입장에서 십자가에 달린 예수 그리스도는 진짜 사람이 아니라 가짜 사람인 것이지요.

이런 그리스도론을 영어로 '도세티즘'(Docetism)이라고 하는데, 이를 번역한 말이 가현주의나 가현설입니다. 가현(假現)이라는 말은 '가짜 현실'이라는 뜻이지요. 가짜 현실! 제가 신학을 배울 때는 이 도세티즘을 우스갯소리로 '도깨비즘'이라고 불렀습니다. 예수를 육체가 없는 도깨비처럼 생각한다는 거죠. 가현설은 영지주의 이단이 주장한 이래로 공교회가 사력을 다해 반대했던 예수 그리스도에 관한 잘못된 교리입니다. 우리는 예수 그리스도께서 성부와 같은 '참 하나님'이시며 동시에 우리와 같은 '참 인간'이심을 믿습니다. 그리스도께서는 100% 하나님이시지만, 100% 인간이심을 믿습니다. 이것이 예수 그리스도에 대한 공교회의 신앙고백입니다.

이처럼 그리스도론에서 예수님의 '신성'과 '인성'을 동시에 인정하지 않으면 가현설적 이단에 빠지듯이, 성경의 영감과 관련하여 성경의 '신성'과 '인성'을 동시에 인정하지 않아도 마찬가지 결과가 됩니다. 성경의 신성만 강조하면 성경의 역사성이 거부되고, 그러면 가현설적 성경관을 피할 수 없게 됩니다. 파울 알트하우스는 성경 영감 교리가 그리스도론에 정확히 상응한다고 밝혔습니다.

> 성경 교리는 그리스도론에 아주 정확하게 상응한다. 만일 그리스도론에
> 있어서 성육신의 이론, 즉 신적인 것과 인간적인 것의 상관성이 불가능
> 하다고 주장하게 되면, 마찬가지로 성경에 관한 교리에 있어서도 성육신
> (Menschwerdung)의 논리가 불가능해지거나 허용되지 않는다. 성경의 신적
> 인 차원과 인간적인 차원은…성경이라는 책과 그 책의 역사가 지닌 해체할
> 수 없는 이중적인 성격이다.[3]

우리가 기계적 영감론의 입장에 서면, 성경은 역사성 없는 가현적인 문서
로 전락하고 맙니다. 우리는 그런 성경 영감론을 믿지 않으며 그렇게 믿
어서도 안 됩니다. 그러므로 오스트리아 빈의 개혁신학자 에두아르트 뵐
이 지적한 것처럼 우리는 기계적 영감론에 맞서 유기적 영감론을 믿으며,
성경이 100% 하나님 말씀이면서 동시에 100% 인간의 말임을 믿습니다.[4]

성경을 주석할 때는 성경 학자의 구체적 연구를 주의 깊게 참조해야 한다

성경은 기계적인 의미가 아니라 유기적인 의미에서 영감으로 기록되었기
때문에, 하나님의 성령은 성경 저자의 인격, 사상, 상황, 당시의 역사적 배
경 등을 배제하지 않으시고 그것들을 통해 자신의 말씀을 오류 없이 전하
도록 영감을 주셨습니다. 그러므로 성경을 읽고 이해할 때는 단지 문자적

---

3   Paul Althaus, 윤성범 역, 『교의학개론』, 88.

4   Eduard Böhl, *Prolegomena voor Eene Gereformeerde Dogmatiek* (Amsterdam: Scheffer & Co.,
1982), 56.

으로 읽어서는 안 됩니다. 성경 저자의 인격, 사상, 처했던 상황, 당시의 역사적 배경을 구체적으로 고려하면서 읽고 주석하고 현재에 적용해야 합니다. 그러므로 성경을 주석할 때는 오늘날 성경 학자들의 다양한 연구들, 즉 문법, 문체, 장르에 관한 연구와 본문 배후의 구체적 상황과 역사적 배경에 관한 연구 등을 주의 깊게 참고해야 합니다.

기계적 영감론과 세대주의 신학의 관계

신약성경의 책들 가운데 저자의 신학 사상과 당시의 역사적 배경과 문체 등을 전혀 고려하지 않고 오로지 문자적으로 읽었을 때 심각한 문제가 생기는 대표적인 책이 무엇입니까? 바로 요한계시록입니다. 실제로 요한계시록을 문자적으로 해석하면서 수많은 이단이 출몰했습니다. 19세기 말엽에 기계적 영감론에 입각해서 성경을 일곱 세대로 나누고 그 구도 속에서 요한계시록을 문자적으로 보면서 등장한 이단적 경향의 종파가 있었습니다. 오늘날까지 존재하는 '세대주의'(Dispensationalism)입니다. 세대주의는 성경의 문자주의적 이해에서 나온 이단적 종말론 사상입니다.

　　세대주의의 태두는 영국 목회자 존 넬슨 다비(John Nelson Darby, 1800-1882)라는 인물이었습니다. 그 이후 꽤 많은 추종 세력이 형성되었죠. 세대주의자는 거의 예외 없이 기계적 영감론의 관점에서 성경을 문자주의적으로 이해했으며 지금도 그렇습니다. 그들은 성경의 구원 역사를 다음과 같이 일곱 세대로 나누어서 파악했습니다.

　　1. 무죄의 시대: 타락 이전 아담의 시대
　　2. 양심의 시대: 아담에서 노아 홍수까지의 시대

3. 인간 통치의 시대: 바벨탑 이후의 시대

4. 약속의 시대: 아브라함에서 모세까지의 시대

5. 율법의 시대: 모세에서 그리스도까지의 시대

6. 은총의 시대: 그리스도 이후부터 공중 휴거까지의 시대

7. 천년왕국 시대: 재림으로부터 새 창조까지의 시대

세대주의자들은 이런 일곱 세대의 틀 속에서 요한계시록을 문자적으로 읽습니다.[5] 그들은 오늘날을 마지막에 해당하는 여섯 번째 내지는 일곱 번째 세대로 보며, 얼마 안 가 예수 그리스도께서 재림하실 것이라고 주장합니다. 그래서 곧 천년왕국이 시작될 것인데, 그 왕국이 시작되기 전에 예수님께서 재림하실 것이라고 주장합니다. 세대주의자들의 이러한 종말론을 '세대주의적 전천년설'(Dispensational Premillennialism)이라고 부릅니다.

종말론의 세 가지 학설: 전천년설, 후천년설, 무천년설

지금 우리는 기계적 영감론과 세대주의 신학의 상관성을 따져보고 있습니다. 이왕 종말론 이야기가 나왔으니, 종말론의 세 가지 대표적인 학설을 간단하게 정리해보도록 합시다. 종말론은 크게 세 가지 학설로 나뉩니다. 전천년설(Premillennialism), 후천년설(Postmillennialism), 무천년설(Amillennialism)이 그것이죠.

그렇다면 전천년설은 무엇일까요? 전천년설은 천년왕국이 시작되기 전에 예수님께서 재림하신다는 학설입니다. 그러니까 천년왕국 '전에' 예

5　참조. 김균진, 『종말론』(서울: 민음사, 1998), 194-195.

수님이 온다는 견해죠. 전천년설이라고 하니까 잘 와닿지 않는데, 쉽게 말해 전천년설은 '천년왕국 전 예수 재림설'을 의미합니다. 예수님이 먼저 오셔서 천년왕국을 이루시는 것입니다. 그럼 후천년설은 뭔가요? 천년왕국이 있고 난 후에 예수께서 재림하실 것이라는 학설입니다. 쉽게 풀어서 말하면 '천년왕국 후 예수 재림설'이라고 할 수 있겠습니다. 그렇다면 무천년설은 무엇일까요? 천년왕국은 없다는 가설이지요.

세대주의자는 전천년설을 신봉한다

대다수의 세대주의자는 전천년설을 신봉합니다. 그래서 세대주의자들의 종말론을 '세대주의적 전천년설'이라고 부릅니다. 세대주의적 전천년설의 주장은 지금의 세대가 마지막인 여섯 번째 내지는 일곱 번째 세대고, 이 시대의 끝에 어느 날 갑자기 휴거가 일어나서 거룩한 성도들이 일차적으로 휴거되며, 다음으로 칠 년의 대환란이 시작되고, 이 혹독한 박해가 칠년 동안 계속된 후[6] 예수님이 오셔서 천년 왕국이 열린다는 것입니다. 이것이 세대주의자가 주장하는 전천년설의 전형적인 도식입니다. 물론 이것을 약간 변형하여 제시하는 이들도 있지만, 전형적인 도식은 지금 설명해드린 대로입니다.

---

6 휴거와 대환란의 구체적인 관계에 관해서는 세대주의자들 사이에서도 입장이 여럿으로 갈린다. 칠 년 대환란 시작 전에 휴거가 일어난다고 보는 이들이 있고, 칠 년 대환란 중간에 휴거가 일어난다고 보는 이들이 있는가 하면, 칠 년 대환란 후에 휴거가 일어난다고 보는 이들도 있다. Robert Doyle, 『교리속 종말론』(*Eschatology and the Shape of Christian Belief*, 서울: 그리심, 2010), 354을 참조.

기계적 영감론 및 세대주의적 전천년설과 신천지의 상관성

세대주의적 전천년설은 애초에 이단 종파로 유행한 것이 아니었습니다. 이 이론은 1970-80년대에 한국 기성 교회 안에서 널리 유포되었던 종말론의 전형이었습니다. 한국교회는 이단에 속하지 않은 교파라도 유독 종말론에서 이단적 경향을 띠는 측면이 있습니다. 이건 아주 심각한 일입니다. 지금까지 한국교회 안에서 널리 유포된 종말론을 살펴보면 유독 세대주의적 전천년설의 경향이 강합니다. 물론 종말론에 관해 바른 견해를 가지고 신자들을 잘 양육하는 목회자도 적지 않지만, 지금까지도 세대주의적 견해에 기울어 있는 목회자나 신자가 기성 교회 안에 상당히 많아 보입니다. 제가 신학교에 다닐 때 신학생끼리 농담 반 진담 반으로 한 이야기가 있는데, 정통적인 교회도 종말론의 영역에만 들어오면 이단적 경향을 띤다는 것이었습니다.

한국교회가 이처럼 세대주의적 견해를 갖게 된 근원적인 이유는 여러 가지가 있겠지만, 성경관의 관점에서 보면 기계적 영감론과 밀접한 관련이 있습니다. 목회자나 신자들의 성경 이해가 기계적 영감론에 기울어 있으면, 세대주의 신학에 쉽게 설득당할 수밖에 없습니다. 특히 요한계시록을 이해할 때 더욱 그렇습니다. 세대주의자들이 기계적 영감론에 따라 요한계시록을 가지고 짜 맞춘 신학이 세대주의적 종말론과 그에 바탕을 둔 시한부 종말론이거든요. 그러므로 성경을 어떻게 이해하느냐는 대단히 중요한 문제입니다. 한국교회 현장에 기계적 영감론 관점의 문자주의를 신봉하는 목회자와 신자가 넘쳐나기에, 세대주의적 종말론은 그런 곳에서 은둔하고 서식할 수 있었습니다.

지난주에도 어느 교회에 갔더니 교회 정문에 이렇게 붙여놓았더군요.

"신천지 교인은 출입을 금합니다." 여러분, 신천지라는 이단의 종말론이 바로 세대주의적 전천년설입니다. 신천지는 세대주의적 전천년설을 아주 치밀하고 정교하게 짜 맞춰서 열정적으로 유포하고 있습니다. 즉 1970-80년대 한국 기성 교회의 종말론이 신천지 같은 이단이 클 수 있는 비옥한 토양이 된 것입니다. 그래서 신천지가 비교적 짧은 시간에 그렇게 맹위를 떨치며 교세를 확장할 수 있었던 것입니다. 요새는 하도 신천지 같은 이단이 세대주의적 종말론 혹은 시한부 종말론을 가지고 위세를 떨치다 보니, 기성 교회 안에서 세대주의적 종말론 주장이 자취를 감추기는 했습니다. 그러나 요즘 이단들이 하는 이야기는 사실 1970-80년대에 많은 기성 교회 목회자들이 많이 하던 이야기였습니다. 당시 교회에 가면 요한계시록과 관련하여 흔히 들을 수 있는 이야기였다는 겁니다.

몰래 부모님의 침실을 엿보다

제가 어릴 적에 다니던 교회 목사님이 저를 아주 사랑해주셨어요. 어린 애가 교회도 열심히 다니고 성경도 열심히 보니까 예뻤던 거지요! 게다가 믿지 않으시겠지만 제가 어릴 때 좀 예쁘게 생겼었거든요. 그 목사님께서 어느 날 저를 부르시더니 저를 아끼기 때문에 빌려주는 것이라며 책을 건네주셨어요. 그중 하나가 『휴거』였고 또 한 권은 대략 『유럽공동체와 적그리스도』라는 식의 제목이었습니다. 그때는 유럽연합(EU)이 결성되기 전이었거든요. 저는 그 책들을 받아다가 집에 와서 읽기 시작했고, 읽고 나서 굉장히 충격을 받았어요. 지금도 그때 느꼈던 충격과 공포의 감정이 생생히 살아 있을 정도니까요. 내용이 너무나 무섭고 충격적이라 밤을 꼴딱 새우면서 읽었습니다.

다음 날 아침에 저는 공포와 전율에 떨면서 이 무서운 진실을 사람들에게 알려야 한다고 생각했습니다. 저만 알아서는 안 되겠더라고요. 그래서 여동생에게 그 책을 읽으라고 줬어요. 제가 그때 중학교 2학년이었고 제 여동생은 초등학교 6학년이었어요. 여동생도 그 책들을 밤새워 읽더니 저에게 "오빠, 고마워!" 그러더라고요. 덕분에 자기도 진실을 알게 됐다는 겁니다. 그때부터 저와 여동생의 고뇌와 공포가 시작됐습니다. 그래서 어떻게 했는지 아세요? 저와 여동생은 밤마다 잠을 설치면서 숨죽여가며 부모님 침실을 엿보기 시작했습니다. 무슨 관음증 환자처럼 말이죠. 왜 그랬겠어요? 그다음 날 아침에 엄마와 아빠가 휴거를 당할까 봐 두려웠던 것이었습니다. 그 책에 따르면 그날이 도적같이 온다고 되어 있는데, 부모님이 사라지면 어린 우리에게는 정말 큰일 아닙니까? 당시로서는 우리에게 너무도 큰 공포였지요. 그래서 밤마다 부모님의 침실을 들여다보기 시작했던 것입니다.

그리고 제가 여동생에게 이야기했어요. "야! 휴거가 도적같이 오면, 엄마 아빠가 들려 없어질 수도 있고 나나 네가 없어질 수도 있잖아. 그런데 이 모든 게 비상시에 일어날 일이니 우리 미리 합의해두자! 어쨌든 엄마 아빠 없이 너와 나 둘 중 하나가 남든가, 우리 둘 다 남는 사태가 벌어질 수도 있잖아? 휴거가 일어난 후에는 칠 년의 대환란이 벌어질 텐데, 그때 적그리스도와 그 일당들이 짐승의 코드를 우리 팔뚝과 머리에 새겨 넣으려 할 것이고 거부하면 혹독한 박해를 받게 될 거야. 그런데 너와 나는 어리니까 박해를 견디지 못해서 배교할 가능성이 높아. 배교하면 영원히 생명책에서 이름이 지워질 텐데 말이야. 그러니 그렇게 되기 전에 박해를 견디기 힘들면 우리 자살하자."

어린 마음에도 배교는 용서받지 못할 무서운 죄라고 생각했거든요.

그러니 우리 그냥 죽자! 제가 이런 이야기를 어린 여동생하고 했다니까요! 감수성 예민한 중학생 시절이었으니까요. 시키면 시키는 대로 하고, 진리라고 생각하면 곧이곧대로 행동하던 감수성 예민한 시절인데, 세대주의자들이 쓴 『휴거』 같은 책을 읽었으니 오죽하겠어요. 저는 이 일련의 강의의 마지막을 종말론으로 장식하려고 합니다. 하도 종말론에 관한 오해가 많아서, 이번 조직신학 서론 강의의 마지막 하이라이트는 종말론이 되면 좋겠어요. 자세한 건 그때 가서 좀 더 이야기하겠지만, 생각해보세요, 여러분! 당시에 저는 그런 종말론을 어느 이단 종파에서 전수받은 것이 아니라, 어엿한 기성 교회의 건전한 목회자가 건넨 책을 통해서 배운 것입니다.

신천지에게 당하는 이유: 신천지의 신학적 일관성?

얼마 전에도 연세가 여든 넘으신 아는 목사님을 만나 뵈었는데, 식사하기 전에 기도를 부탁드렸더니 "이 마지막 때에"라고 하시면서 기도하시더라고요. 물론 성경에 보면 이 "마지막 때에"라는 말이 있지만, 문제는 그 말씀 배후에 있는 목사님의 종말론입니다. "이 마지막 때에"라는 말 뒤에는 목사님의 세대주의적 종말론이 자리 잡고 있거든요. 하지만 어쩌겠습니까? 연로하신 목사님을 앞에 두고 "목사님의 종말론은 세대주의적 전천년주의의 경향이 있습니다"라고 말씀드릴 수는 없잖아요? 평생 그런 신앙으로 살아오셨는데요. 그래서 그냥 아무 말 못 했지만 조직신학 교수로서는 이런 말을 들을 때 어려움을 느껴요. 종말론에 대한 이런 식의 사고에서부터 신천지 같은 이단이 형성되었고, 그들은 그런 토양에서 서식해 왔으니까요.

기성 교회의 열심 있는 신자들에게 종말론에 관해 물어보면, 다 그런 것은 아니지만 많은 분이 세대주의적 전천년설 경향을 띱니다. 한국교회가 다른 교리에서는 비교적 정통적 입장에 충실한 편인데, 유독 종말론만큼은 세대주의적인 경향을 띠는 것 같습니다. 좀 극단적으로 말해서 교리가 일관되게 이단적이라면, 세대주의적 전천년설에 입각한 종말론을 가진 신자의 궁금증이 다른 교리와의 관계 속에서 나름 일관성 있게 해명이라도 될 것입니다. 그런데 신론, 인간론, 그리스도론, 구원론, 교회론까지는 나름대로 정통적인데, 종말론에서만 세대주의적 전천년설 경향을 띠니까 신자들은 생각할수록 머리가 꼬이는 것입니다. 그렇게 고민하던 차에 시종일관 세대주의적인 입장으로 신론부터 종말론까지 줄줄 꿰고 있는 세대주의 신학의 종결자 신천지 교리를 만나면 어떻게 되겠어요? 홀딱 넘어가 버리고 마는 거죠. 신천지에 휩쓸려가는 기성 교회 신자분 중에는 초신자가 아니라 교회에서 굉장히 열심히 섬기던 분들이 많습니다. 그들 대다수의 공통적인 증언이 뭔지 아세요? 신천지 교회에 갔더니 지금까지 20-30년씩 신앙생활 하면서도 못 배웠던 내용을 가르쳐주고 신앙적으로 의문이 있던 부분을 다 풀어주더라는 겁니다.

이단은 그들만의 조직신학을 제시하는데, 우리는?

이단에서 성경 공부한답시고 모여서 하는 게 뭔지 아십니까? 전부 자기 종파의 조직신학을 배우는 겁니다. 자기들의 조직신학을 아주 철저히 배워요. 신천지 교인은 기성 교인에게 접근할 때 신천지 안에서 배운 그들의 조직신학을 가지고 조직신학적 방식으로 이야기를 풀어나간다고요. 그런데 기성 교회의 교인들은 공교회의 전통적 조직신학을 제대로 배워본 적이 없습니다. 교리 교육을 철저히 받은 신자라면 신천지의 조직신학을 들으면서 참으로 조잡하다고 생각하겠지만, 많은 신자가 공교회 교리를 논하는 조직신학을 거의 배워본 적이 없습니다. 교리는 제대로 배워본 적이 없고 QT식 성경 공부만 열심히 했던 것입니다. 그저 막연하게 휴거론에 관해 들어본 적이 있고, 막연하게 세대주의적 관점의 종말론을 음성적으로 배운 신자들에게, 신천지 추수꾼들이 접근해서 조직신학적으로 이야기하니 혹해서 휩쓸려가는 것 아니겠어요?

이단 종파의 약진에 기성 교회는 반성해야 한다!

교회 정문에 "신천지는 출입하지 말라"는 문구만 붙일 것이 아니라 가슴에 손을 얹고 우리 교회가 먼저 반성해야 합니다. 그 논리가 처음에 신천지가 유포한 논리가 아니라고요. 오랫동안 기성 교회 목사님들이 "이 마지막 때에! 이 마지막 때에!"를 연발하면서 유포한 논리입니다. 그 논리가 부메랑이 되어 지금 역으로 당하고 있는 것이지요. 왜냐? 그런 논리를 철저하게 조직한 자들이 나타났거든요! 기성 교회에서 대충대충 이야기하던 종말론을 조직적으로 철저히 체계화한 후 열정적으로 그 논리를 유포하는 자들이 나타난 것입니다. 그러니 세대주의적 신앙 논리를 어설프게 믿고 있던 기성 교인들이 신천지의 논리에 쉽게 현혹되는 것입니다.

왜 교회에서 교리 교육을 철저히 해야 하나?

여러분, 부탁드립니다. 목회할 때 신자들에게 교리 교육을 아주 철저하게 하십시오. 신천지에서 하는 추수꾼 교육 동영상을 본 적이 있는데, 그게 전부 조직신학 강의더라고요. 전부 자기들 조직신학을 가르치는 강의였습니다. 신론부터 종말론까지 말입니다. 그런데 적지 않은 기성 교인이 적당히 세대주의적인 종말론을 믿잖아요? 세대주의 신학으로 철저히 무장한 자들이 적당히 세대주의적인 종말론을 믿는 기성 교인에게 접근해서 유창하게 이야기를 풀어놓으니 넘어가게 되는 겁니다. 여러분은 이런 문제의식을 가지고 목회할 때 신자들에게 반드시 교리 교육을 철저히 하시기 바랍니다. 교리 교육이 잘된 신자들에게 QT 교육을 하는 것은 어려운 일이 아니지만, QT 교육만 받은 신자들에게 교리 교육을 하는 것은 매우 어렵습니다. 교리 교육은 처음부터 철저히 해야 합니다. 세례 주기 전에 하고, 안수집사 세우기 전에 하고, 장로 세우기 전에 하세요. 교리 교육 안 받으면 안수집사로, 장로로 세우지 마세요. 교리 교육이 나름대로 힘들 수 있으니, 처음부터 그렇게 딱 조건을 걸고 해야 합니다.

제가 빈에서 목회할 때는 장로 세우기 전에 장로 고시를 보게 했는데요, 우선 신학 서론부터 종말론까지 제가 선정한 조직신학 책 다섯 권을 다 읽어야 합니다. 그러고 나서 시험을 봐야 하는데, 공개 시험입니다. 담임 목사인 저와 우리 부목사님과 빈 대학교에서 신학 공부하는 우리 전도사님이 시험관으로 나서고 교인들이 다 지켜보는 가운데서 장로 후보인 성도는 한 시간 동안 교리에 관해서 구두시험을 봤습니다. 여러분, 교리 교육에 무관심한 교회는 대단히 위험한 교회입니다. 칼뱅은 교리가 교회의 뼈대요 힘줄이라고 했어요. 사람이 뼈대와 힘줄이 없으면 어떻게 되겠습니까? 몸을 가눌 수가 없지 않습니까? 교리에 무관심한 교회는 뼈대와 힘줄이 없는 사람과 같습니다. 서 있을 수도 앉아 있을 수도 없어 연체동물처럼 퍼져버립니다. 그러므로 목회 현장에서 교인들에게 바른 교리를 철저히 교육해야 하겠습니다.

신학 레시피

정리

성경 영감론 시간에 세대주의적 종말론 이야기를 너무 장황하게 늘어놨죠? 어쨌든 저의 이야기를 통해 성경을 기계적 영감론 관점에서 이해하는 것이 왜 위험한지 충분히 이해하셨으리라 믿습니다. 조직신학을 통해 교리를 바르게 이해하는 것이 왜 중요한지도 좀 생동감 있고 심층적으로 설명하려다 보니 그와 관련된 잡다한 이야기를 하게 되었습니다. 교리의 바른 이해를 강조하고자 하는 제 열정을 가상히 보시고 저의 장황한 이야기에도 계속해서 귀 기울여 주셨으면 합니다. 분명 조직신학에 흥미를 느끼고 생동감 있는 교리 지식을 얻는 데 도움이 될 것입니다. 조직신학에서 교리의 개념을 무미건조하게 설명하는 것은 저에게나 여러분에게나 별 의미가 없을 뿐 아니라, 여러분의 사역에도 별로 도움이 되지 않는다고 생각합니다.

마무리 지어봅시다. 성경 영감을 이해하는 방식으로서 기계적 영감론은 곤란합니다. 우리는 기계적 영감론이 아니라 유기적 영감론을 받아들입니다. 유기적 영감론은 하나님께서 성경 저자를 인격적으로 대하시고, 그들의 인격과 교육적·사상적 배경은 물론 그들이 처한 공동체적·시대적 상황, 당시의 역사적 배경을 침해하지 않으신 채 유기적인 방식으로 영감을 주셨다는 이론입니다. 하나님께서 저자들의 인격을 억압하거나 강제하신 것이 아니라 그들이 자유 의지(*liberum arbitrium*)에 따라 성경을 기록하게 하셨지만, 결국 각자의 사상을 활용해 하나님의 말씀을 바르게 오류 없이 기술하고 전달하게 하셨다는 사실을 믿는 것입니다. 그래서 성경 학자들이 연구해놓은 성경 본문의 역사적 배경, 저자의 문체, 본문의 문학적 장르, 수사적 기교 등을 열심히 공부할 필요가 있는 것입니다. 오늘날 주석서에 보면 성경 학자들이 그런 것을 많이 밝혀놓았습니다. 그런데 기계적 영감론자들은 성경 저자의 사상이나 문체나 본문의 역사적 배경 같은 것을 이야기하면 자유주의자라고 비난합니다. 성경을 문자적으로 믿지 않는다는 이유로요. 그러나 우리는 성경의 무오성을 기계적 영감의 관점에서 믿지 않습니다. 성경은 기계적인 의미에서 영감으로 된 것이 아니라 유기적인 의미에서 영감으로 되었습니다. 우리는 하나님께서 성경 저자들의 인격과 당시의 역사적 배경 및 공동체의 구체적 상황 모두를 통해 유기적인 방식으로 영감하셔서 그분의 말씀을 오류 없이 전달하셨다는 것을 믿습니다.

제17강

성경의 영감과 권위의 문제

영감과 권위는 구분해야 하지만 분리해서는 안 된다

18강에서는 영감 교리(*doctrina inspirationis*)와 관련하여 성경의 권위 문제를 공부하겠습니다. 성경은 하나님의 영감으로 된 하나님 말씀입니다. 그것은 우리와 관계되지 않아도 그 자체로 하나님의 영감으로 된 하나님 말씀입니다. 그런데 이 영감으로 된 하나님의 말씀이 우리와 관계 맺을 때 비로소 권위가 발생합니다. 여기서 분명하게 짚고 넘어가야 할 점은, 영감은 성경 자체의 성격을 규정하는 개념이지만 권위는 성경 자체만으로 형성될 수 있는 개념이 아니라는 것입니다. 권위라는 개념 자체가 관계적이기 때문입니다. 성경은 하나님의 영감으로 된 말씀이며 이 말씀이 우리와 관계될 때 우리에 대해 권위가 생깁니다. 이때 유의할 것은 성경의 영감과 권위를 구분하되 분리해서는 안 된다는 점입니다. 영감으로 된 하나님의 말씀이 인간과 관계 맺을 때 권위가 유발됩니다. 이것을 개신교 정통주의 신학자 요한 게르하르트(Johann Gerhard)와 다비트 홀라츠(David Hollaz)는 "유발적 권위"(*auctoritas causativa*)라고 불렀습니다.[1]

---

1   참조. Horst Georg Pöhlmann, *Abriß der Dogmatik* (Gütersloh: Gütersloher Verlagshaus

개신교 정통주의자들이 "성경과 신자의 관계에서 성경의 권위가 유발되었다"고 했다는 것은, 신자와 관계되기 전에 성경 속에 권위가 '은닉'(Verbergung)되어 있었음을 전제한다고 추론할 수 있습니다. 없는 권위가 유발되지는 않기 때문입니다. 성경은 하나님의 말씀이므로 그 자체에 권위가 있다고 봐야 합니다. 저는 이것을 '유발적 권위'와 대비하여 '은닉적 권위'(auctoritas abscondita) 혹은 '함축적 권위'(auctoritas implicita)라고 명명하고 싶습니다. 은닉적 권위 혹은 함축적 권위란 성경이 신자와 관계하면서 권위가 유발되기 이전부터 그 자체 속에 은닉 혹은 함축되어 있던 권위를 의미합니다.

성경이 우리와 관계할 때 권위가 유발되는 이유는, 우리가 성경을 읽을 때 '말씀과 함께'(cum verbo) 역사하시는 성령님께서 그 말씀을 '조명'(illuminatio)하시고 말씀을 '증거'(testimonium)하시며 '말씀을 통하여'(per verbum) 우리에게 말씀하시기 때문입니다. 이것을 '성령의 내적 조명' 혹은 '성령의 내적 증거'라고 부릅니다. 성경이 아무리 하나님의 영감으로 된 말씀이라도 우리와의 관계 속에서 성령이 말씀을 조명하고 증거하지 않으신다면, 그것은 살아 계신 하나님의 말씀으로서 우리에게 역사할 수 없습니다. 하나님의 영감으로 된 이 책을 바르게 이해하고 말씀에 온전히 사로잡히는 길은 성령의 인도하심을 받는 길 외에는 없습니다. 우리에게 빛을 비춰주시는 성령의 조명과 그 조명이 수반하는 사랑만이 사랑이신 하나님의 말씀을 바르게 깨닫고 성실하게 실천하도록 우리를 인도할 수 있습니다. 그러므로 성경을 연구하기 전에 기도로 성령의 내적 조명을 간구해야 하며, 성령께서 우리 내면에 비추시는 그 조명의 빛을 공손히 받아

Gerd Mohn), 65.

들이고 거기에 의존해야 합니다. 성경이 성령의 내적 증거와 함께 은닉적 권위로부터 유발적 권위를 발현할 때, 그것은 비로소 우리에게 "규정적인 권위"(*auctoritas normativa*),[2] 즉 신자의 모든 삶과 모든 신학을 "규정하는 규범"(*norma normans*)이 됩니다. 이때 유발적 권위는 규정적 권위로 발현됩니다. 이렇게 성경이 규정적 권위가 될 때 성경은 우리의 신앙과 삶을 규정하는 규범이 됩니다.

사실 은닉적 권위, 유발적 권위, 규정적 권위는 논리적 순서로 구분할 수는 있으나 시간적 순서로 분리할 수는 없습니다. 이는 동시다발적으로 역사하는 성경 권위의 세 가지 차원입니다. 성경은 자체적으로 권위를 함축하고 있습니다. 그러나 신자와 관계 맺을 때 비로소 성경 자체에 은닉되어 있던 권위가 유발적 권위로 발현됩니다. 그리고 성령의 내적 조명으로 말미암아 유발적 권위가 우리에게 규정적 권위가 되어 우리의 신학과 삶을 규정하는 규범으로 살아 역사하게 됩니다.

이처럼 성경의 권위가 발현되는 일련의 과정을 설명했지만, 이는 논리적 순서에 따른 설명이지 시간적 순서에 따른 설명이 아님을 강조하고 싶습니다. 성경의 권위를 회 뜨듯이 해부한다면 은닉적 권위, 유발적 권위, 규정적 권위의 세 차원으로 분석할 수 있지만, 이 세 가지 차원은 시간적 선후 관계에 있지 않다는 것입니다. 성경의 권위를 논리적으로 따져보면 이렇게 세 차원으로 분석해볼 수 있다는 말이지요.

---

2   참조. 앞의 책, 65.

성경의 영감과 무오를 믿는다는 신앙고백의 참 의미

그렇다면 성경의 영감과 권위를 믿는다는 신앙고백의 참다운 의미가 무엇인지를 생각해봐야겠습니다. "웨스트민스터 소교리문답" 제2항은 성경에 관해 이렇게 말합니다.

> 구약과 신약 안에 포함되어 있는 그 하나님의 말씀은 우리가 어떻게 그를 영화롭게 하고 그를 즐거워할 수 있는지를 지시하는 유일한 법칙이다.

이러한 가르침은 한국 장로교회의 초기 신앙고백인 "12신조"에 아름답게 반영되어 나타나지요.

> 신구약 성경은 하나님의 말씀이니 신앙과 본분(本分)에 대하여 정확무오(正確無誤)한 유일(唯一)의 법칙이다.

"웨스트민스터 소교리문답"과 "12신조"가 이 대목에서 강조한 것은 성경이 우리의 신앙과 삶에 있어 정확무오한 법칙이라는 사실입니다. 그러므로 성경의 영감과 권위를 믿는 사람은 그 말씀대로 실천하며 살아야 합니다. 성경 영감 교리는 성경적인 삶과 실천을 위한 교리라는 것입니다. 영감 교리와 관련하여 "성경 영감론을 믿습니까, 안 믿습니까?"라는 식의 질문을 많이들 합니다. 이런 질문 자체가 잘못된 것은 아니나 성경과 관련해 오직 이 질문만 강조하는 것은 문제입니다. 심지어 신학 교수인 저한테도 이런 질문을 하는 분들이 있습니다. "교수님, 성경이 영감으로 된 것을 믿으세요?" 마치 제가 그것을 믿지 않기라도 한다는 듯 말입니다. 목회할 때도 "목사님, 성경이 영감으로 된 것을 믿으세요?"라고 질문하는 분이 있었습니다. 기계적 영감론자들이 이런 질문에 골몰하는 경우가 많지요.

성경의 영감을 믿느냐는 질문 뒤에 반드시 따라야 하는 중요한 질문이 있습니다. "성경 영감론과 성경의 권위를 믿는다면, 말씀대로 살아가고 있습니까?" 이렇게 물어야지요. 후자는 싹 빼놓고 "성경 영감론을 믿습니까?"라고만 물어보면, 입으로만 믿는다고 대답해도 그것으로 됐다는 듯 "아멘! 오케이! 우리는 형제군요!"라는 식으로 이야기가 전개되는 것이 문제입니다.

어떤 분이 저에게 "성경 영감론을 믿습니까, 안 믿습니까?"라고 하시길래 "그래요, 저는 성경 영감론을 믿습니다"라고 했더니 본인도 믿는다는 겁니다. 그래서 제가 "좋아요! 그렇다면 그 하나님의 영감으로 된 말씀대로 살고 있습니까?"라고 재차 물었어요. 그랬더니 그분이 얼굴을 확 붉히더라고요. 왜 그랬는지 아직도 이유를 모르겠습니다. 완전히 얼굴을 구기더라고요. 제가 실제로 경험한 일입니다. 결국 성경을 하나님의 영감으로 된 무오한 말씀으로 믿고는 싶지만, 그 말씀을 따라 살고는 싶지 않은 거예요. 그러나 성경을 영감으로 된 하나님의 말씀으로 믿는 것과 그 말씀에 따라 사는 것은 밀접한 관계가 있습니다. 성경을 영감으로 된 하나님의 말씀으로 믿는다면서 그 말씀대로 살지 않는다면 실은 그 고백이 말뿐이라는 겁니다! 영감 교리의 본래 정신을 모르는 자들의 빈말입니다. 그것은 바리새인적인 가식이에요!

"성경 영감론과 성경의 권위를 믿는다면, 말씀대로 살아가고 있습니까?"라고 물어야 합니다. 성경 영감론과 성경의 권위를 믿는다고 고백하면서 말씀대로 살지 않는 자는, 그것을 믿지 않거나 알지 못해서 실천하지 않는 자보다 더 나쁜 인간들이죠! 정통성 있는 성경 교리에 대한 신앙이 정통성 있는 성경적 삶으로 이어지지 않는다면, 그것은 더 큰 문제입니다. 입으로는 정통이나 삶에서는 이단이 된다면, 그것이 하나님 앞에서 더 큰 문제 아닌가 합니다. 이단들은 잘못된 교리를 받아들이고 믿기에 이단적인 삶을 삽니다. 그래서 그들은 표리가 일치합니다. 그릇된 이단적 사상의 결과로 이단적 삶을 사는 이들은 적어도 겉과 속이 일치하는 사람들입니다.

그런데 교리는 정통이면서 거짓과 불의와 위선 가운데 사는 사람들, 즉 삶에서의 이단자들은 도대체 어떻게 생각해야 할까요? 이런 표리부동한 이들을 어떻게 이해해야 할까요? 바른 교리 지식을 가지고도 삶을 이단적으로 살아가는 사람이야말로 하나님 앞에서 더욱 용서받기 힘들지 않을까요? 모르고서 그렇게 행동하는 편이 좀 더 용서받을 가능성이 있지 않을까요? 몰라서 그런 것이니까요. 그러나 정통 교리를 믿고 바른 가르침을 알면서도 삶이 이단적인 것은 하나님 앞에서 더 큰 문제가 될 수 있다고 생각합니다. 이단 신도들이야 바른 교리를 몰라서 그렇게 산다지만, 바른 교리를 알면서도 바르게 살지 못하는, 입으로만 정통인 자들이 제 마음을 더욱 무겁게 합니다.

여호와의 증인과 천만 달러

예를 들어서 말씀드릴게요. 제 유학 시절 이야기입니다. 이단 신도들이 보기에 제가 좀 포섭될 만하게 생겼나 보더군요. 외모가 총명해 보이기보다는 약간 어리바리해 보이는 것 같습니다. 그래서인지 빈에 살 때 우리 집에 2주에 한 번은 꼭 둘이 짝을 지어 오는 여호와의 증인 신도들이 있었어요. 일본 아줌마하고 오스트리아 아줌마 둘인데, 2주마다 들러서 한국어와 독일어로 된 책자 『깨어라』와 『파수대』를 여러 권 주고 가곤 했습니다. 2주마다 꼭 옵니다. 비가 오나, 눈이 오나, 바람이 부나 꼭 와서 그 책을 주고 갔어요. 심심할 만하면 꼭 한 번씩 옵니다. 그분들이 주고 간 책자에 여러 간증이 실려 있었는데, 그중 제가 『깨어라』에서 읽은 것으로 기억하는 일화입니다. 한번 들어보세요.

미국에서 어느 여호와의 증인이 한 은행에 계좌를 열고 이용하고 있었는데, 어느 날 갑자기 통장에 눈먼 돈인지 뭔지 모를 천만 달러가 들어왔다고 합니다. 이유 없이 천만 달러가 계좌이체 된 거지요. 복권에 당첨된 것도 아니고 그럴 만한 일이 없었는데 말입니다. 이 사람은 은행에 문의했습니다. 그러자 은행에서는 깜짝 놀랐고 그 일로 발칵 뒤집혔어요. 확인해보니 은행 자체의 실수로 인터넷 뱅킹이 잘못된 것이었습니다. 이 여호와의 증인은 "아, 그렇군요. 그렇다면 제 계좌에서 다시 빼가십시오"라고 했고, 은행 측에서는 "좀 기다려주시면 연락드리겠습니다"라고 했답니다. 은행에서는 중역 회의가 벌어지고 난리가 났습니다. 이건 대형 사고잖아요. 결국 회의 끝에 결론이 났는데요, 그냥 그분에게 천만 달러를 주기로 결정했답니다. 복권 당첨자인 셈치기로 하고요.

은행은 고객에게 연락해서 소식을 전했습니다. "축하드립니다. 이런 행정 실수를 있는 그대로 인정하게 되면 우리 은행 신용도도 떨어지게 되니, 그냥 고객님께서 복권에 당첨된 것으로 하고 천만 달러를 드리기로 결정했습니다." 나 참, 왜 저에게는 그런 일이 벌어지지 않죠? 제게도 은행의 실수로 200유로가 들어온 적은 있었어요. 200유로면 우리 돈으로 약 30만 원 정도입니다. 그래서 왜 200유로가 제 계좌에 들어왔느냐고 전화해서 물었더니, 자기들이 행정 실수를 했대요. 그러더니 다음 날 200유로를 빼갔더라고요. 만약 천만 유로가 들어왔다면 상황이 달라졌겠죠.

어쨌든 그 은행에서는 고객에게 천만 달러를 주기로 결정했습니다. 그러자 고객이 다시 은행 담당자에게 전화해서 이렇게 말했다고 합니다. 자기는 여호와를 믿기로 결심했을 때 여호와 앞에서 이렇게 서원했다는 겁니다. 하나님 앞에서 정직하게 땀 흘려 살기로 말입니다. 절대로 불로소득 따위는 취하지 않겠다고 약속했다는 거죠. 그러면서 이런 이유로 돈을 받을 수 없으니 은행더러 다시 빼가라고 했답니다. 은행에서는 그럴 수 없다고, 이미 결정했으니 번복할 수 없다면서 맞섰습니다. 그러자 여호와의 증인은 변호사를 선임했어요. 그 사람은 은행을 상대로 재판을 했고, 결국 이겼어요. 그리고 그 천만 달러를 은행에 돌려줬다고 합니다.

미국인이었는데 이름은 기억이 나지 않네요. 그 사람 참 주변머리 없는 사람이죠. 저에게 천만 달러가 입금됐다면 그냥 제가 꿀꺽했을 텐데 말이죠. 여러분, 제가 이런 이야기를 하는 이유가 있습니다. 이 여호와의 증인은 여호와를 믿기로 했을 때 그분 앞에서 정직한 노동의 대가가 아니면 취하지 않겠다고 결의했기에 그 서약을 지키려고 이렇게까지 행동했습니다. 그가 믿는 교리는 이단이지만 삶은 굉장히 정통적이었습니다. 그런데 정통적 교리를 믿고 성경을 하나님의 영감으로 된 정확무오한 말씀으로 믿는다는 이들이, 입으로는 그런 고백을 하면서도 삶은 이단적으로 살아갑니다. 저 자신을 포함한 그런 사람들을 어떻게 생각해야 할까요? 우리의 그런 모습을 보시는 하나님께서는 어떻게 생각하실까요?

스승의 날 제자의 편지를 받고 눈물을 흘리다

이번에는 직접 들은 이야기를 예로 들겠습니다. 어느 스승의 날, 제가 출강하는 신학대학교에서 한 수강생이 예쁜 편지지에 감사의 편지를 써준 적이 있었습니다. "교수님 감사합니다. 교수님 강의를 들으면서 도전을 많이 받습니다." 이렇게 시작된 편지를 계속 읽어보니, 편지를 쓴 학생은 신학교 1학년에 들어와서 방황을 많이 했대요. 참 힘들었대요. 입으로는 성경을 정확하고 오류 없는 하나님의 영감으로 된 말씀이라고 고백하는 사람들이, 이웃이 힘들고 어려운 상황에 빠졌는데 쳐다보지도 않더라는 거예요. 자세한 내막은 이랬습니다. K 대학교 신학과에 다니는 그 학생의 선배가 있었는데, 오랜만에 만나자고 하길래 약속 장소에 갔대요. 그런데 그곳은 집이 강제로 철거당해 길바닥에서 나앉은 철거민들이 농성하는 곳이었다더군요. 오갈 데 없는 철거민들이 벼룩이 기어 다닐 것 같은 열악하고 비위생적인 곳에 앉아서 농성하며 생존권을 위해 힘겹게 싸우고 있었다고 해요. 그 선배는 그런 곳에서 찬송하고 기도하면서 그들의 도우미로 봉사하고 있더라는 겁니다.

그런데 이 친구가 충격을 받은 것은, 그곳에서 함께 예배드리고 음식 날라주고 그들의 권리를 찾아주기 위해 헌신하고 돕고 기도하는 이들이 다름 아닌 보수적 신앙인들에게 자유주의자라고 비난받는 바로 그 그리스도인들이었다는 것입니다. 말하자면 성경이 영감으로 된 것을 안 믿는 이들이 그곳에서 봉사하고 있더라는 겁니다. 그 비통한 내용의 편지에서 그 친구는 이렇게 썼습니다. "교수님! 그때 저는 너무나 상처를 받았어요. 성경을 하나님의 영감으로 된 오류 없는 말씀으로 믿으며, 우리의 신앙과 삶에 있어 정확무오한 법칙이라고 고백하는 정통주의자들이, 어째서 자유주의적인 사람들보다도 하나님의 말씀대로 사는 일에 열심이 없나요? '네 이웃을 네 몸과 같이 사랑하라'고 하신 예수님 말씀을 영감으로 된 무오한 말씀으로 믿지도 않는 자유주의자들은 거기에 와서 어려운 일 당한 이웃과 동고동락하며 그들을 돕고 있는데, 그 말씀을 정확하고 오류 없는 하나님의 말씀으로 믿으며 정통이라 자처하는 이들은 왜 한 명도 안 와 있었던 걸까요? 교수님, 제가 이것을 어떻게 이해해야 해요?"

스승의 날 그 어린 학생이 써준 편지에서 이 내용을 읽으면서, 저는 신학 선생으로서 부끄럽고 가슴 아팠습니다. 성경이 영감으로 된 것과 오류 없음을 믿는 정통주의자는 그곳에 한 명도 와 있지 않았다고 합니다. 단 한 명도! 버스를 타고 집에 돌아오면서 그 편지를 읽던 저는 고개를 숙이고 눈물을 떨구었습니다.

성경의 영감과 권위를 믿었던 어느 일본 외교관

이에 관해 한 가지 이야기만 더 들려드리겠습니다. 성경을 하나님의 영감으로 된 말씀이요, 신앙과 삶에 있어 정확무오한 법칙으로 믿었던 일본 외교관에 관한 이야기입니다. 제2차 세계대전 때 독일 주재 일본 대사로 베를린에 있었던 스기하라 지우네(杉原千畝, 1900-1986)는 아주 신실한 신앙인이었습니다. 성경을 하나님 말씀이자 우리 삶에 있어 정확무오한 법칙이라고 믿었던 경건하고 아름다운 그리스도인이었지요.

어느 날 저녁, 한 유대인이 스기하라 대사를 찾아와서 이렇게 말합니다. "대사님, 모레부터 베를린에서 유대인들을 검거하라는 명령이 떨어집니다. 그렇게 되면 우리는 모두 강제로 붙잡혀서 가스실로 보내질 것입니다." 당시만 하더라도 대사가 끊어준 통행증을 지참하면 국경을 넘어갈 수 있었기에, 유대인들이 스기와라 대사를 찾아와 부탁한 것입니다. "대사님, 부탁이 있습니다. 저희에게 통행증을 끊어주실 수는 없을까요?" 그때 통행증이 필요했던 유대인의 인원은 꽤 많았습니다. 수천 명의 유대인에게 통행증이 필요했다고 합니다. 당시 일본과 독일은 동맹 관계였습니다.

두 나라가 제2차 세계대전을 함께 치르고 있었으니, 스기하라가 유대인을 돕는다는 것은 사실상 반국가행위였던 것이지요. 그는 도움을 청하는 유대인에게 생각할 시간을 달라며 내일 아침에 다시 오라고 했습니다.

그날 스기하라는 집에 와서 아내와 의논합니다. "여보, 나는 결심이 섰어요. 내가 기도를 해봤는데 나는 그리스도인으로서, 하나님 말씀을 목숨처럼 소중히 여기는 사람으로서 그 유대인들에게 통행증을 끊어주기로 결심했습니다. 그런데 여보, 나에게는 당신의 의견이 중요합니다. 당신이 동의하지 않으면 그런 결정을 내릴 수 없어요." 스기하라의 말을 들은 아내는 이렇게 말했습니다. "당신이 그렇게 생각하신다면 저는 그 결정이 옳다고 생각합니다. 당신이 옳다고 생각하는 대로 하세요." 스기하라는 아내에게 거듭 말합니다. "여보, 그러면 이 사실은 아셔야 합니다. 그렇게 결정할 경우 나는 대사직을 유지할 수 없을 거예요. 우리는 본국으로 소환될 것이며, 저는 문책을 당하고 옷을 벗어야 할 겁니다." 이런 이야기를 듣고도 스기하라의 아내는 그의 입장을 지지하고 그에게 동의해줬습니다.

다음 날 스기하라는 수천 명의 유대인에게 통행증을 끊어줍니다. 유대인들은 통행증을 받고 독일 국경을 넘어서 프랑스로 무사히 탈출하죠. 스기하라는 그 후에도 전쟁이 계속되는 동안에는 소련군에 구속되는 등 온갖 고초를 겪으며 외교관 업무를 수행했습니다. 그러나 종전 후에는 결국 임의 비자 발급 때문에 파면당했습니다. 그는 러시아어 능력이 워낙 뛰어나서 이후 무역회사 지사장이나 번역가 등으로 활동했지만, 다시는 외교관으로 복직하지 못했습니다. 제가 아는 일본 친구가 저에게 들려준 말로는 스기하라는 말년에 아내와 함께 문방구를 운영했다고 합니다.

세월이 지나서 그의 미담을 들은 한 일본 기자가 스기하라의 아들을 찾아가서 만나요. 그때 기자가 그의 아들과 인터뷰하면서 당신의 아버지 스기하라는 말년이 어떠했냐고 묻습니다. 그러자 그의 아들이 이렇게 말합니다. "우리 아버지는 말년이 참 행복했습니다. 우리 아버지는 자신의 꿈을 이루고 살다간 사람이기 때문입니다." 기자가 재차 질문하고 아들이 대답합니다. "아버지의 꿈이 무엇이었습니까?" "우리 아버지의 꿈은 예수 그리스도의 제자가 되어, 그분의 말씀대로 살다가 죽는 것이었습니다. 정말로 죽을 때까지 예수님의 제자로 사는 것, 그분의 명령을 지키며 살다가 그분의 제자로 이 세상을 떠나는 것, 그것이 아버지의 전 생애를 사로잡은 꿈이었습니다. 아버지는 그 꿈대로 살다가 세상을 떠났습니다. 그래서 죽는 순간까지도 행복했고, 죽음의 자리에서도 그렇게 살게 해주신 주님께 감사하면서 세상을 떠났습니다."

스기하라 지우네의 이런 일화야말로, 성경이 하나님의 영감으로 된 말씀이며 신앙과 삶에 있어 정확무오한 법칙이라는 사실을 믿고 고백하는 사람이 어떤 삶의 태도로 살아야 하는지를 보여준다고 생각합니다. 성경 영감 교리는 곧 그 말씀을 전심전력으로 지키며 살겠다는 맹세의 교리이며 약속의 교리입니다.

더는 성경 영감 교리를 모독하지 마세요!

저도 한국에 와서 정통을 자처하는 이들에게 질문을 몇 번 받았습니다. "당신은 신학자로서 성경이 하나님의 영감으로 된 것과 무오하다는 것을 믿느냐"는 질문이었습니다. 제가 믿는다고 하면 그분들은 "그렇게 믿으시는 것을 보니 정통 신학자가 틀림없군요"라며 만족스러운 표정을 짓더라고요. 누차 말씀드리지만, 성경이 하나님의 영감으로 된 정확무오한 말씀이라고 믿느냐는 질문이 중요하지 않다는 것이 아닙니다. 그 질문도 매우 중요합니다. 하지만 거기서 멈추면 안 됩니다. 그 뒤에 따라오는 질문이 반드시 있어야 합니다. "성경이 하나님의 영감으로 된 것과 신앙과 삶에 있어 정확무오한 법칙임을 믿는다면, 그 말씀대로 살아가고 있습니까?" 반드시 그렇게 물어야 합니다. 그것이 성경 영감 교리의 원래의 정신이고 의미입니다. 성경 영감 교리는 성경이 하나님의 영감으로 된 하나님 말씀이니 '그 말씀대로 살아야 한다'는 것까지입니다. 성경 영감 교리는 우리에게 특정한 삶의 자세를 요청합니다. 신자가 성경 영감론과 성경의 권위를 믿는다면 그대로 살아야 한다는 것입니다. 특히 우리 개혁신학은 어떤 교리를 단지 사변적으로 논의하지 않고, 항상 그 교리에 담긴 윤리적 의미를 규명하려고 노력합니다. 어떤 신앙을 고백하는 자는 고백하는 신앙을 따라 그렇게 살아야 한다고 믿기 때문이지요.

결국 성경이 영감으로 기록된 것과 그 무오함을 믿고 고백한다는 것은 하나님 앞에서 그대로 살고 실천하겠다는 약속이자 서약입니다. 이건 굉장히 중요한 이야기예요. 성경 영감 교리에 대한 신앙고백과 함께, 우리는 하나님 말씀인 성경의 가르침을 온 힘을 다해 실천하겠다고 결의하는 것입니다. 또 성경이 영감으로 기록된 것과 그 무오함을 믿는다는 것은, 성경 말씀이 증언하는 진리와 진실에 비상한 관심을 둔다는 것이고, 하나님 나라의 의와 사랑과 평화의 실천을 위해 비장한 각오를 한다는 말입니다. 성경이 영감으로 기록된 것과 그 무오함을 믿는다고 하면서 성경의 가르침대로 살고 실천하는 데는 관심이 없는 자, 성경이 증언하는 하나님 나라와 그의 의와 사랑과 평화에 관심이 없는 자는 실제로 성경이 영감으로 기록된 것과 무오함을 믿는 자가 아닙니다.

그들이 그래도 성경 영감 교리를 믿는다고 우긴다면, 저는 그들에게 이렇게 말해주고 싶습니다. "더는 성경 영감 교리를 모독하지 마세요!"

역사적 예수 불가지론에 대항하여

불트만 우파들의 지독한 편견, 역사적 예수에 대한 불가지론

19강에서는 루돌프 불트만과 우파 신학자들이 주장했던 '역사적 예수에 대한 불가지론'에 관해 말씀드릴까 합니다. 불트만과 우파 신학자들에 따르면 초기 교회는 자기들의 선포(Kerygma, 케리그마)나 가르침 가운데 당시의 복음서에 나오는 예수님의 가르침과 일치하는 것이 있으면, 언제나 자기들의 신앙고백을 "예수님의 입속에 집어넣었다"고 합니다. 즉 초기 교회 그리스도인들이 예수님에 대한 자기들의 신앙고백을 마치 예수님께서 직접 하신 말씀처럼 묘사했다는 것인데요. 그러한 자료로 가득한 것이 바로 지금의 복음서라고 주장합니다. 그러므로 불트만과 우파 신학자들의 가설은 "복음서를 통해 역사적 예수를 알 수 없다"는 것입니다. 복음서에 나타난 예수의 행적이나 가르침은 예수님이 역사적으로 직접 행한 것이 아니고, 복음서 저자가 초기 교회의 선포를 마치 예수께서 행하신 일처럼 기술했다는 것이지요. 그러니까 복음서를 통해서는 예수에 대한 초기 교회의 신앙고백만 확인할 수 있을 뿐, 역사적 예수를 알 수는 없다는 주장이었습니다.

불트만이 1920년대에 역사적 예수 불가지론을 주장한 이래로 1950년대 말엽까지 약 30년 동안, 이 가설은 유럽과 영미권을 포함한 전 세계 신약학계의 수많은 신약학자에게 거의 난공불락의 정설로 떠받들어졌습니다. 불트만은 초기 교회의 선포 혹은 케리그마의 배후에 있는 역사적 사실을 캐묻는 것을 불신앙으로 봤을 뿐 아니라, 케리그마의 역사적 배후를 추적하는 것 자체가 불가능하다고 봤지요. 그래서 1920년대 이래로 줄기차게 역사적 예수에 대한 탐구를 전적으로 불가능한 것으로 보고 거절했습니다. 불트만은 복음서를 통해 오직 초기 교회의 예수에 대한 신앙고백과 케리그마만을 보려 했으며 그 케리그마의 해석에만 병적으로 집착했습니다.

불트만이 이렇게 역사적 예수 불가지론을 주창한 이래로 향후 30년 동안 역사적 예수에 대한 신학적 질문이나 탐구를 독자적으로 감행한다는 것은 감히 누구도 상상할 수 없었습니다. 불트만의 역사적 예수 불가지론은 비판을 불허하는 도그마의 권위를 획득해가는 것처럼 보였습니다. 그런데 균열은 예상치 못한 곳에서 발생했습니다. 불트만의 제자였던 에른스트 케제만(Ernst Käsemann)이 1954년에 「역사적 예수 문제」(*Das Problem des historischen Jesus*)라는 중요한 논문을 발표하게 됩니다. 케제만은 이 논문에서 30년의 침묵을 깨고 자기 스승 불트만에 맞서 역사적 예수 연구를 재개해야 한다는 대찬 주장을 하지요. 2년 뒤인 1956년에는 불트만의 다른 제자 귄터 보른캄(Günther Bornkamm)이 스승에 맞서 『나사렛 예수』(*Jesus von Nazareth*)라는 저서를 출판했습니다. 자기 스승 불트만의 "역사적 예수 불가지론"에 반기를 들었던 케제만과 보른캄 등을 불트만 좌파나 후기 불트만 학파라고 부릅니다. 유럽에서는 1950년대 말부터 이러한 반전이 시작됐지만, 우리나라에서는 제가 신학을 공부하던 1990년대까지도 여전히 불트만의 논리를 따르는 신약학자들이 강력한 세력을 이루고 있었습니다.

그런 이들에게 저처럼 전통적 견해를 가진 쪽이 많이 시달렸던 것도 사실입니다. 복음서를 읽으면서 역사적 예수를 이야기하면, 학문적으로 복음서를 연구한다고 자처하는 진보 진영 학자들은 이런 반응이었습니다. "무식한 '보수 꼴통'이구만! 참으로 한심하고 딱한 친구네. 이 친구야! 복음서에 나오는 예수의 가르침과 행적에 관한 보도는 초기 교회의 신앙고백이야! 그런 걸 가지고 역사적 예수를 운운하다니, 이렇게 뭘 몰라서야." 이런 취급을 당하기 일쑤였습니다.

역사적 예수 불가지론에 시달리다가 김세윤 교수를 만나다

이 역사적 예수 문제는 신학생 시절, 저를 정말 힘들고 어렵게 만들었습니다. 제가 신학을 시작한 1990년대에는 저처럼 역사적 예수 문제로 고민하는 이들이 더러 있었습니다. 저도 역사적 예수 문제를 해결해야 한다는 열의와 열망이 커서 복음서에 관한 책을 많이 읽었지요. 그런데 이 문제를 해결하는 것이 생각보다 쉽지 않더라고요. 당시 저에게는 불트만과 그를 따르는 우파들이 얼마나 크게 보였는지 그들의 책을 읽으면서 논리적으로 설득당하는 느낌을 받을 때면 울분과 분노가 일어났습니다. 조지 엘든 래드(George Eldon Ladd) 같은 복음주의 신약학자의 불트만 비판에 의존해보려 했으나, 루돌프 불트만과 그 학파의 위용에 비하면 초라하기 그지없었고 솔직히 논리도 신통치 않았어요.

그러나 제 신앙으로는 복음서를 통해 역사적 예수를 알 수 없다는 불트만의 가설을 절대 수용할 수 없었습니다. "내가 비록 실력이 부족해서 성경 문헌학적 관점에서 제대로 반박할 수는 없지만, 너희에게 결코 굴복하지 않겠다." 이것이 그때 저의 심경이었어요. 초짜 신학생인 제가 불트만과 우파 신학자들 논리에 대항하기란 쉽지 않았습니다. 그렇다고 1950년대 말부터 불트만 우파에 맞선 신약학자들의 논의를 가르쳐주는 사람도 없었고 말이죠. 진보적 학풍의 신학교에 다니던 제 선배 하나는 저만 만나면 마치 큰 진리라도 설파하는 것처럼 우월의식을 가지고 불트만 우파의 가설을 주야장천 늘어놓았어요. 그러면서 복음서에 나오는 예수님의 가르침이 진짜라고 믿는 제가 한심하고 딱하다는 듯 비웃는데, 그때 어찌나 분통이 터지던지. '불트만과 우파들이 주장하는 것처럼 복음서를 통해 역사적 예수를 알 수 없다면, 남는 것은 그리스도에 대한 관념밖에 없지 않은가? 이건 가현설이다! 절대로 이 논리에 굴복할 수 없다!' 저는 이런 생각이었습니다.

그러다가 얼마 뒤에 김세윤 교수님 강의를 듣게 되었어요. 후에는 미국 풀러 신학대학원(Fuller Theological Seminary)에서 가르치셨고 지금은 은퇴하셨지만, 당시 교수님께서는 제가 공부하던 총신대학교 신학대학원의 신약신학 교수셨거든요. 영국 맨체스터 대학교(The University of Manchester)에서 브루스 교수(Prof. Dr. F. F. Bruce)의 지도 아래 바울 신학을 전공하여 박사학위를 받은 분이었는데, 그분의 박사학위 논문인 『바울 복음의 기원』(*The Origin of Paul's Gospel*)은 20세기 후반 세계 바울 신학계에 중요한 공헌을 한 책으로 평가되었습니다.[1] 자타가 공인하는 세계적인 신약학자로서, 우리 신학대학원에 오시기 전 미국 칼빈 신학대학(Calvin Theological Seminary) 교수로 계셨고, 에버하르트 카를 튀빙엔 대학교(Eberhard Karls Universität Tübingen)의 훔볼트(Humboldt) 연구교수로도 계셨던 김 교수님께 우리말로 신약신학 강의를 듣게 된 것은 저에게 큰 행운이었지요.

---

1   Seyoon Kim, *The Origin of Paul's Gospel* (Tübingen: Mohr Siebeck, 1984).

교수님의 강의는 불트만 학파의 논리 때문에 어려움을 겪던 저에게 가뭄의 단비였습니다. 그 강의 덕분에 비로소 불트만의 망령으로부터 벗어날 수 있었고, 역사적 예수 불가지론의 약점과 문제점을 간파할 수 있게 되었습니다. 또한 불트만 우파들을 성경 문헌학적 관점에서 과학적으로 비판할 수 있게 되었습니다. 그때 교수님께서 가르쳐주신 것이 요아힘 예레미아스(Joachim Jeremias)가 사용한 "비유사성의 원리"(the principle of dissimilarity)와 그에 토대를 둔 예레미아스의 "예수의 독특한 어법"에 관한 연구였어요. 비유사성의 원리에 관해서는 뒤에서 설명하겠습니다. 어쨌든 저는 그때 김세윤 교수님을 만날 수 있었던 것에 지금도 정말 감사합니다. 교수님의 가르침이 없었다면 그 후 조직신학자로서 그리스도론을 연구할 때 결코 "역사적 예수"의 가르침과 사역의 기반 위에서 연구를 수행하지 못했을 것입니다. 그뿐만 아니라 비록 신앙적 관점에서는 불트만의 논리에 승복하지 않았더라도 학문적 관점에서는 가현설적 그리스도론을 극복해내기 힘들었을 것입니다.

불트만 극우파, 예수를 신화적 존재라고 우기다!

불트만을 따르는 우파 중에서도 극우파가 있는데요, 여기 속한 몇 사람은 불트만도 인정하지 못할 과격분자들입니다. 불트만은 예수가 실존 인물이었다는 사실은 추호도 의심하지 않아요. 복음서의 케리그마의 가치도 나름대로 인정합니다. 복음서의 케리그마를 통해 인간이 하나님 앞에서 거짓된 실존을 벗어버리고 참된 실존을 획득하여 의롭다 하심을 얻고 구원받는다고 분명히 말합니다. 이에 반해 극우파들은 복음서를 통해 역사적 예수를 알 수 없다는 '역사적 예수 불가지론'에 그치지 않고, 예수를 가공의 인물이라고 주장하기에 이릅니다. 이들 중 티모시 프리크(Timothy Freke)와 피터 갠디(Peter Gandy)는 한국에도 잘 알려져 있습니다. 십여 년 전 『예수는 신화다』(The Jesus Mysteries)라는 책이 번역되어서 한국교회에 난리가 나지 않았습니까?[2] 두 사람은 그 책의 공동저자입니다. 이들이 얼마나 황당한 주장을 하는가 하면, 바울 당시에 있던 그리스 신비 종교의 여러 사상과 종교 개념을 모으고 모아서 의인화시킨 것이 예수라는 것입니다. 불트만이 살아 있었다면 불트만조차 인정 못할 주장이지요. 이런 주장이 십여 년 전 SBS에서 제작한 다큐멘터리 〈신의 길, 인간의 길〉에 나옵니다. 여기에 바로 그런 종류의 학자들이 나와서 인터뷰를 합니다.

여기서 이야기하고 넘어갈 것이 있어요. 이 다큐멘터리가 방영되고 나서 한기총(한국기독교총연합회)이 SBS에 가서 데모도 하고 방영을 못하게 하겠다고 서명 운동을 전개하고 난리가 났었지요. 그 다큐멘터리에 보면 불트만 극우파들은 역사적 예수가 허구의 인물이고 가공된 인물이라는 것을 나름의 문헌학적 방법으로 논증하려 듭니다. 당시 고린도에서 성행했던 '미트라 신비주의'(the Mithraic Mystery), 영지주의의 '구원자 신화'(Redeemer Myth) 등을 신화적 재료로 삼아 예수를 가공했다는 것입니다.

영지주의에 구원자 신화라는 것이 있습니다. 그 신화에 따르면 '원인간'(πρωτος ανθρωπος, 독: Urmensch, 영: primal man)이었던 가요마르트(Gayomart)가 태초에 천상에서 악의 세력과 싸움을 벌이다가 악의 세력에게 패배하여 지상으로 굴러떨어집니다. 그러면서 가요마르트의 몸이 산산조각 나서 갈기갈기 찢어집니다. 그런데 원래 이 가요마르트의 몸은 빛으

---

2   Timothy Freke, Peter Gandy, 승영조 역, 『예수는 신화다』(The Jesus Mysteries, 서울: 동아일보사, 2001).

334   신학 레시피

로 이루어져 있었고, 그 몸이 찢어지면서 파편들이 전 세계로 퍼져나갔습니다. 이렇게 해서 인간이 만들어졌는데, 그중에 빛의 파편을 많이 받은 인간, 적게 받은 인간, 전혀 못 받은 인간이 생겨났다는 것입니다. 이게 바로 영지주의의 구원자 신화에 나오는 내용입니다. 그래서 영지주의자들은 인간을 세 등급으로 나눕니다. 빛으로 된 가요마르트 육체의 파편을 많이 받은 인간을 '영적 인간', 조금 받은 인간을 '혼적 인간', 아예 못 받은 인간을 '육적 인간'이라고 합니다. 그러다가 종말에 가요마르트가 다시 나타나서 암호를 발하는데, 그 암호를 '영지'(γνωσις, 그노시스), 즉 비밀 지식이라고 부릅니다. 이것을 영적 인간들이 알아듣는다는 것이지요. 영적 인간들은 가요마르트가 발한 비밀 지식인 암호를 알아듣고 모여들어 찢어졌던 가요마르트의 몸을 다시 형성한다고 합니다. 태초에 지상으로 굴러떨어졌을 때 산산조각 났던 그 몸을 다시 이루어서 하늘로 되돌아간다는 것이지요. 대충 이런 내용이 영지주의 구원자 신화에 나오는, 종말에 가요마르트에 의해 이루어지는 구원의 그림입니다.

불트만 학파는 바울의 그리스도론이 이 신화를 그리스도교적으로 원용해서 만든 것이라고 주장합니다. 바울의 교회론도 그런 식으로 설명합니다. 바울은 교회를 "예수 그리스도의 몸"(corpus Jesu Christi)이라고 했으며(엡 1:23), 그 몸의 지체를 이루는 것이 성도들이라고 가르칩니다(엡 2:21-22). 이 바울의 그리스도론과 구원론이 모두 영지주의의 구원자 신화에서 왔다는 것입니다. 이런 내용을 나름의 문헌학적 근거를 들어 이야기하니까, 신학이 약한 목사님들이 답변할 길이 없잖아요! 그래서 "부름받아 나선 이 몸" 같은 찬송을 부르면서 데모를 한 것입니다. 예수가 신화라는 주장의 문헌학적 문제점을 지적하면서 이의를 제기했어야 설득력이 있었을 텐데 말이죠. 교회 안 다니는 사람들이 그런 논쟁을 지켜보니까 교회

다니는 사람들은 막무가내로 "우리는 성경을 믿으니까 예수 신화론은 잘 못된 것이다"라면서 데모를 해요. 그러니 그들 입장에서는 납득이 안 가는 거예요. 그런 논리에 대응하려면 똑같이 문헌학적인 방법으로 반론을 펴야 합니다. 물론 신자인 우리끼리는 문제가 없어요. 우리야 예수님에 대한 신앙이 있고 성경을 영감으로 된 하나님 말씀으로 믿으니까요. 그러나 저쪽은 문헌을 가지고 덤비는 사람들이기 때문에 신앙을 개입시키지 말고 그들의 주장에 문헌학적 문제가 있다는 것을 보여줬어야 하는데, 이런 것이 안 되다 보니 예수 신화론을 반대하는 사람들이 빈축을 사버린 거예요.

영지주의 구원자 신화의 기원을 밝혀주마!

사실 영지주의 구원자 신화는 바울 서신이 기록되었던 1세기경에 존재하지 않았으며, 3세기 초엽 이전까지만 해도 구두 전승조차 없었다는 것이 오늘날의 고등한 문헌학적 연구로 철저히 규명되었습니다. 영지주의 구원자 신화가 초기 신약성경의 그리스도론, 구원론, 교회론 등에 영향을 주었을 것이라는 발상은 나름대로 과감한 가설이지만, 이처럼 문헌학적으로 전혀 근거를 확보할 수 없는 허접한 가설이 되어버린 지 오래입니다.[3] 바울 신학을 철저하게 영지주의적 배경에서 재구성하려 하는 옛날 종교사학파(Religionsgeschichtliche Schule)나 발터 슈미탈스(Walter Schmithals)의 낡아빠진 이론을 교조적으로 숭배하는 구닥다리 학자들이 요즘도 이런 철지난 주장을 하기는 합니다. 그러나 영지주의 구원자 신화의 형성 시기는

---

3   Edwin Yamauchi, *Pre-Christian Gnosticism: A Survey of the Proposed Evidences* (London: Tyndale Press, 1973).

아무리 연대를 빨리 잡아도 2세기 후반에서 3세기경 이전으로는 거슬러 올라갈 수 없다는 사실이 에드윈 야마우치(Edwin Yamauchi), 마르틴 헹엘 (Martin Hengel), 오토 베츠(Otto Betz), 에른스트 퍼시(Ernst Percy) 같은 정예로운 성경학자들의 문헌 연구로 명백히 밝혀졌습니다. 심지어 바울과 요한이 그리스도론과 구원론 해석의 틀을 구원자 신화에서 빌려온 것이 아니라, 거꾸로 영지주의 구원자 신화가 신약성경의 그리스도론과 구원론의 지대한 영향을 받아 형성되었다는 사실이 이들의 문헌학적 연구를 통해 철저히 규명되었어요. 영지주의 구원자 신화는 2세기 후반부터 발달하는데, 그 이전 아직 구원자 신화가 형성되기 전의 영지주의는 지식(γνωσις, 그노시스)을 강조하고 플라톤적 이원론의 관점에서 "인간의 영혼(ψυχη)이 지식(γνωσις)을 얻어 이데아(ιδεα)의 세계로 복귀한다"는 식의 소박한 사상 정도였습니다. 이런 영지주의 사상을 오늘날에는 '발아기적 영지주의'(incipient gnosticism), '원시 영지주의'(proto-gnosticism), 혹은 '전영지주의'(pre-gnosticism)라고 부릅니다. 이러한 '막 잉태된 영지주의'가 태초부터 선재(先在)하셨고 인간이 되어 십자가에서 죽으시고 부활하여 다시 높임 받으셨다는 신약성경의 그리스도론과 해후하면서 영지주의의 구원자 신화가 만들어진 것입니다. 이처럼 영지주의의 구원자 신화가 신약성경 속 그리스도론의 막대한 영향 아래 형성된 것이지, 그 반대가 아닙니다.[4]

이런 식으로 문헌학적 반론을 펼쳤어야 했는데, 안타까운 일이 아닐 수 없습니다. 어쨌든 SBS는 〈신의 길, 인간의 길〉을 방영한 후 시리즈 말미

---

4   이에 관한 문헌학적 토론을 간단히 보려면 Herman Ridderbos, 이한수 역, 『바울과 예수』 (*Paul and Jesus*, 서울: 한국로고스연구원, 1984), 169-177을 보면 된다. 이러한 사실을 문헌학적으로 철저하게 입증한 신약학자는 Ernst Percy였음을 밝혀둔다. Ernst Percy, "Zu den Problemen des Kolosser- und Epheserbriefes," *ZNW* 43 (1950/51): 178-194.

에 다큐멘터리 내용에 대한 한기총의 반론을 보도해주기는 했습니다. 그게 다였다지요! 대충 그렇게 마무리되었던 것으로 기억합니다.

불트만 극우파, 다중 증언의 원리에 완패하다

〈신의 길, 인간의 길〉 이야기를 좀 더 할게요. 이 다큐멘터리에 나오는 영국 학자가 몇 명 있어요. 거기서 인터뷰한 몇몇은 사실 변변치 않은 학자들인데, 약 20년 전만 해도 나름대로 추종자를 좀 모았던 이론을 주장합니다. 예수 신화론자들이 막무가내로 떠들어대니 추종자들이 그럭저럭 모여들었지요. 그런데 그로부터 얼마 뒤, 그들의 논리는 아주 박살이 나버렸습니다. 요새는 서양 신학계에서 제대로 된 학자치고 그런 주장을 하는 사람은 거의 없습니다. "예수는 신화다, 가공의 인물이다." 이런 논리는 재기 불능이 될 정도의 타격을 받고 설 자리를 잃었습니다.

그들에게 이런 치명타를 입힌 신학자가 바로 존 도미니크 크로산(John Dominic Crossan)입니다. 미국에 "예수 세미나"(Jesus Seminar)라는 진영이 있어요. 이 진영에 속한 신학자들은 미국 내에서 역사적 예수를 연구하는 이들 중 가장 과격한 사람들입니다. 전통적 입장을 견지하는 이들이 보기에는 상종 못할 사람들이지요. 크로산이 바로 그 진영에 속한 신학자입니다. 그의 책 몇 권은 우리말로 번역되어 있는데 비판적 안목에서 읽어본다면 대단히 영양가 있는 내용이 꽤 있습니다. 예수 세미나 진영에서 크로산은 마커스 보그(Marcus Borg)와 함께 비교적 온건파에 속합니다.

존 도미니크 크로산이 복음서를 통해 역사적 예수를 연구하면서, 복음서 안에서 진짜 예수님 말씀을 찾아내기 위해 사용한 방법이 있습니다. 역사적 예수 연구는 한마디로 방법론을 둘러싼 싸움이거든요. 그런데 크로산이 사용한 유명한 방법론이 있었으니, 바로 '다중 증언의 원리'(the principle of multiple attestation)입니다. 물론 이 방법론을 크로산이 처음 사용한 것은 아닙니다. 메카터(H. K. McArthur)가 처음 사용한 듯하고, 이후에 레지널드 풀러(Reginald H. Fuller), 게르트 타이센(Gerd Theißen), 대그마 윈터(Dagmar Winter), 데이비즈(W. D. Davies) 등에 의해서 정교화된 방법론이지요. 오늘날에도 어떤 사건의 진위를 가릴 때 사용할 수 있는 방법입니다.

불트만 극우파라 할 수 있는 예수 신화론자들이 영지주의의 구원자 신화를 포함하여 종교사적 지식을 동원해가며 주장했던 것은, 예수라는 인물이 바울과 복음서 저자가 꾸며낸 가공의 인물이라는 것이지요. 그런데 다중 증언의 원리는 서로 관련성이 없는 다수가 시간 차이를 두고 다른 지역과 다른 상황 속에서 같은 사건이나 같은 인물에 관해 일치된 증언을 할 때, 그것은 역사적 진실일 가능성이 매우 크다는 이론입니다. 예수 그리스도가 전설이나 가공의 인물이 아님은 다중 증언의 원리에 입각했을 때 너무나 명백합니다. 관련성이 전혀 없는 다수가 시간 차를 두고 다른 지역과 다른 상황 속에서 예수에 관해 일치된 증언을 하기 때문입니다. 예수에 관해 기록한 각각의 독립된 자료가 예수에 관해 동일한 내용을 증언하고 있다는 것이지요.[5] 따라서 예수가 전설이니 가공의 인물이니 하는 말도 안 되는 주장을 하지 말라는 것입니다.

크로산이 이렇게 강편치 한 방을 날리자, 이 한 방에 상대는 심한 타격을 입었습니다. 그때 한 방 먹고 완전히 쓰러진 이후로 아직도 못 일어

---

5 Gerd Theißen, Dagmar Winter, "Die Kriterienfrage in der Jesusforschung: Vom Differenzkriterium zum Plausibilitätskriterium," *NTOA* 34 (Göttingen: Vandenhoeck & Ruprecht, 1997): 180(상기의 논문인 "서로 독립적인 자료들이 동일한 내용을 증언할 경우 그것이 진정성을 가질 확률이 높아진다"를 신현우, 『역사적 예수 연구의 규칙: 참된 예수를 찾아서』[서울: 웨스트민스터출판부, 2005], 73을 따라 재인용).

나고 있다고 합니다. 원래 그렇습니다. 제 친구에게 들은 말인데, 전자오락
게임 중에 무사들이 칼싸움하는 게임이 있대요. 거기 보면 최고의 고수가
나오는데요, 이 고수가 칼을 뽑는 것은 고사하고 옆으로 쓱 지나만 가도
하수들이 그냥 죽는대요. 사실 칼을 뽑았지만 하수들 눈에는 안 보인 거죠.
그러니까 예수는 신화고 가공의 인물이라 말하던 이들이 존 도미니크 크
로산이라는 절세의 무공을 가진 고수의 한 방에 완전히 가버린 것입니다.[6]

예수를 신화라고 말하는 이들과 논쟁할 때 다중 증언의 원리 정도는
한번 이야기해볼 만합니다. "예수는 신화다, 전설이다, 가공의 인물이다."
이런 식의 주장은 어찌 보면 의처증 환자만큼 극심한 의심에서 비롯됩
니다. 여러분, 사도들은 예수님께 배운 이들이잖아요? 그리고 이 사도들이
교회를 개척했잖아요? 그러면 초기 교회의 가르침 중에 예수님의 가르침
이 있겠어요, 없겠어요? 있겠죠! 당연한 것입니다. 그런데 그들은 아주 의
심이 많아서 예수님의 가르침과 초기 교회의 가르침 기록 중에 서로 일치
하는 것이 나오면, 무조건 초기 교회가 예수님이 말씀하신 것처럼 예수님
께 뒤집어씌웠다고 주장합니다. 항상 그런 식이에요.

진정성을 의심하는 자들이 그것을 증명해야 한다

원래 세상의 법정에서도 의심하는 자가 의심을 받는 자의 의혹을 증명해
야 합니다. 그리고 의심받는 사람은 묵비권을 행사할 권리가 있습니다. 그
런데 예수 신화론자들은 초기 교회와 예수님의 가르침 사이에 연속성이

---

6   John Dominic Crossan, "Divine Immediacy and Human Immediacy towards a New First
     Principle in Historical Jesus Research," *Semeia* 44 (1988): 121-140.

있는 내용은 무조건 진짜 예수님 말씀이 아니라는 식의 주장을 쓱 흘려놓고는, 그것을 진짜 예수님의 가르침이라고 믿는 이들에게 "그 진정성을 너희가 증명해보라"고 말합니다.

비유사성의 원리를 통해 드러나는 복음서의 진정성

20세기에 독일 괴팅겐 대학교(Universität Göttingen)에서 가르쳤던 요아힘 예레미아스라는 신약신학의 거장이 있습니다. 불트만과 우파 신학자들이 예수님과 초기 교회 사이에 연속성 있는 말씀을 초기 교회가 예수님께 뒤집어씌운 것이라고 자꾸 우기자, 예레미아스는 이에 맞서 소위 '비유사성의 원리'(the principle of dissimilarity)라는 방법론을 들고 나옵니다.

불트만 우파들의 주장은 예를 들면 이런 것입니다. 제게 딸이 있는데 딸이 저에게 무언가를 배웠다고 합시다. 그러다가 딸이 어른이 되어서 아버지를 회상하면서 제게 배운 가르침을 이야기했습니다. 그러자 한 무리가 나타나서, 그 가르침은 사실 우리 딸 자신의 이야기인데 마치 아버지인 내가 한 것처럼 저에게 뒤집어씌웠다고 주장하는 것입니다. 하도 그런 식으로 우기니까 예레미아스는 그렇다면 유사성 있는 내용을 다 빼고 이야기하자고 주장합니다. "너희들이 정 그렇다면, 유사성이 있는 것은 다 빼자고! 초기 교회와 예수님의 가르침 중 유사성이 있는 것은 다 빼자! 나는 그것들도 예수님의 가르침이라고 생각하지만 너희는 초기 교회가 예수님께 뒤집어씌운 것이라고 생각한다니, 좋다! 그런 것들은 다 빼자! 또 뭘 뺄까?"

예수님이 유대교로부터 받은 부분이 있지 않습니까? 당연히 있겠죠. 예수님은 유대인으로서 유대 땅에서 활동하신 분이니까요. 그래서 랍비의 가르침을 종종 인용하시지요. 구약을 인용하시기도 하고요. 그것은 당연합니다. 그렇지 않습니까? 저도 지금 강의하면서 선대 스승들의 가르침을 인용하지 않습니까? 그런데 과거 가르침과의 유사성이 발견되면, 그것도 초기 교회가 과거로부터 예수님께 뒤집어씌웠다고 하니, "그래? 그렇다면 그것도 빼자! 유대교와 예수님 사이에 연속성이 있는 것도 다 빼자!" 그래도 남는 것이 있을까요? 그래도 남는 것이 있습니다. 예수님의 가르침 중에 다른 가르침과 전혀 유사성 없는 것들이 남잖아요? 그래서 이 방법을 비유사성의 원리라고 합니다. 유사성이 없는 예수님 말씀을 남겨놓고, "이제 됐지? 유사성 있는 것은 다 빼고, 이 말씀들이 남았지? 그럼 이 유사성 없는 말씀은 진짜 예수님 말씀이 맞지?" 그러면 유사성이 있는 것은 인정해 줄 수 없다는 사람들이 할 말이 없잖아요? 그들도 수긍하지 않을 수 없는 것이지요.

비유사성의 원리는 아무리 과격한 불트만 극우파라도 거부할 수 없는 진짜 예수님 말씀의 최소한을 찾아내는 방법입니다. 그렇게 해서 찾아낸 말씀 중에 예수님께서 하나님을 부르실 때 사용했던 호칭인 "아빠에 관한 말씀들"(Aββα-Worte)이 있어요. 하나님을 향해 "아빠"라고 부른 예수님의 말씀은 공관복음서와 요한복음에 모두 등장합니다(마가복음에만 등장하는 구절—막 14:36; 마태복음·누가복음의 병행구절—마 6:9[병행. 눅 11:2]; 11:25 이하[병행. 눅 10:21]; 누가복음에만 등장하는 구절—눅 23:34, 46; 마태복음에만 등장하는 구절—마 26:42; 요한복음에만 등장하는 구절—요 11:41; 12:27 이하; 17:1, 5, 11, 21, 24 이하).[7] 예수님 이전 어떤 랍비의 기록을 봐도, 초기 교회의 어떤 문헌을 봐

---

7   Joachim Jeremias, *Neutestamentliche Theologie, Erster Teil: Die Verkündigung Jesu* (Gütersloh: Gütersloher Verlagshaus Gerd Mohn, 1971), 68.

도, 고대 팔레스타인에서 어린아이가 자기 아버지를 부르던 애칭인 아빠를 '하나님에 대한 호칭'(Gottesanrede)으로 사용한 적이 없어요. 간혹 유대교 문헌에서 하나님을 "아버지"라고 부른 경우는 있지만, 그것도 3인칭으로 나타나지 2인칭으로 나타나지는 않습니다. 그리고 초기 교회 문헌에서 하나님을 아빠라고 부르는 기록은 일관되게 복음서의 예수님 말씀을 인용한 부분에서만 등장하지요. 그러므로 하나님에 대한 예수님의 아빠라는 호칭에 관해서만큼은 고대 유대교나 초기 교회와의 유사성이 전혀 성립하지 않습니다. 2인칭 호격으로 하나님을 아빠라고 부르는 대목은 오직 복음서의 예수님 말씀에서만 나옵니다.

그러므로 하나님에 대한 예수님만의 유일하고 독특한 호칭인 "아빠"를 분석하고 주석해보면 예수님 스스로가 자신을 어떻게 생각했는지, 즉 '예수님의 자기 이해'(Selbstverständnis Jesu)가 드러납니다. 그러니까 예수님 스스로가 자신을 하나님의 사랑받는 아기라고 생각했을 뿐 아니라, 자신을 믿는 사람들을 하나님의 사랑받는 아기가 되게 하는 유일하고 독특한 하나님의 아기라고 생각하셨음을 알 수 있습니다. 이런 사실이 예수님의 말씀에 나오는 아빠 호칭의 분석을 통해 증명된 것이지요. 그러므로 "예수는 하나님의 아들이다. 그를 믿는 자는 하나님의 자녀가 된다"라는 초기 교회의 선포(케리그마)도 불트만과 우파들이 주장하는 것처럼 초기 교회의 창작물이 아니며, 예수님이 사도들에게 가르치셨고 사도들이 교회에 가르친 예수의 복음이라는 것입니다.

그러니까 비유사성의 원리에 따르면, 복음서에 등장한 예수님의 입술에서만 나온 말씀이 있다는 것은 예수님이 가공의 인물일 수 없음을 뜻합니다. 또한 비유사성의 원리로 찾아낸 예수님의 진짜 말씀 중 하나인 아빠 호칭의 분석을 통해 복음의 핵심적 가르침이 논증되었습니다. 바로

"예수님은 하나님의 아들이다. 예수님은 하나님의 사랑받는 아기였고, 그를 믿는 자들도 하나님의 자녀가 되게 하는 유일하고 독특한 하나님의 아기다"라는 가르침이지요. 이렇게 예레미아스는 "예수는 하나님의 아들이고 그를 믿는 자는 하나님의 자녀가 된다"라는 초기 교회의 케리그마가 예수님께서 친히 제자들에게 가르치셨고 제자들이 초기 교회에 가르친 내용임을 논증할 수 있었습니다.

이처럼 강력한 두 논박으로 예수를 신화나 가공인물이라고 하던 과격한 주장은 그 세력이 매우 약화되기에 이르렀습니다. 한마디로 두 방 맞고 병원에 실려 가서 아직도 일어나지 못하고 있다는 겁니다.

가톨릭에는 차동엽이 있고 불교에는 혜민이 있는데, 개신교에는?

그러니 〈신의 길, 인간의 길〉에 근거해 누가 논쟁을 걸어오면, 그것이 얼마나 한물간 허접한 논리인지를 말해줄 필요가 있겠죠. 그런데도 우리는 글쎄 입도 뻥긋 못하고 말았습니다. 마귀 같은 소리를 한다느니 하면서 신자가 아닌 사람들에게 빈축이나 사고 말입니다. 여러분, 우리는 신자끼리만 소통하는 그런 언어를 사용하면 안 돼요. 교회 밖 신자가 아닌 이들과도 소통할 수 있는 그런 언어를 배우고 익혀야 합니다.

가톨릭에는 지금은 고인이 된 차동엽 신부님이 최근까지도 '희망 멘토'로 불리며 대중의 사랑을 받았고, 불교에는 혜민 스님이라는 대중적 스타가 있지요. 그런데 우리 개신교는 그렇지 못해요. 이런 것이 참 안타깝습니다. 교회 울타리 안에서 유명한 스타는 있지만, 대중에게 어필할 수 있는 스타가 없습니다. 그 이유는 신자끼리 통할 만한 말은 곧잘 하는데, 대중과 소통할 수 있는 언어가 빈곤하기 때문이 아닌가 합니다.

이 장에서는 '다중 증언의 원리'와 '비유사성의 원리'를 설명해드렸습니다. 다중 증언의 원리는 존 도미니크 크로산이 역사적 예수를 재구성할 때 유용하게 사용한 방법이고, 비유사성의 원리는 요아힘 예레미아스가 아무리 과격한 불트만 학파의 학자라도 거부할 수 없는 진짜 예수님 말씀의 최소한을 찾을 때 유용하게 사용한 방법입니다.

절대 부인할 수 없는 진짜 예수님 말씀의 최소한

물론 비유사성의 원리는 대단히 바보 같은 방법입니다. 예수님께 배운 제자들이 초기 교회를 개척했는데, 초기 교회에 예수님의 가르침과 연속선상에 있는 가르침이 없겠습니까? 당연히 있겠죠. 그리고 예수님이 당시 팔레스타인 유대교 내에서 활동하던 분인데 유대교로부터 받은 부분이 없겠습니까?[8] 물론 있죠. 『예수는 신화다』의 추천사를 쓴 신학자 곽노순 박사는 한국에서 가장 아방가르드적인 신학자 중 한 사람으로 평가됩니다. 그런 곽노순 박사조차도 책 추천사에서 예수와 유대교 사이의 지나친 불연속성을 주장하여 예수를 신화적 가공 인물로 보는 프리크와 갠디의 논리를 우스꽝스럽다고 일갈하고 있을 정도니, 이만하면 할 말 다한 것입니다.

그러니까 비유사성의 원리를 부정적인 방식으로 사용해서(예를 들면 에른스트 케제만이나 노먼 페린처럼) 비유사성 원리의 기준에 부합하지 않는 예수님 말씀의 진정성을 덮어놓고 의심해서는 안 됩니다.[9] 다만 과격한 불

---

8   참조. 신현우, 『역사적 예수 연구의 규칙: 참된 예수를 찾아서』, 114-115.

9   Ernst Käsemann, *Das Problem des historischen Jesus*, 144; Norman Perrin, *What is Redaction Criticism* (London: SPACK, 1970), 71(신현우, 『역사적 예수 연구의 규칙: 참된 예수를 찾아서』, 112을 따라 인용).

트만 학파 학자들이 연속성 있는 말씀을 가지고 자꾸 우기니까, 바보 같은 원리이기는 해도 비유사성의 원리라는 방법을 긍정적으로 사용해 그들마저도 절대 부인할 수 없는 진짜 예수님 말씀의 최소한을 찾은 겁니다. 비유사성의 원리는 이렇게 사용할 때 대단히 유익한 방법이라는 것이지요. 그러므로 노르웨이 신학자 닐스 달(Nils A. Dahl)의 말처럼, 비유사성 원리를 통해 포착되는 "예수님의 진짜 말씀"(*ipsissima vox Jesu*)은 복음서가 풍부하게 증언하는 진짜 예수님의 말씀 중 "비판적으로 확정된 최소한"(ein kritisch gesichertes Minimum)에 불과함을 명심해야 합니다.[10]

적에게도 배울 점은 배워야 한다

위대한 전사는 적진에 들어가서 싸웁니다. 적진에 들어가 적의 모든 요구를 다 받아들이고서라도 싸움에서 이겨야 진짜 위대한 전사입니다. 존 도미니크 크로산은 원래 미국에서 역사적 예수를 연구하는 가장 과격한 그룹인 "예수 세미나" 진영에 속한 신학자라서, 전통적인 입장의 분들이 별로 좋아하지 않습니다. 예레미아스의 신약신학도 읽어보면 상당히 온건하고 균형 잡혀 있으며 유익한 내용이 많지만, 엄격한 보수성을 띤 분들은 별로 좋아하지 않고요. 하지만 여러분께 말씀드리고 싶은 것은, 우리와 경향이 다른 사람들도 우리가 선용할 만한 영롱한 지혜를 설파한다는 사실이에요. 사도 바울도 그리스도교로 개종하기 전에 섭렵한 그리스 철학에 대한 조예 덕분에 훌륭한 복음 변증가가 될 수 있었던 것 아닙니까? 칼뱅

---

10 Nils A. Dahl, "Der historische Jesus als geschichtswissenschaftliches und theologisches Problem," *KuD* 1 (1955): 119(앞의 책, 113을 따라 인용).

도 모든 진리는 하나님의 성령으로부터 왔다고 말했지요. 그러니 설사 신자가 아닌 사람이 펼치는 진리라도, 그것을 배척하거나 경멸하는 것은 성령님을 모독하는 것이라고 했습니다.[11] 칼뱅은 디도서 1:12의 주석에서, 비록 악인이 발설한 진리라도 그것이 진리인 한 하나님에게서 온 것이라고까지 말합니다.

그런 의미에서 우리는 신학을 할 때 열린 마음으로 해야 합니다. 적에게도 배울 점이 있습니다. 우리와 경향이 다른 사람도 우리가 간과한 진리를 깨닫고 있을 수 있습니다. 존 도미니크 크로산에게서 보듯이 우리와 경향이 완전히 다른 신학자에게도 충분히 배울 만한 측면들이 있습니다. 그래서 헤르만 바빙크는 신학할 때 바람직한 방법으로서 '선별적 비평의 방법'을 권했던 것입니다. 선별적으로 비평하여 배울 점은 섭렵하고 배우지 말아야 할 점은 걸러내야지, 무조건 다 맞거나 무조건 다 틀린 신학은 없다는 것입니다.

---

11   Jean Calvin, *Institutio Christianae Religionis* II, 2, 15.

신앙이란 무엇인가?

신앙이란 하나님의 사랑을 신뢰하는 것이다

일반적으로 우리는 자기 믿음의 확고부동함, 즉 자신의 강철 같은 믿음을 신뢰하는 것을 신앙이라고 생각하죠. 그러나 성경과 교부들의 가르침을 보면, 신앙은 자신의 확고부동한 믿음이 아닌 하나님의 사랑을 신뢰하는 것입니다. 하나님이 신실하시고 그의 사랑은 끝이 없어 그가 언제나 우리와 세상을 변함없이 사랑하신다는, 그 사랑에 대한 신뢰가 신앙입니다. 내 믿음의 강철 같은 불변성을 신뢰하는 것이 아니고요. 우리의 믿음이 늘 요지부동하지 않았다는 것은 경험으로 알잖아요? 때로는 잘 믿었지만, 때로는 잘 믿지 못하지 않았습니까? 때로는 회의 가운데 있었고 번민 가운데 있지 않습니까? 저 역시 살아가면서 제 믿음이 뜻하지 않은 시련 가운데 놓일 수 있다고 생각합니다. 그때 저는 또 번민하고 힘들어하겠지요. 하지만 신앙이란 자기 믿음의 확고부동함을 믿는 것이 아닙니다. 그것이야말로 구제불능의 지독한 펠라기우스주의가 아니고 무엇입니까?

신앙은 우리를 향하신 하나님의 사랑이 변하지 않는다는 것, 진실로 하나님께서 그리스도 안에서 말할 수 없는 사랑으로 우리와 온 세상을 사랑하신다는 것, 바로 그 사랑을 신뢰하는 것입니다.

구원의 확신을 말할 여지는 있지만

따라서 그리스도 안에서 나타난 하나님의 사랑이 변치 않는다는 입장에서라면, 구원의 확신을 말할 만한 신학적 근거는 있어요. 그러나 나의 믿음이 불변하기 때문에, 나의 영접의 확실성에 의거해 나의 구원이 확실하다고 말할 때 그 확신은 참으로 어리석은 확신이요, 한번에 무너질 수 있는 자기 속임이요, 환상일 수 있다는 것입니다.

마르틴 루터도 "믿음으로 구원받는다"고 가르치지 않았습니다. 루터의 가르침이 살짝 변해서 루터의 주장이 "믿음으로 구원받는다"는 것인 양 널리 유포되어 있지만, 정확하게 말하면 루터의 가르침은 그게 아닙니다. 루터는 인간의 주체적 공로나 의지로 구원받는다는 사상을 온 힘을 다해 배척하고 반대했죠. 루터의 가르침을 정확하게 옮기면 "구원은 은혜로 말미암아"입니다. "은혜로 말미암아 믿음을 통해 구원받는다." 이게 루터의 사상이며 칼뱅의 사상이기도 합니다. 그런데 이것을 그저 "믿음으로 구원받는다"로 가르치다 보니 우리 믿음이 우리의 구원을 창조하는 구원의 원천이라고 여기는 오해와 오류가 생겨난 것입니다. 그러나 자기의 주체적 믿음을 강조하는 모든 믿음의 신학, 각성의 신학은 아주 위험합니다.

교리의 객관성이냐, 신앙의 주관성이냐?

신학사적으로 보면 종교개혁 이후에 개신교 정통주의가 형성되었습니다. 개신교 정통주의는 교리의 객관성을 대단히 강조했는데, 여기에 반기를 들고 등장한 이들이 있었습니다. 그들이 누군지 아십니까?

우선 개신교 정통주의자들이 어떤 이들이었는지부터 설명하지요. 그들은 루터, 츠빙글리, 칼뱅 등으로 대변되는 종교개혁자들의 가르침을 교리적으로 치밀하게 정립한 이들이었습니다. 대표적 인물로 요한 게르하르트, 다비트 홀라츠, "하이델베르크 교리문답"을 작성한 자카리아스 우르시누스(Zacharias Ursinus, 1534-1583) 등이 있습니다. 그 외에도 수많은 개신교 정통주의자들이 있었습니다. 이들은 루터와 칼뱅 이후 종교개혁자들의 가르침을 교리적으로 치밀하게 정리하고 정립한 사람들입니다. 이들에 따르면 구원이란 구원에 관한 교리를 지식적으로 습득하는 것이었고, 그래서 객관적 교리에 대한 지식을 대단히 강조했습니다. 이런 점 때문에 정통주의자들은 다른 말로 '개신교 스콜라주의자'라고 불리기까지 했죠. 마치 중세 스콜라주의자들처럼 교리를 치밀하고 객관적으로 조직했다는 것입니다. 우리가 알고 있는 대다수 교리의 뼈대와 체계를 이들이 만들었다 해도 과언이 아닙니다. 여러분이 주일 학교 때 배웠던 그런 교리의 뼈대가 다 개신교 정통주의 시대에 정립된 것입니다.

그런데 교리의 객관성과 교리의 지식적 습득을 너무 강조하다 보니, 정통주의자들이 목회하는 교회는 메말라갔습니다. 원래 그런 법입니다. 지금도 교리의 객관성을 강조하는 목사들의 교회에 가보면 뭔가 메말라 있어요. 이처럼 개신교 정통주의가 지배하던 그 시절에도 교회가 점점 메말라갔던 거예요. 이런 개신교 정통주의자들의 메마른 교리주의에 맞서, 객관적 교리 체계 습득보다 은혜 체험과 거듭남의 경험이 훨씬 더 중요하다고 보는 사람들이 있었습니다. 이들은 정통주의자들의 객관성에 반기를 들면서 '주관적 은혜 체험'(Subjektive Gnadenerfahrung)과 '거듭남의 경험'(Wiedergeburtserfahrung)을 강조했지요. 이들이 바로 경건주의자(Pietisten)입니다.

정통주의의 반대말은 자유주의가 아닌 경건주의

지난 학기에 저는 18-19세기 신학사를 강의했습니다. 그때 학생들에게 정통주의에 반대되는 신학 사상이 뭐냐고 물어본 적이 있는데, 학생들은 너도나도 입을 모아 자유주의라고 했습니다. 대다수 신학생이 정통주의의 반대말을 자유주의라고 생각했다는 거지요. 어디에 가서 물어봐도 거의 예외 없이 그런 대답을 들었습니다. 그런데 이건 신학사적으로 맞지 않아요. 신학사적으로 볼 때 정통주의(Orthodoxie)의 반대말은 자유주의(Liberalismus)가 아니고 경건주의(Pietismus)입니다. 정통주의자들이 교리의 객관성을 강조했다면, 경건주의자들은 무엇을 강조했느냐? 그들은 신앙의 주관성을 강조하면서 등장했습니다. 경건주의자들은 신자 개인의 주체적 신앙의 결단을 중요시한 이들입니다. "그렇게 객관적 교리에 대한 지식만 구구단처럼 암기해서 뭐합니까? 은혜 체험이 없는데! 직접 주님을 영접하고 거듭난 경험이 없는데! 구속의 은총에 감사하는 삶이 없는데! 그런 교리에 대한 지식이 무슨 도움이 된다는 겁니까?" 정통주의에 대해 이런 반론을 들고 등장했던 이들이 경건주의자들입니다. 그런데 보세요. 정통주의자들이 교리의 객관성을 중요시했다면, 경건주의자들은 신앙의 주관성을 강조했습니다. 물론 신앙에서 주관성이라는 것도 굉장히 중요합니다. 사실 객관성만 있고 주관성(주체성)이 없으면 어떻게 돼요? 객관적 교리에 대한 지식은 갖췄는데 주관적 신앙이 없으면 어떻게 되겠습니까?

어쨌든 여기서 강조하고 싶은 것은 바로 정통주의의 반대말이 경건주의라는 거예요. 이건 신학사적 상식에 해당합니다. 한국에서 신학생들에게 물어보면 정통주의의 반대말을 자유주의라고 말하지만, 이는 신학사에 대한 잘못된 지식입니다. 여러분, 자유주의 신학이 어디에서 나왔는지 아세요? 바로 경건주의로부터 나왔습니다. 자유주의는 경건주의의 아들입니다.

경건주의와 자유주의의 공통점은 주관성 강조

경건주의와 자유주의의 공통점이 무엇인지 아세요? 정통주의자들은 죽었다 깨어나도 자유주의자가 될 수 없습니다. 교리의 객관성을 강조하면 자유주의자가 될 수 없어요. 은혜 체험을 강조하고 신앙의 주관성을 강조하는 이들이 자유주의자가 됩니다. 초기 경건주의가 형성된 곳은 18세기 독일의 할레 대학교(Universität Halle)였습니다. 여기가 본래 경건주의의 아성이었습니다. 경건주의의 창시자 필립 야콥 슈페너(Philipp Jakob Spener, 1635-1705)의 직계 제자로서 그의 신학을 계승한 아우구스트 헤르만 프랑케(August Hermann Francke, 1663-1727)가 이곳에서 신학을 가르쳤고 경건주의 운동을 전개했으며, 그 후 수많은 경건주의자가 할레에서 배출되었습니다. 그런데 바로 이 할레에서 요한 잘로모 젬러(Johann Salomo Semler, 1725-1791)라는 자유주의 신학의 태두가 등장했다는 것은 역사의 아이러니가 아닐 수 없습니다. 젬러가 등장하여 자유주의 신학을 설파한 이래로 할레는 자유주의 신학의 소굴이 되고 말았습니다.

자유주의는 신앙의 주관성을 강조하지 않습니까? 주관성이 펄펄 끓을 때는 경건주의가 됩니다. 그런데 사람이 어떻게 계속 펄펄 끓으면서 살아요? 언제나 그렇게 살지는 못하잖아요? 그러면 죽어요. 오래 못 가 심장이 타서 죽는다고요. 경건주의가 초기에 펄펄 끓다가, 그 신앙의 불꽃이 사그라지면 뭐만 남습니까? 주관성만 남습니다. 그렇다면 감성에서 불타던 주관성은 감성이 식으면 어디로 옮아가게 돼요? 여러분 연애를 해보면 아는데, 처음에는 상대의 곰보 자국도 보조개로 보입니다. 심지어 입이 비뚤어져도 매력으로 보여요. 감성 속에서 연인에 대한 열정이 펄펄 끓으면 그렇게 보입니다. 그런데 감정이 식고 나면 그 주관성이 어디로 옮아갑니까? 이성으로 옮아갑니다. 그러면 배우자 얼굴에 있는 곰보 자국을 알아차리게 되죠. 주관성이라는 놈이 이성에 자리 잡기 시작하여 이성적인 주관성으로 변하는 순간 모든 것이 환하게 보입니다. 마찬가지로 감성 안에서 불타던 은혜 체험과 주관적 신앙의 뜨거움이 식고 그것이 이성으로 옮아가는 순간, 자유주의가 탄생하게 되는 것입니다. 교리사적으로 볼 때 실제로 경건주의에서 자유주의가 나왔어요. 아이러니하지만, 자유주의는 경건주의의 아들인 것입니다.

정통주의자 vs. 경건주의자: 중생자의 신학과 비중생자의 신학 논쟁

신학사적 계보로 보자면, 정통주의에 대항하여 경건주의가 나오고 경건주의로부터 자유주의가 나왔습니다. 그런데 당시 정통주의자들과 경건주의자들 사이에 유명한 논쟁이 있었습니다. 신학이라는 학문은 예수 믿고 거듭난 사람만 할 수 있느냐, 거듭나지 않은 사람도 할 수 있느냐를 둘러싸고 두 진영이 논쟁을 벌인 것입니다. 일명 '중생자의 신학'(*theologia regenetorum*)이냐, '비중생자의 신학'(*theologia irregenetorum*)이냐를 둘러싼 논쟁이지요. "신학은 객관적 학문이기 때문에 은혜 체험이 없고 거듭나지 않아도 가능하다"고 보는 그룹과, "아니다! 신학은 경건의 학문이기 때문에 반드시 은혜를 체험하고 거듭난 자들만 할 수 있다"고 보는 그룹이 논쟁했던 것입니다.

신학은 객관적 학문이므로 거듭나지 않고 그리스도인이 아니라도 할 수 있다는 것이 누구의 주장인지 아세요? 바로 정통주의자들의 주장이었어요. 물론 신앙이 있어야 신학을 바르게 할 수 있다는 것은 그들도 인정합니다. 그럼에도 불구하고 신학이 객관적 학문인 한 신앙이 없어도 신학을 할 수는 있다고 주장한 것입니다. 정통주의자들에게 신학은 객관적인 학문이고 교리 체계였기에, 신앙이 있든 없든 학습되고 습득될 수 있는 것이었습니다. 그러나 경건주의자들은 정통주의자들의 입장을 반박하며 이렇게 주장합니다. "웃기는 소리 하지 마라! 신학은 거듭남의 체험이 있는 신자가 아니면 할 수 없다"라고 말입니다. 이것이 바로 정통주의적 견해에 대한 경건주의자들의 문제 제기였습니다.

예수 믿지 않는 소프라노 가수를 성가대에 세울 수 있을까?

제가 목회할 때 이런 논쟁을 목회 현장에서 경험한 적이 있습니다. 당시 부활절이 다가오고 있어 우리 교인들은 부활절 칸타타를 연습하고 있었어요. 제가 목회하던 교회는 신자가 그리 많지도 않고 성가대가 매주 서는 것도 아니었습니다. 주요 절기에만 성가대가 섰지요. 요즘에는 빈에 있는 제가 목회하던 교회에 매주 성가대가 서지만, 당시만 해도 주요 절기 예배 때만 섰습니다. 그런데 그때 연습하던 칸타타를 제대로 소화하려면 아주 뛰어난 고음을 기술적으로 구사할 수 있는 '콜로라투라 소프라노'(Coloratura Soprano)가 있어야 했어요. 소프라노 중에서도 콜로라투라 소프라노는 아주 기교적인 고음을 구사할 수 있는 소프라노인데요, 당시 칸타타 공연을 위해 그런 사람이 꼭 필요했던 겁니다. 그런데 우리 교회에는 그 역할을 할 수 있는 사람이 없었습니다.

그 일로 고민하던 중이었습니다. 제가 알던 유학생 중 빈 국립 음대에 재학 중인 여학생이 있었는데, 아주 뛰어난 콜로라투라 소프라노였어요. 교회는 다니지 않는 아가씨였죠. 그런데 제가 우연히 이분을 만나게 되어 그 자리에서 사정을 이야기했더니, 자기가 해주겠다는 겁니다. '아이고, 이제 됐다' 싶어서 교회에 와서 이야기했습니다. 그런데 집사님 몇 분이 반대하는 거예요. 예수도 안 믿는 사람이 어떻게 성가대에 서서 찬양할 수 있냐는 것입니다. 눈앞이 캄캄하더라고요. 한국교회는 경건주의 전통이 아주 강한 것 같습니다. 이게 전형적인 경건주의적 사고거든요. 정통주의자들은 그렇게 생각하지 않습니다. 교회 음악이라는 것도 객관적 음악이기 때문에, 실력이 출중한 가수가 잘 해낼 수 있다고 생각해요. 이런 것이 정통주의자들의 전형적인 사고방식입니다.

어쨌든 교회에서는 강하게 반대하더라고요. 절대 세울 수 없다는 거예요. 제 입장에서는 정말 곤란했습니다. 날짜는 다가오고, 분명 해주겠다는 소프라노 가수는 있는데 세울 수는 없고. 그런 소프라노 가수 정말 구하기 힘들거든요. 세계 정상권의 소프라노 가수였습니다. 그런 사람이 저와 교분이 있다는 이유 하나만으로 와서 노래하겠다는데, 절대로 안 된다는 겁니다. 결국 저는 이렇게 설득했습니다. "교회에 안 다니는 사람이지만 이번 기회를 통해 성가대도 하고 찬양도 해보면 은혜를 받아서 신자도 될 수 있는 거 아니겠냐?" 이렇게 반대하는 이들의 감성에 호소했어요. 이걸 신학적으로 따지면 안 되겠더라고요. 아무리 맞는 말을 해도 일단 감정이 상하면 절대 안 받아들이는 분들이 꽤 있거든요. 기분 나쁘면 그때부터 끝입니다. 그러니 겸손히 머리를 조아리고 감성에 호소해야 합니다. 전도를 빌미로 감성에 호소한 거지요. 그 사람에게 좋은 기회를 한번 주자고 말입니다.

그런데 어떻게 보면 적반하장도 유분수지요. 그 바쁜 소프라노 가수가 와서 연습도 하고 성가대에 참가하겠다는데, 참 착한 마음이잖아요! 그렇다고 반대하는 집사님들에게 "적반하장도 유분수"라고 하면 그분들이 머리끝까지 화가 날 것 아닙니까? 그래서 "예수 믿을 수 있도록 기회를 줍시다. 설교 말씀도 듣게 하고요"라는 말로 설득했어요. 그렇게 해서 그 소프라노 가수를 성가대에 세울 수 있었고, 부활절 칸타타도 무사히 잘 끝났습니다. 그리고 그 후에도 이 아가씨가 한 번, 두 번, 세 번 계속 교회에 나오더니, 제 말대로 신앙을 가지게 되고 세례도 받게 되었어요. 정말로 예수를 믿게 된 거지요.

여기서 제가 말씀드리고 싶은 것은 이런 것입니다. "칸타타 공연을 위해서 고도의 테크닉을 구사할 소프라노가 필요하니 비록 신자는 아니라도 그 곡을 소화할 수 있는 실력 좋은 소프라노를 성가대에 세우자"라고 주장한다면 이것은 정통주의적인 주장입니다. 반면 "절대로 안 된다. 노래 잘 부른다고 성가대 세울 수 없다. 신앙이 없으면 성가대 못 선다"라는 주장은 경건주의적인 주장이라는 겁니다.

예수 믿지 않는 건축가에게 교회 건축을 맡길 수 있을까?

또 이런 일이 있었어요. 오래전에 제가 아는 교회가 교육관을 건축하다가 당회에서 싸움이 벌어졌습니다. 업자 선정을 놓고 장로들끼리 심하게 언쟁을 하게 된 거죠. 사건의 발단은 이렇습니다. 한 업자는 실력도 있고 아주 양심적인 사람입니다. 다른 업자는 장로인데, 아주 악명 높은 사람입니다. 사기성이 농후하기로 업계에서 유명했지요. 한쪽은 예수를 안 믿는데 실력이 있고 양심적인 사람이고, 다른 한쪽은 예수 믿는 장로인데 사기성이 농후하고 실력조차 없다는 것입니다. 이런 상황에서 당회에서 장로

들끼리 패가 나뉘어 싸움이 붙었어요. 건축업자를 누구로 선정할지를 놓고 말입니다. 한쪽은 이렇게 말합니다. "어떻게 성전을 짓는데 예수 안 믿는 사람에게 건축을 맡길 수 있느냐?" 다른 한쪽은 이렇게 맞섰습니다. "여기서 신앙이 왜 나오냐? 실력 있고 양심 있는 사람이 지으면 되는 거지."

이 언쟁에서 누가 이겼을까요? 전자가 이겼습니다. 예수 믿는 사람한테 맡기자는 쪽이 이긴 겁니다. 그래서 결국 어떻게 됐을 것 같습니까? 난리가 나고 교회가 둘로 쪼개졌어요. 왜냐? 그 사기성 농후한 장로 업자가 정말로 엄청나게 사익을 취했거든요. 그러면 그 업자에게 맡기자고 했던 장로들이 책임을 져야 하잖아요? 그래서 교회가 난리 난 거예요. 반대파 장로들이 이렇게 따졌습니다. "우리가 뭐라고 했냐? 저러기로 유명한 인간인데, 어떻게 단지 예수를 믿는다는 이유만으로 교육관 건축을 맡겨서 교인들의 피 같은 헌금을 사취하도록 방치하냐? 저 업자에게 건축을 맡기자고 한 장로들은 책임지고 물러나라!" 그런데 그 장로들이 물러나란다고 물러납니까? "우리를 공격하는 놈들은 사탄이다!" 뭐 이런 식으로 맞받아쳤지요. 그래서 교회가 두 동강이 나버린 것입니다.

정통주의와 경건주의: 간과하지 말아야 할 진리의 두 측면

사실 경건주의와 정통주의의 주장 둘 다 간과하지 말아야 할 진리의 각 측면을 담지하고 있습니다. 그러므로 목회하면서 경건주의와 정통주의의 문제의식을 양자택일의 문제로 몰고 가면 안 됩니다. 정통주의와 경건주의의 문제의식이 양자택일의 문제입니까? 그렇지 않습니다. 목회할 때 유연할 필요가 있다고 생각합니다. 한국교회는 경건주의에 치우친 경향이 있는데, 사실은 아무리 예수 믿는 장로라도 비양심적인 사기꾼에게 교육관 건축을 맡기면 안 된다는 겁니다. 상식적으로 그렇지 않나요?

여러분, '일반 은총론'(De gemeene gratie)이라는 것이 있어요. 일반 은총론은 자유주의 신학자의 주장이 아니라 칼뱅주의자들, 예를 들면 아브라함 카이퍼나 헤르만 바빙크가 말한 교리입니다. 일반 은총이 무엇입니까? 하나님께서 신자가 아닌 사람에게도 햇빛을 허락하시고 재능과 지혜와 명철을 주셨다는 것입니다. 그들의 재능과 지혜와 명철도 하나님에게서 온 것입니다. 그러므로 신자가 아닌 사람이 정의롭고 지혜롭고 명철할 때 그 모든 것이 창조주 하나님에게서 왔다고 인정해야 한다는 것이지요. 신자가 아닌 사람에게서 풍성한 은사를 보면 그것을 허락하신 하나님께 감사하고 영광 돌릴 줄 알아야 합니다. 정의롭고 지혜롭고 명철하고 양심적인 모습을 보고도 신자가 아니라고 하여 그 모습을 깎아내리고 부인하는 자는, 그런 은사를 허락하신 하나님을 모독하는 것입니다. 이러한 일반 은총론은 칼뱅이 개진한 이후 카이퍼와 바빙크가 정교한 사상으로 확립하고 발전시켰습니다.

일반 은총론의 관점에서 봤을 때, 저는 그렇게 생각합니다. 누가 교회의 교육관 건축을 맡았어야 했느냐? 여러분, 솔로몬이 예루살렘 성전을 지을 때 이방 세계인 레바논으로부터 백향목도 수입하고 이방 신의 성전을 지었던 기술자들도 데려왔습니다. 그렇게 해서 성전 기둥도 조각하고 벽도 세우고 미장도 하고 그랬어요. 그런 이야기가 구약성경에 나옵니다. 이방 성전을 짓는 기술자들이 와서 작업을 했단 말입니다. 그렇다면 누가 교회 교육관을 지어야 하느냐? 누구겠어요? 실력 있고 양심 있는 사람이지요. 거기다가 예수까지 믿으면 금상첨화겠지만 말입니다. 그런데 정작 건축을 맡은 것은 양심도 없고 실력도 없는데 봐줄 수 있는 게 예수 믿는 것 하나밖에 없는 사람이었습니다. 업계에서 사기 치는 것으로 아주 유명했는데, 그걸 알고도 그에게 교육관 건축을 맡겼다는 데 사태의 심각성이 있는 거예요. 심지어 후보였던 다른 업자는 업계에서 실력 있고 양심 있는 사람으로 정평이 나 있었고요. 그런데도 그 장로 업자에게 건축을 맡겨서 교회에 막대한 손실을 입혔어요. 여러분이 목회자라면 이런 경우 누구에게 교육관 건축을 맡기시겠습니까?

공공신학의 아버지 아브라함 카이퍼

오늘날 한국 개신교회는 극단적 개교회주의와 이로 인한 교회의 사유화(Privatisierung)로 대사회적 공신력을 급속히 잃어가고 있습니다. 이것을 극복하려면 '공공신학'(*theologia publica*)의 정립이 시급한데, 그러기 위해서라도 신학의 객관적 학문성을 변증하고 확립하는 것이 필수입니다. 아울러 한국 개신교회는 일반 은총론에 주의와 관심을 기울일 필요가 있다고 생각합니다. 일반 은총론의 관점에서 그리스도교의 지혜와 진리를 일반 인문학의 언어로 번역하고 표현하고 적용하고 해명할 필요가 있습니다.

네덜란드 개혁교회가 낳은 위대한 신학자이자 네덜란드 수상이었던 아브라함 카이퍼는 1880년 암스테르담 자유대학교 설립 당시에 했던 기조연설에서, 삶의 모든 영역(정치, 경제, 사회, 교육, 문화, 예술 등)에서 하나님의 주권(하나님 나라의 공적 정의와 평화의 질서)을 수립하자는 '영역 주권 사상'(Soevereiniteit in eigen kring)을 설파했습니다.

창조세계 전체에서 예수 그리스도께서 "이것은 내 것이다! 이것은 나에게 속

해 있다"라고 외치지 못할 영역은 단 1인치도 존재하지 않는다.[1]

창조세계의 전체 영역이 하나님과 그의 독생자 예수 그리스도에게 속한다
는 카이퍼의 영역 주권 사상은 철저하게 성경에 뿌리를 둔 사상입니다.

> 만물이 그에게서 창조되되 하늘과 땅에서 보이는 것들과 보이지 않는 것들과
> 혹은 왕권들이나 주권들이나 통치자들이나 권세들이나 만물이 다 그로 말미
> 암고 그를 위하여 창조되었고(골 1:16).[2]

요즘 유럽과 영미권에서 공공신학 정립을 위한 논의가 한창인데, 그 중심
에 독일 신학자 볼프강 후버(Wolfgang Huber)와 위르겐 몰트만이 있습니다.
현대신학 안에서 공공신학 정립의 중요성과 필수 불가결성을 강조한 인
물들이지요. 특히 독일 신학자들은 후버를 "공공신학의 아버지"(Vater der
öffentlichen Theologie)라고 부릅니다. 볼프강 후버가 1973년 하이델베르크
대학교(Universität Heidelberg)에서 교수 자격 취득 논문(Habilitation)으로 제
출했던『교회와 공공성』(Kirche und Öffentlichkeit, 1973)은 공공신학의 초석을
놓은 위대한 작품으로 평가됩니다.

그러나 볼프강 후버가『교회와 공공성』에서 유럽 사회의 세속화 문제
를 비판하며 공공신학 정립의 필요성을 주창하기 훨씬 이전에, 아브라함
카이퍼가 이미 유럽 사회의 세속화 문제를 심층적으로 분석·비판하면서
영역 주권 사상 및 신학과 신앙의 공공성을 강조했음을 아는 사람은 별

---

1   Abraham Kuyper, *Souvereiniteit in eigen kring* (Amsterdam: J. H. Kruyt, 1880).

2   참조. Richard J. Mouw, 홍병룡 역,『무례한 기독교』(*Uncommon Decency*, 서울: IVP,
2014), 195.

로 없습니다. 카이퍼가 영역 주권 사상을 설파한 것이 자유대학교 개교 당시인 1880년이었으니, 후버보다 무려 100년 이상이나 앞서서 공공신학의 중요성과 필요성을 강조하고 설파한 셈입니다. 카이퍼의 영역 주권 사상에 입각한 공공신학에 대한 논구와 그 실천을 위한 치밀한 전략과 전술은 그의 대작 『일반 은총론』(De Gemeene Gratie I-III, 1931-1932)에 오롯이 녹아 있습니다.

영역 주권 사상을 승리주의 관점에서 해석하면 안 된다

저는 1980년대 중엽 대학에 다니던 시절에 아브라함 카이퍼의 영역 주권 사상을 처음으로 접했습니다. 잘 아시겠지만 1980년대 우리나라는 신군부가 정권을 장악하고 독재의 철권을 휘두르던 시대였습니다. 당시 저와 제 동료들은 어떻게 그리스도인으로서 신앙 양심을 지키면서 불의한 시대에 저항할 것인가의 문제로 내적 고투가 무척 심했습니다. 저도 저의 전통적 신앙과 독재에 저항하기 위한 사회참여의 필요성 사이에서 무척 심한 갈등을 겪고 있었습니다. 전통적 신앙과 사회참여, 이 둘이 어떻게 중재될 수 있고 통전적 지평 융합이 가능할 수 있는지를 가르쳐주는 목회자나 선배가 제 주변에는 없었습니다. 그러다 보니 당시 대학가에서 활동하던 진보적 그리스도인 대학생 동료들과 잦은 토론을 하게 되었습니다. 저는 그들의 주장에 일견 동의하면서도, 그들의 비정통적 신학 및 신앙 논리에는 동의하기 힘든 어려움이 있었습니다. 예를 들면 그들은 예수님의 부활이 육체적 부활이 아니라 정신의 부활이라는 식의 해석을 일삼곤 했는데, 저로서는 그런 신학적 논리를 결코 받아들일 수 없었습니다. 그러다 보니 그들과의 대화 속에서 저의 신앙은 점점 메말라갔습니다.

그러던 중 당시 부산 고신대학교 신학과를 다니던 제 친구가 아브라함 카이퍼의 『칼빈주의 강의』(Lectures on Calvinism)를 소개해줬습니다. 신칼뱅주의(Neocalvinisme)로 명명되는 카이퍼의 신학 사상은 철저히 정통주의적이었습니다. 그뿐만 아니라 그의 정통주의 신학 사상 배후에 굽이치는 사회적 저항 정신과 실천 지향성은 정통 신앙과 사회참여 사이에서 갈등하던 제가 둘의 상관관계를 정립하는 데 큰 도움을 주었습니다. 카이퍼의 사회-정치 사상의 중심에는 창조세계의 전 영역을 통치하시는 예수 그리스도의 주권을 첨예하게 강조한 그의 영역 주권 사상이 있습니다. 창조세계의 모든 영역이 창조세계의 구원자 그리스도께 속했으며, 따라서 그리스도인은 창조세계의 모든 영역에서 하나님과 그리스도의 통치를 수립해야 한다는 카이퍼의 주장은 제게 큰 사상적 감화를 주었습니다. 그 감화는 지금까지도 저에게 지속적인 영향을 주고 있습니다.

이처럼 하나님과 그리스도의 통치에 관한 카이퍼의 주장은 확고히 성경에 뿌리를 두고 있고, 그러기에 옳은 주장입니다. 그럼에도 여기서 반드시 주의를 기울여야 할 점이 있습니다. 미국의 저명한 개혁주의 철학자 겸 카이퍼주의자(Kuyperian)인 리차드 마우(Richard J. Mouw)가 염려하면서 지적한 것처럼, 창조세계의 모든 영역이 그리스도께 속한다는 카이퍼의 주장을 자칫 잘못 해석하면 그리스도의 이름을 앞세워 이 세상 모든 영역을 정치 권력을 사용해 정복하는 일이 그리스도인의 사명이라고 하는 제국주의적 지배 논리를 신학적으로 정당화하는 데 사용할 위험이 있다는 것입니다. 마우는 이렇게 말합니다.

카이퍼의 견해는 내 삶과 사상 속에 깊이 자리 잡았으며, 지금도 계속해서 깊이 영향력을 미치고 있다. 그럼에도 불구하고 나는 카이퍼와 같은 관점에서 종종 나오는 한 가지 흐름에 대하여 우려하는 바다. 그것은 이런 식으로 추론하는 경향이 있다. 즉 그리스도께서 창조세계의 모든 영역을 소유하고 계신 이상 우리의 사명은 앞으로 전진해서 그분의 이름으로 모든 것을 정복하는 일이라는 것이다.

이런 선언을 한마디로 잘못되었다고 일축할 수는 없다. 사실 나도 이런 유의 정서를 표명해왔고, 앞으로도 그럴 가능성이 많다. 이런 식으로 표현하는 것이 '제국주의적'으로 들릴지 모르지만, 성경에 충실하면서 제국주의적 흔적을 모두 제거하기란 어려운 노릇이다. 진정 우주가 그리스도의 제국이라면—사실 그렇다—기독교적 제자도는 내재적으로 제국주의적 주체를 일부 내포하는 것이 불가피할 것이다.

그렇다면 문제는 우리가 그리스도의 우주적 주권을 주장하는 것 자체가 아니라, 어떤 어조로 그렇게 하는가 하는 것이다. 나에게 특히 거슬리는 것은 기독교의 승리주의 정신이다. 나는 카이퍼를 읽으면서 때때로 이런 정신을 포착하곤 한다.…신(新)기독교 우파의 설교에 지나친 승리주의가 담겨 있음은 분명한 사실이다. "인본주의자들이 교육 체계를 장악했다. 우리는 그리스도를 위해 우리의 학교들을 되찾아야만 한다!" "다 같이 나가서 그리스도가 왕이신 것을 정치인들에게 보여주고, 그들이 그분의 영토를 침범하지 못하도록 하자!"[3]

19세기 '개신교 자유주의 신학'의 다른 이름인 '문화 개신교주의'(Kulturprotestantizismus)는 유럽의 그리스도교 문명과 문화를 '하나님 나라'(*regnum Dei*)와 동일시함으로써 당시 유럽 제국들의 아프리카 정복과

---

3 Richard J. Mouw, 홍병룡 역, 『무례한 기독교』, 196-197.

아시아 정복을 신학적으로 정당화했습니다. 리차드 마우가 카이퍼 사상의 오용이나 오해의 위험성을 지적하기 훨씬 이전에, 네덜란드의 개혁신학자 클라스 스힐더르는 영역 주권 사상에 대한 카이퍼의 이해가 문화 개신교주의의 오류, 즉 18-19세기 그리스도교 제국들의 제국주의적 패권주의 내지는 승리주의로 오용될 위험이 있음을 경계하면서 지적한 적이 있습니다. 카이퍼의 사상은 실제로 20세기 후반까지 남아프리카공화국 백인들에 의해 오용되어 인종 차별 정책을 정당화하는 정치 신학의 논리로 쓰였습니다.

불의한 이 세상에 대한 그리스도의 승리를 믿는 믿음 자체가 잘못된 것은 아닙니다. 카이퍼가 강조했듯이 예수 그리스도께서는 그의 공생애 시기에 행하신 하나님 나라를 위한 사역과 십자가에서의 고난과 죽음을 통해 이 세상의 악을 섬멸하고 승리하셨습니다. 비록 이 세상에서 우리를 에워싸고 있는 악의 편만한 영향력인 불의, 폭력, 착취, 억압, 병마와 자연 재해 등이 막강해 보여도 사실 악이라는 우리의 원수는 이미 갈보리에서 결정적으로 패배했습니다. 악에 대한 그리스도의 승리는 마지막 때 모든 이들에게 명백하게 드러날 것입니다. 그래서 사도 바울은 이렇게 승리를 선언했습니다. "사망아, 너의 승리가 어디 있느냐? 사망아, 네가 쏘는 것이 어디 있느냐? 사망이 쏘는 것은 죄요, 죄의 권능은 율법이라. 우리 주 예수 그리스도로 말미암아 우리에게 승리를 주시는 하나님께 감사하노라"(고전 15:55-57).

그러므로 그리스도인은 불의와 부조리와 폭력이 난무하는 세상의 모든 영역으로 나아가서, 그리스도께서 십자가에서 악에 대해 이미 승리하셨으므로 악은 패배하여 근본적으로 그 세력을 잃었음을 선포할 뿐 아니라, 그 악이라는 패잔병에 대항해 용감히 싸울 수 있어야 하겠습니다. 이런 이야기는 그리스도인이라면 누구나 동의할 수 있는 내용입니다. 그러나 여기서 분명히 해야 할 것은 악에 대한 승리는 그리스도께서 이루신 것이지 우리가 이룬 승리가 아니라는 사실입니다. 이 사실을 간과해서는 안 됩니다. 다른 누구도 아닌 그리스도께서, 하나님 나라를 위한 사역과 십자가에서의 고난과 죽음을 통해 우리에게 승리를 선물로 주셨습니다.[4] 우리가 할 일은 그리스도께서 우리를 위해 이루신 승리가 마지막에 명백히 현시될 것을 신뢰하면서, 그리스도와 같은 방식으로 이 세상에 존재하는 고난에 기꺼이 참여하는 것입니다. 그래서 사도 베드로는 이렇게 말했습니다. "사랑하는 자들아, 너희를 시련하려고 오는 불시험을 이상한 일 당하는 것 같이 여기지 말고 오히려 너희가 그리스도의 고난에 참여하는 것으로 즐거워하라. 이는 그의 영광을 나타내실 때에 너희로 즐거워하고 기뻐하게 하려 함이라"(벧전 4:12-13).

한편 그리스도께서는 이미 악에 대해 승리하셨지만, 그가 이미 승리하신 세상의 수많은 영역 속에는 여전히 가난과 억압과 착취와 폭력과 사고와 비극이 존재합니다. 그러므로 우리가 진정으로 그리스도께서 악에 대해 승리하셨음을 믿는다면, 그리스도께서 이루신 승리의 결과를 확신하면서 이미 패배했으나 아직도 세상 속에서 맹위를 떨치는 악에 희생당하는 이들의 고난에 자발적으로 기꺼이 참여해야 할 것입니다.[5] 그리스도께서는 초기 교회 공동체의 성도들을 박해하던 사울에게 찾아오셔서 자기 자신을 박해한다고 책망하셨습니다. "사울아! 사울아! 네가 어찌하여 나를 핍박하느냐?"(행 9:4) 그리고 그리스도께서는 주린 자, 나그네 된 자, 옥

---

4   앞의 책, 201.
5   참조. 앞의 책, 203 이하-204.

에 갇힌 자를 영접하는 것이야말로 그분을 영접하는 것이라고 말씀하셨습니다(마 25:31-40).[6] 이러한 사실로 미루어볼 때 그리스도께서는 고난당하는 자들과 자신을 동일시하신다는 것을 알 수 있습니다. 따라서 십자가에서 이루신 그리스도의 승리를 힘과 권력을 앞세운 제국주의적 승리로 이해해서는 안 됩니다. 우리는 그리스도께서 선취하신 승리를 믿으며 그리스도께서 그 승리를 보장하셨다는 확신 가운데 우리 삶의 모든 영역 속에서 고난당하는 이들의 고난에 기꺼이 참여함으로 그들을 도와야 합니다.[7]

십자가에 달리신 그리스도의 은혜를 자랑하는 것 외에 다른 승리를 의도하거나 갈망한다면, 그러한 갈망은 좌절되어야 할 탐욕입니다. 카이퍼가 지향했던 승리는 패권주의적 승리가 아니라 십자가에 달리신 분의 은혜를 자랑하는 것이고, 그것을 위하여 고난과 고통과 능욕과 패배를 기꺼이 감수하는 것이었습니다. 아브라함 카이퍼는 자유대학교 개교 기념 연설 말미에서 이렇게 말했습니다.

우리로 하여금 당신의 거룩한 말씀보다 결코 못한 것, 결코 다른 것으로 맹세하지 않게 하소서. 그리고 우리의 심장을 시험하시고, 오, 또한 우리나라의 재판장이며 배움의 학교를 판단하시는 심판자시여, 만일 우리 기관[자유대학교]이…당신의…사랑스런 아들의 십자가 안에 있는…은총을 자랑하는 것 외에 다른 것을 의도하거나 언제나 다른 것을 원한다면, 당신 자신이 이 기관의 벽들을 무너뜨리시고 당신의 면전에서 그것들을 파멸시키소서!\[8]

---

6   앞의 책, 203.
7   참조. 앞의 책, 201.
8   박태현, "아브라함 카이퍼의 영역주권", 이상웅 편집, 『하나님, 聖經 그리고 敎會中心의 神

그러므로 카이퍼의 영역 주권 사상을 승리주의로 오독하거나 오해해서는 안 됩니다.

객관적 학문으로서의 신학을 강조하는 정통주의적 견해가 왜 중요한가?

서구 전통을 생각하면, 미국이나 유럽에는 딱히 신앙이 없어도 신학을 공부해서 학위 받고 신학을 가르치는 분들이 있을 수 있습니다. 사실 저는 그들이 어떤 사람들인지는 잘 모릅니다. 유럽에서 제가 배웠던 신학 선생님들은 다 경건한 신앙을 가진 분들이었거든요. 그러나 신앙 없이도 신학을 학문으로 공부해서 신학자가 된 이들이 있을 수 있습니다. 어쨌든 신학도 학문이니까요. 학문이라는 것은 신앙이 있든 없든 공부할 수 있는 객관적 체계이고요.

　물론 제가 확신하는 바로는, 신앙이 없으면 참되고 바르게 신학을 할 수 없습니다. 그러나 신학이 객관적 학문 체계이므로 신앙 없이도 공부할 수는 있다고 보는 정통주의자의 관점은 어떤 면에서 진리의 한 측면을 담고 있습니다. 정통주의자의 이러한 주장이 왜 중요한지 아십니까? 여러분이 거부감을 느낄 수도 있겠지만 이것이 왜 중요한가 하면, 계몽주의 이래로 계몽주의의 영향 아래 있던 철학자와 인문학자들은 대학교에 있는 신학부를 폐지해야 한다고 주장했습니다. 그 때문에 신학부를 존치하려는 신학자들과 계몽주의 사상가들 사이에 심각한 논쟁이 벌어졌다고 했죠. 대학교에서 신학부를 폐지해야 한다는 주장은 18세기에 심각한 논쟁을 불

　學과 삶』(용인: 목양, 2014), 414. 박태현은 이 논문에 카이퍼의 암스테르담 자유대학교 개교 기념 연설인 "영역 주권"(Soevereiniteit in eigen kring)의 전체 본문을 번역하여 실었다.

러 일으켰습니다. 왜 신학부가 대학교 안에 있어야만 하느냐, 신학이라는
것이 어떻게 객관적인 학문이냐는 겁니다. 신앙 있는 사람만 할 수 있는
그런 것이 어떻게 학문이 될 수 있느냐는 것입니다. 그러므로 국립대학교
에 신학부를 둬서는 안 되며, 교회나 교단 차원에서 신학교(Priesterseminare)
나 신학대학(kircheneigene Hochschule)을 두면 된다는 겁니다.[9]

　　이처럼 계몽주의 계열의 사상가들은 신학의 학문 됨을 의심하고 부
인하면서 유럽의 국립대학교 안에서 신학부를 폐지해야 한다고 주장했습
니다. 그때 이런 논리에 맞서 신학도 객관적인 학문이고 대학교 안에 마땅
히 신학부가 있어야 한다고 주장하면서, 신학의 학문 됨을 방어한 신학자
들이 있었습니다. 이들은 계몽주의 사상가들에 맞서 자기들의 논리를 방
어하고 변증하기 위해, 신학의 객관성을 강조하는 정통주의적 견해에 의
존했습니다. 경건주의적 입장으로는 계몽주의자들의 공세로부터 대학교
내의 신학부를 지켜낼 수 없었던 것이지요. 그러니까 교조적인 입장에서
정통주의와 경건주의의 입장을 극단으로 몰고 가서 양자택일의 문제로 만
들어버리면 안 됩니다.

논쟁을 위한 논쟁을 일삼는 사람이 되면 안 된다

논쟁을 즐기는 사람이 되면 곤란합니다. 교회 역사에서도 정통교회 안
에 이단이 출몰하면서 많은 논쟁이 발생하잖아요. 공교회가 그런 논쟁 속
에서 이단을 극복하기는 했지만, 그로 인해 이단의 영향을 받은 것도 사

9　　Jürgen Moltmann, *Erfahrungen theologischen Denkens: Wege und Formen christlicher Theologie*
　　(Gütersloh: Christian Kaiser Verlag/Gütersloher Verlagshaus, 1999), 81.

실입니다. 예를 들면 일제 강점기 때 독립운동가들이나 독립군들이 일제에 맞서 싸우지 않았습니까? 저희 큰할아버지도 경남 하동에서 봉기한 독립군 장군이었습니다. 이렇게 우리 어르신들이 일제 강점기 때 그들에게 맞서 싸웠지만, 해방 후의 문화를 보면 일본 문화가 그들의 삶 속에 꽤 깊숙이 들어와 있습니다. 일본의 가구 문화, 차 문화, 음식 문화 같은 것이 그분들 삶에 고스란히 들어와 있어요. 일본 놈들 앞잡이가 아니라 독립운동가고 독립군들이었는데도 말입니다. 마찬가지로 공교회가 이단과 싸워 이단을 극복하는 과정에서 그들을 물리치기는 했어도, 그들로부터 영향도 받았단 말이죠. 이러한 사실을 생각할 때 여러분은 논쟁을 너무 좋아하는 사람이 되면 안 됩니다. 논쟁하더라도 불가피한 경우에만 하고, 형제자매의 친교를 해치지 않는 범위 안에서 해야죠.

그리스도교가 영지주의라는 세력이 강성한 이단과 논쟁했잖아요. 교회사를 보면 영지주의자들과 초기 교회의 교부들이 논쟁하거든요? 그때 부상했던 위대한 교부들이 이레나이우스와 그의 스승이었던 안디옥의 이그나티오스, 테르툴리아누스 등입니다. 그분들이 영지주의에 대항해 논쟁을 벌였습니다. 그런데 여러분, 당시 영지주의는 요즘의 이단인 신천지나 하나님의 교회 같은 소수가 아니었습니다. 오히려 그리스도교가 소수파였고 영지주의는 다수파였어요. 영지주의라는 것은 특정 지역에만 있었던 것이 아니라, 북아프리카로부터 소아시아를 거쳐서 중앙아시아까지 편만하게 퍼져 있던 민간 신앙으로서 광범위한 세력권을 형성하고 있었습니다. 교회는 이 영지주의자들 중에서 그리스도교로 개종한 이들을 통해 교회 내부로 들어온 영지주의 사상에도 맞서 투쟁하고, 교회 밖 영지주의자들과도 논쟁해야 했어요.

결국 영지주의를 극복하기는 했는데, 그 과정에서 교회 또한 영지주의의 영향을 받아요. 오늘날까지도 그 영향은 계속되고 있는데, 영혼은 고결하고 육체는 더럽다는 '영육 이원론' 사상이 그것입니다. 영혼을 고귀하게 생각하고 육체를 멸시하는 사상! 이런 것들이 영지주의자들과의 대결 속에서 교회가 받은 상처입니다. 원래 그리스도교에서는 영혼과 육체가 모두 하나님의 형상을 닮은 소중한 것이라고 봅니다. 그게 원래 그리스도교의 인간론입니다. 사도신경에서도 뭐라고 했습니까? 영혼이 다시 사는 것이 아니라 몸이 다시 사는 것을 믿으며, 몸이 영원히 사는 것을 믿는다고 고백하지 않습니까? 그리스도교는 '영육 통일체'로서의 인간을 소중하게 여길 뿐 아니라, 영육 통일체로서의 인간이야말로 하나님의 형상을 닮은 존재라고 가르칩니다. 영혼은 하나님의 형상이지만 육체는 죄악 덩어리라고 가르치지 않아요. 그러나 영지주의와 투쟁하는 과정에서 육체를 악하다고 보는 사상이 암암리에 교회에 잠입한 것이 오늘날에 이르고 있습니다. 이런 것이 말하자면 영지주의와의 투쟁 과정에서 그리스도교가 입은 내상이 아닌가 합니다.

정리

정리해봅시다. 개신교 정통주의자들은 하나님 말씀의 객관성을 강조합니다. 경건주의자들은 주관적 은혜 체험이나 성령 체험을 강조하지요. 자, 여러분께 거듭 질문합니다. 객관성 강조와 주관성 강조가 양자택일의 문제인가요? 이쪽은 이쪽대로 저쪽은 저쪽대로 간과하지 말아야 할 진리를 담고 있지 않습니까? 보세요! 성령님의 도우심과 조명하심을 의지하지 않고 객관적인 하나님의 말씀만 강조하면 어떤 오류에 빠질까요? 지성주의를 피할 수 없게 됩니다. 그러면 신앙을 지식으로 환원시키는 오류를 범하겠지요. 신앙은 단지 지식의 문제만은 아니거든요. 그런데 또 보세요. 신학의 객관적 원리로서의 하나님 말씀과 교리 체계를 반대하고, 성령 체험만을 강조하면 어떤 문제가 발생할까요? 신비주의나 열광주의로 빠지게 돼요. 그러므로 신학의 객관적 원리로서의 하나님 말씀과 주관적 원리로서의 성령의 내적 조명을 함께 붙들어야 합니다. 성경에 의존하여 사색하고 교리에 의존하여 사색하되 이성적 사색만으로 신학을 세우면 안 됩니다. 사색과 더불어 성령의 내적 조명을 기도로 간구해야 합니다. "말씀과 더불어 역사하시는 성령님께서 우리의 신학 작업에 역사하셔서 진리를 밝히 조명해주시옵소서. 이 말씀과 더불어 우리에게 내적 증거를 주시옵소서"라고 간구하면서 신학을 공부하고 성경도 연구해야 할 것입니다.

다시 말하지만 정통주의자들의 문제의식과 경건주의자들의 문제의식은 양자택일의 문제가 아닙니다. 실제로 목회할 때 이런 문제에서 좀 유연할 필요가 있다고 생각합니다. 극단적 경건주의의 입장이나 극단적 정통주의의 입장은 진리의 다른 측면을 무시해버릴 위험이 있습니다. 예수 안 믿는 건축가가 재능이 출중하고 양심적이라면, 그 출중한 재능과 선한 양심이 누구에게서 온 거죠? 하나님에게서 온 것입니다. 일반 은총론의 관점으로 보면 그렇습니다. 그런 의미에서 예수는 안 믿지만 정직하고 실력 있는 건축가를 하나님이 보내신 사람으로 생각할 줄 아는 것 또한 성숙한 신앙이고 믿음입니다. "아, 우리 교회 교육관 건축을 위해서 하나님께서 보내주신 사람이구나." 이렇게 인식하는 것이 성숙한 신앙이 아니겠습니까?

여러분, 경건주의가 정통주의에 던지는 도전과 문제의식도 분명 곱씹어봐야 할 것들입니다. 어떻게 신학과 신앙이 지식만의 문제일 수 있겠습니까? 경건주의자들은 이런 문제의식을 가지고 도전장을 낸 것입니다. 그렇지만 지성과 지식이 없는 신앙 또한 문제입니다. 그러므로 말씀과 더불어 역사하시는 성령의 내적 조명을 간구하면서 신학을 연마하고 성경도 연구해야 합니다. 그러니 신학 수업을 할 때마다 성령님께 기도해야겠지요? "성령님, 우리 가운데 역사하셔서 우리의 지성과 감성과 영성을 조명해주옵소서. 그리하여 이 신학 공부와 연구를 통해 우리가 이 세상과 교회를 섬길 수 있게 도와주옵소서!"

경건주의와 정통주의의 신학적 문제의식을 서로 소통시킬 수 있을 때만, 올바르고 참다운 신학을 할 수 있습니다. 경험(체험)과 계시는 구분할 수 있지만 분리할 수는 없는 것입니다. 체험을 배제한 채 계시만을 주장해서도 안 되고, 계시를 배제한 채 체험만 강조해서도 안 됩니다. 그러면 우리의 신학과 신앙은 큰 문제에 봉착할 수밖에 없습니다. 여러분이 목회할 때는 정통주의적 문제의식과 경건주의적 문제의식 사이에서 유연한 태도를 유지하시기 바랍니다. 극단은 진리의 전체를 보지 못한다는 헤르만 바빙크의 말을 명심하세요. 어찌 보면 극단적인 주장을 하는 양대 세력은, 놓쳐서는 안 되는 진리의 두 측면을 이야기해주는 것일지도 모릅니다.

거듭 권면합니다. 여러분이 목회할 때는 양극단 사이에서 유연한 태도를 유지하시기 바랍니다. 목회하면서 제가 느꼈던 것은 목회 현장에서 일어나는 문제들이 "하라, 하지 마라"라고 해서 해결될 것이 아닌 경우가 많더라는 겁니다. 제 경험은 그랬습니다. 그런 것이 정말 힘들었습니다. 이러지도 못하고 저러지도 못하는 문제가 자주 발생합니다. 그럴 때 목회자가 편협하고 극단적인 태도를 취하면 어떻게 되겠습니까? 교회가 어떤 상황에 처하겠습니까? 그리고 여러분, 교회에서 싸움이 났다면 분쟁의 당사자들을 개별적으로 불러 면담하지 마시기 바랍니다. 함께 불러서 다 같이 있는 데서 이야기하되, 교회에서 존경받는 분을 배석시키는 것이 바람직합니다. 각자 불러서 이야기하면 자기들 유리한 대로 목사 이야기를 곡해하고 서로 목사가 자기를 지지했다고 하면서 싸우게 됩니다. 그건 꼭 그 사람들이 유난히 사악해서 그런 것이 아닙니다. 원래 사람은 남의 말을 자기 유리한 대로 해석하는 경향이 있습니다. 그러다 보면 싸우던 두 사람이 목사를 찾아와서 그래요. "목사님은 누구 편이에요?" 그러니 개별적으로 만나서 면담하지 말고, 같이 모아놓고 이야기하는 것이 지혜롭습니다. 그렇게 해서 공평무사하게 문제를 해결해야 합니다. 어쨌든 극단적인 목회적 판단은 좋지 않습니다.

칼뱅의 유언장과 그의 신앙

앞에서 칭의와 성화의 관계를 이야기하면서, 참된 신앙은 나의 믿음의 확신을 의지하는 것이 아니고 하나님의 사랑과 자비에 의지하는 것이라고 말씀드렸습니다. 여기서는 그와 관련하여 칼뱅의 유언장을 살펴보도록 하겠습니다. 1564년 4월 25일에 칼뱅은 유언장을 작성했습니다. 그는 제네바에 살면서 여러 번 심하게 앓았는데, 천식이 심해 말도 하기가 어려웠습니다. 그러다 나중에는 병세가 더욱 나빠져 죽음이 가까웠음을 느끼고 공증인을 불러 유언장을 작성하게 했습니다. 칼뱅과 그의 친구 몇몇이 이 문서에 서명했습니다. 이 유언장은 칼뱅의 신학과 신앙 이면에 흐르는 그의 경건한 영성을 보여주는 훌륭한 문서입니다.[10] 칼뱅의 유언장은 이렇습니다.

---

10 Willem van't Spijker, 『칼빈의 유언과 개혁 신앙』(*Calvin's Testament and the Reformed Faith*, 서울: 성약, 2009), 11.

무엇보다도 먼저 하나님께 감사를 드립니다. 하나님께서는 저에게 자비를 베풀어주시어, 우상숭배의 죄악에 빠져 있던 저를 복음의 빛으로 인도하시고 구원의 자리에 서게 하여 주셨습니다. 저는 이러한 은혜를 받을 자격이 없는 사람이었습니다. 그러나 하나님께서는 분에 넘치도록 긍휼을 베풀어주시어 제가 연약하거나 실패할 때에 언제나 참아주셨습니다. 그러한 약함이 있고 잘못을 범한 나는 몇 번이라도 버림을 받아 마땅한 사람이었습니다. 그러나 하나님의 은혜는 거기서 끝나지 않고, 더욱더 큰 것이었습니다. 하나님께서 저에게 자비를 베풀어주셔서, 저에게 복음의 진리를 전파하라고 저와 저의 사역을 축복해주셨습니다. 따라서 저는 이 믿음으로 살고 죽기 원한다고 분명하게 말씀드리고 싶습니다. 하나님께서 저를 당신의 은혜로 양자 삼으신 것 외에 다른 것을 소망하거나 신뢰하지 않는다고 저는 단언하여 말씀드리고 싶습니다. 그것만이 나의 유일한 구원의 근거입니다. 저는 하나님께서 우리 주 예수 그리스도 안에서 저에게 보여주신 은혜를 받아들이고 저의 모든 죄를 씻어 없애는 그분의 고난과 죽음에 의지합니다. 제가 또한 주님께 간청드리는 한 가지는, 불쌍한 죄인인 우리 모두를 위하여 흘리시는 우리 주 예수 그리스도의 보혈로 저를 씻기고 정결하게 해주셔서 그분 앞에서 제가 그분의 형상을 닮은 사람으로 나타나게 되는 것입니다. 제가 또한 분명하게 밝히는 것이 있습니다. 주님께서 저에게 주신 은혜를 따라서, 저는 강론에서나 글에서나 하나님의 말씀을 혼잡하게 하지 않고 바르게 선포하려고 노력하였으며, 성경을 신실하게 해석하려고 노력하였습니다. 또한 진리의 대적들과 논쟁해야 할 때도, 언제나 어디서나 책략이나 교묘한 논쟁을 사용하지 않았고 주님께서 하신 일에 대하여 변호하는 일에 항상 정직하게 나아갔습니다. 그렇지만 통탄스럽게도 저의 뜻과 열심은 만일 말로 표현한다면, 너무 냉랭하고 소심한 것이어서 어느 곳에서나 어떤 일에서나 저는 죄책감을 느낄 수밖에 없었습니다. 주님의 자비가 아니었더라면 저의 모든 열심은 연기에 지나지 않았을 것입니다. 주님께서 베풀어주신 은혜의 선물들은 저로 하여금 더 죄책감을 느끼게 합니다. 따라서 하나님께서 자비의 아버지시고, 저와 같이 이렇게 비참한 죄인에게도 자비의 아버지로 나타나신다는 사실이 제게는 유일한 피난처입니다.

여기서 우리는 그가 죽는 순간까지 오직 하나님의 자비와 사랑에 의지했음을 발견하게 됩니다. 이것이 바로 신앙입니다!

칼뱅의 유언장에서 본 것처럼, 신앙은 우리의 강철 같은 의지와 믿음을 신뢰하는 것이 아닙니다. 신앙은 하나님의 신실한 사랑과 자비를 신뢰하는 것입니다. 하나님께서는 참으로 신실하시고 그의 사랑과 자비 또한 신실합니다. 따라서 그분의 신실하심과 사랑과 자비를 신뢰한다는 측면에서 개인적 구원의 확신을 말하는 것은 신학적으로 가능합니다. 그러나 나의 믿음이 강철 같고 변하지 않아서 내게 구원의 확신이 있다고 말하는 믿음은 언제나 우리를 불안하게 하고 실족하게 합니다. 그러므로 여러분, 우리가 칭의와 성화의 삶을 살아가면서 매일 좌절하고 실패하지만 성령님의 도우심에 의지하며 성화의 길로 부단히 나아가야 합니다. 성화의 도상에서 좌절하지 말고 계속해서 성화의 목표를 바라보면서 주님의 장성한 분량까지 나아가기 위해 주님의 가르침에 순종하기를 죽는 순간까지 힘써야 합니다. 그리고 마지막 순간에 가서 신실하신 하나님, 우리와 온 세상을 사랑하여 그분의 외아들까지 보내주신 하나님의 자비와 사랑에 의지하여, 그분께 마지막 목숨을 의탁하는 것이 신앙입니다. 그것이 바로 신앙의 확신의 유일한 근거임을 우리는 칼뱅의 유언을 통해 배울 수 있습니다. 여러분, 어조가 많이 다르지 않습니까? 내가 믿고 내가 영접해서 천국 티켓을

땄으니까 천국에 갈 수 있다는 식의 자기중심적 신학이 아니잖습니까? 칼뱅의 유언장 마지막 구절을 다시 한번 보십시오.

따라서 하나님께서 자비의 아버지시고 나와 같이 이렇게 비참한 죄인에게도 자비의 아버지로 나타나신다는 바로 이 사실이 내게는 유일한 피난처입니다.

칼뱅의 유언장의 이 마지막 구절이야말로 신앙이 무엇인지를 매우 극적으로 보여주는 지극히 아름답고 겸손한 진술이 아닐 수 없습니다. 신앙이란 마지막 순간까지 하나님의 자비와 사랑의 신실함을 신뢰하는 것입니다.

우리는 삼위 하나님을 위한 신학자들입니다. 그리고 그런 신학자가 되어야만 합니다. 하나님께서 성령의 능력 안에서 그분의 독생자를 이 세상에 보내주지 않으셨다면 그리스도교 신학은 애초부터 존재할 수 없었을 것이기 때문입니다. 그러므로 신학의 궁극적 목적은 하나님에 관하여 형이상학적으로 사변하는 것이 아니라, 우리 구원의 하나님이신 삼위 하나님으로 인하여 즐거워하고 삼위 하나님 앞에 감사함으로 나아가 그분의 은총과 영광을 찬송하는 것입니다.

여기서 우리는 신학은 곧 송영이라는 이 책의 출발점으로 다시 돌아오게 됩니다. 저는 이 시간 강의의 대단원을 마무리하면서, 여러분과 함께 우리 구원의 하나님이신 삼위 하나님께 감사의 찬송을 바치기를 원합니다. 이것은 태초에 천군 천사들의 입술 위에서 울려 퍼졌던 찬송이며 마지막 때 우리가 그들과 함께 부를 찬송입니다.

이는 모든 만물이 주에게서 나오고 주로 말미암고 주에게로 돌아감이라. 그에게 영광이 세세에 있을지어다"(롬 11:36).

영광이 성부와 성자와 성령께, 처음과 같이 이제와 항상 영원히 있나이다!
아멘!¹

이것이 태초의 찬송이자 마지막 찬송입니다.²

---

1 삼위일체 하나님께 바치는 이 영광송은 2세기부터 초기 교회의 예배 가운데 사용되었다. 라틴어 원문은 다음과 같다. "*Gloria Patri, et Filio, et Spiritui Sancto; sicut erat in principio, et nunc, et semper, et in saecula saeculorum.*" 일명 "글로리아 파트리"(*Gloria Patri*, 영광이 성부께)라고도 불리며, 대영광송인 "글로리아 인 엑첼시스 데오"(*Gloria in excelsis Deo*, 지극히 높은 곳에서는 하나님께 영광)에 견주어 "소(작은) 영광송"이라고도 불리는 이 영광송은 "한국찬송가공회"가 발간하여 한국 개신교회가 현재 사용하고 있는 찬송가 3장에 다음과 같은 번역으로 실려 있다. "성부, 성자, 성령께 찬송과 영광 돌려보내세. 태초로 지금까지 또 영원무궁토록 성삼위께 영광! 영광! 아멘." "글로리아 인 엑첼시스 데오"를 대영광송으로, "글로리아 파트리"를 소영광송으로 부르는 것은 단지 가사의 길고 짧음에 따른 것일 뿐, 전자가 더 중요하고 후자가 덜 중요해서는 아니다(참조. 이동영, 『송영의 삼위일체론』 [서울: 새물결플러스, 2017], 299).

2 참조. 앞의 책, 299.

성경의 하나님은 역사의 하나님이며 관계하시는 하나님이다

성경이 증언하는 하나님은 역사성과 관계성을 동시에 가진 분입니다. '역사의 하나님' 개념과 '관계하시는 하나님' 개념은 서로 다른 두 개념이 아니라 동전의 양면과 같습니다. '하나님의 역사성'의 형식이 관계성이고, '하나님의 관계성'의 내용이 역사성입니다. 어려운 말 같지만, 연필에 비유하여 쉽게 설명하면 다음과 같습니다. 하나님의 관계성이 연필의 '나무'에 해당한다면 하나님의 역사성은 '연필심'에 해당한다고 할 수 있겠습니다.

오스트리아 빈 태생으로 20세기의 위대한 랍비 철학자였던 마르틴 부버(Martin Buber, 1878-1965)라는 인물이 있습니다. 부버는 빈 대학교(Universität Wien)와 베를린 대학교(Friedrich-Wilhelms-Universität zu Berlin)에서 철학, 미학, 예술사 등을 공부하고 독일의 프랑크푸르트 대학교(Johann Wolfgang Goethe Universität Frankfurt am Main)와 이스라엘의 예루살렘 히브리 대학교(Hebrew University of Jerusalem)에서 가르쳤지요. 『나와 너』(Ich und Du, 1966)라는 자신의 저서에서 부버는 인간의 인격이 관계성 속에서 형성된다는 것을 예리하게 통찰합니다. 하나님과 우리의 관계, 이웃과 우리의 관계, 자연 만물과 우리의 관계 속에서 우리 인격이 형성된다는 것이지요.

부버는 "동행하시는 하나님"이라는 문학적 수사로 하나님의 역사성과 관계성을 아름답고 함축적으로 묘사했습니다.[1] 길 위에서 그분의 백성과 동행하시는 하나님은 역사의 하나님인 동시에 관계하고 교제하시는 하나님입니다. 국내에도 마르틴 부버의 대표작인 『나와 너』를 비롯해 그의 여러 저서가 번역되어 있으니 읽어보시길 권합니다. 학생들이 가끔 저에게 와서 신학생 시절에 반드시 읽어봐야 할 책이 무엇인지 질문하곤 하는데, 부버의 저서들과 그중에서도 특히 『나와 너』는 꼭 한 번 읽어보세요.

　　더불어 마르틴 부버와 함께 20세기의 또 다른 위대한 랍비 사상가였던 아브라함 헤셸(Abraham Joshua Heschel, 1907-1972)의 『예언자들』 상·하권도 꼭 한번 읽어보시기 바랍니다. 헤셸은 폴란드 바르샤바(Warszawa) 태생으로 베를린 대학교에서 철학을 공부했습니다. 1937년 독일 프랑크푸르트에 거주할 당시, 유대인 '교사의 집'(Lehrer Haus)의 책임자였던 마르틴 부버가 그를 자신의 후임자로 지목하기도 했습니다. 하지만 그 이듬해인 1938년 나치가 폴란드 국적의 유대인들을 독일에서 추방할 때 동족들과 함께 추방당하여 바르샤바로 가게 되는데, 1939년 7월경까지 그곳에 머물다가 영국 런던으로 떠났습니다. 그런데 헤셸이 떠난 지 두 달 후인 9월 1일에 나치가 바르샤바를 침공했고, 얼마 안 가 폴란드가 나치의 수중에 떨어지게 됩니다. 폴란드를 접수한 나치는 그곳에서 '유대인 대학살'(Holocaust)을 자행합니다. 헤셸은 두 달 상간으로 대학살을 피했습니다. 그에게는 천우신조(天佑神助)였던 셈입니다. 그래서 헤셸은 종종 이렇게 말하곤 했습니다.

---

[1]　　Martin Buber, *Der Glaube der Propheten* (Zürich: Manesse Verlag, 1950), 66.

나는 수백만의 동족이 악의 위대한 영광을 위해 타죽어간 불길 속에서 건짐을 받은 타다 남은 나무다.

헤셸의 철학적 관심사는 언제나 '인간의 상황'이었습니다. 비참하고 부조리하고 왜곡된 인간의 현실과 상황이야말로 그의 학문의 초점이자 관심사였습니다. 부버나 헤셸 같은 사상가의 저서들은 우리에게 많은 통찰을 줄 뿐 아니라 신학적 사유를 깊게 해주는 양서입니다. 꼭 읽어보시기 바랍니다.

슐라이어마허의 거짓말: 세계가 없다면 하나님도 없다

자유주의 신학의 태두요 실천신학의 아버지라고 불리며 19세기 신학 역사에 군림했던 프리드리히 슐라이어마허(Friedrich D. E. Schleiermacher, 1768-1834)는 하나님과 세상의 '상호관계성'을 강조하면서 "세계가 없다면 하나님도 없다"(Kein Gott ohne Welt)라는 도가 지나친 말을 했습니다.[2] 이 말은 후에 많은 오해를 불러일으켰지요. 제가 몇 해 전 라틴어 수업시간에 라틴어 단어 '문두스'(*mundus*, 세상)를 설명하면서 "세계가 없다면 하나님도 없다"라는 슐라이어마허의 말을 잠시 인용한 적이 있는데, 강의를 듣던 한 전도사님이 눈에 힘을 주면서 말씀하셨습니다. "저는 그 말에 결코 동의할 수 없습니다"라고요. 순수한 신앙에서 말했던 전도사님의 마음은 충분히 이해가 갑니다.

---

2   Friedrich D. E. Schleiermacher, Ludwig Jonas(hg.), *Dialektik*, 216. 전체 문장은 다음과 같다. "하나님이 없다면 세계가 없듯이 세계가 없다면 하나님도 없다"(Kein Gott ohne Welt, so wie keine Welt ohne Gott).

"세계가 없다면 하나님도 없다!" 슐라이어마허의 이런 표현이 지나친 것은 사실입니다. 세상이 없다면 하나님도 없다는 말에 우리는 결코 동의할 수 없습니다. 하지만 이 말을 통해 그가 의도했던 바가 무엇인지 헤아려볼 필요는 있습니다. 그는 "세계가 없다면 하나님도 없다"라는 말을 통해 세상 및 인간과 하나님 사이의 관계성을 강조하고, 그 관계성이 파생시키는 하나님의 역사성을 떠나서 하나님을 사색하고 사변하는 것은 성경적인 사색이 아니라 무의미한 철학적인 사변임을 강조하려 했습니다. 세상과 및 역사와 관계하시는 하나님에 관한 지식이야말로, 성경이 우리에게 가르치고자 하는 하나님 지식이라는 것이지요.

예정 교리와 절대의존의 감정

프리드리히 슐라이어마허에게 하나님 인식의 원리는 하나님과의 관계 속에서 인간이 하나님을 체험하는 것과, 그것으로부터 형성되는 '절대의존의 감정'(das schlechthinnige Abhängigkeitsgefühl)으로서의 신앙입니다. 그는 절대의존의 감정으로서의 신앙을 통해서만 하나님을 인식할 수 있다고 강조했습니다. 슐라이어마허는 인간의 절대의존 감정으로서의 신앙을 신론(神論, Gotteslehre)의 지평 위에서 가장 드라마틱하고 극명하게 표현한 교리가 개혁파의 '예정 교리'(Prädestinationslehre)라고 봤습니다. 예정론은 이렇게 말합니다. "인간은 아무것도 아니다! 아무것도 할 수 없다! 우리의 구원을 위해 우리가 할 수 있는 일은 아무것도 없다! 하나님의 주권적이고 전적인 은총이 아니면 우리는 결코 스스로를 구원할 수 없는 존재다." 이처럼 개혁파의 예정 교리는 인간의 구원에 있어서 인간을 아무것도 아니게 만드는 교리입니다. 즉 인간이 자기 구원을 위해 아무것도 할 수 없는 존재임을 극명하게 표현하는 교리입니다. 그러므로 슐라이어마허는 "인간이 하나님을 경외하고 그를 의존하는 것 외에 할 수 있는 것이 무엇인가?"라고 반문합니다. 그리고 신학을 인간이 경험하는 의존감정으로서의 경건한 자의식인 '절대의존의 감정'에 대한 탐구로 봤습니다. 또한 자신의 조직신학 저서의 이름을 『신앙론』(Glaubenslehre)이라고 명명했습니다.

슐라이어마허가 하나님 인식의 원리로서 인간의 종교적 경험을 과도하게 강조한 부분에는 동의할 수 없습니다. 그러면 신학이 열광주의나 심리학의 포로로 전락할 수 있기 때문입니다. 하지만 하나님에 대한 인식이 인간의 경험과 관계없이 홀로 존재할 수 없다는 그의 생각은, 하나님을 인식하는 문제에 있어 간과하지 말아야 할 중요한 진리를 함축하고 있습니다.

계시냐 경험이냐?[3]

우리가 신학의 출발점을 하나님의 계시의 말씀으로 명백하게 인식한다 해도, 하나님의 계시의 말씀을 통한 특별 계시에 의존하는 신앙적 사색과 그것이 도출하는 '하나님 인식'(cognitio Dei)과 '하나님 지식'(scientia Dei)의 내용은 경험적 측면을 함의합니다. 우리의 인식 자체가 우리의 경험과 불가분의 관계이며, 일정 부분 경험을 통해 형성된 측면이 있지 않습니까? 그러므로 스위스 취리히 대학교(Universität Zürich)에서 가르쳤던 20세기의 저명한 신학자 게르하르트 에벨링(Gerhard Ebeling)이 지적한 바와 같이, 신

---

3   이 항목은 이동영, 『송영의 삼위일체론』(서울: 새물결플러스, 2017), 46-48의 내용을 주로 참조하였다.

학의 원리에서 계시(Offenbarung)냐 경험(Erfahrung)이냐를 지나치게 나누어 대립시키는 것은 진리의 총체적 인식에 도달할 수 없게 하는 양극단의 논리입니다.

우리는 신학을 할 때 신학의 '객관적 원리'(*principium objectivum*)로서 '하나님 말씀'(*verbum Dei*)을 전제하고 지성과 정서와 의지를 통해 하나님의 계시의 말씀에 의존하여 사색하는데요, 이때 지성과 정서와 의지에 빛을 비추시는 성령의 사역은 필수적입니다. '성령의 내적 조명'(*illuminatio Spiritus sancti interna*)이라고 하죠. 그러므로 객관과 주관, 계시와 경험이 만나고 통합되는 곳에서 참다운 하나님 인식과 참다운 신학의 원리를 도출해낼 수 있는 것입니다. 그래서 20세기에 암스테르담 자유대학교(Vrije Universiteit Amsterdam)에서 가르쳤던 네덜란드의 개혁신학자 헤리뜨 꼬르넬리스 베르까우어(Gerrit Cornelis Berkouwer, 1903-1996)도 하나님을 인간 및 세계와의 상관관계를 통해 파악해야 한다고 강조했습니다.

하나님에 대한 인식은 하나님에 대한 '인간의' 인식이기에, 그것이 아무리 계시에 의존하는 인식이라도 인간의 경험과 관계없이 일방적으로 인식될 수 없음은 자명합니다. 그러므로 '하나님 인식 자체'(Gotteserkenntnis selbst)가 하나님의 계시와 그에 대한 인간의 경험적 인식의 상관관계의 산물입니다. 그러니까 우리가 하나님의 말씀인 성경에 의존하여 사색하며 신학을 한다 해도, 그 사색에 우리의 경험이 개입된다는 이야기지요. 각자 자기의 경험을 가지고 성경을 읽고 사색하기 때문에, 계시에 의존하여 사색해도 그 속에 우리의 경험이 들어가기 마련입니다. 그러므로 신학을 할 때 계시와 경험을 너무 날카롭게 구분해서 계시냐 경험이냐의 양자택일로 몰고 가면 안 됩니다. 계시와 경험이 만나 화학작용을 일으킬 때 생동감 있는 신학이 전개될 수 있습니다. 아무리 계시에 의존하는 신앙적 사색을 통해 신학을 한다고 해도 그 사색 속에 경험이 개입하기 마련이니까요.

이처럼 신학은 하나님의 말씀과 우리의 경험이 만나 화학작용이 일어남으로써 형성되는 것이기에, 우리는 언제나 성령님의 도우심을 기도로 간구해야 할 것입니다. 성령께서 오셔서 신학하는 우리의 지성과 정서와 의지를 조명해주실 것을 겸손히 구하면서 신학 작업을 수행해야 합니다. 계시와 경험을 날카롭게 나누어 양자택일의 논리로 몰고 가는 것은 신학을 빈곤하게 하는 행동입니다.

이단과 이설은 구별해야 한다

사람마다 삶의 과정이 다르고 인생 경험이 다르기에, 같은 신학적 방법으로도 얼마든지 표현과 색깔과 해석과 강조점이 다른 신학이 형성될 수 있습니다. 그렇기 때문에 이단과 이설은 구분해야 합니다. 이단의 사설(邪說)과 신학적 학설은 차이가 있어요. 예를 들어, 종말론에는 역사적 전천년설, 무천년설, 후천년설의 세 교리가 있지만 세 가지 입장 중 어떤 한 가지를 택한다고 하여 이단이라고 하지는 않습니다. 다만 '세대주의적 전천년설'을 주장하면 이단의 혐의가 있는 것이지요. 그러니 나와 신학적 견해가 다르다고 "저 사람은 이단이다"라고 쉽게 단정 지으면 안 됩니다. 다른 삶을 살며 다른 경험을 했는데 어떻게 신학적으로 똑같이 생각할 수 있겠어요? 그렇지 않습니까?

칼뱅은 자신의 저서 『기독교 강요』(*Institutio Christianae Religionis*, 1559)를 "하나님에 관한 지식"(Gotteserkenntnisse)과 "인간에 관한 지

식"(Selbsterkenntnisse)의 상관성에서 시작합니다.[4]

하나님에 관한 지식과 우리[인간]에 관한 지식은 너무나 밀접하게 연관되어 있어서 어느 것이 먼저라고 말할 수 없다.[5]

칼뱅은 하나님을 알지 못하면 자기 자신을 알 수 없고 자기 자신을 알 수 없으면 하나님을 알 수 없다고 지적합니다. 이는 성경에 의존하여 추구해야 할 올바른 신(神) 지식이 "관계적 지식"임을 통찰한 만고의 명언입니다.[6] 칼뱅의 말을 계속해서 들어봅시다.

우리의 관심은 하나님의 본성이 어떠한지에 있는 것이 아니라, 그가 우리와 관계하여 어떤 분이 되시고자 하는지에 있다.[7]

참으로 예리한 통찰입니다. 하나님에 대한 우리의 관심사는 하나님의 본성이 어떠한지를 철학적으로 사변하는 데 있지 않습니다. 하나님께서 우리와 관련하여 어떤 분이 되시고자 하는지를 깊이 연구하는 데 있지요.[8]

---

4   이동영, 『송영의 삼위일체론』, 29.

5   Jean Calvin, *Institutio Christianae Religionis* I, 1, 1.

6   이동영, 『송영의 삼위일체론』, 34.

7   Jean Calvin, *Institutio Christianae Religionis* III, 2, 6.

8   참조. 이동영, 『송영의 삼위일체론』, 34.

대나무 끝의 주윤발과 바늘 끝의 천사

제가 좋아하는 영화 중 대만 출신 이안(李安) 감독이 만든 〈와호장룡〉(臥虎藏龍)이 있습니다. 홍콩 영화배우 주윤발(周潤發)이 주연을 맡았지요. 주윤발 이야기가 나오면 홍콩 출신 영화감독 오우삼(鳴宇森) 이야기도 안 할 수 없습니다. 오우삼 감독은 〈영웅본색〉(英雄本色 I-III)을 찍어 소위 '홍콩 누아르 시대'의 기수가 된 인물이지요. 주윤발은 오우삼 감독의 〈영웅본색〉 덕분에 일약 스타 반열에 오른 배우입니다. '누아르'(noir)란 프랑스어로 '어두운'이라는 뜻입니다. 그래서 누아르 영화를 직역하면 '어두운 영화'인데요, 통상적으로 '갱 영화'(gangster film)를 지칭하는 말입니다. 갱 영화가 보통 도시를 배경으로 하면서 어둡고 음산하고 스산한 느낌을 주지 않습니까? 그래서 그런 영화를 '누아르 영화'(film noir)라고 부르지요. 오우삼 감독은 미국 할리우드에 진출하여 명성을 얻기도 했습니다. 주윤발은 지금은 세상을 떠난 홍콩 배우 장국영(張國榮, 1956-2003)과 함께 오우삼 감독이 주도했던 홍콩 누아르 시대, 즉 홍콩 갱 영화 시대의 중흥기를 이끌었던 인물이고요.

〈와호장룡〉에서 주윤발은 무림의 무술 명가인 무당파(武當派)의 장문인(掌門人)을 연기합니다. 여기서 명장면 중 하나가 무당파의 장문인이 적의 칼잡이들과 대나무밭에서 싸우는 장면입니다. 장문인이 대나무 꼭대기에서 싸우는 그 장면은 정말 압권입니다. 대나무의 뾰족한 끝에 서서 적의 칼잡이들과 싸우는데요, 칼잡이들은 대나무 끝을 밟고 날아오르고 장문인은 대나무 끝에 서서 날아오는 적에 맞서 무공을 펼칩니다. 마치 기계 체조 선수들이 마루에서 곡예를 하듯이, 울창한 대나무 숲속에서 그 뾰족한 대나무 꼭대기 끝머리에 발을 붙이고는, 대나무 끝에서 대나무 끝으로 곡예하면서 싸웁니다.

바늘 끝에 천사 몇 명이 내려앉을 수 있는가에 관한 중세 스콜라 학자들의 논쟁 이야기를 들으면 저는 왜 자꾸 〈와호장룡〉에 나오는 이 대나무밭 혈투가 떠오르는지 모르겠습니다. 주윤발이 서 있는 대나무 끝이 제 머릿속에 연상 작용을 일으켜 천사들이 서 있는 바늘 끝과 연결되나 봅니다. 어쨌든 "바늘 끝 천사 논쟁"처럼 중세 스콜라 신학 역사를 보면 별의별 논쟁이 다 있지 않습니까? 하나님에 관해서나 천사들에 관해서나 성경을 떠나서 사색하다 보니 별 이야기가 다 나옵니다. 그들은 하나님의 본질과 속성에 관한 기상천외한 사변을 늘어놓는가 하면, "바늘 끝에 천사가 몇 명이나 내려앉을 수 있는가"와 같은 매우 고답적이고 사변적인 논쟁을 일삼았습니다. 아무런 쓸모가 없는 논쟁이었지요.

꼭 이런 황당한 논쟁이 아니더라도 오늘날 교회와 신학교에서도 의미 없고 비생산적인 주제로 소모적인 논쟁을 하는 경우가 종종 있습니다. 교회와 신학교에서 이런 논쟁은 피해야 합니다. 칼뱅이 말했다고 했죠? 우리의 관심사는 하나님의 본성을 사변하는 것이 아니라, 하나님이 우리와의 관계 속에서 어떤 분이 되시고자 하는지에 있다고요! 성경은 하나님에 관해 깊이 논할 때 언제나 인간과 세계와의 관계 속에서 이야기합니다. 바로 이러한 점이 그리스 철학이 즐겨 하는 신에 관한 추상적 사변과, 성경이 전하는 하나님에 관한 지식 사이의 결정적 차이입니다. 그러므로 신론의 과제는 인간과 세계와 관계하시는 하나님에 관한 지식을 성경을 통해 통찰하고 서술하되, 성령의 인도하심을 따라 구체적·역사적 맥락과 연결하여 그렇게 하는 것입니다. 그리고 그것을 통해 세상과 인간에 관한 하나님

의 뜻을 지금 여기서 해명하고 설명하는 것입니다.[9]

신학이 추구하는 지식은 관계적인 신지식이다

신학이 추구하는 하나님에 관한 지식은 관계적인 신(神) 지식입니다. 이 사실은 아무리 강조해도 지나치지 않습니다. 하나님에 관해 순수형이상학적·추상적으로 논구하는 것은 성경을 떠난 사변입니다. 이러한 방식은 비성경적이며 신학 방법론적으로도 대단히 문제가 큽니다. 성경이 전하는 하나님 지식은 인간과 세상과의 관계 속에서 하나님이 어떤 분이고 어떤 분이 되시고자 하는지에 관한 지식입니다. 하나님의 존재에 관한 철학적·추상적 사변이 아닙니다. 그러므로 신학이 추구하는 하나님 지식으로서의 '앎'(Wissen)이란 하나님과의 인격적인 관계 안에서 얻게 되는 '신(神) 지식'(cognitio Dei)입니다.[10]

구약과 신약에서 '알다'의 의미[11]

구약성경에서 '알다'에 해당하는 히브리어 동사는 '야다'(יזז)입니다. "하나님을 안다"고 했을 때 구약성경에서는 '야다'라는 동사를 사용합니다. "하나님을 안다"고 했을 때의 '야다'는 추상적·사변적·관념적으로 안다는 뜻이 아닙니다. 여기서 신학이라는 학문이 추구하는 하나님에 관한 앎의 독특성이 드러납니다. 신학은 이성주의적 관점에서 하나님에 관해 추상적·

---

9   참조. 김균진, 『기독교조직신학 I』(서울: 연세대학교출판부, 1984), 282.

10   이동영, 『송영의 삼위일체론』, 31.

11   이 항목은 이동영, 『송영의 삼위일체론』, 55-58의 내용을 거의 전적으로 참조하였다.

사변적 지식을 추구하는 것이 아니라는 말이지요. 신학이 추구하는 하나님에 관한 지식은 하나님과의 인격적 관계 안에서 얻게 되는 하나님 지식을 의미합니다.

이러한 하나님에 관한 지식, 즉 '야다'의 용례가 창세기 4:1에 등장합니다. "아담이 하와를 알았더니(ידע, 동침하였더니) 가인이 출생하였다"(창 4:1). 본문의 "알았더니"에 해당하는 히브리어가 '야다'입니다. 여기서 '알았다'라는 말은 성적인 관계를 통해 안다는 뜻입니다. 앎에 대한 이러한 용례와 같은 예가 신약성경 마태복음 1:25에도 나타납니다. "[요셉은] 아들을 낳기까지 [마리아와] 동침하지 아니하더니(ουκ εγινωσκεν, 알지 아니하더니)"(마 1:25). 한글 성경에는 "동침하지 아니하더니"라고 되어 있지만 그리스어 원문에 보면 "알지 아니하더니"로 나타납니다. 여기서 '안다'는 것은 단지 이성적·주지적 앎이 아니라 '내밀한 관계'(Intimitätsbeziehung)를 통하여, 상대방의 생명과 존재에 참여함으로써 상대방을 아는 것을 의미합니다.[12]

하나님께 참여하지 않는 자는 하나님을 알 수 없습니다. 우리가 하나님께 참여함으로 하나님에 관한 지식을 얻을 수 있는 까닭은, 하나님께서 성령의 능력 안에서 그분의 독생자를 이 세상에 보내 사람이 되게 해주셨기 때문입니다. 성자 하나님이 성령의 능력 안에서 성육신하셔서 사람이 되심으로써, 역으로 우리 인간도 성령의 능력 안에서 성육신하신 성자 하나님과 연합하여 하나님께 참여할 수 있게 된 것입니다. 그래서 이 "성육신 사건"(Inkarnationsereignis)을 네덜란드의 개혁신학자 헤르만 바빙크

---

12   참조. 호 4:6; 요 6:69; 8:19, 54-55; 요일 3:2. 신약성경에서 특히 바울은 신앙을 종종 "인식"(*agnitio*)으로 표현한다. 엡 1:17; 골 1:9; 3:10; 딤전 2:4; 딛 1:1; 몬 1:6; 또한 참조. 벤후 2:21(Jean Calvin, *Institutio Christianae Religionis* III, 2, 14).

(Herman Bavinck)는 "하나님의 자기전달"(Selbstmitteilung Gottes)이라고 부릅니다.[13] 또한 하나님의 자기전달로서의 성육신 사건이 있었기 때문에 하나님과 우리 사이의 교제(communio)와 사귐(Gemeinschaft)이 가능해졌다고 합니다. 그러므로 성자 하나님께서 성육신하셔서 우리와 똑같은 몸을 가진 사람이 되심으로써 하나님의 영원한 신성(θεοτης)이 우리의 육체에 참여하게 된 것이고, 역으로 우리의 육체도 하나님의 거룩한 신성에 참여하게 되었다고 합니다.

그래서 헤르만 바빙크는 성육신 사건으로 말미암아 하나님과 우리 사이에 친밀한 교제가 가능해졌다고 말합니다.

> 종교는 하나님과의 교제다.…이 하나님과의 교제는 신비적인 연합(unio mystica)이다. 이 교제는 우리의 이해를 훨씬 초월한다. 이것은 성령을 통한 하나님과 가장 긴밀한 연합, 인격들의 연합(unio personarum), 파기될 수 없고 영원한 하나님과 인간의 언약으로서, '윤리적'이라는 명칭으로 묘사하기에는 너무도 연약하기에 '신비적'이라는 명칭으로 일컬어졌다.…만일 하나님과 인간의 교제가 참으로 하나의 환상이 아니라 참된 실재로서 이해된다면, 성육신에 대한…유비가 눈에 들어오게 될 것이다. 누구든지…하나님의 자기전달 가능성을 진실로 고백하는 자는 원리적으로 성육신도 인정했다.[14]

바빙크는 성육신으로 말미암은 하나님과 인간 사이의 교제를, 성령을 통

---

13 헤르만 바빙크, 『개혁교의학 3』(Gereformeerde Dogmatiek I, 서울: 부흥과개혁사, 2011), 374.

14 앞의 책, 374.

한 둘 사이의 "신비적 연합"(*unio mystica*)이라고 정의했습니다.[15] 그러므로 하나님에 관한 지식은 단순한 주지주의적 지식이 아니라, 그리스도를 통해 계시되고 성령께서 조명하신 지식입니다. 성령께서는 '말씀과 더불어'(*cum verbo*) 우리를 그리스도께 연합시킴으로써 하나님에 관한 참된 지식을 우리에게 주십니다. 이러한 하나님의 자기전달 사건이 있었기 때문에 하나님과 인간 사이에 친밀한 교제가 가능해졌습니다.

신앙은 삼위 하나님을 아는 지식이다

성령을 통하여 그리스도와 연합하여 얻게 되는 하나님에 관한 지식을 우리는 '신앙'(*fides*)이라고 부릅니다. 칼뱅도 신앙을 지식으로 정의했습니다.

> 믿음(신앙)은 **그리스도 안에서** 값없이 주어진 약속에 기초한 진리에 근거하여 **하나님**이 우리를 향하여 베푸신 자비에 관하여 확고하고 확실하게 아는 지식인데, **성령을 통하여** 우리 생각(지성)에 계시되고 우리 마음속에 각인되었다.[16]

여기서 확인할 수 있듯이, 신앙은 하나님이 그리스도 안에서 성령을 통해 우리에게 계시하시고 우리 마음속에 각인하신 지식입니다. 칼뱅에게 있어 하나님에 관한 지식은 삼위 하나님에 관한 지식이었습니다. 즉 삼위일체이신 하나님을 아는 지식을 신앙으로 규정했습니다. 칼뱅이 신앙을 지식

---

15 앞의 책, 374.

16 Jean Calvin, *Institutio Christianae Religionis* III, 2, 7. 강조는 덧붙여진 것임.

으로 규정했다고 하여 그의 정의가 너무 주지주의적이고 이성주의적이라고 생각한다면 오해입니다. 저도 한때는 칼뱅을 그렇게 오해했습니다. 하지만 칼뱅이 말하는 신앙으로서의 하나님을 아는 지식은 단지 이성적 지식을 가리키는 말이 아닙니다. 그것은 하나님과 관계하고 하나님께 참여하여 하나님과 교제함으로써 얻게 되는 지식입니다. 그래서 이 지식은 단지 하나님을 아는 지식이 아니라 그의 뜻까지도 통찰하는 지식입니다.

> 믿음(신앙)의 근거는 무지가 아니라 지식이다. 그러나 이 지식은 단지 하나님을 아는 지식이 아니라 그의 뜻까지도 아는 지식이다.[17]

칼뱅이 말하는 신앙으로서의 지식은 하나님에 관한 관념적·사변적·이성적 지식과는 아무런 관계가 없습니다. 칼뱅은 참여와 사귐을 통해 하나님을 아는 지식을 신앙이라고 정의했기 때문입니다. 다시 말하지만 칼뱅이 신앙을 지식이라고 정의했다고 하여, 그의 정의가 이성주의적이라고 생각하는 것은 큰 오해입니다. 칼뱅에 따르면 신앙은 무지가 아니라 지식입니다. 그러나 이 지식은 단지 하나님을 아는 지식이 아니라 그분의 뜻까지도 통찰하는 지식을 의미합니다. 하나님에 대한 사변이 아니라 하나님과 교제함으로써 얻는 지식이야말로 하나님에 관한 참된 지식입니다.

---

17   Jean Calvin, *Institutio Christianae Religionis* III, 2, 2.

운전해본 자만이 길을 안다

제가 일전에 아는 목사님 차를 타고 볼일을 보러 간 적이 있습니다. 중국에서 우리나라에 다니러 온 목사님이셨는데, 용인은 처음 와보신대요. 그래서 용인에 사는 저를 운전석 옆자리에 태우셨어요. 옆에 앉아서 길을 안내하라고 말입니다. 목사님이 운전해서 가는데, 제가 길을 잘 알 것으로 생각하셨나 봐요. 그런데 제가 길눈이 아주 형편없었던 거죠. 목사님이 저를 보고 웃으시면서 "용인에 사는데 이렇게 길을 모르세요?"라고 하시더라고요. 제가 용인에 살지만 용인 지리에 어둡습니다. 그 이유가 뭘까요? 제가 직접 운전해본 적이 없어서입니다. 아직 운전면허가 없거든요. 제가 생각보다 아주 골동품입니다. 남이 운전해주는 차나 버스만 타고 다녔어요. 사당동에 있는 총신대학교에 강의하러 갈 때면 5003번 좌석버스를 타고 갑니다. 직접 운전을 안 하다 보니, 용인 초당마을 역에서 타서 신논현역에 하차할 때까지 버스 안에서 미리 강의안을 읽어보기도 하고 피곤할 때는 잠도 자고 그럽니다. 남이 운전해주는 차만 타고 다녔으니 제가 어떻게 길을 알겠어요. 직접 가본 길이라야 알죠. 자기가 직접 가봐야 그 길을 아는 거예요. 남이 태워주는 차만 타고 다니면 길을 잘 모릅니다. 그런데 문득 이런 생각이 들었습니다. 예수님이 가신 길을 가보지 않으면 예수님을 모른다는 생각 말입니다. 예수님께서는 "나는 길이요"라고 하셨지요. 따라서 그분께서 가신 길을 따라 제자도(Nachfolge)의 삶을 살지 않는 사람은 예수님을 알 수 없다는 생각이 들었습니다.

성경에서 하나님을 안다고 말했을 때, 그것은 단지 이성주의적인 지식이 아니라 하나님과의 관계와 교류와 그분에 대한 참여 속에서 그분을 아는 지식을 말합니다. 칼뱅이 말하는 삼위 하나님에 관한 지식은 참여와 교제와 사귐을 통해 얻는 지식을 의미합니다. 그래서 하나님의 뜻까지도 통찰하는 지식을 말합니다. 자기가 직접 참여해서 관계하고, 직접 그 길을 가보고 알아야 그게 진짜 아는 것이고 그것이야말로 살아 있는 지식 아니겠습니까? 예수님을 안다는 것도 그렇습니다. 예수님의 가르침대로 실천하며 살지 않으면 예수님을 안다고 할 수 없습니다. 예수님을 지성적으로 안다는 것과 실천을 통해 안다는 것은 전혀 다른 차원입니다. 예수님에 관해 단지 지식적으로 많이 아는 종교학자들이 얼마든지 있을 수 있잖아요? 그렇다고 그런 사람을 예수님의 제자라고 할 수는 없습니다. 예수님이 가라는 길로 갈 때, 우리는 그분을 진정으로 알 수 있습니다. 우리가 추구하는 삼위 하나님에 관한 지식은 참여와 사귐을 통한 지식입니다. 그 말씀을 여러분께 꼭 드리고 싶어요. 신앙은 말이 아닙니다. 입으로만 떠드는 것은 말치레에 불과해요. 입으로는 무슨 말을 못 하겠어요. 심지어 신앙이 없어도 말로는 신앙 있는 척할 수 있습니다. 그래서 칼뱅은 "복음은 혓바닥을 위한 교리가 아니라 삶을 위한 교리"라고 했습니다. 복음에 관한 칼뱅의 이 진술은 복음과 신앙의 본질을 꿰뚫는 예리한 묘파가 아닐 수 없습니다.

이성 중심적 신학의 문제점[18]

그러므로 지나치게 이성을 앞세워 하나님에 관한 지식을 추상적·사변적으로 논구해서는 안 됩니다. 이것은 계몽주의 이래로 서방 신학이 빠졌던 심대한 신학적 오류가 아닌가 합니다. 신학이 '하나님에 관한 지식'이라면

---

18   본 항목은 이동영, 『송영의 삼위일체론』, 67을 주로 참조하였다.

여기서 일차적 강조점은 '하나님'이지 '지식'(학문, *scientia*)일 수 없습니다. 성령님께서 자신의 말씀을 '조명'하셔서 우리를 '그리스도와 연합'시키실 때만이, 우리는 비로소 하나님에 관한 참다운 지식을 소유할 수 있습니다. 이러한 연합은 예배 속 '말씀 선포'와 '성례 집행'을 통한 성령의 사역입니다. 이로 말미암아 삼위일체 하나님과 우리 사이에 교제와 사귐이 구현됩니다. 그러므로 삼위 하나님을 아는 지식은 전인적 예배를 통해 우리 삶속에서 삼위 하나님과 교제하고 사귐으로써 획득되고 구현되는 지식입니다.

그리스도교의 신론은 삼위일체론 외에 다른 것이 아니다

그리스도교에서 믿고 고백하는 하나님은 삼위일체이신 하나님 외에 다른 하나님이 아닙니다.[19] 그리스도교는 삼위일체 하나님이 이 세상과 인간을 창조하시고 그들과 관계(*relatio*)하시고 소통(*communio*, 교제)하실 뿐 아니라 이 세상과 인간을 구원하시는 하나님이심을 천명합니다.[20] 성부 하나님은 그리스도를 '통해'(durch) 성령 '안에서'(in) 이 세상의 안을 향하여 관계하셔서 이 세상 속에 내주(Immanenz)하시며, 동시에 그리스도를 '통해' 성령 '안에서' 이 세상과 밖을 향하여 관계하셔서 이 세상을 초월(Transzendenz)해계십니다.[21] 그리고 그리스도교는 성부 하나님께서 성령의 능력으로 예수 그리스도의 성육신과 사역과 고난과 죽음과 부활을 통해 자신을 계시하셨음을 믿습니다. 그리스도교는 하나님을 삼위일체 하나님으로 고백하

---

19 앞의 책, 68.

20 앞의 책, 68.

21 앞의 책, 68.

지, 절대 전제군주적 유일신으로 고백하지 않습니다.[22] 그러므로 그리스도교의 신론은 삼위일체 교리 외에 다른 것이 아닙니다. 그리스도교의 신론은 철두철미하게 삼위일체론으로 서술되고 해설되고 고백되어야 합니다.[23] 삼위일체론에 관한 본격적 논의는 신학의 방법과 원리를 다루는 본서의 범위를 훨씬 넘어서는 것입니다. 그러므로 여기서는 그리스도교의 신론이 삼위일체론임을 지적하는 것으로 만족해야 하겠습니다.

보통 삼위일체론 하면 모호하고 난해하여 이해 불가능한 교리라는 인상이 강하죠. 삼위일체론은 하나님의 존재의 신비를 다루는 난해한 사변으로서, 우리의 신앙 및 삶과는 아무 관계가 없다고 보는 신자가 많습니다. 그러나 삼위일체 교리는 우리 예배의 대상이신 하나님에 관한 교리이므로, 이 교리를 모르고 예배드린다는 것은 예배의 대상을 모른 채로 예배드린다는 말밖에 되지 않습니다. 삼위일체 교리에 대한 무지는 예배의 대상이신 하나님에 대한 무지입니다.[24] 예배의 대상에 관해 전혀 알지 못하면서 예배를 드린다? 이는 매우 심각한 일입니다. 예배의 대상이 어떤 분인지도 모르면서 어떻게 참되고 바르게 예배드릴 수 있겠습니까? 본서는 그런 문제의식을 품고 쓴 책입니다. 또한 저의 다른 저서인『송영의 삼위일체론』에서는 삼위일체론의 형성 과정, 삼위일체론의 예배적·송영적 성격, 삼위일체론의 내용뿐 아니라 이 교리의 실천적 함의까지 매우 알기 쉽고 명쾌하게 설명하고자 했습니다. 신학의 방법과 원리를 다루는 이 책을 다 읽은 후 교의학(조직신학) 각론의 첫 번째 과목이라고 할 수 있는 '신론',

---

22   앞의 책, 70.
23   앞의 책, 70.
24   앞의 책, 87.

곧 '삼위일체론'으로 본격적으로 뛰어들고자 하는 독자는 이미 출판된 저의 저서 『송영의 삼위일체론』을 읽어보실 것을 권해드립니다.

그리스도교는 종말론적인 종교다

그리스도교는 전적으로 종말론적인 종교입니다. 예수님께 붙은 '그리스
도'(메시아)라는 호칭 자체가 유대 종교사적으로 볼 때 종말론적 배경이 있
습니다.[1] 초기 그리스도인들은 나사렛 예수의 하나님 나라 운동 안에서 메
시아적 하나님 나라의 선취를 경험했습니다. 그래서 예수는 "메시아" 즉
"그리스도"라 불렸습니다.[2] 예수께서는 종말론적 메시지(Botschaft)와 더불
어 역사에 등장했습니다. "때가 찼고 하나님의 나라가 가까이 왔으니 회개
하고 복음을 믿으라!"(막 1:15)

독일 신학자 위르겐 몰트만(Jürgen Moltmann)은 그리스도교의 종말론
적 성격을 강조했습니다. 그에 따르면 그리스도교는 태생부터가 종말론적
인 종교이며, 따라서 종말론은 단지 그리스도교 교의학의 말미를 장식하
는 부록이 아니라는 것입니다. 그래서 몰트만은 그리스도교가 전적으로

---

1   Jürgen Moltmann, *Der Weg Jesu Christi: Christologie in messianischen Dimensionen*
     (München: Kaiser, 1989), 11, 20.

2   이동영, "몰트만의 삼위일체론적 종말론과 그 구성을 위한 조건들", 「한국개혁신학」
     42(2014): 148.

종말론적이며, 미래를 향한 전망이자 희망이라고 묘파했습니다. 따라서 종말론은 삼위일체 하나님께서 자신의 창조세계를 인도해가는 "목표"(telos)를 해설하는 교리라고 할 수 있겠습니다.[3]

그러나 초기 그리스도교 공동체에서 임박했다고 기대했던 재림이 기약 없이 연기되고 로마 제국의 혹독한 박해의 기간이 지나간 후 그리스도교가 로마 제국의 제국 종교가 되어버린 순간부터, 종말론은 공교회 안에서 냉대와 무관심의 대상이 되었습니다. 그리하여 종말론은 서방 신학 전통 속에서 교의학의 마지막 항목으로 하찮게 취급되어 오늘날에 이르렀습니다.[4] 이에 관하여 몰트만은 이렇게 묘사합니다.

> 그러므로 마지막에 관한 교리들은 그리스도교 교의학의 말미에서 언제나 쓸쓸한 모습을 띠게 되었다. 종말론은 외경 취급을 받는 비본질적 교리로 퇴행하여 [교의학에서] 하나의 허접한 부록처럼 취급되었던 것이다.[5]

공교회에서 종말론을 하찮게 취급하다 보니, 교회 현장에서 신자들에게 제대로 교육될 수도 없었습니다. 종말론에 관심을 가진 신자들은 비공식적이고 음성적인 경로로 그에 관한 지식을 섭취할 수밖에 없었습니다.

---

3 Stanley Grenz, 신옥수 역, 『조직신학』(*Theology for the Community of God*, 서울: 크리스천다이제스트, 2003), 809.

4 이동영, "몰트만의 삼위일체론적 종말론과 그 구성을 위한 조건들", 148.

5 Jürgen Moltmann, *Theologie der Hoffnung, Untersuchungen zur Begründung und zu den Konsequenzen einer christlichen Eschatologie* (Gütersloh: Kaiser, 1997[13]), 11.

세대주의적 종말론과 한국교회

한국교회 안에서 한때 대세를 이루었던 종말론은 '세대주의적 전천년설' 입니다. 한국에 그리스도교가 전래될 당시 많은 선교사의 종말론이 세대주의적인 전천년설 경향을 띠고 있었습니다. 19세기 미국 세대주의자들의 유명한 관주성경인『스코필드 관주성경』(Old Scofield Reference Bible, 1909)[6]을 우리말로 번역한 인물은 다름 아닌 미국 북장로교회 선교사로서 한국에서 활동했던 호러스 언더우드(Horace Grant Underwood, 1859-1916)와 캐나다 장로교 선교사 제임스 게일(James Scarth Gale, 1863-1937)이었습니다. 세대주의적 종말론이 구한말과 을사늑약 이래로 조선 민중에게 어필할 수 있었던 이유는 민중이 나라를 잃고 일본 제국주의의 억압과 착취 아래 암울한 나날을 보내는 상황에서 강력한 내세적 희망을 품을 수 있게 해주는 이론이었기 때문입니다. 그 이후 오늘날에 이르기까지 한국교회 안에는 종말론에 관한 세대주의적 경향이 똬리를 틀고 있습니다.

세대주의적 전천년설은 역사를 일곱 세대로 구분한 후, 마지막 세대에 공중 휴거가 일어나고, 그 직후 칠 년 대환란이 시작되며, 환란이 끝난 후 예수님께서 오시면서 천년 통치, 즉 천년왕국이 시작된다고 가르칩니다. 당시 조선의 그리스도인들은 일제 치하에서 예수님이 속히 오시기를 염원했고, 그러한 내세적 희망에 힘입어 절망적인 현실을 견뎠습니다.

---

6   『스코필드 관주성경』은 변호사이자 회중 교회의 교인이었던 미국 미시간 태생의 사이러스 스코필드(Cyrus I. Scofield, 1843-1921)가 1909년 킹 제임스 성경(King James Bible)을 본문으로 하여 세대주의적 관점에서 집필한 관주성경이다. 스코필드는 이 관주성경을 통해 '세대주의적 전천년설'을 주장했는데, 휴거가 일어난 뒤 칠 년 대환란이 시작되며, 이 환란이 끝난 직후 그리스도의 재림이 있을 것이고, 재림한 그리스도는 예루살렘에서 천년왕국을 세워서 통치할 것이라고 주장했다.

세대주의적 전천년설은 임박한 재림을 강조합니다. 특히 이 교리는 예수님이 재림하시기 전에 휴거와 칠 년 대환란이 있을 것이라고 주장하는데, 이를 통해 종말에 대한 희망과 공포를 함께 심어줍니다. 세대주의적 종말론은 사회가 각박하고 어려울수록 강력하게 민중의 마음을 끄는 측면이 있습니다. 그러나 종말론은 세상의 파멸과 함께 시대와 사회의 파국을 강조하기에, 여기 빠지는 사람은 대부분 생업과 삶의 현장을 포기하고 곧 있을 종말을 준비하기 위해 자기들만의 종교 집단을 형성하는 경향이 있습니다. 세대주의적 종말론을 주장하는 종교 집단은 종말에 자기들만 휴거될 것이며, 그 집단에 들어오는 사람만 칠 년 대환란을 뚫고 천년왕국으로 진입할 수 있다고 선전하지요. 그래서 이 논리에 빠져든 사람은 가정, 직장, 자식, 부모를 버리고 그런 사교 집단에 들어가서 맹목적으로 헌신하게 됩니다. 세대주의적 종말론이 위험한 까닭은 그것이 인간의 일상성을 파괴하기 때문입니다. 오늘날 대부분의 이단 교주가 세대주의적 종말론을 앞세워 이 논리에 빠져든 심약한 신도들을 착취하고 있습니다. 이처럼 대부분의 이단이 예외 없이 세대주의적 종말론을 주장하는 것은 과연 우연일까요, 아니면 의도적인 것일까요? 여러분은 어떻게 생각하시는지 궁금합니다.

공교회의 종말론

먼저 공교회의 종말론은 니케아-콘스탄티노플 신경이 명백하게 천명하는 바와 같이 '무천년설'(Amillennialism)이라는 사실을 분명히 말씀드립니다. 니케아-콘스탄티노플 신경은 이렇게 말합니다. "그[예수 그리스도]의 나라는 끝이 없으리이다." 이는 예수 그리스도께서 이루시는 하나님

나라가 특정한 시점에서 도래하는 것이 아니라 예수 그리스도의 초림과 더불어 '이미' 시작되었으나 '아직' 완성되지는 않았다는 사상을 전달하는 고백입니다. 하나님 나라는 예수 그리스도의 재림과 더불어 완성될 것입니다. 그래서 하나님 나라는 이러한 '이미'(schon)와 '아직 아님'(noch nicht) 사이에서 누룩 같이 자라고 있다는 것입니다. 이처럼 역사 속 어느 특정한 기간 동안 천년왕국이 수립되는 것이 아니라고 보는 견해를 무천년설이라고 합니다. 우리는 '이미'와 '아직' 사이에서 살아가고 있습니다. 아우구스티누스(Augustinus) 같은 교부는 이 시대를 "교회의 시대"라고 불렀고, 교회 시대의 교회를 정의하여 이르기를 "하나님 나라를 위해 '전투하는 교회'(ecclesia militans)"라고 했습니다. 이 "전투하는 교회"는 궁극적으로(종말에) "승리하는 교회"(ecclesia triumphans)가 될 것입니다.

세대주의적 종말론은 미국 중심적 정치 이데올로기의 종교적 변형이다

몇 해 전 어느 목사님이 저에게 종말론과 관련하여 '베리칩'(verification+ chip=Verichip)을 어떻게 생각하냐고 질문하신 적이 있습니다. 몇 년 전에 미국에서 베리칩 상용화 법안이 통과되었다는 것입니다. 처음에는 베리칩이 뭔지 몰라서 잘 들어보니까, 쉽게 말하면 몸 안에 집어넣는 신용카드 같은 것이더라고요. 목사님의 질문의 요체는 그 베리칩이 요한계시록에 나오는 666, 즉 짐승의 숫자가 아니냐는 것이었습니다. 여러분은 어떻게 생각하세요? 과연 그런가요? 이게 다 세대주의적 종말론의 단골 메뉴들입니다. 666을 둘러싼 괴담은 갑자기 생겨난 것이 아닙니다. 유럽연합(European Union)이 결성되기 전에 미국 세대주의자들은 유럽연합을 적그리스도라고 지칭하면서 유럽연합이 결성되는 순간 적그리스도가 출현할 것이라고 호들갑을 떨었습니다. 유럽연합이 결성된 후 그 유럽연합의 초대 대통령이나 대표가 적그리스도라는 것입니다. 이런 괴담은 1980년대 한국교회에도 많은 영향을 주었고, 수많은 목사님이 설교에서 이런 어처구니없는 이야기를 하곤 했습니다.

사실 유럽연합은 정치적 이유보다 경제적 이유에서 결성되었다고 할 수 있습니다. 미국의 원래 명칭은 '미합중국'(United States of America)입니다. 직역하면 '아메리카 연합국가'가 되죠. 미국이라는 나라 자체가 연합국가 혹은 국가연합이었던 것입니다. 즉 국가연합체 시스템으로 국가를 운영한 최초의 나라가 미국입니다. 미국의 국가연합 시스템은 미국을 단기간 안에 세계 최고의 강대국으로 만들었습니다. 제1차 세계대전과 제2차 세계대전의 참화 속에서, 민족적 배경이 다양한 유럽 지식인들이 아메리카 연합국가에 이주하여 명성을 유지할 수 있었던 이유도 바로 미국의 국가연합체 성격 때문이었습니다. 미국은 국가를 세울 당시 17세기 계몽주의의 발명품인 민족국가 제도를 수용하여 국가라는 시스템은 만들되, 민족주의라는 이념은 받아들이지 않았습니다. 이러한 결정은 결과적으로 상당히 미래 지향적인 탁월한 선택이 되었습니다. 각 주가 계몽주의에서 나온 국가라는 제도를 수용하여 하나의 국가 시스템을 형성하면서도 민족주의라는 이념은 받아들이지 않은 가운데, 서로 연합하여 하나의 연합국가를 건설한 것이 미국입니다. 바로 이 연합국가 제도가 미국에게 부와 권력을 선사했습니다. 유럽의 여러 국가가 이 사실을 자각한 것은 1970년대 후반에 들어서입니다. 독일과 프랑스는 유럽 각국이 민족국가 형식으로 제각기 딴 살림을 차려서는 아메리카 연합국가의 영향으로부터 벗어날 수 없으며, 아메리카 연합국가의 독주를 저지할 수 없다고 생각했습니다. 그래서 독일과 프랑스를 필두로 한 유럽의 국가들은 1980년대에 들어와서 연합국가에 대한 구체적인 구상을 하게 되었으며, 결국 오늘날과 같이 화폐와 경제를 통합함으로써 미국에 대항할 수 있는 유럽연합을 결성하기에 이른 것입니다.

자! 여기서 한번 생각해봅시다. 연합국가 형식으로 국가를 건설한 최초의 나라가 미국이라면, 왜 미국은 적그리스도라는 말을 안 듣는데 유럽연합은 그런 말을 들어야 할까요? 이런 반론이 제기될 수 있습니다. 사실 바로 이 부분에 미국 세대주의자의 지극히 미국 중심적인 오만과 독선이 도사리고 있습니다. 유럽식 국가연합이 위험하다면 당연히 미국식 국가연합도 위험합니다. 유럽 중앙은행(European Central Bank) 컴퓨터의 바코드가 666이라면, 미국 연방준비은행(Federal Reserve Banks)의 바코드도 666이어야 합니다. 미국 세대주의자들은 미국의 경제적 독주를 저지하려는 유럽연합을 적그리스도로 간주함으로써 지독한 미국 중심적 사고를 암암리에 드러내고 있는 셈입니다.

유럽연합이 적그리스도라는 논리에 덧붙여 세대주의자들이 주장하는 것이 바로 시온주의(Zionismus)입니다. 세대주의자들은 시온주의와 함께 예수 그리스도가 시온(예루살렘)에 재림할 것이라고 주장합니다. 그리고 대부분의 세대주의자가 종말이 오기 전 제3차 세계대전의 필연성을 강조합니다. 그러면서 이 전쟁은 핵전쟁일 것이라고 강변합니다. 이 핵전쟁을 요한계시록의 "아마겟돈 전쟁"과 동일시합니다. 이런 주장은 군산복합체 산업으로 국부를 유지하고 있는 미국과 그 산업의 중추 세력인 미국 내 유대인 군수 재벌들의 이익에 정확히 부합하는 논리입니다. 세대주의자들은 이 아마겟돈 전쟁을 필연적으로 거쳐야 예수님이 다시 오신다고 주장하면서, 군축이나 반핵을 포함한 인류평화를 위한 노력을 무의미한 것으로 여깁니다. 세계대전은 필연적으로 일어난다! 핵전쟁은 필연이다! 이런 주장을 누가 좋아할까요? 무기 장사꾼들이겠지요. 무기를 팔아 돈을 버는 미국의 유대인 군수 재벌들이 좋아할 이야기라는 것입니다.

종말론은 세상의 파국이 아닌 완성에 관한 교리다

우리는 세대주의적 논리와 결탁해 세상의 파국 및 특정 집단이나 민족의 구원을 강조하는 사이비 종말론에 미혹되어서는 안 됩니다. 이것은 성경이 가르치는 종말론이 아닙니다. 성경의 종말론은 하나님이 궁극적으로 그리스도를 통하여 성령 안에서 죄와 부조리와 모순으로 고장 나버린 이 세상을 고치고 완성할 것이라는 복된 소식입니다. 첫 사람 아담이 하나님 앞에 범죄하여 세상에 죄가 들어왔고, 그 죄로 말미암아 이 세상의 피조물은 수많은 모순과 부조리로 고통당하게 되었습니다. 사도 바울은 하나님을 떠난 인류, 하나님 앞에서 범죄한 인류가 겪고 있는 비참한 현실을 로마서 1장에서 적나라하게 묘사하고 있습니다. 그러나 성경은 종말에 삼위하나님께서 만물을 새롭게 하실 것이라고 말합니다. 하나님께서 그리스도를 통해 성령 안에서 이 세상을 고치실 것이며, 고장 난 이 세상은 본연의 모습 이상으로 훨씬 더 탁월한 모습으로 '변모'(*transformatio*)할 것이라는 사실을 말입니다. 개혁신학은 이것을 '재창조' 또는 '새 창조'라고 불렀습니다. 하나님께서 만물을 새롭게 하실 것입니다. 옛 하늘과 옛 땅은 새 하늘과 새 땅으로 변모할 것입니다.

우리는 종말에 새 하늘과 새 땅에서 새 몸으로 살 것입니다. 하나님께서 모든 피조물의 눈에 흐르는 눈물을 닦아주실 것이고 다시는 사망과 애통함이 없을 것입니다(계 21:4). 물이 바다를 덮음 같이 여호와의 영광을 인정하는 것이 온 땅에 충만하게 될 것입니다(합 2:14). 주님의 영광이 드러날 것이며 모든 육체가 그 영광을 볼 것입니다(사 40:5). 종말에 성자께서는 성령을 통해 자신의 나라를 성부께 넘겨드릴 것이고, 하나님은 모든 것 안에 모든 것이 되실 것입니다(고전 15:24, 28). 그리하여 삼위 하나님께서 종국적으로 우리와 함께 이 세상에 거하실 것이고, 이 세상은 삼위 하나님의 본향(Heimat)이 될 것입니다. 그때 우리는 천군과 천사와 함께 온 땅에 가득 찬 하나님의 영광을 찬양하게 될 것입니다. 그러므로 종말은 이 세상의 파멸에 대한 어두운 묵시의 교리가 아니라 이 세상의 회복과 완성에 관한 빛나는 희망의 교리입니다.

부록 3.

프리메이슨과 악마 숭배, 그것이 알고 싶다

프리메이슨의 기원

프리메이슨은 18세기 초엽 영국에서 시작되었다고 알려져 있습니다. 그러나 이는 그때부터 프리메이슨이라는 이름을 걸고 본격적으로 활동했다는 뜻일 뿐, 이 단체의 기원을 거슬러 올라가면 그 이전부터 있던 것으로 뿌리가 아주 깊습니다. '프리메이슨'(Freemason)이라는 단어는 본래 '무른 돌을 다루는 석공'이라는 뜻으로 사용된 것 같습니다. 그들의 기원은 중세 석공들(masons)의 길드 조직으로까지 거슬러 올라갑니다. 당시 석공들은 숙련된 기술자들로서 유럽 각국에서 채취되는 석회질이 풍부한 '사암'이라는 대리석으로 작업을 했지요. 사암은 석회질 성분으로 형성된 대리석이라서 톱으로 자르거나 칼로 조각할 수 있을 만큼 무른 돌이었습니다. 그들은 사암으로 왕궁, 성당, 귀족의 저택 같은 석조 건물을 짓고, 건물 정면을 수려하게 꾸미려고 정교한 문양과 무늬를 조각해 넣었습니다. 당시에는 이 무른 돌을 "프리스톤"(freestone)이라고 불렀고 그것으로 작업하는 석공을 "프리스톤 메이슨"(freestone mason)이라고 했는데, 이것을 줄여서

"프리메이슨"(freemason)이라고 불렀던 것입니다.[1] 단순히 다듬지 않은 돌을 쌓아 벽을 만드는 '러프 메이슨'(rough mason)과 구별하여 그렇게 불렀다고도 합니다.

중세의 건설업은 주로 성당, 수도원, 왕궁 등을 짓는 것이었는데 정말 대단한 사업이었지요. 수십 년 동안 건축하는 건물이 즐비했고, 100년 이상 짓는 경우도 종종 있었으니까요. 오스트리아 빈 시내에 가면 슈테판 대성당(Stephansdom)이 있는데 850년이 넘은 거대한 대리석 교회입니다. 아름답고 웅장하기 그지없지요. 대리석 교회 건축의 정수를 보여주는 이 교회의 북쪽 탑은 미완성으로 남은 상태입니다. 빈에서 공부할 때 이 교회를 보면서 제가 항상 느꼈던 것은 이런 교회의 건축을 계획하고 실제로 지을 수 있었던 중세라는 시대의 종교적 열정에 대한 경외심이었습니다. 어쨌든 중세에는 이런 대규모의 건설 사업이 성행했고, 그러다 보니 대리석을 다루는 숙련 기술자인 석공들이 매우 중요한 위치를 차지했습니다. 석공들의 우두머리는 '마스터'(master)라 불렸으며, 이들의 회합 장소는 '롯지'(lodge)라고 했습니다. 석공들은 롯지에 연장도 보관하고 거기 모여서 식사도 하고 정보도 교환했습니다. 롯지는 그러니까 요즘으로 말하면 일종의 노동조합센터 같은 곳이었습니다.[2] 이런 사실들 때문에 프리메이슨의 기원이 중세 석공 조합이라는 견해가 하나의 유력한 학설로 자리매김하고 있습니다.

---

1   참조. Jasper Ridley, 『프리메이슨 코드』(The Freemasons, 경기도: 문학수첩, 2009), 14.
2   앞의 책, 14; 김희보, 『비밀결사의 세계사』(서울: 가람기획, 2009), 114.

프리메이슨의 진화

초기에는 석공 조합이었던 프리메이슨 조직은 그 이후 유럽과 미국까지 세를 확장하며 지식인 부르주아와 중산층 개신교도를 아우르는 조직으로 발전해갔습니다.[3] 물론 중세 시대에 이런 종류의 조직이 꼭 석공 길드에만 국한된 것은 아니었지만 말이죠. 어쨌든 이처럼 중세 석공들로부터 유래한 장인과 도제의 관계 속에서 형성된 일종의 노조 같은 조직, 장인과 장인, 장인과 도제 사이의 결사체 같은 조직이 대물림되었습니다. 영국, 프랑스, 독일의 여러 지역에서 이런 성격의 조직들이 이어져 내려왔던 것 같은데요, 그 뒤로는 석공이 아닌 다른 직업을 가진 이들에게로 영역이 확장되면서 조직이 진화해간 듯합니다. 이처럼 프리메이슨은 역사가 길고 오래된 결사체로서 오늘날까지 변화된 역사와 시대에 적응하면서 그 세력을 유지하고 있는 것으로 보입니다.

독일 신학자 위르겐 몰트만(Jürgen Moltmann)은 그의 저서에서 자기 할아버지가 프리메이슨이었다는 흥미로운 이야기를 합니다.[4] 몰트만 같은 신학자가 이런 이야기를 공개적으로 하는 것을 보면, 당시 유럽에서 프리메이슨에 연루되는 것이 그렇게 쉬쉬하면서 숨길 일은 아니었다는 뜻이겠지요. 그러나 오늘날의 세대주의적 종말론에서는 이 프리메이슨이라는 조직이 위험천만한 적그리스도의 대표 집단으로 묘사되고 있습니다.

---

3   참조. Margaret Starbird, 임경아 역, 『성배와 잃어버린 장미』(*The Woman with the Alabaster Jar*, 서울: 루비박스, 2004), 322.

4   Jürgen Moltmann, *Erfahrungen theologischen Denkens: Wege und Formen christlicher Theologie* (Gütersloh: Chr. Kaiser, 1999), 11.

프리메이슨, 다빈치 코드, 그리고 오푸스 데이?

프리메이슨에 대한 무시무시한 할리우드적 각색은 세대주의 신학의 발명품이라고 할 수 있습니다. 세대주의 신학 안에서 프리메이슨이라는 단체는 아주 위험하고 적그리스도적인 비밀결사로 묘사됩니다.

여러 해 전에 〈다빈치 코드〉(The Da Vinci Code)라는 영화가 개봉했었지요. 이는 댄 브라운(Daniel Brown)의 동명 소설을 영화로 만든 것입니다. 거기 보면 "오푸스 데이"(Opus Dei)라는 수도회 조직이 나옵니다. 이 단체는 원래 프리메이슨과 아무런 관계가 없는데 댄 브라운의 소설에서는 매우 음산하고 섬뜩한 느낌을 주는 종말론적 모티브로 등장하고 있지요. 그리고 "성전기사단"이라는 매우 흥미로운 조직도 나옵니다. 예수 그리스도가 십자가에서 흘린 성혈(聖血)을 담았던 성배를 지키는 기사단이었다는 전설이 있는 단체입니다. 그 기사단이 중세 시대에 존재한 것은 역사적 사실입니다. 그러나 당시 성배의 실존 여부에 관해서 역사가들은 대단히 회의적이지요. 그러니까 그냥 전설의 성배라는 것인데요, 어쨌든 이 성배를 지키는 성전기사단은 있었습니다. 어떤 책에서는 성전(聖殿)을 뜻하는 '템플'(temple)이라는 단어를 써서 성전기사단을 '템플 기사단'[5]이라고도 합

---

5   성전기사단은 중세에 기사들이 설립한 수도회 중 가장 재산이 많았던 부유한 수도회였다. 정식 명칭은 '그리스도와 솔로몬 성전의 가난한 기사들'(*Pauperes commilitones Christi Templique Solomonici*)인데, 일명 '성전기사단'(Knights Templar)이라고 한다. 성전기사단은 1139년 교황의 칙서로 공식 인정되었으며, 십자군 전쟁 당시 그리스도교 진영에서 가장 숙련된 무공을 보유한 전투병력이었다. 십자군과 불가분의 관계였던 성전기사단은 십자군 전쟁이 실패로 돌아가고 성지를 상실한 후 그 정치적 위상을 잃었다. 결국 그들은 성전기사단에 대한 정치적 부담이 있던 프랑스의 국왕 필리프 4세에게 체포되어 고문에 의한 허위 자백으로 이단으로 몰려 화형당했으며, 1312년 필리프 4세의 정치적 동반자였던 교황 클레멘스 5세에 의해 해산되었다.

니다. 그런데 중세의 미스터리 중 하나가, 한때 잘 나가던 성전기사단이 어느 날 갑자기 사라졌다는 것입니다. 순식간에 물이 증발하듯 없어져 버렸는데 어떤 이유나 경위로 없어졌는지가 명백하지 않습니다. 물론 정사(正史)에 따르면, 1307년에 프랑스 국왕이었던 필리프 4세의 정치적 모함 때문에 이단으로 몰려 재산을 몰수당하고 6년간 이단 심문을 받았던 것으로 전해집니다. 하지만 당시 막대한 재력과 막강한 권력이 있는 무장 세력이었던 성전기사단이 저항한 흔적도 하나 없이, 어느 날 갑자기 사라져 버린 것은 엄청난 미스터리지요. 그래서 유럽이나 영미권에서는 이 성전기사단이라는 중세 모티프를 다루는 소설도 많이 나왔습니다. 재미있는 소설의 테마니까요.

댄 브라운의 『다빈치 코드』도 그런 소설 중 하나입니다. 이 작품은 외경인 빌립복음서에 나오는 "막달라 마리아가 예수님의 부인"이라는 허무맹랑한 내용을 모티프로 삼아 쓴 소설입니다. 소설 속에서 음모의 축으로 등장하는 단체가 아까 말했던 "오푸스 데이"라는 가톨릭 수도회고요. 이 작품은 추리소설적 기법을 사용한 흥미진진한 스토리 전개 방식으로 큰 성공을 거두고 영화로까지 제작되었습니다. 한국에서도 소설과 영화 모두 큰 성공을 거두었지요. 당시 개신교회는 매우 불쾌해하며 신자들에게 영화를 관람하지 말 것을 종용하는가 하면, 일부 개신교인들은 그 영화를 상영하는 극장 앞에 가서 데모까지 했습니다. 그런데 본의 아니게 이것이 오히려 네거티브 홍보가 되어 결과론적으로 영화의 흥행에 이바지하고 말았어요. 종말론과 관련하여 한국교회 안에 널리 퍼져 있는 세대주의적 사고 때문에 음모론적 묘사를 너무 과민하게 받아들인 것이 오히려 〈다빈치 코드〉의 흥행에 톡톡한 몫을 한 셈입니다.

어쨌든 프리메이슨에 관한 흉흉한 소문을 포함한 여러 이야기가 세대주의적 논리 속에서 음모설로 포장되어 널리 유포되었습니다. 이런 음모설 중 프리메이슨 담론이 가장 대표적이고, 그 정도에 있어서도 매우 심각하고 위험합니다. 세대주의자들은 자기들의 세대주의적 전천년설 관점에서 프리메이슨을 적그리스도의 은신처요, 그의 메시지를 이 세상에 퍼뜨리는 사악한 집단으로 지목하고, 그러한 이미지로 각색한 담론을 시중에 유포하고 있습니다.

프리메이슨은 기득권을 수호하기 위한 비밀결사 단체지만…

1970년대 이래로 세대주의 신학이 극성을 부리면서 프리메이슨 음모설이 유럽연합 음모설과 함께 신자들 사이에 널리 퍼졌습니다. 그러나 음모설에 따라 프리메이슨이라는 단체를 분석해서는 그들을 올바르게 이해하기 어렵습니다. 그럼에도 불구하고 프리메이슨이라는 조직은 회원들의 기득권 수호를 위한 일종의 비밀스러운 회합으로서 현존하고 있다고 봐야 합니다.

Q: 실제로 어떤 세력이나 단체의 우두머리가 프리메이슨일 수 있지 않겠습니까? 예를 들면 한 국가의 대통령이라든가…

A: 그러니까 우리나라에도 특수한 모임이 있잖아요. 아무나 가입할 수 없는 로열패밀리 같은, 시대적·사회적으로 여러 분야에서 걸출한 인물만 가입할 수 있는 단체 말입니다. 한국에도 소위 말해서 VIP 클럽 같은 모임이 있잖아요? 그와 비슷하게 프리메이슨이라는 단체에도 유럽이나 미국의 특권층 중 거물급들이 가입해 있다고 하는데요, 소문에 따르면

그 안에도 열 단계가 있다고 합니다. 점조직으로 형성되어 있어, 전체 조직과 계보가 어떻게 되어 있는지는 회원들도 잘 모를 뿐 아니라, 회원끼리도 누가 회원인지 잘 모른다고 합니다. 물론 같은 그룹 안에 있는 회원끼리는 서로 알겠죠. 어쨌든 그래서 프리메이슨 회원이 죽으면 그 장례식은 외부에 공개되지 않는 것으로 알려져 있습니다.

Q: 프리메이슨 회원이라는 것이 떳떳하지 못해서 비공개로 하는 것 아닌가요?

A: 그렇다기보다는 프리메이슨 회원의 장례식에는 같은 그룹에 속한 프리메이슨 회원들이 오지 않겠어요? 그래서 평소 프리메이슨이라는 혐의를 받았던 사람이 죽었을 경우, 장례식이 외부인에게 공개되면 누가 프리메이슨인지 외부인들이 알 수 있겠죠. 같은 그룹 회원들이 장례식에 올 테니까요. 그런데 프리메이슨은 서로가 서로의 기득권과 친목을 위해 연대하고 있는 은밀한 조직이죠. 그래서 숨기는 것입니다. 그 안에는 정치가도 있고 금융 재벌도 있고 과학자도 있고 기업인도 있고 배우도 있고 예술가들도 있고 그렇겠지요.

　　그러한 소문이 따르는 사람의 예로는, 오래전 황우석 교수 사건으로 국내에 알려진 제럴드 섀튼(Gerald Schatten)이 있습니다. 섀튼은 미국 피츠버그 대학교 의대 교수인데 유대인이고, 유대 자본으로 줄기세포를 연구하는 대표적인 학자로 알려져 있으며, 프리메이슨이라는 의혹이 있습니다. 그러나 그것도 어디까지나 의혹일 뿐 확인된 사실은 아닙니다. 또한 마이클 잭슨(Michael Jackson)의 장례식도 공개되지 않았던 것으로 알려져 있습니다. 이 때문에 혹시 그도 프리메이슨 회원이 아닐까 하는 추측이 있는 듯합니다. 하지만 이것도 확인된 사실은 아닙니다. 의혹을 품을 수는 있지만 단정해서 말하면 안 되겠지요. 그러면 가짜뉴스가 되는 것입니다.

Q: 가수 싸이(PSY)에 대해서도 프리메이슨 쪽에서 지원한다는 루머가 있습니다. 그래서 갑자기 그렇게 뜰 수 있었다던데…

A: 그런 음모설은 흥미를 끌기는 하지만 별로 신빙성이 없어요. 그러니까 예를 들어, 마이클 잭슨의 장례식이 공개되지 않았다는 것을 가지고 "혹시 프리메이슨일지도 모른다"라는 식으로 추측은 할 수 있지만, 그것도 어디까지나 추측이고 근거는 없는 것입니다. 또한 프리메이슨 회원들도 자기 조직에 속한 회원만 알고 다른 조직의 회원은 모른다고 하는데요, 성악가 플라시도 도밍고(Plácido Domingo)를 비롯해 몇몇 인사들이 마이클 잭슨의 장례식에 참석한 것이 언론에 의해 알려졌지요. 그렇다면 그들도 마이클 잭슨과 같은 그룹에 속해 있던 프리메이슨일 가능성이 있지 않을까? 뭐, 이렇게 추측할 수는 있겠지만 그것도 단지 추측일 뿐 근거가 있는 것은 아닙니다.

유대인 박해의 역사와 프리메이슨

Q: 그러니까 프리메이슨이 정치적·사회적으로 자기들의 권력을 키우려는 그룹이라고는 할 수 있겠지만, 적그리스도 같은 쪽은 아니라는 말씀이지요?

A: 예, 그렇다고 봐야겠죠. 프리메이슨이 결성된 이유에 대해서 여러 설이 있습니다만 유력한 설 가운데 하나는 유대인 박해와 관련이 있다는 것입니다. 사실 유대인 박해의 역사는 뿌리가 아주 깊습니다. 히틀러가 제2차 세계대전 때 정권을 잡은 후 독일 국적의 유대인들과 자기들이 점령한 지역의 유대인들을 토벌했고, 인종청소로서 폴란드 아우슈비츠(Auschwitz)에서 수많은 유대인을 학살했습니다. 그런데 이런 유대인 토벌이나 인종청소 같은 짓을 히틀러만 한 것이 아닙니다. 유대인을 박해하고 심지어 박멸을 기도(企圖)한 것은 중세로부터 뿌리 깊은 역사가 있어요.

특히 중세 시대에 사순절 기간 동안 유대인들은 길에 나다니지 못했습니다. 중세 사회에 소위 반유대적 정서가 아주 만연해 있었거든요. 유대인 여성들이 길에 나다녔다가는 유럽인 남자에게 강간을 비롯하여 끔찍한 일을 당하기 일쑤였습니다. 중세 사회에는 '저놈들은 우리 주님을 십자가에 못 박아 죽인 족속들'이라는 생각과 함께 집단적 혐오가 엄존하고 있었습니다. 그래서 유대인에 대한 차별과 박해와 학살은 중세 이래로 계속된, 역사적 뿌리가 깊은 행태입니다. 중세 때 죽은 유대인이 제2차 세계대전 때 학살당한 유대인보다 많았을 정도니까요.

반유대적 정서가 존재한 것은 종교개혁 시대에도 마찬가지였습니다. 종교개혁자 마르틴 루터(Martin Luther)에게도 반유대주의적 정서가 있었는데, 그는 유대인을 박멸해야 한다고까지 주장했습니다. 상황이 이렇다 보니 유대인 장인과 도제들 사이에 어떤 비밀스러운 결사조직 같은 것이 절박하게 필요했습니다. 중요한 정보를 은밀하게 공유하고 소통하면서 생존을 모색하는 비밀결사 조직이 절실히 필요했던 거죠. 당시에도 유대인들은 돈 버는 기술이 비상하여 유럽 도처에서 가는 곳마다 많은 재산을 축적했습니다. 그러니 유럽인들이 미워할 수밖에요. 그런 이유에서 집단적으로 유대인을 차별하고 증오하는 정서가 중세 사회 안에 만연해 있었습니다. 그러다 보니 자칫 잘못하면 유대인들이 어떻게 됐겠습니까? 재산을 빼앗기고 거주하는 땅에서도 쫓겨나는 그런 일이 비일비재했습니다. 그런 일을 최대한 줄이고 자기들의 생명과 재산을 보호하기 위해 서로 비밀결사 형식으로 연대하게 된 거죠. 이런 식으로 프리메이슨 같은 조직이 형성되었다고 봐야겠지요.

모차르트와 프리메이슨

프리메이슨의 이념은 반국가, 반종교, 박애, 관용 같은 것들입니다. 여기서 반국가는 당시 합스부르크 제국이나 대영 제국으로 대표되는 제국의 이념에 대한 반대와 반감을 의미했습니다. 그리고 반종교는 중세 로마 가톨릭 교회로 대표되는 종교에 대한 반대와 반감을 표현하는 말이었지요. 그러한 프리메이슨의 정신을 음악으로 표현한 인물이 다름 아닌 볼프강 아마데우스 모차르트(Wolfgang Amadeus Mozart, 1756-1791)였습니다. 그도 프리메이슨의 일원으로 알려져 있지요.

홍미롭게도 모차르트의 무덤은 비어 있습니다. 오스트리아 빈의 중앙 묘지(Zentralfriedhof)에 가보면 음악가들이 함께 묻혀 있는 소위 '음악가 묘지'라는 곳이 있습니다. 그곳에 루트비히 판 베토벤(Ludwig van Beethoven), 프란츠 슈베르트(Franz Peter Schubert), 요하네스 브람스(Johannes Brahms), 카를 체르니(Carl Czerny), 요한 슈트라우스(Johann Strauß) 부자 등이 묻혀 있는데, 모차르트도 묘비는 그곳에 있습니다. 하지만 그것은 그의 실제 무덤이 아닙니다. 그가 어디에 묻혀 있는지를 알 수 없어서 그냥 그를 기념하여 묘비만 세워놓은 것이지요. 민간전승이나 야사(野史)에 따르면 모차르트가 흑사병에 걸려 죽었는데, 당시 빈에서 흑사병에 죽은 시체를 모아 소각할 때 시체 무더기에 같이 휩쓸려 들어가 소각되었다고도 합니다. 그러나 그것도 어디까지나 야사일 뿐 모차르트의 죽음에 관한 역사적 진실은 베일에 가려져 있습니다. 독살당했다는 설도 있으니까요. 그런데 한 가지 분명한 사실은 모차르트의 장례식이 공개되지 않았다는 것입니다. 이는 앞에서도 말씀드린 프리메이슨의 특징이죠. 조직이 공개되면 비밀결사의 가치와 의미를 잃기 때문입니다.

모차르트의 프리메이슨 오페라 "마술피리"

모차르트가 프리메이슨 이념에 따라 쓴 오페라 곡이 그 유명한 "마술피리"(Die Zauberflöte)입니다. "마술피리"는 프리메이슨의 세계관과 이념을 웅장하게 표현한 작품입니다. 독일의 대문호 요한 볼프강 폰 괴테(Johann Wolfgang von Goethe, 1749-1832)도 "마술피리"를 관람하고 프리메이슨의 이념에 공명하여 1780년 6월 23일 프랑크푸르트(Frankfurt)에 소재한 프리메이슨 조합이었던 "아마리아 롯지"(Amaria lodge)에서 프리메이슨에 가입했습니다. 괴테의 계몽소설 『빌헬름 마이스터의 수업시대』(*Wilhelm Meisters Lehrjahre*)와 『빌헬름 마이스터의 편력시대』(*Wilhelm Meisters Wanderjahre oder die Entsagenden*)는 괴테가 프리메이슨에 가입한 후 그 정신과 이념을 전파하려고 쓴 작품으로 알려져 있습니다.[6]

---

6   김희보, 『비밀결사의 세계사』, 128.

모차르트와 로마 가톨릭교회 사이의 깊은 원한 관계

재미있는 사실은 모차르트가 대단히 아름답고 경건한 성가들도 많이 작곡했다는 겁니다. 모차르트와 그 시대 프리메이슨들은 당시 합스부르크 제국으로 대변되었던 제국에 대한 반감과 로마 가톨릭교회로 대변되었던 종교에 대한 반감을 공유하고 있었습니다. 그래서 모차르트가 지은 아름다운 성가들이 로마 가톨릭교회의 미사에서 공식적으로 연주될 수 없었습니다. 비공식적으로라면 모르지만 말입니다. 모차르트 시대부터 모차르트 사후 20세기 중엽까지 그의 곡은 가톨릭 미사에서 연주가 금지되어 있었습니다. 요한 바오로 2세(Joannes Paulus II, 1920-2005)가 교황으로 활동하던 20세기 후반에도 모차르트의 작품은 가톨릭교회 안에서 연주되지 못했습니다. 한마디로 금지곡이었던 것이지요. 모차르트의 프리메이슨적 정서, 즉 반국가적(반제국적)·반종교적(반가톨릭적) 정서 때문이었습니다. 모차르트의 성가들은 가톨릭교회에서 철저히 외면당했습니다.

모차르트의 성가곡, 개신교 안에서 명맥을 유지하다

모차르트가 작곡한 성가를 열심히 연주해 명맥을 잇게 해준 것은 유럽의 개신교회였습니다. 그러다가 로마 가톨릭교회 안에서도 금기가 깨진 계기가 있었지요. 오스트리아 잘츠부르크(Salzburg) 태생으로서 베를린 필하모닉 오케스트라(Berliner Philharmoniker)의 종신 지휘자였던 헤르베르트 폰 카라얀(Herbert von Karajan, 1908-1989)이 바티칸에 있는 로마교황 요한 바오로 2세를 방문한 적이 있습니다. 그때 카라얀을 만난 교황이 이렇게 물었습니다. "어떤 선물을 드릴까요? 금세기의 거장께서 바티칸까지 오셨으니 제가 선물을 좀 할 수 있었으면 좋겠는데요." 이런 취지의 말이었을 겁니다. 그러자 카라얀이 교황에게 이렇게 말해요. "교황 성하께서 집전하는 대미사 때 제가 지휘봉을 잡고 모차르트의 대관식 미사를 연주하고 싶습니다." 카라얀의 이 제안을 교황이 수락했습니다. 당시 유럽 언론들은 이에 대하여, "모차르트가 죽은 지 수백 년 만에 교황청과 모차르트가 화해하게 되었다"고 호들갑을 떨면서 보도했지요. 그리하여 바티칸의 성 베드로 성당에서 교황 요한 바오로 2세가 집전하는 대미사가 진행되는 가운데 카라얀의 지휘로 모차르트의 대관식 미사곡이 힘차게 울려 퍼졌습니다. 이것을 시작으로 그 후에는 모차르트의 작품이 가톨릭교회 안에서 계속 연주될 수 있었습니다. 그러나 모차르트 사후에도 한참 동안은 개신교에서만 그의 성가를 열심히 연주하고 가톨릭은 그의 곡을 철저히 외면했습니다. 왜냐? 모차르트가 반제국적·반가톨릭적 정서를 품은 프리메이슨의 일원이었기 때문입니다.

칼 바르트의 모차르트 사랑

20세기 개신교 신학의 거장이었던 칼 바르트(Karl Barth)가 모차르트 음악의 열렬한 애호가였다는 사실은 여러 가지로 시사하는 바가 큽니다. 바르트의 서재에는 종교개혁자 장 칼뱅의 초상화와 위대한 음악가 모차르트의 초상화가 같은 높이에 나란히 걸려 있었지요. 바르트가 가장 존경했던 신학적 스승이 칼뱅이었음을 생각하면 그의 모차르트 사랑이 어떠했는지 알 만합니다. 바르트는 음악학자는 아니었지만 모차르트에 관해 에세이도 몇 편 남기고, 강연도 몇 차례 했습니다. 그것들을 묶어 책으로도 출판했고요. 그 책의 첫 번째 글이 "모차르트에 관한 고백"인데, 그 글에서 바르트는 이렇게 썼습니다.

> 만약 내가 장차 천국에 간다면 우선 모차르트를 만나 안부를 묻고 싶고 그다
> 음에 비로소 아우구스티누스, 토마스, 루터, 칼뱅, 슐라이어마허의 안부를 묻
> 고 싶다는 것입니다.[7]

그의 책 두 번째 글 "모차르트에게 보내는 감사의 편지"에서 그는 이렇게
말합니다.

> 나는 천사들이 하나님의 존전에서 시중들 때에 바흐만을 연주하는지에 대
> 해서는 잘 모르겠습니다. 그러나 내가 확신하는 바는 천사들이 저희들끼리
> 있을 때에는 모차르트를 연주한다는 것이고 사랑의 하나님께서도 그것을 기
> 꺼이 들으신다는 것입니다.[8]

스위스 바젤 대학교(Universität Basel) 교수였던 바르트는 공부 시간을 정말
엄격히 지켰는데, 그는 아침에 일어나면 항상 모차르트의 음악을 들으며
하루를 시작했으며 모차르트 음악회가 바젤(Basel)에서 개최되는 날이면
공부 시간과 상관없이 연구실을 비우고 음악회장에 가서 앉아 있었다고
합니다. 모차르트 사랑이 참 대단했지요.

한편 요한 제바스티안 바흐(Johann Sebastian Bach)는 루터교회가 낳은
위대한 음악가로서 아주 열렬한 루터의 추종자였는데요, 모차르트에 대

---

7   Karl Barth, 문성모 역, 『칼 바르트가 쓴 모차르트 이야기』(*Wolfgang Amadeus Mozart*, 서울: 한들, 1995), 14.

8   앞의 책, 21.

해서는 반감이 극심했던 가톨릭교회가 바흐에 대해서는 대단히 우호적이었어요. 가톨릭교회가 미사 때 열심히 연주했던 곡들이 다름 아닌 바흐의 곡이었으니까요. 바흐는 가톨릭교회와 개신교회가 모두 사랑했던 에큐메니칼적 교회음악가였습니다. 어쨌든 프리메이슨 회원이었던 모차르트와 가톨릭교회 사이에는 이런 악연이 있었습니다. 꽤 재미난 에피소드지요.

프리메이슨 문제를 너무 음모설로 몰고 가면 안 된다

프리메이슨 문제를 너무 음모설 관점에서 할리우드 버전으로 생각하고 다루는 것은 옳지 않습니다. 프리메이슨이 형성된 주요 원인 중 하나는 바로 중세 때 유대인이 극심하게 박해당하는 상황에서 유대인 장인과 도제들이 재산을 지키고 그것을 위해 중요한 정보를 공유하고 소통하려 했던 것에 있었습니다. 이때 중요한 정보가 공개되면 안 되니 비밀스러운 조직이 되었고, 그런 비밀결사의 전통이 이어져 내려와 프리메이슨으로 형성된 것입니다. 이 조직은 유럽 전역에 점조직처럼 퍼져나갔는데요, 계몽주의 이래로 언젠가부터는 비유대인들도 자기 분야에서 실력과 재력과 지적 수준이 인정되면 가입할 수 있는 성격의 단체로 확장·진화해갔다고 봐야겠죠.

Q: 그러면 프리메이슨이 추구하는 게 뭐예요?

A: 표면적으로는 반국가, 반종교, 세계평화, 관용, 박애 같은 가치들을 추구합니다. "자유, 평등, 박애"가 프리메이슨의 슬로건이었지요. 그러나 실질적으로 프리메이슨이 추구하는 가치는 회원들의 기득권 방어라고 할 수 있습니다. 옛날의 프리메이슨은 유대인 장인과 도제들이 생존권

을 방어하기 위해 만들어졌다면, 그 후로는 기득권을 방어하고 옹호하는 단체로 변해갔다고 할 수 있지요. 원래 기득권을 가진 사람들이 그것을 지키려고 연대하잖아요. 요즘에는 프리메이슨도 회원 수가 급감하여 옛날처럼 그렇게 가입 조건이 까다롭지 않다는 말도 있습니다. 요즘 프리메이슨은 예전 같지 않은 모양입니다.

존 레논의 "이매진"에 투영된 프리메이슨 이념?

존 레논(John Lennon)의 "이매진"(Imagine)이라는 곡이 있죠. 가사의 "이매진"이라는 말을 번역하면 '상상해봐요' 정도가 됩니다. 저도 존 레논이라는 가수를 참 좋아하는데, 젊은 시절에 비틀즈(The Beatles) 멤버로서 폴 매카트니(Sir James Paul McCartney), 링고 스타(Ringo Starr)와 함께 비틀즈를 이끌었지요. 존 레논은 대학 시절부터 사귀던 신시아 파웰과 결혼했다가 이혼한 후, 오노 요코(小野洋子)라는 일본인 전위 예술가와 결혼했습니다. 그러나 그는 1980년 12월, 광팬에게 저격당해 세상을 떠납니다. 여러분, 존 레논의 "이매진"이라는 노래를 들어보세요. 가사 내용이 아주 흥미롭습니다.

국가 없는 세상을 상상해보세요
…종교 없는 세상을 상상해보세요
모든 사람이 평화롭게 살아가는

존 레논은 생의 마지막 시기에 노장 사상(老莊思想)에 완전히 심취합니다. 그래서 음악평론가들은 "이매진"의 사상적 배경이 노장사상이었다고 추측하기도 하죠. 노장사상이 강력하게 피력하는 것이 무정부주의(anarchism)와 무종교주의(antireligion)입니다. 중국 고전 중 노장 계열 문헌 가운데『도덕경』(道德經, 길과 얻음의 경전)이라는 것이 있습니다.『도덕경』80장에 보면 "소국과민"(小國寡民)이라는 말이 나옵니다. 번역하면 "작은 나라 적은 백성"이지요. 소국과민의 정신은 유가 계열의 강력한 국가주의에 대한 도가 계열의 반박이요 반론입니다. 도가 계열 사상가들에 따르면 인위적 다스림(통치)과 작위적 문화와 문명의 건설이야말로 인간세(人間世) 모든 비극의 근원입니다. 그래서 노자와 장자를 따르는 도가 계열 사상가들은 인간세의 모든 인위적(人爲的) 이념과 작위적(作爲的) 문명을 거부합니다. 무위자연(無爲自然)의 이념과 그 이상의 구현이야말로 인간세가 궁극적으로 도달해야 할 이상향이라는 것입니다. 바로 이 노장 사상이 "이매진" 가사의 배후에 깔려 있다고 보는 음악평론가들도 있습니다.

하지만 반국가, 반종교 이념은 또한 중세 때 형성된 프리메이슨의 주요 이념이기도 합니다. 그러니 보기에 따라서는 존 레논의 "이매진" 가사에서 프리메이슨적 이념이 감지된다고 볼 수도 있습니다. 반국가(반제국), 반종교(반가톨릭) 이념 말입니다. 여기서 종교란 중세의 로마 가톨릭교회로 대변되는 그리스도교지요. 어떻게 보면 프리메이슨과 깊은 원한 관계에 있었던 것은 개신교가 아니라 로마 가톨릭교회였다고 할 수 있습니다. 실제로 프리메이슨 혐의가 있던 모차르트의 곡을 철저히 연주하지 않았던 것도 로마 가톨릭교회였고, 개신교가 아니었습니다. 개신교는 프리메이슨에 대해서 비교적 관용이 있었어요.

"오푸스 데이" 소속 신부에게 『다빈치 코드』에 관해 물어보니…

그러나 세대주의적 종말론의 등장으로 상황이 달라집니다. 세대주의는 개신교 안에서 나타난 이단성 농후한 종파인데요, 세대주의자들이 프리메이슨의 실체를 할리우드 버전으로 각색하고 과장했던 것입니다. 댄 브라운의 소설 『다빈치 코드』에서 "오푸스 데이"라는 수도회가 그려진 방식처럼 말이지요. 『다빈치 코드』에서 무시무시한 음모를 꾀하는 단체로 묘사되는 "오푸스 데이" 수도회는 실제로 그렇게 나쁜 단체가 아닙니다.

제가 아는 오스트리아인 신부가 "오푸스 데이" 수도원 소속인데, 참 겸손하고 따뜻한 사람입니다. 한번은 제가 신부님에게 물어봤어요. 댄 브라운의 소설에서 신부님의 수도회가 대단히 나쁘게 묘사되고 있는데, 공식적으로 반박해야 하지 않겠느냐고요. 그랬더니 그분이 웃으면서 말씀하시더라고요. "댄 브라운은 소설을 쓴 것인데 소설적 묘사를 가지고 반박을 해서야 되겠냐, 그러면 우리 수도원이 창작의 자유를 종교적 잣대로 억압하는 것 아니겠냐?" 자기 수도회는 그러기를 원치 않는다는 거예요. 댄 브라운이 그것은 소설임을 분명히 밝히고 썼기 때문에, 재미있게 읽으면 된다고 생각한다는 것입니다. "오푸스 데이" 사람들에게는 그런 관용과 여유가 있더군요. 그렇게 말할 수 있는 것이야말로 자신감이고, 진짜 무서운 영성이 아니겠습니까? "오푸스 데이"가 『다빈치 코드』에 나오는 내용에 열 받아서 빨간 띠를 두르고 댄 브라운 집 앞에서 데모했다면, 그런 건 하수들이 하는 일이죠. 저는 그분의 말을 들으면서 '이야, 이 사람들이야말로 대단하구나. 참 무서운 사람들이다'라는 생각을 했습니다. 소설 가지고 뭘 그러냐? 작가가 그렇게 쓸 수도 있는 것 아니냐? 게다가 분명히 밝혔지 않냐? 그건 소설이라고! 그러면 된 것이지, "오푸스 데이"가 좀 부정적으로 묘사되었다고 지나치게 예민해질 필요가 있겠냐? 우리가 실제로 그런 단체도 아닌데. 이렇게 해맑게 웃으면서 반문하는데 제가 할 말이 없었습니다. 어찌 됐든 프리메이슨 음모론도 유럽공동체 음모론과 함께, 이런 소설적 방식으로 부풀려지고 확대 재생산되어 유포된 것입니다.

세대주의적 종말론을 떠드는 어느 황당한 인물

Q: 교수님, 프리메이슨이 사탄 숭배와 관련되어 있다는 말을 들은 적이 있습니다. 그건 어떻게 봐야 하나요?

A: 그것도 사실은 계보가 없는 이야기로, 공식적인 언론의 취재 결과는 아닙니다. 특별히 그런 이야기를 많이 하는 부류가 있지요. 주위에서 누가 박 모 선교사라는 사람 이야기를 하길래 제가 유튜브에서 검색해본 적이 있습니다. 선교사라지만 자칭 선교사인 것 같은데, 그 사람이 종말론에 관한 강의를 엄청나게 많이 하더라고요. 제가 보니 마구잡이로 떠드는데, 의외로 많은 젊은이가 추종자가 되어 몰려가서 강의를 듣는 것 같더군요. 지금 제가 하는 이런 강의를 듣다가 그런 식의 강의를 들으면 정말 황당하고 어이가 없을 것입니다. 신학적으로 생각해볼 가치가 없는 무지한 이야기를 마구 늘어놓거든요. 조직신학의 기본도 모르고 성경에 대한 기본도 모르는 사람이 허구적이고 황당한 발상을 가지고 어디선가 배운 세대주의적 종말론에 따라 교리를 완전히 왜곡·날조해서 소설을 쓰고 있더라고요. 그러면서도 아주 확신에 차서 굉장히 카리스마적인 태도로 막 질러대니까 젊은 청년 중 심약한 사람들이 거기 혹해서인지 추종자가 꽤 많더라고요. 인간은 누구나 내면적으로 약한 부

분이 있어서 카리스마적 권위에 맹종하려는 경향이 있는데, 특히 심약한 사람들은 더욱더 그러합니다. 박 모 선교사와 비슷한 이들이 프리메이슨이나 유럽연합 음모론 같은 이야기를 해요. 신학적으로나 역사적으로나 전혀 근거도 없고, 논의할 가치도 없는 이야기들입니다.

세대주의적 사이비 종말론의 폐해

Q: 그런데 그런 이야기는 한국교회 안에 굉장히 뿌리가 깊은 것 같아요. 진짜를 어떻게 분별합니까? 도대체 누구 말이 맞지요?

A: 지금 제가 드리는 말씀이 맞습니다. 저는 논문에서 인용할 수 있는 이야기를 하고, 그들은 논문에서 인정이 안 되는 가짜뉴스를 이야기합니다. 제가 지금 여러분에게 가르치는 교의학은 공교회의 교리를 알기 쉽게 해설하는 것이지, 제 개인적 관점이나 통찰로 지어낸 교리를 가르치는 것이 아닙니다. 2,000년 된 교회가 공교회적 전통 속에서 삼위일체 교리를 어떻게 이해해왔고 종말론을 어떻게 이해해왔는지를 말씀드리는 거예요. 공교회가 사이비와의 싸움 속에서 왜 무천년설을 공교회의 종말론으로 가르치게 되었는지 아십니까? 세대주의적 전천년설의 폐해가 너무 컸거든요. 니케아 공의회 때도 마찬가지입니다. 그런 종말론을 주장하는 사이비 집단들 때문에 가정이 깨지고 공동체가 무너지는 일이 발생했던 거예요. 그런 논리를 가진 사람들이 천편일률적으로 주장하는 게 있어요. 환란을 피하려면 자기 종교집단으로 들어와야 한다는 겁니다! 그게 공통점이지요! 요즘 사이비들도 그런 말을 하지 않습니까? 환란을 피하려면 자기네 집단으로 들어와야 한다고요.

말년이 가난했던 모차르트

Q: 모차르트가 프리메이슨에게 의뢰받은 작품을 쓰다가 죽었다고 하던데 사실인가요? 병중에 프리메이슨으로부터 재정적 지원을 많이 받아 어쩔 수 없이 쓰다가 죽었다던데, 그 이야기가 맞나요?

A: 우선 모차르트가 프리메이슨 회원으로서 쓴 대표적인 작품은 "마술피리"입니다. 죽기 전에 쓰고 있었던 작품은 오스트리아의 백작 프란츠 발제그 슈투파흐(Franz Walsegg Stuppach)의 의뢰를 받고 작곡에 들어갔던 "레퀴엠"(Requiem)이었고요. 모차르트는 초기에 유명해져서 돈벌이는 괜찮았는데, 본인은 물론 아내인 콘스탄체 모차르트(Constanze Mozart)까지 사치가 심했어요. 아내가 평소에도 돈을 많이 썼는데 나중에는 몸이 아파 온천행 요양비가 들었을 뿐 아니라, 모차르트 자신은 세상 물정을 모르고 씀씀이도 헤프다 보니 생활이 궁핍해졌지요. 그러니 생계를 이어가기 위하여 하청받아서 곡도 썼다고 봅니다. 그러니까 말년의 경제적 어려움 때문에 "레퀴엠"을 쓰다가 죽은 거라고 봅니다.

　　그러나 "마술피리" 같은 오페라는 명백히 프리메이슨 이념을 표현한 것입니다. 장대한 스케일에 아름다운 오페라인데요, 그중 "밤의 여왕"이 부르는 "지옥의 복수심은 내 가슴속에 끓어오르고"(Der Hoelle Rache kocht in meinem Herzen)라는 아리아가 유명하지요. 콜로라투라 소프라노의 테크닉의 정수를 보여주는 아리아로서, 여러분 귀에도 익숙할 것입니다. 소프라노 가수 조수미가 잘 부르는 곡으로도 유명하죠.

가수 싸이의 곡은 사탄 숭배적이다?

Q: 그럼 교수님, 싸이의 곡을 사탄 숭배적이라든가 프리메이슨적이라는 식으로 해석하는 것은 생각해볼 가치가 없다는 말씀이시죠?

A: 세대주의적으로 지나치게 과장되고 각색된 음모론에 따른 이야기입니다. 그런 것 외에도 기독교 계통 신문 같은 데서 터무니없는 기사들을 내고 있다던데, 지나친 음모론이고 세대주의적 발상에서 나온 이야기들입니다. 세대주의 종말론의 틀 안에서만 힘을 얻을 수 있는 논리라고 할 수 있습니다.

Q: 그런데 요즘 유튜브에 도는 이야기를 보면 "젠틀맨"에 관한 것도 있고, "강남스타일" 음반 겉표지에 있는 '호루스의 눈'(일루미나티의 상징) 이야기도 있거든요? 그런 상징에 관한 음모론을 들어보면 다 그럴듯해요. 대통령이 거기 가담하고 있다는 이야기를 들으면 '아, 그렇구나' 싶은 생각도 들고요.

A: 이 모든 것이 프리메이슨 모티프에 할리우드적 각색이 추가되면서 확대 재생산된 것이라고 보면 될 것 같아요. 프리메이슨은 무슨 뿔 달린 사람들이 아니고, 일종의 고도의 인텔리 집단이라고 할 수 있습니다.

악마론과 천사론

Q: 프리메이슨은 그렇게 볼 수 있다고 하고, 그러면 사탄 숭배는 뭔가요?

A: 사탄 숭배라는 것은 중세 때부터 있었어요. 역사가 아주 오래된 것입니다. 중세 때 사교적이고 소종파적이며 이단적인 집단에서 소위 "악마론"(Demonologie)이라는 것을 가르쳤어요. 일반적으로 전통적 교의학에서는 악마론을 독립된 영역으로 취급하지 않지요. 전통적 보편교회의 교의학은 일곱 체계로 구성되어 있습니다. 신학서론(신학 방법론), 신론, 인간론, 그리스도론, 구원론, 교회론, 종말론이 그것입니다. 이 일곱 체계 안에 "악마론"과 "천사론"(Angelologie)을 포함하면 몇 체계입니까? 아홉 체계가 되겠죠. 하지만 아홉 체계는 보편교회의 교의학 체계가 아닙니다. 전통적인 교의학은 신론 영역에서 천사론과 악마론을 잠깐 다루는 경우는 있어도, 별도의 영역으로 구분하여 다루지는 않습니다. 칼뱅도 『기독교 강요』에서 천사론과 악마론을 별도 항목으로 구분하여 다루지 않고 신론 안에서 간략하게 취급하고 있습니다("천사론"[I, 14, 4-12]; "악마론"[I, 13-19]).

21세기에 들어와서는 천사론을 다루는 신학자가 간혹 있기는 합니다. 그중 대표적인 인물이 독일의 하이델베르크 대학교(Universität Heidelberg)에서 가르쳤던 미하엘 벨커(Michael Welker) 같은 신학자지요. 포스트모더니즘 시대에 초현실에 관한 관심이 고조되면서, 초현실의 세계가 영화나 소설 등 예술의 주제가 되기도 합니다. 옛날 영화 중에 〈Ghost〉라는 영화가 있는데, 우리나라에서는 〈사랑과 영혼〉이라는 제목으로 상영되었죠. 데미 무어와 패트릭 스웨지 주연에 "언체인드 멜로디"(Unchained Melody)라는 노래가 주제가였는데, 영화가 워낙 유명해지다 보니 주제가도 같이 히트를 했습니다. 좀 예전 영화긴 하지만 어쨌든 이런 영화의 성공도 초현실에 대한 현대인의 관심을 엿보게 하는 대목입니다. 포스트모던 시대에 현대인들이 초현실에 관심이 큰 이유는 설명하기가 꽤 복잡하지만 말입니다. 어쨌든 그런 영화에 보면 천사가 나와서 도와주고 좋은 곳으로 인도하기도 합니다. 이처럼 현대인들에게 천사라는 존재는 뭔가 새로운 관심사가 되었습니다. 그렇다 보니 오늘날 신학에서 더러 천사론을 연구하는 경우가 있습니다. 그러나 신론에서 부속적으로 다루는 경우는 있어도, 천사론이라고 따로 독립적 항목을 설정하여 다루는 경우는 거의 없습니다. 악마론은 중세 이래로 주로 소수의 이단 집단에서 교의의 위치를 차지하긴 했으나 전통적인 교의학은 악마론을 독자적인 분야로 다루지 않습니다.

마녀재판과 악마주의

앞에서 언급했듯이 원래 사탄 숭배라는 것은 중세 때부터 형성되었습니다. 사탄 숭배는 교회에 대한 반감으로부터 시작됩니다. 교회는 사실 마녀론을 가지고 수많은 여성을 살육했잖아요. 중세 마녀 사상이라는 게 지독하게 혹독했던 때가 있었어요. 특히 영국, 스페인, 포르투갈, 이탈리아 등에서 극심했던 것 같습니다. 마녀재판으로 멀쩡한 여성들이 마녀 혐의를 받았습니다. 신체적 장애가 있는 여성, 정신적 장애가 있는 여성, 심한 피부병을 앓는 여성, 나이 든 과부나 독신녀, 고아 등, 힘없는 여인들이 마녀로 몰리기에 십상이었어요.[9] 이해되시죠? 이런 여성들이 마녀들로 몰렸는데, 구체적으로 어떤 식이었냐 하면 누군가 저 사람이 마녀라는 식의 소문을 흘려요. 그렇게 해서 근거 없는 소문이 돌다가 그 지역 본당 신부의 귀에 그 이야기가 들어가면 마녀 사냥꾼들이 나타나죠. 그리고 잡아가서

---

[9] 참조. 김동주, 『기독교로 보는 세계역사』(서울: 킹덤북스, 2012), 541.

혹독한 고문을 시작합니다.

고문을 어떻게 하는지 아세요? "너 마녀지?"라고 물으면 그 여인이 마녀라고 하겠어요? 아니라고 하겠죠. 그러면 거짓말을 한다고 몰아세우면서, 큰 솥에 물을 부은 후 옷을 벗겨서 그 안에 집어넣는단 말입니다. 그리고 군불을 지펴서 슬슬 끓여요. 그렇게 몇 일을 끓이는데, 그러면 어떻게 되겠습니까? 군불을 서서히 지피면 죽지는 않아요. 익는 거예요. 결국 며칠 뒤에 꺼내서 다시 물어봐요. "너 마녀지?" 그래도 아니라고 그러죠. 그러면 살이 익어 있지 않습니까? 이제 칼로 포를 뜬다고 협박합니다. 그때 재판 받는 여성의 부모가 재산을 팔아서 교회에 헌납합니다. 딸을 구명하기 위한 헌납이 아닙니다. 딸이 고통스럽지 않게 죽도록 자비를 베풀어 달라는 것이지요. 억울하고 원통하지 않았겠습니까? 게다가 어떤 이는 고통에 못 이겨서, 혹은 구제받기 위해 다른 이를 마녀로 고발하기도 합니다. 그러면 거짓 증인들이 나와서 거짓 증언을 합니다. "한밤중에 지켜보니 저 여자가 노래를 부르면서 빗자루를 타고 공중을 날아다녔습니다." 뭐 이런 식으로요. 그렇게 해서 잡혀 온 여성도 똑같이 고문받고 비참하게 죽임을 당하지요. 이런 식으로 아무 잘못도 없는 여성들이 죽어나갔습니다. 잡힌 여성이 혹독한 고문에 못 이겨 마녀임을 고백하면 처형을 당했습니다. 그러나 끝까지 마녀라고 인정하지 않으면 인정할 때까지 고문은 멈추지 않았습니다.

당시 교회가 그런 짓을 했습니다. 그러면서 양심의 가책도 안 느낍니다. 마녀 사냥꾼은 신부들이고 성직자들이고 요즘으로 말하면 교회 교역자들입니다. 이들이 성당에 앉아서 몸을 떨며 감격의 눈물을 흘렸습니다. "주님, 저 마녀들로부터 당신의 몸 된 교회를 지키게 해주셔서 감사합니다." 폴 틸리히(Paul Tilich) 같은 신학자는 이러한 장면을 꼬집어 비판하기를 "이 얼마나 악마적인 광경인가?"라며 통탄했습니다.

악마 숭배의 탄생: 종교가 이성을 상실하면 가장 무서운 악마주의가 될 수 있다!

Q: 그들은 그것이 옳다고 생각하면서 그런 짓을 했겠죠?

바로 그 지점에서 진지한 질문이 제기됩니다. 마녀사냥을 주도했던 종교
재판관들과 신학자들이 과연 그들을 진짜 마녀라고 생각했을까요? 밤에
빗자루를 타고 날아다닌다고 정말 믿었을까요? 자, 믿지도 않았다면 그런
짓을 왜 했을까요? 아무 이유 없이 그랬을까요? 아니겠죠? 이유 없이 그
런 짓은 안 합니다. 그런 짓을 한 이유가 있겠죠. 그 이유가 뭘까요? 여러
가지 이유가 있을 수 있겠지만 가장 큰 이유는 바로 '희생양'을 만들기 위
함이었습니다. 마녀재판은 사회에서 발생한 사건이나 사고의 원인을 약
자에게 돌리고자 하는 일종의 '희생양 메커니즘'(Sündenbock-Mechanismus)
이었다고 할 수 있습니다. 당시 유럽 사회에서 사건 사고가 발생하면 종종
그 원인을 탓할 희생양이 필요했습니다. 예를 들어, 14세기 중엽 유럽 흑
사병이 창궐하여 유럽 인구의 3분의 1인 수천만의 목숨을 앗아갔을 때,
스페인을 위시한 여러 유럽 국가에서 종교재판의 광풍이 몰아쳤는데, 이
때 유대인과 여성들을 비롯한 수많은 부류의 약자들이 이단 심문을 받았
습니다. 앞에서 언급했듯이 신체장애가 있는 여인, 나이 든 과부와 독신녀,
피부병을 앓는 여인, 정신이 온전치 못한 여인, 부모가 없는 여인 등이 마
녀로 몰려 이단 심문을 받았습니다. 그리고 마침내 흑사병이라는 대재앙
의 희생양이 되어 한 많은 생을 마감해야 했습니다.

　이처럼 종교가 이성을 상실하면 가장 무서운 악마주의가 됩니다. 종

교가 이성을 상실하면 어떤 이념보다 무서운 마성을 띠기 때문입니다. 이념을 가진 사람은 자기의 이념적 열정 때문에 사람을 해하더라도, 양심의 가책은 느낀다고 합니다. 어떤 공산주의자가 볼셰비키 혁명 때 수많은 사람을 죽였다고 쳐요. 그 사람은 적어도 마음이 무거웠을 것입니다. 그러나 종교가 이성을 상실하고 만행을 저지를 때는 양심의 가책을 눈곱만큼도 느낄 수 없을 뿐 아니라, 오히려 하나님 앞에서 감격의 눈물을 흘리는 미친 짓을 한다는 것이지요. 그 전형적인 예가 마녀사냥인데, 틸리히는 그것을 악마주의의 극치라고 불렀습니다. 종교 속 악마주의의 극치라고요.

교회의 이런 만행을 보면서 반종교적·반교리적 정서를 품었던 무신론자들이 있었어요. 그들을 '저항적 무신론자'(protantische Atheist)라고 부르지요. 그들에 의해 악마론이 형성되었어요. 사탄 숭배의 탄생이지요. 어떻게 보면 중세 당시에 이성을 상실하고 마녀사냥을 일삼았던 교회에 대한 극렬한 무신론적 증오심의 의인화된 표현이 사탄 숭배였다고도 할 수 있습니다. 그따위를 하나님으로 믿을 바에는 차라리 사탄을 믿겠다는 거지요. 그런 식으로 사탄 숭배가 형성되기 시작해요. 이렇게 사탄 숭배가 발생한 사회학적 배경이 있습니다. 이런 부분은 눈여겨봐야 해요. 어떤 종교적 논리는 단지 교리적 문제만 가지고 형성되는 것이 아니라, 그 논리가 형성되고 유포되고 맹위를 떨치는 사회적 맥락이 있습니다. 그래서 저도 조직신학을 강의할 때 이런 맥락을 설명하기도 합니다. 교리를 다차원적으로 봐야 하니까요.

자, 그렇게 해서 사탄 숭배라는 것이 등장합니다. 보통 사탄 숭배는 반교회적이고 반문화적이고 반국가적이면서도 히스테리적이고 집체적인 성격을 떱니다. 그러면서 맹위를 떨치지요. 사탄 숭배가 맹위를 떨친다는 것은 사회병리학적으로 볼 때 십중팔구는 그 시대의 종교, 정치, 경제의 정의롭지 못한 상황과 맞물려 있습니다. 그 시대의 종교가 예언자적 사명을 감당하지 못하고 정치 권력은 부패해 있으며, 경제는 빈익빈 부익부의 양극화가 심화한 상황일 가능성이 매우 크지요. 오늘날의 한국교회도 예언자적 사명을 감당하지 못하고 지나치게 사회 기득권자들의 편을 드는 경향이 있습니다. 그래서 '개독교'라는 비난을 듣고 있습니다. 이런 분위기야말로 이단과 함께 사탄 숭배가 음성적으로 만연하게 하는 비옥한 토양이 될 수 있습니다. 한국 안에도 사탄 숭배자가 분명 있을 것이라고 봅니다.

음모론과 결탁하면 안 된다

사탄 숭배는 어떻게 보면 모든 저항적 무신론[10]의 극단적 표현이라고 할 수 있습니다. 저항적 무신론 경향이 심해지면 종교성까지 띠게 되죠. 헤비메탈 음악을 하던 옛날 그룹사운드 중에 사탄 숭배적 제의를 한답시고 십자가를 부러뜨린다든지 비둘기 목을 비틀어서 피를 빤다든지 하면서, 그 시대 주류의 정신과 문화에 대한 파괴를 폭력적으로 외치는 그룹들이 있었습니다. 1970년대에 미국에서 활동했던 "레인보우"(Rainbow) 같은 그룹이 대표적이지요. 당시의 주류 문화와 종교 및 정치 이념에 대한 반감을 그런 식으로 드러낸 것입니다. 요즘도 마돈나(Madonna) 같은 가수들이 그

---

10 '저항적 무신론'이란 세상에 존재하는 악과 부조리와 모순과 고난으로 인하여 전능하신 하나님의 존재를 정의와 양심의 이름으로 거부하는 무신론을 의미한다. 이러한 저항적 무신론 사상은 20세기 유럽의 제2차 세계대전과 홀로코스트를 경험한 전후 세대 지식인들 사이에서 하나의 강력한 세력권을 형성했다. 20세기의 저항적 무신론을 대변했던 사상가로는 알베르 카뮈(Albert Camus), 장폴 사르트르(Jean-Paul Sartre), 막스 호르크하이머(Max Horkheimer), 에른스트 블로흐(Ernst Bloch) 등이 있다. 저항적 무신론에 관한 더 상세한 내용은 이동영, 『송영의 삼위일체론』(서울: 새물결플러스, 2017), 116, 각주 32를 참조하라.

런 이벤트나 퍼포먼스를 간혹 하지요. 왜 마돈나가 한 번씩 마녀 분장을 하고 그런 식으로 행동하곤 하잖아요? 레이디 가가(Lady Gaga)도 그렇고요. 이런 종류의 퍼포먼스가 대중들에게 먹힌다는 겁니다. 그것을 보면서 유쾌, 상쾌, 통쾌를 느끼는 사람이 많기 때문입니다.

이렇게 우리는 현상을 조금 더 종교 사회학적으로 바라보면서 반성할 필요가 있습니다. 아, 교회가 어떠해야 할까? 우리가 참된 주님의 교회인가? 우리가 이제는 예언자적 교회가 아니라, 기득권층을 지나치게 두둔하는 교회가 된 것은 아닐까? 우리가 정말 하나님을 사랑하고 이웃을 사랑하는 교회인가? 예수 그리스도의 제자도를 실천하는 교회인가? 이렇게 반성적으로 성찰하고 돌아봐야 합니다. 하나님의 이름을 분노의 이름으로 거부하는 사람들이 받은 트라우마가 어떤 것인지를 좀 헤아릴 필요가 있어요. 이처럼 사탄 숭배 같은 문제를 상식적으로 접근해야 합니다. 여러분은 신학도이기 때문에 종교적으로, 신학적으로 봐야 한다는 것입니다. 그런 자세가 정말 필요합니다. 음모론은 문제가 있습니다. 모든 것을 음모론 관점에서 설명하면 안 됩니다. 그러면 그 문화 현상이 형성된 원인을 합리적·상식적으로 분석하지 못하게 됩니다. 음모론은 우리 지성을 마비시킵니다. 그래서 음모론은 곤란한 것입니다. 또한 음모론은 의도적으로 유포되기도 합니다. 그러기에 더더욱 여러분은 음모론과 결탁하면 안 됩니다.

신학 레시피

스토리텔링으로 배우는 신학의 방법과 원리

Copyright ⓒ 이동영 2020

1쇄 발행 2020년 5월 25일

지은이	이동영
펴낸이	김요한
펴낸곳	새물결플러스

편 집	왕희광 정인철 노재현 한바울 정혜인
	이형일 서종원 나유영 노동래 최호연
디자인	윤민주 황진주 박인미 이지윤
마케팅	박성민 이원혁
총 무	김명화 이성순
영 상	최정호 조용석 곽상원
아카데미	차상희

홈페이지	www.holywaveplus.com
이메일	hwpbooks@hwpbooks.com
출판등록	2008년 8월 21일 제2008-24호
주 소	(우) 04118 서울시 마포구 마포대로19길 33
전 화	02) 2652-3161
팩 스	02) 2652-3191

ISBN 979-11-6129-155-0 93230

책값은 뒤표지에 있습니다.

이 도서의 국립중앙도서관 출판예정도서목록(CIP)은 서지정보유통지원시스템 홈페이지(seoji.nl.go.kr)와 국가자료공동목록시스템(nl.go.kr/kolisnet)에서 이용하실 수 있습니다. CIP2020019455